ORDINI
现代世界
NUOVI
李猛 主编

Statesmanship and Party Government
A Study of Burke and Bolingbroke

Harvey C. Mansfield

政治家才能与政党政府

柏克和博林布鲁克研究

［美］哈维·C. 曼斯菲尔德 著

朱 欣 译

生活·讀書·新知 三联书店

Simplified Chinese Copyright © 2022 by SDX Joint Publishing Company.
All Rights Reserved.
本作品简体中文版权由生活·读书·新知三联书店所有。
未经许可，不得翻印。

图书在版编目（CIP）数据

政治家才能与政党政府：柏克和博林布鲁克研究／（美）哈维·C.曼斯菲尔德著；朱欣译．—北京：生活·读书·新知三联书店，2022.6
（现代世界）
ISBN 978-7-108-06854-5

Ⅰ.①政⋯　Ⅱ.①哈⋯②朱⋯　Ⅲ.①政党-研究-英国　Ⅳ.①D756.164

中国版本图书馆 CIP 数据核字（2021）第 241808 号

Statesmanship and Party Government
Licensed by the University of Chicago Press, Illinois, U.S.A.
© 1965 by The University of Chicago. All rights reserved.

特邀编辑	童可依
责任编辑	王晨晨
装帧设计	薛　宇
责任印制	宋　家
出版发行	生活·讀書·新知 三联书店
	（北京市东城区美术馆东街 22 号 100010）
网　　址	www.sdxjpc.com
图　　字	01-2018-4511
经　　销	新华书店
印　　刷	北京隆昌伟业印刷有限公司
版　　次	2022 年 6 月北京第 1 版
	2022 年 6 月北京第 1 次印刷
开　　本	880 毫米×1230 毫米　1/32　印张 13.75
字　　数	300 千字
印　　数	0,001-6,000 册
定　　价	68.00 元

（印装查询：01064002715；邮购查询：01084010542）

现代世界
总　序

　　不同人类群体在时间和空间上发展的多种文明，共存在同一个世界秩序中，并借助这一秩序相互理解，这是人类前所未有的经验。此前，各种世界秩序的基本框架，都依据单一文明或主体文明的历史视角与空间逻辑构成，其他文明被视为非文明的野蛮形态或反文明的敌对形态。虽然任何世界秩序在建立生活理想与政治、经济、文化形态时，都不得不考虑文明的差异与分歧，但等级制和排斥的逻辑仍然是这些世界秩序处理其他文明的主要方式。不同世界秩序之间始终存在经济或文化上的往来，也有地缘政治的摩擦甚至竞争，甚至一个世界秩序会完全取代另一世界秩序，容纳或消化后者的文明因素作为自己的一部分，文明与秩序跌宕起伏的命运，在今天，都被重新理解为现代世界秩序的史前史。现代世界是人类文明共存与相互理解的一个新阶段。

　　现代世界的复杂构成、漫长演进和多元谱系，是现代学术面临的核心问题。现代学术是现代世界理念的重要来源。一个文明进入现代世界，首要的任务，是建立该文明与其他文明在现代世界的共存关系。无论是比较历史语文学的批评方法、哲学和科学的新体系，还是社会科学的经验途径与田野实践，作为现代学术的核心，都有深刻的文明动机与丰富的世界意涵，成为现代世界观察与理解各种文明形态的主要范式。但由于现代学术的推进往往依托现代文化与政治的各项制度(特别是现代大学的研究体制)，在现代学术的实际发展中，大多数文明，仍然只是作为研究素材，以博物馆或田野的方式被纳入现代世界的思想秩序中。现代学术构建的现代世界秩序，往往发端于学术制度背后的政治与文化的母体，这一母体的文明理想，在很大程度上被直接充当现代世界的理念，而现代学术有意或无意地借助这一文明的思想图景，通过泛化和宽容的方式，将其他文明作为对象文明纳入现代世界的秩序中。现代学术的世界秩序理念，仍然很大程度上囿于实际研究中主体文明与对象文明的经验对立，从而限制了进入现代世界的诸多文明自身的思想成熟。"二战"以来的多元文化视野、全球视角和本土化努力，并未在整体上改变现代世界在理念上的这一矛盾处境。现代学术所承诺的世界秩序，在思想上，仍然是未完成的。勇敢地运用文明中的理性与情感的力量，推动各文明激活自身传统的生命力，在现代世界中实现思想成熟，仍然是现代学术的根本课题。

现代世界的学术所面临的文明处境与思想挑战，需要长期系统的建设性工作。现代世界的形成，是一个长时段的历史进程。只有超越现代化的短期视角，超越从中世纪晚期开始直至17、18世纪西欧文明的"古今之争"，甚至突破来自现代学术的主体文明对古典－中世纪与现代的划分以及尚待反省的理论预设，才能更好地理解各种文明在漫长的历史进程中如何以不同方式进入现代性的世界秩序。而要把握现代世界秩序的形态，需要跨越现行学术体制的学科界限，综合政治、法律、经济和社会的视角，兼顾制度与思想的维度。"现代世界"丛书希望从翻译入手，在丰富现代中国思想的学术资源的同时，开辟更为宽广的思想空间，为探索现代世界的理念进行学术上的积淀与准备。

李　猛

2019年9月

政治家才能与政党政府

柏克和博林布鲁克研究

STATESMANSHIP AND PARTY GOVERNMENT
A STUDY OF BURKE AND BOLINGBROKE

致我的父亲和母亲

致　谢

首先，我要感谢哈佛大学的塞缪尔·比尔（Samuel Beer）教授，自从他第一次唤起我对英国和政治政党的兴趣以来就一直指引着我。曾在哈佛大学工作、现在任教于美国大学的威廉·艾略特（William Y. Elliott）教授对这本书做了毫不留情的批评。他向我展示了知识分子应有的勇气。芝加哥大学的列奥·施特劳斯（Leo Strauss）教授为本书中的许多论点提出了温和而有力的建议。

我父亲一直为我树立政治学家的典范，他对这项事业的贡献远远超过了他的名声。能接受他潜移默化的教育，是我莫大的荣幸。

我非常感谢大卫·洛温塔尔（David Lowenthal）、罗杰·莫尔顿（Roger C. Moulton）和约瑟夫·克罗波西（Joseph Cropsey）对手稿提供的帮助；也很感谢琼·尔德曼（Joan Erdman）夫人帮忙打字。

"所有的团队行动都容易阻碍杰出人物的思考。"
——柏克,《致沙克尔顿的信》,1779年5月25日

"当坏人结合时,好人就必须联合;否则的话,他们将会逐一倒下,在一场不光彩的战斗中,成为无人怜悯的牺牲品。"
——柏克,《对当前不满情绪之根源的思考》

目 录

译者前言　受尊重的政党与被贬抑的政治家才能　｜ i
　　　　　——柏克与"古今之争"问题

第一章　政党政府的起源　｜ 1
第二章　政治家的假定　｜ 28
第三章　博林布鲁克的制度　｜ 59
第四章　博林布鲁克的纲领　｜ 96
第五章　博林布鲁克的政党　｜ 126
第六章　英国政制：大众政府　｜ 181
第七章　英国政制：绅士统治　｜ 240
第八章　先定德性　｜ 295
第九章　政治家才能和时效　｜ 330

参考书目　｜ 365
索　引　｜ 369

译者前言　受尊重的政党与被贬抑的政治家才能

——柏克与"古今之争"问题

一、逆流而行的政治哲学家

2019年8月，在即将结束为期一年的哈佛访学时光之前，笔者对政府系的联合培养导师哈维·曼斯菲尔德（Harvey Mansfield）教授就美国的保守主义这一话题做了一次访谈。[1] 已经87岁的老先生身穿一件玫红色衬衫，胸前系着彩色条纹领带，一如既往的温文尔雅、精神矍铄。曼斯菲尔德指导的前政府系研究生、密歇根州立大学政治学教授杰里·温伯格（Jerry Weinberger）曾这样评价他："他是我认识的穿着最讲究的人之一，而且他很在乎这一点。他是一个真正的绅士。这就是曼斯菲尔德，穷尽绅士这个词最好的意思来说。"

毫不夸张地说，曼斯菲尔德是哈佛校园中最引人注目的知识分子之一，在研究和教授政治哲学的几十年中，他在美国

---

[1] 笔者对曼斯菲尔德教授的访谈，可参考：朱欣、哈维·曼斯菲尔德：《美国保守主义：渊源、近况与未来》，《当代美国评论》，2019年第4期，第98—120页。

主流学界所持的特立独行的观点以及"政治不正确"的诸多发声，使他经常被推向风口浪尖：面对女权主义者、自由主义者、新左派、政治正确的奉行者、宽松的评分者，曼斯菲尔德的抨击都一针见血、毫不留情；他坚决抵制基于种族和性别的平权运动；他大声疾呼在一般情况下，女性理应比男性赚钱少；他写过一本名为《男性气概》的书，为传统的性别角色辩护；他还不遗余力地批评分数膨胀现象；他甚至反对哈佛的课程评估工具，总是一石激起千层浪。或许可以说，曼斯菲尔德是被他所持守的保守主义价值观所驱使，但也或许正是对抗本身敦促他一直在战斗。他认为，在学术界对多样性的追求中，颇为悖谬和讽刺的一个事实是，最重要的一种——智识多样性——已经被逐渐遗忘了。曼斯菲尔德希望唤醒人们对作为单一评价标准的"政治正确"的严肃质疑。他曾在一次采访中感慨道："民主制最糟糕的事情之一就是墨守成规。"为此，面对形形色色一边倒的"政治正确"观念，曼斯菲尔德更愿意做一个平衡者，来对抗民主制根深蒂固的缺陷。这样，即便他的观点在历史进程中落败，他在前进的道路上拖着脚跟，并不时抛出知识分子的冷嘲热讽，这种勇敢的论战也能发挥对西方自由民主制现状的制衡，兴许也是值得的。

不过，曼斯菲尔德的新保守主义（neo-conservative）立场并非与生俱来，而是在人生的重要关隘发生转变的结果。1932年3月21日，曼斯菲尔德出生在康涅狄格州的纽黑文，是哥伦比亚大学政府系教授老哈维·C. 曼斯菲尔德的儿子。他于1949年来到哈佛大学，怀着满腔热情，开启了苦行僧般的严格训练，潜心投入到对政府的研究中。毕业后，他在富布莱特奖学金（Fulbright scholarship）的资助下留学英国一年，随后又在军队中服役两年。1961年,曼斯菲尔德获得哈佛大学政治学博士学位,在加州大学伯克利分校教了几年书之后,回到哈佛做讲师,自此再也没有离开过哈佛。1969年,曼斯菲尔德荣升正教授,继而在1973年到1976年担任政府系的主席。现如今,他是政府系小威廉·R. 凯南教授(William R. Kenan, Jr.)。曼斯菲尔德说,他在读本科的时候,并不是一个新保守主义者,而是一个自由主义者。一个有力的证据是,在20世纪50年代的一次民意调查中,曼斯菲尔德甚至把票投给了民主党参选人阿德莱·史蒂文森(Adlai Stevenson)。[2]然而,到了20世纪50年代末,曼斯菲尔德回忆道,当自己被现实胁迫,他逐渐发生了转变。这一转变来自两个方面:首先,曼斯菲尔德发现了列奥·施特劳斯(Leo Strauss),这位犹太裔德国政治哲学家对曼斯菲尔德的学术和世界观都产生了持久的影响,施特劳斯关于历史和经典著作的观点自然会倾向保守的思想流派。第二,越南战争期间在哈佛校园乃至全美爆发的抗议活动也永久地塑造了曼斯菲尔德的政治观点。[3]当出现不同形式的学生抗议,当政治突然侵入学术界时,学生们会强迫老师不得不采取某些政治立场。在智识领域和政治现实的双重冲击和裹挟下,曼斯菲尔德逐渐转向保守主义的立场。

虽然曼斯菲尔德凭借其保守的世界观偶然扮演了挑衅者的角色,但他并非肤浅的挑衅者。在对抗的同时,他始终保有知识分子的诚实和低调清醒的自我认知。作为一名教师,曼斯菲

---

[2] Eric P. Newcomer, "The Harvey Mansfield Story: Harvard's Political Philosopher", *Harvard Crimson*, 2012.

[3] 对此问题的论述,可参考:Harvey Mansfield, *The Spirit of Liberalism*, Cambridge: Harvard University Press, 1978。

尔德讲授的诸多哲学文本已经有上百年的历史，他试图促使学生去思考这些著作中的主张所具有的可能性。与一些哲学家看到了智识思想的总体进步趋势不同，曼斯菲尔德敦促他的学生思考这些古代文本是否正确。在他看来，或许恰恰是在随后的时代，人们才走上歧途。简言之，他是一位逆流而行的政治哲学家，其政治保守的立场并不能掩盖他在学术上的卓越贡献。按照哈维·曼斯菲尔德的弟子之一、杰出的共和党思想家威廉·克里斯托尔（William Kristol）的说法，曼斯菲尔德在政治科学领域中真正的原创性贡献在于，他揭示了现代自由主义政体的诸多根本结构，从间接政府到代表、政党，再到执行权力。在充分尊重历史和政治实践的复杂性这一基础上，他将政治理论史中被我们视为理所当然的自由民主制形式的根基揭示出来。由此，他极大地加深了人类对于自身的历史、制度和当下处境的理解。

二、环形的论证结构：政治家才能与政党政府的变奏曲

自曼斯菲尔德具有开创性意义的《政治家才能与政党政府》(*Statesmanship and Party Government*)问世以来，已经过去了55年。这本书获得了施特劳斯的高度评价，他曾表示"真希望这本书是自己写的"。此书也是曼斯菲尔德的第一本著作，其中讨论的诸多话题——代表、政党政府、历史哲学、宗教，成为他后来作品中的重要关切。因此，想要了解曼斯菲尔德的学术兴趣和思想发展脉络，这本书不失为一个很好的入手点。

在这一研究中，曼斯菲尔德讲述了一个关于政党政府如

何在英国逐步被接受的完整故事。对埃德蒙·柏克（Edmund Burke）与博林布鲁克（Henry St. John, Viscount Bolingbroke）及其追随者之间的小册子论战的精辟分析——博林布鲁克对政党的蔑视，激发了柏克对政党制度最富雄辩性的倡导——是本书的核心。曼斯菲尔德将政治学与历史相结合，将当今的政党放置于政党政府的历史中加以理解。他认为，现代政党的复杂组织和公共行动是政党观念发生巨大变化的结果，而非原因。虽然政党一直存在，但我们今天所知的政党政府之所以存在，只是因为政党现在被认为是值得尊重的。在柏克的时代，政党在最坏的情况下被视作自由政体中的毒瘤，而在最好的情况下，则被视为艰难环境中审慎的政治家加以利用的危险工具。柏克是英国政党制度的早期倡导者，他赞成这种政府形式，认为它有意识地限制了最卓越之人的政治家才能，并对那些在政党中行动的有财产之人的正直产生了一种新的依赖。柏克的论证符合现代政治哲学传统中的现实主义，然而他也认识到了政党政府的局限性：它不可能免除个人的政治家才能。由此，卓越政治家的干预仍旧是不可或缺的，唯有如此，政党制度才能持续而有效地运作。简言之，尽管柏克推进了博林布鲁克的努力，并完成了政治家才能向政党政府的转变，然而"政治家"这一元素始终未从柏克的政治哲学视野中消失，仍旧扮演着至关重要的角色。

在结构上，曼斯菲尔德深受古代经典和施特劳斯写作风格的启发，全书并非简单地平铺直叙，而是像一段乐章一般，跌宕起伏，有冲突与和解，激情与冷静，呈现出一种曼妙的环形结构。正如施特劳斯的《自然权利与历史》一书的戏剧性结构，使"此书构成了一个循环：首章开始于近代自然权利论的危机,那正是末章结束之处"[4][其弟子古涅维奇(Victor Gourevitch)的概括],曼斯菲尔德的《政治家才能与政党政府》在结构上的相似可谓其对恩师的伟大致敬。如果说在英国政党政府的形成中,柏克发挥着枢纽性的作用——他不仅是第一个为政党辩护的人,也是最终完成这项工作的人,那么柏克对政党的辩证分析也构成了一个循环:柏克对政治家才能的疑虑促使他积极捍卫政党制度,而政党制度的不自足,即无法解决政党政府的建立问题,又使柏克重新诉诸政治家才能。全书的起始,正是末章终结之处,整个行文的逻辑构成了一个完整的闭合回路。在曼斯菲尔德对柏克的分析中,政治家的主要任务是在绅士中建立并在必要时维护先定德性(presumptive virtue)的统治。就像开车一样,政治家必须坐在车的后座上,而不是试图自己坐在驾驶座上操控方向盘,亲自开车。只有在极端必要时,在现代性的危机下,政治家才需要挺身而出,抓住方向盘,捍卫绅士统治。[5]

回到全书的内容上,曼斯菲尔德的探讨始于这样一个谜团——柏拉图以降政治思想家们加以谴责的政党是如何变得受人尊重,以至于当今自由民主制的国家普遍认为,这些政党对于一个好政府来说是不可或缺的?这个最基本的问题,即政党自身的尊严,极少被人关注。认同一部分人民或一个派别,而非认同全体人民的共同善和利益,这怎么可能是好的或值得赞扬的呢?远离政党、不偏不倚难道不是更好吗?这个

---

[4] 彭刚:《施特劳斯的魔眼》,《读书》,2003年第7期,第121页。
[5] 朱欣、哈维·曼斯菲尔德:《美国保守主义:渊源、近况与未来》,第114页。

问题构成了曼斯菲尔德全部分析的出发点和基础,而柏克为回答这个问题提供了核心线索。他是英国第一个明确捍卫政党的人,在《对当前不满情绪之根源的思考》中,柏克将政党从基于个人野心的起源中剥离出来,并将其与非个人化的、更崇高的目标联系起来:"当坏人结合时,好人就必须联合;否则的话,他们将会逐一倒下,在一场不光彩的战斗中,成为无人怜悯的牺牲品……政党是一群人彼此结合,依据他们一致赞同的某种特殊原则,同心协力来推进国家的利益。"[6]柏克对"政党可以是受人尊重的"这一发现的论证,基于两个主要步骤:首先,柏克削弱了人们对政党的传统理解(亚里士多德式的),即"政党是邪恶的"这一观点;其次,柏克修正了现代的自负想法,即政治秩序和实践可以建立在基本、普遍、真正的"第一原则"之上(博林布鲁克式的)。值得注意的是,柏克的批评靶子并非指向传统上对政党的谴责,而指向一种新的、更强烈的对于政党偏见的不宽容,后者是非常现代的,[7]他提出的"政党受人尊重"之学说,恰恰基于他对现代政治的幻灭(disillusionment)。曼斯菲尔德正是以柏克的政党观为核心线索,探讨柏克在"古今之争"这一经典命题中的位置。为了更

---

[6] Edmund Burke, "Thoughts on the Cause of the Present Discontents", *Works*, vol. I, Bohn Library edition, London, 1854, pp.372, 375.

[7] 罗素·缪尔黑德(Russell Muirhead)对曼斯菲尔德的《政治家才能与政党政府》进行了精彩的解读和评论。在他看来,柏克对政党尊严的捍卫,不仅针对以亚里士多德为典范的传统政党观,更针对以博林布鲁克为代表的现代政党观。尽管柏克对博林布鲁克式的进步党做了修正,但他们都享有共同的前提,即对现代自然权利的信念。因此柏克仍旧是现代的。参考: Russell Muirhead, "Respectable Partisanship", in *The Arts of Rule: Essays in Honor of Harvey C. Mansfield*, ed. Sharon R. Krause and Mary Ann McGrail, Lanham: Lexington Books, 2009, pp.377-394。

好地把握柏克的看法，有必要首先了解对政党的传统和现代理解，进而审视柏克是如何完成捍卫政党尊严之论证的。

三、柏克与"古今之争"

1. 施特劳斯的"两难"

施特劳斯在《自然权利与历史》一书中曾对柏克做了以下描述：

> 柏克思想的实践品质部分地解释了他为何会毫不犹豫地使用现代自然权利的语言。只要那有助于说服他的现代读者认可他倡导的政策的合理性，他会谈自然状态、自然权利或人权，社会契约以及共同体（commonwealth）的人为特性。但是，可以说他把这些概念都整合到了古典的或托马斯主义的框架中。[8]

按施特劳斯的这段描述来看，柏克的"自然权利"更接近古典或中世纪的自然法学说，而与现代自然权利学说貌合神离。然而，以柏克关于理论与实践关系的看法为切入点，施特劳斯经过一系列的论证，最终却将柏克的思想界定为所谓的"现代性第二次浪潮"的一个环节——也就是说，把柏克放置于历史主义这种现代思想形态得以兴起的谱系当中。正如书的结尾部分所言，"这看似回归到原初把善与祖传等同起来，而

---

[8] Leo Strauss, *Natural Right and History*, Chicago: University of Chicago Press, 1953, p.296.

事实上是为黑格尔作准备"。[9]这里,施特劳斯又认为柏克促进了历史的"发现",推动了现代性的进程。[10]与施特劳斯定位柏克时的"犹疑"相类似,以赛亚·伯林(Isaiah Berlin)在著名的《两种自由概念》的演说中,区分了以"free to"为特征的、强调公民参与的积极自由,和以"free against"为特征、在18世纪英语世界的政治中扮演关键角色的消极自由,根据这种二元区分和价值评判,对柏拉图以降的西方政治思想史做了"价值重估"。颇为吊诡的是,虽然埃德蒙·柏克也被数次提及,但他在伯林的自由分类中只占有一个较为模糊的位置,很难被安放在任何一边。总体来看,伯林将柏克归为消极自由的阵营,但在重要的两处,伯林又将柏克划归为以现代理性主义哲学和一元论形而上学为基础的"积极自由"王国中。[11]施特劳斯以及伯林的"矛盾"使人疑惑:为什么柏克会获得前后不一的两种评价? 柏克的自然权利学说究竟应该放在什么位置? 而曼斯菲尔德的《政治家才能与政党政府》正是接续施特劳斯在《自然权利与历史》结尾处留下的难题进一步展开的思考。他将焦点放在柏克对政党尊严的论证上,通过诠释其与古

---

[9] Strauss, *Natural Right and History*, p.320.
[10] 除了施特劳斯,沃恩(C. E. Vaughan)在研究柏克时也面临类似的两难困境。沃恩将柏克对法国大革命原则的反对视为与"个体理论"的对立,与以自然状态、自然权利、社会契约为基础的学说的对立。沃恩因而把柏克归为"有机国家论"的派别,尽管柏克自己总是回避有机体的比喻。沃恩不能解释柏克的这一回避,导致他最后不得不得出结论:柏克承认自然权利的存在。见 C. E. Vaughan, *Studies in the History of Political Philosophy Before and After Rousseau*, vol.2, ed. A. G. Little, Manchester: The University Press, 1939, pp. 25, 30, 18, 42, 54, 60。
[11] Isaiah Berlin, "Two Concepts of Liberty", in *Four Essays on Liberty*, Oxford: Oxford University Press, 1969, pp.118-172.

今政党观的关系,重新厘定柏克在"古今之争"中的位置。

2. 传统的政党观:潜伏于暗流中的党派性

在本书的第一章"政党政府的起源"中,曼斯菲尔德阐释了传统的政党观[12]:政党是邪恶的,但偶尔也会运用政党。在18世纪晚期前,政治家和政治哲学家对于"政党是邪恶的"这一观点几乎达成一致。他们认为,政党威胁、破坏和推翻现存秩序,它们带来了分歧、骚乱,并最终导致革命。因此,它们不可能轻易成为任何政治秩序的"正常"特征,也不会被那些寻求稳定和维持政治秩序的人公开接受。政党类似于阴谋,必须被置于公共性建构之外,只有在绝对必要的情况下才能被容忍。一旦秩序被恢复,政党就得重新潜伏于暗流中。因为在传统观点中,好人只会利用政党来废除政党存在的机会。公开地为政党辩护将会破坏政党对好人的用处,并且只会为坏人的利益服务。正如缪尔黑德的说法,抵抗一旦成功,就需要确保它的榜样不会被随意效仿,党派之争将再次变得难以捕捉(fugitive)——虽然可以察觉到,但却是看不见的。[13]

在第五章,曼斯菲尔德进一步将传统的政党观和政体的偏私性联系在一起。根据柏拉图和亚里士多德的观点,传统的政党观是一种通俗的或非哲学的观点,它意识不到政体的党派性。[14]政体将自己视为一个整体,而非片面的、不完整的,因

---

[12] Mansfield, *Statesmanship and Party Government: A Study of Burke and Bolingbroke*, Chicago and London: The University of Chicago Press, 2013, pp.13-16.
[13] Muirhead, "Respectable Partisanship", p.380.
[14] Mansfield, *Statesmanship and Party Government*, p.112.

此值得其公民永久服从。举例来说,斯巴达人并不认为自己过度专业化和寡言少语,而把自己视为受过训练的人。而当代的多元主义观点——即任何已建立的政体都是片面的,因为没有任何社会可以容纳人类的全部可能性——在传统的理解中是不为公民所知的,因为他们必定认识不到自己的偏私性。[15] 然而,政治哲学却超越了公民的自我理解,它能将政体的偏私性暴露出来。在这个意义上,古典政治哲学无疑具有颠覆性的力量,但是这种颠覆的可能性却源于对公众舆论的同情评价,它从关于人们应该得到什么的共同意见出发,以政治生活中实际出现的主张之集合为起点;而非一开始就削弱大众的自我理解及其广泛持有的主张,用科学术语将之取代,以求在相互竞争的主张中保持中立。[16]

以亚里士多德的政治哲学为例,有两种主张在政治生活的反复较量中浮出水面:富人的主张和多数人的主张。两个阶层都认为自己更适合统治:寡头们统治的诉求不仅以他们在政体中的利益为依据,也基于他们拥有的与金钱相关的精神和性格品质——获得和维持财产需要实际的智慧和自我克制,富人的生活方式使他们养成了从长远考虑的习惯等;多数人的统治诉求则来自他们所特有的东西——生命和自由。由于不为财产所累或分心,他们对于安全、自由和自我保存等人类根本利益有更深切的把握。这种对真实而广泛共享的人类利益的理解,构

---

[15] Isaiah Berlin, "Two Concepts of Liberty", pp.167-172; John Rawls, *Political Liberalism*, New York: Columbia University Press, 1996, p.197.
[16] 曼斯菲尔德对"政治科学"(political science)和"政治哲学"(political philosophy)的区分,可参考:Mansfield, *A Student's Guide to Political Philosophy*, Wilmington: ISI Books, 2001, pp.4-5。

成了多数人享有的独特的统治主张。[17]从内部来看，每种主张都是完整的，每个阶层都认为自己的德性是充分的。而在从远处对政治生活进行哲学反思的亚里士多德看来，每种观点都有对与错。他认为："所有人都专注于某一种正义，但只发展到某种程度，而不是权威意义上的全部正义。"[18]因此，每个阶层提出的主张都只反映了正义要求的一部分，而非全部。既然如此，亚里士多德认为，最佳政体混合了各种党派原则，它们兼具寡头和民主的性质。政体必须欢迎它们所压制的东西，即党派观点，但这并不会形成政党政府，因为其目的是建立一个党派性更弱的政体。总之，按照传统的描述，政治哲学的任务并非为党派性提供最好的论据，而是揭露政体的党派性本质，进而获得比党派性更高的理解。然而，党派性的传统说法在很大程度上已经被现代政治科学所取代，因为它承诺以一种无党派（non-partisan）的方式来规范社会和政治。这种承诺反过来又支持了对政党和党派之争的一种新的、更猛烈的谴责。[19]

3. 现代的政党观：进步的党派性

如果说古代政治的目标是培养良好的品格，而何谓"良好"则取决于统治集团的具体理解，那么现代政治的目的则是自我保存和舒适生活。现代政治并不寻求概括最高的善或德

---

[17] Aristotle, *The Politics*, trans. Carnes Lord, Chicago: University of Chicago Press, 1984, bookⅢ, ch.9, ch.13; Ⅳ, ch.4; Ⅴ, ch.1; Ⅵ, ch.2. Muirhead, "Respectable Partisanship", pp.380-381.
[18] Aristotle, *The Politics*, bookⅢ, chap. 9, p.97.
[19] Muirhead, "Respectable Partisanship", p.382.

性,而是寻求使所有人都能认同和分享的善。在这个意义上,现代政治阻止了党派之争的机会。曼斯菲尔德在书中强调,现代政党政府产生的基础正如柏克的描述:"以前兴风作浪、分裂国家的大党派,从某一方面说,现在都完全解体了。"[20] 大党派是指17世纪根据对神授王权、罗马教皇制度、主教制度问题的看法不同而划分的政党。受宗教信仰以及寻求敌对的社会和政治秩序之驱使,这些政党在16—17世纪制造了骚乱和流血冲突。而在1688年革命和解之后,宗教争论得到了解决,神授王权也遭到公然拒斥,大党派随之瓦解。[21] 现代政治于是在一个共同的基础——安全和自由——之上建立起来,它对待政党的态度比传统更具敌意:尽管在大党派瓦解后,它似乎对小党派的细微差别漠不关心;但是,考虑到更大、更有力的分歧可以从微小或无关紧要的分歧中产生,那么即便是小党派也不可能是永远安全的,因此它们是危险的,必须用怀疑的眼光加以审视。

唯一的例外是"最后的政党"(last party),一个旨在将政治奠基在普遍原则之上的进步政党,从而使党派之争变得不再必要与正义。18世纪,博林布鲁克将传统的政党观与批判它的哲学观点结合起来,主张建立一个反党派的政党,这个政党与他打算废除的政党在本质上是不同的。根据曼斯菲尔德的分析,博林布鲁克将政体建立在真正的第一原则之上。在他看

---

[20] Burke, "Thoughts on the Cause of the Present Discontents", *Works*, I, 308.
[21] 对1688年革命和解与政党政府之间关系的讨论,可参考:Mansfield, "Party Government and the Settlement of 1688", *American Political Science Review*, Vol. 58, No. 4 (1964), pp.933-946。大党派的彻底解散是博林布鲁克和柏克共享的基础,二者正是在同样的基础上发展出了不同的观点。参考:Mansfield, *Statesmanship and Party Government*, pp.41-45。

来,第一原则并非人们渴望的最高真理,而是人们所能追求的最低限度的真理,因此它们既是无可争辩的,也不具有党派性。与之相应,在此基础上建立的政党,其所依据的原则在本质上也是非党派的,他的政党将会是最后一个政党,使未来的反对派变得毫无必要。[22]

博林布鲁克的政党观在何种意义上是对传统政党观的推进呢?或者说博林布鲁克的政党观何以称得上是现代的?我们不妨从博林布鲁克及其所影响的"政治学派"(political school)对贵族权力的批评谈起。[23]为了反对沃波尔(Horace Walpole)领导的宫廷党腐败,博林布鲁克先后出版了《关于爱国主义精神的信》("Letters on the Spirit of Patriotism")、《一个爱国君主的观念》("The Idea of a Patriot King"),提出了一套系统的反对派纲领。在他看来,堕落的人民只能由一个爱国君主来改革,他独自统治,超越于所有的派系和党派。进一步,他为爱国君主的反腐败纲领确立的准则是:"在爱国君主的领导下,人们不仅会停止作恶,也学会了行善;因为,通过把**公共美德**和**实际能力**作为获得国家权力或利益的唯一手段,他将把他们内心的激情置于自由和良好政府的一边。"[24]爱国君主的纲领将两种能力作为赢得公职的条件:公共美德和实际能力,以便取代通过王室雇佣级别较低的官员而在议会中为王室举措赢得多数席位的腐败体系。在博林布鲁克看来,公共美德指的是公共

---

[22] Mansfield, *Statesmanship and Party Government*, pp.112-117.
[23] 关于博林布鲁克的思想如何影响了18世纪60年代的"政治学派",参考:Mansfield, *Statesmanship and Party Government*, chap. 5, pp.86-122。
[24] Henry St. John, Viscount Bolingbroke, *The Works of Lord Bolingbroke*, 4 vols, Philadelphia: Carey and Hart, 1841, II, p.396.

服务所需要的美德,是对政府第一原则的忠诚,而非与政治家才能相连的罕见德性。实际能力则是一种智慧而非狡诈,它能看得更远,能把握遥远的关系和间接的趋势,通过结合并比较所有的目标、关系和趋势来做判断。[25] 由博林布鲁克确立的这个准则可以看出,爱国君主想要挑选的治国人才是"德才兼备之人"。爱国君主必须努力毁灭贵族联合的独立能力,击碎所有的党派,使英国政制成为由爱国君主和德才兼备之人领导的自由王国。[26]

18世纪60年代,博林布鲁克的思想深刻影响了以布朗博士、道格拉斯等人为代表的"政治学派",这些人探讨的一个主要话题是,他们担忧贵族权力的增长,将不利于君主的权力及政制的平衡。因此有一个共同的目的:成立一个反对所有党派的政党。对这个"政治学派"而言,要管理一个建立在普遍的政治道德第一原则基础上的政治,只需要正派和能力就足够了。以布朗博士的观点为例,他在《对公民自由的思考》(*Thoughts on Civil Liberty*)一文的结论中,对"大人物"和贵族的批评要点在于:"大人物"们往往依附于虚假荣誉,它由"友谊、感激或血缘的纽带"加以维护,会产生党派愤怒和派系之争,进而出现难以驾驭的偏见,即举措本身不如采取举措的政党重要。"大人物"们结成的这种政治联合会在无视公益感的前提下持存,进而破坏由正派之人组成的"理性而有益的联合"。[27] 简言之,通过对正派之人的称赞,对贵族及"大人

---

[25] Bolingbroke, *Works*, II, 399-401.
[26] 对博林布鲁克反对派纲领的分析,也可参考:Mansfield, *Statesmanship and Party Government*, chap.4, pp.66-85。
[27] John Brown, *Thoughts on Civil Liberty*, London, 1765, pp.161-163.

物"组成的私人联合的担忧，布朗博士表达了对于政党及派系的怀疑态度。贵族与正派之人的区别见下表：

身份	构成	联合的性质	主导原则	后果
贵族、大人物	父亲们、有权势的朋友、庇护人 vs 儿子们、感激的朋友、食客们	友谊、感激或血缘的联合（Friendship, Gratitude or Blood）	虚假荣誉、教育、感激、情感	私人利益是第一位的；偏见至上与派系之争：政党比举措重要
正派之人	土地绅士、乡村牧师、商人、零售商、勤勉的自由人、自耕农	理性、有益的联合（rational and salutary union）	公共精神、理性	国家力量是第一位的；"看举措不看人"

由此可见，布朗博士对政党的排斥[28]背后最大的担忧是对贵族权力增长的恐惧：友谊、感激或血缘关系组成的政治联合是对公共精神的破坏，对国家力量的削弱。因此，相比于腐败制度，"政治学派"认为对能力原则的坚持才是保障公共善的最佳方式。

那么，相比于传统的政党观，这个由最有能力、无私地献身于公共利益的人组成的理想政府中，公职人员并不会提出自己的主张。正派、有能力的人并非亚里士多德意义上的统治者，而是现代意义上的领袖。他们只会引导、指引、节制人民。无论这些政治家多么卓越，他们都是人民的一部分，非但不会塑造公民的灵魂，反而是将不同寻常的专业应用于被普遍认同的

---

[28] 关于派系必须被容忍还是被废除的问题，布朗博士的想法并不是固定的，而是发生了变化。John Brown, *Thoughts on Civil Liberty*, pp.56, 92, 160.

目的之上。他们必须受到"为人民而控制"的监督，以便更好地代表而非统治他们，抑或是将他们的统治约束在领导之下。[29] 总之，博林布鲁克的纲领旨在使爱国君主领导下的整个政府成为一种无党派的行政机构，其动力完全来自对共同利益的常识性理解。若要实现这一理想，则需要党派的支持——这一团体需要组织起来并赢得职位，以便结束任人唯亲和腐败。不过，由于它为普遍原则服务，这个政党一旦获得成功，就不再需要容忍反对派。[30] 由此，相比于传统的政党观，博林布鲁克的进步党派显然对政党持有更强烈的谴责和敌意。尽管从表面上看，博林布鲁克提倡的由爱国君主领导的"德才兼备"之人的统治似乎与古典思想分享一个同样的基础——政治家才能在政治中的优先性，然而博林布鲁克在关键之处与古代分道扬镳：他所说的美德、正派及能力并非英雄式的，反而是取代了与政治家才能相关的罕见德性。公职人员并不认为自己对人类的善有任何特殊的理解，为了增进这种理解而具有约束他人的权利，他们只是服务于所有人都能看到并把握的第一原则。因此，在曼斯菲尔德看来，博林布鲁克的政党观是现代的，正是他这种消灭一切党派的政党雄心为政党政府的产生奠定了基础。换言之，当对于政党全新而绝对的敌意占了上风，使得对政党的传统敌意过时的时候，政党受尊重的基础就建立起来了。[31]

4. 柏克的政党政府

根据上文所述，我们可以发现：柏克对政党尊严的论证，

---

[29] Mansfield, *Statesmanship and Party Government*, p.211.
[30] Muirhead, "Respectable Partisanship", p.384.
[31] Mansfield, *Statesmanship and Party Government*, pp.112-117.

恰恰是对现代政治产生"幻灭"（disillusionment）所导致的结果，而不是逐渐启蒙的结果，即先认识到政党是可容忍的，进而认为它是可取的。值得一提的是，曼斯菲尔德的这一洞察是他在本书中的一个重要创新。他不同意以库尔特·克卢克森（Kurt Kluxen）为代表的论点，即"当对反对派的宽容得以确立，政党政府就产生了"。[32]他不仅区分了对政党的宽容以及政党受尊重的信念，也澄清了以往研究中的一个理解误区，这种观点认为政党政府的产生在18世纪经历了从政党受压制到被宽容，再到获得尊重这样一个逐渐启蒙的全过程，在此基础上，主张宽容政党的休谟就充当了由博林布鲁克向柏克转变的一个重要桥梁。曼斯菲尔德的观点刚好相反：休谟的观点非但不是政党从受压制到获得尊重这一进程中的临时一站，他对政党可以被宽容的论证反而使柏克关于政党尊严的论证变得更加困难。开放、被宽容的反对派并不是政党政府成长的先决条件，相反，它是其衰落的证据。[33]柏克对政党之尊严的论证主要包括以下三个方面。

第一，政党的尊严来自其对真理观念本身的拒斥。当博林布鲁克的政党相信自己拥有对社会和政治来说充分的真理时，其对手必须在以下两种主张中择一而反驳：要么敌对的政党具有对政治而言足够的真理，而博林布鲁克的政党坚持的真理是错误的；要么任何一个政党都不能独自而完全地拥有足够的真理。在第一种主张下，双方都相信只有自己才是有尊严的，因此政党冲突并不会导致政党受尊重的结论。在第二种主张下，

---

[32] Mansfield, *Statesmanship and Party Government*, p.10.
[33] Ibid., pp.15-16, 116.

只有当任何一个政党都不能被视为毫无偏私的政治真理时，政党才有可能是受人尊重的。这就解释了开放、成形的反对派为什么不是逐渐启蒙的结果，而是由政党政府的美德逐渐幻灭所导致的。换言之，对永久性党派争论的支持预设了一种政治生活，它对任何政党能够独自体现正义的第一原则都缺乏信心。缪尔黑德指出，尽管对政治承诺的彻底幻灭对于政党尊严的论证来说是必不可少的，但它只能作为这一论证的前提条件。因为这种彻底幻灭的情况会很快地削弱政党，而非使它们受人尊敬。在一个没有真理可以引导或约束个人野心的政治世界里，政党只能反映出一种不体面的野心——对统治的渴望剥夺了对统治的任何主张。[34]因此，这种幻灭并不能充分解释政党的尊严。

第二，政党的尊严来自柏克对能力原则有效性的怀疑。博林布鲁克提出的"选贤举能"准则假定，那些寻求和保持职位的人能够克服他们的骄傲，升华他们的野心，并使自己成为贯彻第一原则的无私公仆。这种宣称自身能够充分摆脱人类激情之污点的政党声明使柏克深表怀疑。柏克的批评主要有两个方面：1. 由"德才兼备之人"组成的进步党很容易使友谊沦为非人道。由于缺乏某种基本的原则，所谓的"德才兼备之人"很容易在个人野心的诱导下，逐步丧失荣誉、友谊和一致性。当正直之被永远放弃的时候，这些人甚至会精心编造一个绝妙的骗局，仿佛自己正在走向一条更高贵的公共行为之路。但事实上，对这些才俊之士的行为真正发挥引领作用的是一种强大的利益。在利益和野心的推动下，他们渐渐地习惯于投靠其他的伙伴，对于其老友，他们从友谊降为礼貌，再由礼貌降为

---

[34] Muirhead, "Respectable Partisanship", p.386.

敌意，很容易走上背叛之路。2. 这个进步党宣扬的"公共精神"实乃"青年的堕落"，或者充其量是一个"不切实际的完美计划"，它使得一致性的观念被打破，派系的盛行备受指责。由此，任何政府都不再容得下任何反对声音，"公共精神"这一冠冕堂皇的口号最终只会导致对政府有效监督的缺失。[35]因此，柏克给出的适当疗方是诉诸政党行动，使人们通过依附一个党派而使野心屈从于原则。[36]即便对于那些能够严肃履行公共精神的承诺，并将其置于社会关系之上的政党，也需要一个常规的反对派来保证他们的正直，并在他们不正直之时取而代之。

第三，柏克还否认了博林布鲁克式进步观的一个关键元素，他们相信一套独特的简单原则可以直接在政治世界中被制度化。与博林布鲁克相对立，柏克认可时效（prescription）理论，这一理论源自中世纪罗马法中的地产法，指的是通过长期的使用而非正式的契据所获得的所有权，是从连续几代的惯例中产生的习俗性权利。[37]在柏克看来，现代政治的真理——自由与平等——既需要偏见，也需要各种制度来支持。而制度的多样性不可能来自瞬时的理性设计，而必定是世代相传的遗产。这些建制诸如君主制、贵族、教会这样的制度，它们的功能并非由创始者的意图所确立，而是在应对紧急状况中，偶然而逐渐地增加目标发展起来的。它们的成长并非

---

[35] Burke, "Observations on a Late State of the Nation" (1769), in *The Writings and Speeches of Edmund Burke*, ed. Paul Langford, Oxford: Oxford University Press, 1981, vol.2, p.212. 以下简称"Observations"。
[36] Burke, "Observations", p.215.
[37] Paul Lucas, "On Edmund Burke's Doctrine of Prescription", *The Historical Journal*, Vol.11, No.1 (1968), pp. 35-63.

由创始者依据整体的视野来指引，而是由调整者着眼于那些最紧迫的缺陷部分进行指导，因此它们并不是根据简单的第一原则而生发的全面理性安排。[38] 既然原则的简单性有其自身的危险和冷漠，那么通过政党建立多样性就是一种必要的预防措施，自由和平等的原则就不能简单地以一种非党派性的科学方式来贯彻。

柏克对政党尊严的论证使政党政府得以产生。他的政党政府是由绅士们加以调节和领导的大众政府，而绅士统治与大众政府之间的和解由各种建制（establishments）促成。这些建制通过允许公共责任从既定的私人权利中产生，而非将责任强加于利益之上，从而约束并支持绅士。柏克的政党政府例证了每个人对属己之物的喜爱，这是保障和享受自然自由的基础。对柏克而言，人们不能通过不断诉诸真实、普遍的权利平等原则或者它所依据的恐惧，来促进政府或社会所需要的信任。相反，信任源于既定的利益，由自然感情在礼仪中发展起来。自然感情在形成各种建制和制度时，通过使自由变得特殊来保障自由。在柏克的政党政府中，不平等的财产是这种自由的后果之一，政府不应该干涉商业的自然运作，而应该服务于人民的自由和需要。绅士们可能比人民更懂得如何满足人民的利益，但他们服务的是大众自由，而不是人类卓越的具体概念。尽管他们享有的审慎的自由裁量权赋予法律生命力，但是这种裁量权仍然受到法律的限制，仍然服务于人民的普遍同意。

---

[38] Mansfield, *Statesmanship and Party Government*, p.193.

5. 柏克:"将过去保留在现实中"的现代人

通过柏克对政党尊严的论证,我们重新回到本节一开始提出的施特劳斯难题,柏克到底在"古今之争"中占有一个怎样的位置?曼斯菲尔德笔下的柏克,终归是一个现代人。他关于自然、政党、美德及政治家才能的观点与柏拉图和亚里士多德形成鲜明的对比。柏克建立政党政府的努力是一种政治家才能,它超越了普通的审慎,并不局限于对一种特殊的不满情绪提出特殊的补救措施;相反,它着眼于整体,有助于塑造整体的未来。然而,正如马克·布利茨(Mark Blitz)在书评中指出,柏克的政治家才能意味着最终取代政治家才能,或者将其简化为审慎的规则(the rules of prudence),以便服务于政党政府的需要。[39] 柏克将政治家才能降低为朝着人民希望前进的方向"领导"人民。他并不认为在柏拉图或亚里士多德的著作中,为立法者可见的整个生活方式或政体的形成是可能或可取的。对柏拉图而言,政治家需要培养良善的人民;而对于柏克,政治家并不能塑造人民的感情,因为他必须假定,只有从并不试图塑造或教育人民的行为中,才能产生良好的效果。因此,柏克的政治家才能以人民的欲望为其限度,它的统治不是为了提升卓越,只是为了代表人民的利益。[40]

进一步,尽管柏克承认真正德性(actual virtue)存在于少数人之中,他也不希望由他们来统治。相反,柏克认为具有先

---

[39] Mansfield, *Statesmanship and Party Government*, pp.229, 241-246.
[40] Mark Blitz, "Respectable Partisans of Modern Liberty", *Law & Liberty Forum*, 2015.

定德性（presumptive virtue）的人比那些更具天赋的人统治更安全，在实践中也更明智。何谓"先定德性"呢？曼斯菲尔德在书中给出了答案："先定德性是比真正德性更小的美德，却更确定和可靠。"[41] 柏克认为，具有先定德性的人往往拥有丰厚的土地财产，而财产与其自然能量必须在政体中"不成比例"地体现出来，才能在能力的侵袭下保持安全。因此他的论点是，财产决定了一个人的地位，而一个人的地位决定了他的责任，并且确保了其责任的履行。那么，有财产之人所处的位置能够使我们假定他们大概率是正派、优秀的人，绅士的统治就是先定德性的统治。柏克的这一论点标志着他与古典思想的分野：他提出的绅士统治解决了大众政府的问题，而没有超越普通人的欲望，绅士仍旧是人民的一部分；而古典政治哲学家永远不会忘记最高的德性，他们相信只有具备真正德性之人才有权利进行统治。

　　柏克通过在实践中捍卫先定德性，从而将政治家才能降至政党政府。这种实践性，以及柏克对理智生活的相对沉默，都与他对自然和自然法的理解密切相关。在他看来，责任是"自我为了自我，给予自我的一种约束"。[42] 它将短期的自利转化为长期的自利。柏克的自然法不是传统阿奎那式的，因为他认为自然并不赋予我们任何目的，良心不会惩罚罪恶。柏克的自然法更类似于现代霍布斯或洛克式的，因为他认为自然为我们提供了逃避恐惧的原始条件和指示：自然状态下的个体所具有的第一根本权利是为自己做判断并维护自己的

---

[41] Mansfield, *Statesmanship and Party Government*, pp.208-212.
[42] *Ibid.*, p.216.

事业，而自卫的权利是第一自然法。不过与霍布斯、洛克不同的是，柏克对现代自然法做了修正——他的自然法由自然感情和审慎所构成[43]：这种自然法指导着人们的行动，但必须通过审慎才能变得活跃。这些指令的核心是支持诸如家庭与地产的各种建制，它们体现了对自己所有物的爱这种自然感情。基于自然平等和恐惧的大众自由实际上是由基于荣誉、友谊和自然感情的实践，而不是由基于普遍原则的抽象、正式的制度所保障。[44] 唯有通过对自然感情加以调节的人类的审慎，我们才能自由地满足自然需要。柏克对霍布斯的推进之处在于：用自然感情取代暴死的恐惧，作为自然法的基础。总之，柏克的理论无疑是现代的：他与托马斯主义只拥有外表的相似性，但是其神圣秩序的观念已经被吸收为契约的概念——一方面用自然责任反对自然权利，另一方面则使责任依赖于权利。

综上，尽管柏克对现代政治的承诺产生了幻灭感，但这种幻灭并不是对进步承诺的全盘拒绝。柏克只是侵蚀了博林布鲁克进步观念的边缘，但从未完全取代其核心。他仍旧保留了这样一种基本信念：把简单的第一原则应用到政治中会产生有益的效果，政治的目的应该是普遍的安全和共享的繁荣，一个好政府至少在一定程度上是由才俊之士组成的无党派的行政部门。即使柏克对单凭普遍启蒙就足以拯救社会和政府的承诺感到幻灭，但相比于其他各种替代方案，他仍然

---

[43] Mansfield, *Statesmanship and Party Government*, p.212.
[44] Mark Blitz, "Respectable Partisans of Modern Liberty", *Law & Liberty Forum*, 2015.

更相信民主和进步。因此,柏克——作为一个幻灭的现代人,仍旧是现代的。用波考克(J.G.A. Pocock)的话说,柏克是一个没有太多怀旧气息,力图使"过去保留在现实中"[45]的现代人。

四、永恒的话题:哲学与政治的冲突

哲学与政治的关系问题,被我们时代的政治哲学家称作政治哲学的首要甚至是唯一的问题。[46]正如阿伦特所言,二者之间的冲突是一个古老而又复杂的故事,它在很大程度上正是古希腊时代的真实写照。哲学与政治之间的张力在柏拉图的洞穴比喻中得到了非常形象的表述。当哲学家从他造访永恒理念天空的孤独旅程中返回到洞穴之后,他试图将自己所得的真理与多数人分享,不过遗憾的是,真理却在众人的各抒己见中消失得无影无踪,并被拉低到意见的不确定层次上。于是,在返回洞穴后,真理自身也以"对我来说好像"的外观显现,而这种意见原本正是哲学家在离开洞穴前希望一劳永逸地留在身后的东西。[47]这一比喻不仅说明,哲学真理一旦进入市场之后,就丧失了立足之地,自身性质随之发生了改变,只能以意见的形

---

[45] J.G.A. Pocock, *Virtue, Commerce, and History: Essays on Political Thought and History, Chiefly in the Eighteenth Century*, Cambridge: Cambridge University Press, 1985, pp.209-210. 不过,仍然有一些学者对曼斯菲尔德的柏克解读和定位表示怀疑,他们并不认为柏克和亚里士多德之间的对比应如此尖锐,进而能够将柏克视为一个现代人。比较有代表性的文章是:Greg Weiner, "Whose Statesmanship? Which Burke?", *Law & Liberty Forum*, 2015。
[46] 应奇:《哲学、政治与文化三重奏》,《中国社会科学报》,2014年5月19日。
[47] 汉娜·阿伦特著:《过去与未来之间》,王寅丽、张立立译,南京:译林出版社,2011年版,第220—221页。

式存在；它还告诉我们人类事务的领域中根本没有真理可言，因为人类事务本身处在不断的流变之中，城邦公民对于人类事务的意见也在持续变化，而真理的本性是持久不变的，可以从中推衍出规范人类事务的原则。进一步，在政治领域，也即人类事务的领域，任何宣称是绝对真理而其有效性不需要来自意见领域的支持的这类主张，都会严重地动摇一切政治和政府的根基。[48]

哲学与政治之间彼此对抗的踪迹在18世纪的启蒙时代逐渐消失了。莱辛的呼声"让每个人都说出他以为的真理，让真理自身受上帝的引导"旨在向人们宣告：我们应该为不知道何谓真理而感激上帝。因为对于生活在群体中的人而言，人们彼此间的对话是如此丰富，以至于比任何一种真理都更有意义。18世纪的人们并不会出于对理性脆弱性的认识而萌生悲观的情绪，这点从麦迪逊在《联邦党人文集》中的说法就得以窥见，他强调："人的理性，就像人的自身一样，在独处时是胆怯小心的，他的坚定和信心是同他联合的人数成比例的。当加强舆论的例子不仅数目多而且年代久远时，它们就会有加倍的效果而为人所知。"[49] 在阿伦特看来，麦迪逊提到的多数人具有特殊的重要性。从理性真理向意见的转向蕴含着一个单数的人向复数的人的转向，这意味着：从一个除了一人头脑的"坚实推理"之外没有什么价值的领域，转向一个"意见的力量"取决于他假定会同意其意见的人数的领

---

[48] 汉娜·阿伦特：《过去与未来之间》，第216—217页，221页。
[49] 汉密尔顿、杰伊、麦迪逊著：《联邦党人文集》，北京：商务印书馆，2015年版，第49篇，第303—304页。

域。[50]

在曼斯菲尔德巧妙构思的故事中，柏克对传统与现代政党观的批评就体现了他对于思辨理性的贬损。在本书最后一章，曼斯菲尔德指出，柏克的理性包含在偏见中，而审慎的政治家只需要引导人民的偏见。柏克的这一看法包含两层内涵：首先，偏见只有在不涉及第一原则的情况下，才能像深刻的智慧一样合理。就此而言，博林布鲁克是与柏拉图、亚里士多德站在同一战线的，他们都认为偏见中包含第一原则。与之相对立，柏克认为，偏见不一定产生糟糕的结果，因为它们无须包含第一原则。他没有改变人民的偏见，只是通过时效学说切断它们与第一原则的联系。换言之，只有当偏见不再声称自己是正确的时候，它才能成为合理的。其次，如果偏见是合理的，政治家的作用就会降低。当先定德性是权宜之计时，偏见就会高于审慎。政治家就会在偏见的视野下，追随而不是强迫公众的倾向，引导而不是统治大众的意见。在这两点基础上，柏克的审慎（prudence）与偏见的相遇是为了彼此合作。尽管这种审慎貌似具有亚里士多德主义的外观，然而它的重要性因偏见的合理性而降低，又由于避免诉诸第一原则的危险而增加，其目的是否定亚里士多德对立法者可能性的信念。[51] 进一步，柏克对时效理论的保护和坚守更加印证了他与麦迪逊的类似——时间给予每件事物的尊重并不能完全被理性给予某些事物的欣赏所取代。因此，国家并非建立在第一原则之上，它根本不是被建立的，而是逐渐成长

---

[50] 汉娜·阿伦特：《过去与未来之间》，第218—219页。
[51] Mansfield, *Statesmanship and Party Government*, pp.224-227.

起来的，在适应和改进的过程中需要审慎的判断。哲学与政治的冲突似乎就此消解了。

然而事实并非如此，哲学与政治的冲突依旧潜伏在暗处，它表现在政治家才能与政党政府之间的持久张力中。曼斯菲尔德在全书的结尾处点明，柏克始终不满于他所建立的先定德性制度和政党原则。他清醒地认识到，政党政府必须由一个比政党政治家更好的政治家来建立，审慎的规则也必须偶尔让位于更高的审慎。柏克自己就曾多次在审慎规则不适用的情况下干预政治。不过值得注意的是，这种干预并非古典立法者意义上的立法，并不试图在这种认识的基础上对社会进行彻底而平衡的重建，而只是对特定不满情绪的回应，因而是不规律、不可预测的。在柏克看来，伟人比具有先定德性的人看得更清楚，他们拥有更高的审慎，知道过去行之有效的办法不一定会在现在奏效。然而他们也认识到自己的德性在本质上无法进行统治，因为理性在政治中是危险的，它唤起了构成政治基础的第一原则，而忽略了政治"赤裸裸的本性"。因此，伟人们必须将日常事务中的统治交由出身于大家族的正派之人，这些人尊重政治的表象，在某种意义上比自己更加智慧。[52] 伟人们自己则坐在汽车的后座上，只在极端必要之时抓住方向盘，维护先定德性的统治。

由此，曼斯菲尔德在完成由博林布鲁克的理性主义准备的、以柏克的经验主义为基础而发展起来的政党政府这一论证之时，并没有忘记政治领域之外的哲学视野。政治的领域，用阿伦特的话说——"不论它多么伟大，仍然是有限的，它并不

---

[52] Mansfield, *Statesmanship and Party Government*, pp.240-244.

囊括人和世界的全部存在。它被那些人们不能任意改变的东西所限制。而只有尊重它自身的界限，这个我们自由行动、自由改变的领域才能不受损害，保存它的完整性和遵守它的承诺。在概念上，我们也许可以把真理称为我们不能改变的东西；用比喻来说，真理是我们站立于其上的大地和笼罩在我们头顶上的天空"。[53] 对超越时空的永恒真理的探索，或许也正是曼斯菲尔德的作品能够经久不衰的重要原因。

关于此书的翻译，有些问题在此略作说明。

1. 原文谈到"the great men"一词时，往往与土地绅士、乡村牧师、商人、零售商、自耕农等身份构成的正派之人（honest men）相对而使用，指的是具有权势和财富的贵族。对博林布鲁克及其"政治学派"而言，"the great men"由于以虚假荣誉和情感为行动的主导原则，因而多在贬义层面使用；对柏克而言，"the great men"的联合凭借"友谊、感激或血缘的纽带"，能够更好地促进国家利益，因此多在褒义层面使用。在翻译时，笔者为了凸显这种差别，将博林布鲁克及其"政治学派"使用的"the great men"翻译为中性词"大人物"，而将柏克使用的"the great men"翻译为"伟人"。虽然译法不同，但他们指涉的对象是一致的。

2. 笔者将原文中的"presumptive virtue"一词翻译为"先定美德"，与"真正美德"（actual virtue）相对应。它具有两种含义：一种是指"可能存在的真正德性"，另一种是指"比真正德性更小的德性，但更确定而可靠"。由于这种德性往往是

---

[53] 汉娜·阿伦特：《过去与未来之间》，第246页。

由一个人在社会上所处的位置而被推断出来,因此它有"推定"的意涵;再考虑到人的位置往往是在出生时就决定的,它又包含"预先设定"这一层意涵。因此将"presumptive"翻译为"先定",既包含"推定",也兼有"预先设定"的意思。

3. 原文中的"formed opposition"一词,笔者翻译为"成形反对派",与"合法反对派"相对应。在18世纪的英国,臣民对国王的政策提出异议是合法的,因此"合法反对派"指的是对国王的政策提出异议的政客们。但这些人往往单打独斗,尚未联合起来反对国王;而"成形反对派"又称为"政党反对派",与个体孤立地发起行动不同,这种反对派将持有相同原则或意见的人联合起来,齐心协力地行动。将"formed"翻译成"成形",表示这种反对派已经形成了某种清晰的状态。

4. 原文中的"lawful prudence"译为"合法的审慎",与"法律"(laws)相对应。这个词与"自由裁量权"(discretion)的含义相类似。作者指出,法律虽然非常重要,但它无法涵盖所有问题,仍旧存在其触及不到的领域。于是在这些领域,国王需要根据具体情势,运用自由裁量权审慎处置。由于这种"审慎"只是对法律触及不到的地方所进行的补充,那么,审慎并不在法律之外,而只是法律的一种延伸,是为了更好地完善法律。因此,这种"审慎"就被称为"合法的审慎",意指符合法律精神的审慎。

5. "popular favoritism"译为"大众亲幸制",与"宫廷亲幸制"(court favoritism)相对应。原文是在论述下议院精神时提到了这一制度,由于下议院的独立性源于它对人民的依赖,因此"大众亲幸制"包含两个意涵:一方面,它将民众的选择作为确定议员席位的规则；另一方面，它也指大众可以拥有亲信，即便这些亲信自身存在道德或其他方面的污点，诸如18世纪60年代的威尔克斯。与之对应，"宫廷亲幸制"也包含两个意涵：一方面，它将宫廷（主要指国王）的选择作为确定议员席位的规则；另一方面，国王可以拥有亲信。

6. 笔者将"prescription"翻译为"时效"。这个词取自罗马物权法，它指因时间的推移而导致某项权利的取得或丧失。它包含两种：取得权利的称为"取得时效"（positive prescription；acquisitive prescription），丧失权利的称为"消灭时效"（negative prescription；extinctive prescription）。

"取得时效"主要适用于取得无形财产的权利，如相邻土地所有人一方在他方土地上通过连续、公开与和平地通行、引水或采光达到一定年限而取得对该土地的地役权，或因共享某些自然资源取得用益权。取得时效在英国早期普通法上的时间概念是从无法追忆的时间算起。其后，"无法追忆"被认定为从英王理查一世元年（189年）算起。随后，在1832年英国的《时效法》中，进一步缩短了取得时效的年限，它具体规定：除双方另有书面协议外，对于土地用益权，连续不间断地享用满三十年初步认定为不能推翻地取得此项权利，满六十年则绝对不能推翻；对于通行、引水的地役权，满二十年则初步认定为不能推翻，满四十年则绝对不能推翻；对于采光权，满二十年则绝对不能推翻。

"消灭时效"指物权或债权的所有人因怠于主张或行使其权利超过法定时间而丧失通过诉讼得到保护的权利，故也称"诉讼时效"（limitation of actions），主要适用于不动产、有形产权和债权。如土地被他人长期"逆权占有"（adverse possession），所有人在法定时间内未提出返还要求而丧失追诉权，该土地即被占有者合法取得；又如债权人未在诉讼时效期间内追索债权，该债权就不再受保护。

第一章　政党政府的起源

政党是普遍存在的，但直到最近政党政府才开始出现，这是我们在考虑政党政府起源时必须面对的问题。政党的普遍性源于这样一个事实：在政治领域，人们的行动受动机驱使，而动机能够在意见（opinion）中体现。意见充满争议，尤其是那些有关最重要议题的意见，那些与公民和政体（regimes）生死攸关的意见。争议的存在，使得意见相似的人相互吸引，而意见相左的人互相排斥，进而导致了政党的产生。政治似乎本质上具有偏私性（partisan）。诚然，有许多政体不存在显著的政党，甚至有些完全没有政党，但没有政党的政体并非不具偏私性。它们也许能压制对其业已建立的意见持怀疑态度的政党，但它们不能否认意见的可疑性。在政党并非实际存在的每一个政体中，政党都潜在存在着；在政党实际存在的政体中，也有潜在的政党隐藏在每一个被实际政党视为理所当然的意见之下。所有政体的秘密记录都揭示了不为公民或臣民所见的、政客或朝臣的私人政党，那些自认为建立在可靠基石之上的政体，历史学家已经揭露了其富有争议的假设。

由于政治本质上的偏私性，它对于每个无偏见的观察者又是清楚的，政党政府如今几乎是普遍存在的这一事实就不令人奇怪了。几乎所有政体都声称其具有政党政府，它们会运用政党，承认并赞扬政党发挥的作用。几乎所有政体都以拥有政党为荣，政党被视作新政体与生俱来的权利，西方自由主义和共产主义在我们这个时代的冲突似乎并不涉及政党政府的存在，而仅仅在于本质上不同的政党政体的实践。因此，在确保政党政府几乎获得了普遍承认之后，政治科学家研究了那些以政党政府的存在为前提的政党问题：政党对领袖的选举、不同种类政党的代表、政党的功能、"政党制度"的本质，等等。这些复杂而深刻的问题产生的原因很简单：各持己见的党派之争，似乎就足以证成政党政府。

然而，如果政党政府是不可避免的，那么，它直到近期才开始出现的事实就令人费解了。两个世纪以前不存在政党政府，直到最近极少数早期政党政府的典范才被广泛效仿。政党政府的起源与西方文明、现代政治哲学，甚至现代政体的建立都不是同步出现的。在美国，政党是由政体的创始人之一杰斐逊（Jefferson）发起的，他反对其他开国元勋，并对他们的工作进行了修正。在英国，政治家柏克（Burke）首次赞颂了政党，他声称要捍卫辉格党革命的政体，却通过修正它来捍卫。柏克和杰斐逊，作为政党政府的缔造者，最初只有他们赞扬政党。美国的联邦党人和英国的老辉格党人，这些被我们视为现代政体缔造者的名人，他们与当时的信仰并无多大不同：这些人激烈地反对政党政府，程度不亚于他们在支持自由事业方面的热情。如果说政党政府的出现如此晚近令人困惑，那么早期的自由倡导者及自由政体的创始人对政党政府的反对也足以令人惊讶。的确,说他们反对政府未免太温和了。看到生活在自由政体下的理智清明之人把政党政府视为理所当然的,他们一定会大吃一惊。我们必须根据政党政府在过去的完全缺失,来评价它在今日近乎普遍的存在。

由此可见,区分政党和政党政府似乎就很有必要了。政党是普遍存在的,政党政府却是由政党可以是受人尊敬的这种近期发现导致的结果。政党存在的理由简单而有力,政党的受尊重(respectability)而非其存在,才是政党政府的判别标志。早在柏克发表《对当前不满情绪之根源的思考》*的前一年,即1769年,他就写道:"政党之分裂,无论从总体上它的运作是为善抑或为恶,都不能与自由政府相分离。"[1]相比之下,在《思考》中,他把政党视为自由政府在特定条件下必要而有价值的工具加以捍卫。既然柏克在1769年断言政党与自由政府不相分离,他在1770年又为何给出如此长的论证来称赞政党?柏克在1769年所说的"政党之分裂"是指议会中处在人民的视线范围、彼此竞争的小团体;1770年,他则认为这些团体"总体而言是在行善"而加以拥护。在柏克看来,一个制度无论是否畸形,都与自由政府是分不开的,这是一回事;而一个长期被视作畸形的制度彰显了自由政府真正的美,则是另一回事。

如果我们把国家的公共性建构和私有性建构做区分,就能更好地理解政党的声望。公共性建构是呈现给公众且在学校讲授的规则安排;私有性建构则是政体在幕后真正起作用的方

---

[1] Edmund Burke, *Works*, I, 185.

* 这篇文章以下简称《思考》。——译者(凡此符号标记的均为译者注,全书同,不再一一注明。)

式。正派之人经常能在二者间找到令人费解的矛盾，因为公共性建构和私有性建构的区别并不能与二者目的之间的区别相对应。正派之人错误地以为，凡是得不到公开承认的东西就不能造福于公众。然而，那些只图个人利益的人在公开场合可能是可信的，于是为了有效阻止以个人利益为目的的私人结社，未公开的行动或许必不可少。政党也许总是存在于国家的私有性建构之中，在自由政体中则更为公开；有些代表私人利益，有些则代表公共福祉。直到最近，由于公众对政党的评价发生了转变，政党才在公共性建构中获得地位。事实上，没有任何政党在公共性建构中拥有充分的地位，即便是苏联的共产党。无论法律多么认可并规范政党活动，政党都不享有立法或行政机构中的合法地位，其纲领也不能称为法律或者法令。然而，现如今一党或多党执政已在世界各地成为法律中的本质部分，这也能够反映法律的某种威严。对政党加以谴责以至于希望它们消失，当然不再是公序良俗（public decorum）。

有关政党的意见革命导致的结果是，政党政府遍布各地。这种显著的变化必然让政治学的研究者印象深刻。当他认真反思时，他将寻求它的起源，因为起源是他不能忽视的理解的可能来源。有些变化在不经意间就发生了，能够事后诸葛亮的人可能最了解它们。还有些变化是有意为之的，因此，相比于只接受结果却不反思原初面貌的人，变化的制造者往往对它们理解得更好。如果我们精确地使用这个术语，"政党的创始人"将是这一惊人变化的制造者，但在知道他们是谁以及弄清其意图之前，我们无法确定他们是否配得上这个头衔。

本研究的目的在于，解释埃德蒙·柏克在英国首次提出政党值得尊重的原因。自马基雅维利（Machiavelli）的《论李维》[2]（*Discourses on Livy*）后，柏克的《思考》首次包含了这类论证。我们不打算对柏克的论证做心理学的分析，或者在其给出或暗示的内容之外，为其论证寻找原因。如果柏克提供的原因是不充分的，这种不充分性也应该在周全的考虑之后再出现，并且应该给出更好的论证来替代。我们也不打算按照福克斯派的辉格党人及皮特（Pitt）的继任者的做法，采纳柏克论证并追踪它在英国政治中的影响。由于本研究是关于柏克的政治哲学及政党政府的起源，它的前提必定是，这两个主题是彼此关联的。这个前提认为，政党政府着重处理的是关乎政党不同意见的问题，既然是有关意见的问题，它就是论证的原因。因此，为了理解英国政党政府的起源，我们必须对柏克支持政党的论证给予最热忱的关注。

之前对英国政党政府的起源所做的研究并不接受这一前提，也没有充分地审视柏克的论证。他们要么在辉格党和托利党的起源中，要么在英国民主制的来临之际，抑或在对反对派的最初宽容之中，寻找政党政府的起源。虽然这些观点将在对柏克论证的诠释中分别得到处理，我们仍旧认为，在此把它们作为对本研究前提的挑战来介绍是恰当的。

辉格党和托利党

"辉格党"和"托利党"的名字源于1680—1681年的《排除法案》危机。在将约克公爵排除出王位宝座的努力中，莎夫

---

[2] *Discourses*, I, 2-8；转引自：John Plamenatz, 对柏克《思考》的综述出现在 *Parliamentary Affairs*, V (1951), 211。

茨伯里伯爵（Earl of Shaftesbury）把追随者聚集在议会，让他们在选举中就此事展开斗争。国王组织武装力量以捍卫其专权，两个政党因此完全在公众视野之内发生冲突。麦考莱说，"之前的政治团体从未有过如此精密的组织或者强大的影响"，因此"辉格党"和"托利党""如同英格兰民族那样得到广泛的传播"，"如同英国文学那样持久存在"。丘吉尔说得更清楚，"英国内战（the Great Rebellion）存在不同阵营，从那以后，会有一些政党，虽然不像之前那么生动，但也同样激烈"。[3] 精密的组织，煽动性的策略，以及在莎夫茨伯里领导下的最初辉格党人的纪律，最近都被 J. R. 琼斯（J. R. Jones）描述过，辉格党对现代方法的预期也变得清晰。然而对于政党政府的反复无常和摇摆不定，最初的辉格党人士显得过分急迫，而其托利党对手则显得过于顽抗。两党都不愿接受另一方的权利；包括莎夫茨伯里在内的政党领袖，没有任何人愿意永久地保留这个事件所需要的组织和纪律。[4] 辉格党产生的《排除法案》是为了应对突发事件，一旦获得成功，政党就应该随之消亡。查理二世在方法和意图上拷贝了辉格党的思想。对于双方来说，政党仅仅是应急的资源，而绝非公共建构中的固定组织。

此外，在1689年，作为革命和解的一部分，把天主教徒

---

[3] Thomas Babington Macaulay, *The History of England from the Accession of James the Second* (10 vols.; New York, 1908), I, 294-95; Winston S. Churchill, *Marlborough, His Life and Times* (2 vols.; London, 1947), I, 161；强调为原著者所加。转引自：Thomas DeQuincey, *Politics and Political Economy* (New York, 1877), pp. 497, 502-6。

[4] J. R. Jones, *The First Whigs: The Politics of the Exclusion Crisis, 1678-1683* (London, 1961), pp. 213-15, 222.

从王位中排除出去的法案得到通过,这个问题得以解决。在1682年,这个问题被让渡给国王党,但当时没有解决。詹姆斯二世利用他的专权推进天主教,滥用托利党的忠诚,使辉格党发起反叛。经过三年的统治,厌恶了他的朋友并鼓舞了他的敌人,他放弃王位,留给革命的发起人一个难得的机会——一个解决辉格党和托利党最初何以兴起的问题的机会,而不是为辉格党争取胜利的机会。历史学家普遍认为,革命和解对莎夫茨伯里来说并不是一次成功。在麦考莱看来,革命的英雄是奥兰治的威廉(William of Orange)。但在特里维廉(Trevelyan)看来,革命的精神是"机会主义者"(trimmer)的精神,即著名的反党派人士哈利法克斯勋爵(Lord Halifax)的精神。事实上,辉格党历史学家不愿意赞许革命的发起人巧妙地利用了这一机会,他们也没有充分解释使两党之间能够以无党派方式解决宗教问题的世俗原则。[5]

在《思考》中,柏克提出了英国第一个关于政党政府的论点,但是在小册子的开头,他提到一个颇受欢迎的事实:"以前兴风作浪、分裂国家的大党派,从某一方面说,现在都完全解体了。"[6] 他指的大党派其实是17世纪因为对神授王权(divine right of kings)、罗马教皇制度、主教制度问题看法不同而划分的政党。柏克表示,大党派的瓦解为政党的名望做了必要的准

---

[5] Macaulay, *History of England*, Ⅳ, 351, 387-97; George M. Trevelyan, *The English Revolution, 1688-1689* (London, 1938), pp. 240, 245;但是转引自:W. E. H. Lecky, *A History of England in the Eighteenth Century* (12 vols.; New York, 1878), Ⅰ, 6, 13, and David Hume, *The History of England* (6 vols.; Boston, 1854), Ⅵ, 363。

[6] Burke, "Thoughts," *Works*, Ⅰ, 308;转引自:Burke, *Correspondence*, Ⅱ, 279。托克维尔对大党派和小党派的区别做了解释,*Democracy in America*, trans. H. Reeves (2 vols.; New York, 1945), Ⅰ, 175。

备。政党在解决这些关键问题之前,绅士们加入某个政党是不会受尊重的,加入不同的政党就更受鄙夷了。对柏克来说,受尊重的政党政府意味着由不大的政党领导的政府,政党政府恰恰建立在大党派消失的基础上。虽然政党名称和它们的某些实践仍在沿用,但它们的本质则是新的:在某种意义上,它们现在是小党派。18世纪上半叶,辉格党和托利党越来越多地接受了革命和解方案,他们逐渐从《排除法案》危机获得的遗产中脱离,成为小党派。

革命和解是英国政党政府的基础,因为它摧毁了大党派的根基。大党派并不只是在规模和脾性上受到了削弱,从而为政党政府的建立提供可能。它们之所以变小,并不仅仅是因为英国政治家对内战感到疲惫和厌恶,并决定为一些不那么重要的事情争论不休,以获得更少的回报。它们之所以变小,其实是由于宗教争论的解决和对神授王权的公然拒绝。1710年萨切维尔的审判(Sacheverell trial)表明,曾在1688—1689年解决的问题可以再次被提出,而且如果被提出,就可以像过去一样热门。18世纪的政党与17世纪冷淡的政党不同,它们拥有一个全新的基础。[7]

但是革命和解只产生了政党政府的基础。虽然18世纪的政党是小党派,但直到革命后八十年左右,即柏克的小册子出版之际,它们才获得尊重。在赋予政党更好的名声方面,这本小册子并没有获得即刻成功。罗金厄姆党(Rockingham party)(当时并不是所有的成员)作为一个奉行党派主义的

---

[7] 转引自:G. M. Trevelyan, "The Two-Party System in English Political History," in *An Autobiography and Other Essays* (London, 1949), p. 197。

政党,曾是独立存在的,这一记录表明:政党是可以缺乏伟大的。这还不足以摧毁大党派的基础;还必须进一步说明两点:首先,小党派不会因为它们提出的问题升温而变得伟大(great);其次,它们不存在危害,甚至还有积极的好处。柏克的《思考》建立在革命和解的基础之上,他进而论证了两点,它们在捍卫和开启政党政府中是不可或缺的。

民主制的来临

另一种观点认为,政党政府起源于英国民主制的来临。这种观点出自政党政府史的研究先驱奥斯特罗戈尔斯基(M. Ostrogorski),同时也出自马克斯·韦伯。[8]他们认为英国的旧制度(ancien régime)既不是在1688年,也不是在1746年(最后一次击败斯图亚特的觊觎王位者),而是在1832年,当中产阶级第一次在《改革法案》的通过中感受到自己的独立权力时,才被摧毁。1832年之前,存在某些贵族团体的政党(韦伯将它们称作名人党),它们受到很大限制,甚至其分裂都没有扰乱社会的和谐。[9]这些贵族政党偶尔被议会中独行其是的激进派干扰,但从1750年到1850年,它们受到的挑战主要来自议会外的改革运动,诸如以捍卫《权利法案》

---

[8] M. Ostrogorski, *Democracy and the Organization of Political Parties*, trans. F. Clarke (2 vols.; New York, 1902), Part I, chaps.1-4; Part II, chaps. 1-2; Max Weber, "Politics as a Vocation," in H. Gerth and C. W. Mills (eds.), *From Max Weber: Essays in Sociology* (New York, 1946), pp. 100-107. 韦伯关于政党的思想已经收录在 *Wirtschaft und Gesellschaft* 第四版中(2 vols.; Tubingen, 1956), II, 845-58;同时参考 I, 167-69; II, 675-78, 865-76。

[9] Ostrogorski, *Political Parties*, I, 22.

为宗旨的威尔克斯协会、新教联盟、天主教联盟、普赖斯博士（Dr. Price）的革命协会，以及反谷物法联盟，等等。历史学家对这类运动有很多研究，将它们视为民主制和社会主义政党的先驱，或者这类政党的早期替代物。议会的各种贵族政党并不乐意拥护民主制和社会主义，但又不得不接受它们。然而，出于某种原因，贵族政党并不像17世纪的政党那样抵抗直至内战的程度。相反，它们争取机会，从鼓动反对它们的人手中拿选票，并且认可议会外组织在实现这一目标上的必要性。根据奥斯特罗戈尔斯基和韦伯的理论，政党政府的起源不能从政党自身的起源中寻找，而只能从政党内议会外组织的起源中去寻找。他们根据民主主义和社会主义来思考政党政府的起源，因此强调政党的组织。奥斯特罗戈尔斯基将书的标题命名为《民主制和政治政党的组织》。

虽然这个论证为诸多有关政党的有益著作提供了诱因，但它缺乏历史感，具有误导性。这个论证忽视了17—18世纪的政治家对政党的最重要关切。奥斯特罗戈尔斯基和韦伯评论说，18世纪存在一个贵族的政党政府，他们其实知道，这种政党政府在17世纪并不存在。但他们接下来说，这种差别由于民主制和社会主义的出现而变得无足轻重。奥斯特罗戈尔斯基和韦伯在处理英国政治的问题上犯了与盎格鲁-撒克逊人在对待欧洲大陆的政治时同样的错误：他们低估了宗教争端的重要性，低估了1688—1689年宗教争端获得和解的重要性。

相反，当柏克将17世纪的政党称作"大党派"时，他指的是宗教争端。当休谟说，"根据原则，尤其是根据抽象的推理原则而建立的政党，只有到现代才为人所知，也许它们是迄今人类事务中最特别、最不可思议的现象"[10],他所指的也是宗教政党。怀着这种异常的热情,休谟对比了各个时代都存在的利益政党(parties of interest)和直到现代才出现的(宗教)原则政党(parties of religious principle)。亚里士多德、修昔底德以及罗马共和时期古代历史学家们的作品中充满了贫富阶层之间的斗争,但对宗教政党几乎保持缄默。[11]从某种程度上来说,由于强调民主和社会主义,奥斯特罗戈尔斯基和韦伯的理论更接近古代的政党观,而不是早期现代的政治家和政治哲学家们的观点。然而无论是古希腊还是古罗马,都不了解政党政府:即使贫富之间的斗争是政治的核心议题,穷人和富人的政党也从未在公共性建构中获得尊重。政党被认为对于政体的健康而言是致命的,而不是至关重要的;政党间的冲突之所以很激烈,在于人们所持的某种信念:只要打败了反对派,政党的祸害就可以消除。[12]于是,为了解决贫富之间的政党冲突,哲学家们选择混合政府,而不是政党政府作为疗方。他们将政党混入政制中,通过建立某种符合各派利益和意见的方案,试图解决彼此之间的争端。在提议中,他们试图解决冲突,而不仅仅是缩小冲突的范围;他们向各政党让步以获得他们的忠诚,并劝导他们不再以政党的身份出现。[13]

---

[10] David Hume, "Of Parties in General," *Essays Moral, Political, and Literary* (2 vols.; Edinburgh, 1817), I, 54;强调为原著者所加。
[11] 参考 Plato, *Laws*, 803d-803e; 828d。
[12] Livy, *History of Rome*, ii. 24, 32-33, 44, 65; iv. 2-6;转引自:Machiavelli, *Discourses*, I, 5-6。
[13] 比如,Aristotle, *Politics*, iii, iv, vi, esp. 1281a9-11, 1296a7-13; Polybius, vi. 3, 10, 18, 26, 43, 46-47; Plutarch, *Praecepta Gerendae Reipublicae*, 824b-825b; cf. J. S. Mill, *On Liberty* ("Everyman Edition," [London, 1936]), pp. 105-7;以及 *Representative Government*, chap. 2。

在柏克看来，宗教争端的和解使得现代政党政府成为可能。因此现代的政党政府预设了宗教争端的提出（raising）。它假定了在毁灭之前，"最特别、最不可思议的"大党派的存在，它们"只有到现代才为人知晓"。进一步，通过考察博林布鲁克（Bolingbroke）对自然宗教的反思，我们将会看到，宗教争端一旦被提出，就不得不以某种方式加以解决，这样它就不会被再次提出。对于宗教争端，18世纪英国的各个"贵族"政党是开明的（liberal）；在这个根本点上，它们都是旧制度的反对者。人们普遍认为，在英国，自由主义和政党政府都是先于民主制和社会主义的，最初的英国自由主义者都是改变信仰的贵族。在欧洲大陆，当宗教争端延续到将政党在社会问题上分歧复杂化的时候，我们怎么能够假定，英国宗教争端的和解不会对随之而来的社会问题的分歧产生重要的影响呢？在现代英国，宗教争端的和解不可能与古代政党政治中宗教问题的缺失产生同样的效果。按照柏克的说法，宗教争端的解决使得政党政府在现代英国成为可能。奥斯特罗戈尔斯基和韦伯在考虑政党政府的问题时，会以民主制和社会主义的派生问题为开端，而这些问题往往是在宗教争端和解之后才形成的。他们对政党组织的研究还需要辅以对早期政党政府观点的研究。

对于马克斯·韦伯忽视政党政府来临之际宗教争端的重要性，我们很难加以指责。韦伯指出，包含政党政府在内的整个现代世界，是从新教或某些清教派别发展而来，他是这类观点派别的领袖。现代政府的"形式"自由允许并鼓励以原则的不同为基础而建立的政党，它们从卡里斯玛领袖的一群追随者发展而来，取代了传统社会中的传统团体（groupings）。韦伯同意休谟的一点是,原则政党只有到现代才为人熟知,但他否认这些政党是不负责任的;相反,韦伯认为它们恰恰是现代政府的特征。现代政府是现代信仰的结果,在英国,现代信仰是其中一个大党派(作者注:并不清楚是哪一个[14])的一种自然结果或传承。由于现代英国政府是从其中一个大党派中出现的,1688—1689年宗教争端的和解就其自身而言并未解散大党派,它只是清教徒教义得以转变的标志。为了吸引两个大党派,政党政府的学说基础出现在某些已经世俗化的宗教宽容的清教教义中。当然,这些学说并没有被虔诚的清教徒们世俗化,清教徒们是追求宽容的狂热分子;他们在革命和解中也没有世俗化,因为革命和解假定他们已经世俗化了。尽管韦伯在某些清教教派的教义中寻找这种世俗化,但他或许认为,为了将一种宗教信仰世俗化,一种世俗学说是必需的。[15]因为他相信,现代政府起源于新教教义的内部转化,并不认为宗教争端的和解起着决定性的作用。对韦伯来说,和解仅仅标志着转化的成功。

---

[14] Weber, in *Wirtschaft und Gesellschaft*, II, 676. 转引自: Ostrogorski, *Political Parties*, I, 25-28; Ernst Troeltsch, *Protestantism and Progress*, trans. W. Montgomery (Boston, 1958), pp. 105, 125; 以及 *The Social Teaching of the Christian Churches*, trans. O. Wyon (2 vols.; London, 1931), II, 636-39, 690, 1011; Guido de Ruggiero, *The History of European Liberalism*, trans. R. G. Collingwood (Boston, 1959), pp. 162-63。

[15] R. H. Tawney, *Religion and the Rise of Capitalism* (New York, 1947), pp. 234-35, 261-63. 考察约翰·托兰(John Toland)的这一推理:"双方的人都愿意保持沉默,只要他们的牧师允许他们这么做;他们不会因为周日不走同一条路去教堂就给彼此留下差评,因为他们在周六去市场之前会结伴;他们对彼此的诚实进行评判,依据的是他们的交易,而不是他们的观念;贸易不加分别地蓬勃发展……" *The Art of Governing by Partys*(London, 1701), p. 21; 强调为原著者所加。

对反对派的宽容

这个论证导致了第三种观点：当对反对派的宽容得以确立，政党政府就产生了。根据这种观点，对反对派的宽容是宗教宽容的世俗产物，政党是世俗化的教派或者集会（congregations）。正如宽容概念从宗教自由延伸至政治自由，大的宗教党派变成了政党政府的党派。大党派并未解散，但由于神学怨恨的效果被一种普遍的厌恶削弱了力量，进一步又出于对自己成员日益增长的不信任而变得衰弱。这样看来，政党政府是厌恶和胆怯的结果，总之，就是幻灭导致的结果。大党派的盲信者们看清了各种神授权利（divine-right）原则的后果，比如说，法国在欧洲占主导地位的威胁，因此开始怀疑它们。起初他们并未放弃这些原则，但是开始质疑自己为了原则之故而摧毁对手的权利，于是开始容许敌人有抵抗的权利。

同时，在把注意力转向商业利润的机会和在专业领域获得稳定发展的想法之后，这些前党派人士对一种讲求平衡与策略的新型政治科学表现出审慎的忠诚。当政党力量被运用时，洛克（Locke）、哈利法克斯和博林布鲁克控制了政治家和党派人士的意见，悄无声息地扼杀了党派之争的来源，即清教徒和斯图亚特王朝的神授权利原则。像哈利（Harley）和沃波尔（Walpole）这样的管理政治家取代了17世纪的强势（thunderous）政治家，用小恩惠和更小的承诺引诱那些失望的党派人士。随着托利党加入反对詹姆斯二世的普遍反感中，他们逐渐丢弃了宫廷原则。但在新政体中，托利党对辉格党怀恨在心，却又不一致地要求与辉格党享有同等的特权。这就产生了复合的结果：他们充分地保留了旧的托利主义以维持17世纪的两党二元论，却丢失了他们的神授权利原则以确保他们的反对是忠诚和无害的。

库尔特·克卢克森（Kurt Kluxen）对这一观点做了最晚近和完整的呈现。[16]整体而言，它是一种真实的写照，但是面临着两个困难。首先，虽然他精确地展现了新型政治科学的管理现实主义（managerial realism），但忽略了这门政治科学的信心。克卢克森将他的研究集中在博林布鲁克身上，他的目标不仅仅是平息17世纪政党间的冲突；这将是任何理性的政治家统治狂躁（distracted）民众的目标。博林布鲁克的目标更是建立一个以理性原则为基础的社会，一个不受偏见尤其是宗教偏见所激发的党派冲突影响的新社会。从某种意义上说，他对这一目标的信心不亚于17世纪各政党的狂热。随后将会提到，博林布鲁克反对执政的辉格党人享有特权，不是因为他想要类似的特权，而是因为他的确认为这类特权对于政制的运行来说没有必要。他并不打算让自己的反对党成为接二连三的反对党中的带头者，他也不想只是成为政府最早的反对者而故意不让自己成为捍卫政制的英雄。相反，他的政党是作为最后一个政党而设计的，其目标是摧毁政党今后存在的一切借口。

柏克认为他看到了这种高度自信的危险性，于是提出政党政府的论证以防止它的恶劣影响。因此，在英国，政党政府的第一个论证是由幻灭或者预期的幻灭所产生的。博林布鲁克阻止所有潜在的党派偏见来影响英国政制的纲领，令柏克大失所

---

[16] Kurt Kluxen, *Das Problem der politischen Opposition* (Freiburg, 1956), pp. 1-64, 157-64; 转引自：Jones, *The First Whigs*, p. 17; Francis Lieber, *Manual of Political Ethics* (2 vols.; Boston, 1839), II, 435。

望。他非但不厌恶宗教内战，反而担心这种彻底的企图会使宗教内战不再可能。而克卢克森的观点并不能解释第一种尝试为彻底的、底气十足的现实主义所激发的信心。拥有这份信心的人不仅反对政党政府，而且反对执政的辉格党人。

此外，即使反对派是忠诚而合法的，这也不足以建立政党政府。反对派在一个自由政体中是忠诚并合法的，但并非每一个自由政体都拥有政党政府。许多人认为政党是自由政体的祸根。1688年之后，人们寻找阻止反对派成为反对党（party opposition）的方法已是稀松平常之事。熟知纳米尔（Namier）的读者都了解，在18世纪，合法反对派与"成形"的（formed）或政党的反对派之间是有区别的。[17]由于英国拥有一种自由政体，人们认为政治家对于国王的政策提出异议是受人尊重的；在议会中，他可以通过演讲说服别人接受自己的意见，并收集他们反对国王政策的选票。但在与国王的交往中，他只能独自悲伤或生闷气。任何以"成形反对派"的形式与他人一起行动的企图都被认为是对国王自由裁量权的攻击，并被认为是出于对"地位"的渴望或者对政制的不满。一个人不应该通过为自己增加他人和他人意见的影响力来掩盖自己及其意见的优点；如果他这么做了，就等于承认他爱自己胜过爱自己的优点。并非所有的政治家都完全严格地持有这种信念，也不是所有人都这么做。在1746年的一个著名的政制事变中，佩兰（Pelhams）在获得皮特的支持后率领全体内阁成员集体辞职，乔治二世被迫

---

[17] L. B. Namier, *England in the Age of the American Revolution* (London, 1930), pp. 55-58; Kluxen, *Das Problem*, p. 179.

以更好的条件重新将他们召回。[18]但是,一个永久性的或永不停息的反对派组织肯定不受人尊重。

只要这些信念占据主导地位,国王或多或少地可以独立担任自己的首相,而由首相领导的内阁最多也只能够对某个特定立场发起孤立的攻击。[19]在柏克的引导下,罗金厄姆党是第一个挑战这种主流观点并接受成形反对派永久受尊重的政党。对博林布鲁克而言,只有在意图消除这种反对的所有原因时,成形反对派的存在才是合理的。因此反对派与政党政府之间的关系并不简单;一个被容忍的、合法的反对派和一个受人尊敬的、成形的反对派之间的区别将这种关系变得复杂。在1688—1689年革命和解之后成长起来的合法反对派,其积极行使权利的一个早期例证就是博林布鲁克为反对政党名望而制定的纲领。

上述三种观点都和本研究的前提相违背,他们认为政党的正当化只是对17—18世纪特定情境的回应。他们断言,政党政府并非有意计划或者建立的。它源于辉格党和托利党之间的冲突,或者也许来自圆颅党(Roundheads)和骑士党(Cavaliers)之间的冲突。它来自18世纪晚期的世俗化民主运动,并最终源于17世纪的宗教民主运动。它是由托利党政治家在1688年建立的辉格党政体中为他们自己和他们的思想创造一席之地的尝试而产生。从"政党政府是对情境的一种回应"这个共同的结论出发,他们得出政党政府的起源研究对当前的政党政府研究并没有多大的帮助。因为今天的情境有所不

---

[18] W. R. Fryer, "Namier and the King's Position in English Politics, 1744-1784," *The Burke Newsletter*, V (1963), 248-49; J. B. Owen, *The Rise of the Pelhams* (London, 1957), p. 299.

[19] Richard Pares, *King George III and the Politicians* (Oxford, 1953), pp. 94-97, 207.

同，通过研究政党政府的起源，我们只能了解差异的程度。特别是政治家和政治哲学家关于政党政府的意见，在今天是不恰当的。

但是，从另一方面来说，如果政党的声望并非简单地继承政党的实践，那么可以允许政党政府是有意建立的。如果政党政府是在政党被证明为受尊重的时候建立的，并在执政当局同意这一结论的时候建立的，那么缔造者的意见就可能与今天相关。如果政党政府最初是一种选择的对象，而且是出于某种特定的理由而被选择，那么那些理由可能会告诉我们当今政党政府的一些特点。我们的前提是，有关政党的意见曾经很重要，这意味着政党政府具有可理解性，而由于它具有可理解性，因此在某种程度上具有永久性。举例来说，在1960年的美国总统选举中，两党在竞争中都提出了宗教问题。我们普遍地认为这是不幸的，但为什么它应该如此呢？从政党政府的起源中理解宗教争端也许能提供一个答案，与其说是因为我们直接继承了之前的经验，不如说因为这一问题是相似的。在任何情况下，我们都不希望通过对三种相反观点的简短反驳，而将本研究的前提强加给读者。我们的目的只是引发读者对接下来研究的关注。

传统的政党观

如果我们认为政党政府只是对于情境的一种回应，那么关于政党意见的重要性仍然存在其他可能的论点。在柏克的《思考》出现之前，政党实践的决定性因素是传统政党观点的运用。这种观点反对政党，但并不排除偶尔运用政党。它甚至与人们对政党的习惯性宽容相一致。因此可以推断,政党的声望并不是对政党实践的一种必然回应,无论是偶然的还是通常的。即使没有政党的声望以及政党政府,政党的实践仍然可以根据传统观点得到理解和辩护。

人们很少能够谈论传统观点,但在这里是可能的。值得注意的是,在18世纪晚期以前,政治家和政治哲学家对于政党是邪恶的这种观点几乎达成了一致。他们认为,每个社会在某些最宝贵的议题上必须基本上不存在异议;如果关于这些议题的意见是可疑的并且易于引起政党分歧,那么解决它们就变得至关重要。但是严肃的政党或"大"政党恰恰会关心这些议题,必须不惜任何代价来避免它们,除非牺牲原则。另一方面,琐碎的政党或"小"政党是危险而腐败的。它们是危险的,因为积微成著,巨大的分歧往往酝酿于小的争执中,例如,在利力浦特(Lilliput),"高跟党"(High-Heels)和"低跟党"(Low-Heels)以及大端派(Big-Endians)和其对手之间的争端。[20]那些关注琐事的政党分散了严肃政治家的注意力,使他们堕落为被政党引诱的无知政客,并最终屈从于从中获利的政客们不负责任的野心。这些无聊的政党并非在严肃的问题得以解决之处是无害的,而是在那些没有令人困惑的严肃问题之处才是无害的。杰斐逊曾经表达过他对于轻佻的党派偏见的敌意,并质疑它是否能够保持轻松愉快:"好东西充其量是个稀罕物。没有理由人为地把它们再细分。但是,到目前为止,我们是否能够完善社会原则,使政治意见在交往中变得像哲学、机械或任何

---

[20] 转引自:Aristotle, *Politics*, 1303b17-1304b8; and Machiavelli, *Prince*, chap. 19; *Discourses*, III, 6。

其他方面的意见一样无害,这是很值得怀疑的。"[21]总之,根据传统观点,政党是麻烦的,或者它们制造麻烦;即便不是如此,它们也是非可宽谅的。

但是传统观点并不完全与党派偏见相对立。前文提到,政党从公共性建构中被排除;但是作为一种对公众有利的危险工具,它被容许在私人性建构中占有一席之地。人们总认为政党是一种邪恶,因为即便在最好的情况下,当政党出于良善动机而被接受,它也会造成异议,并树立不好的榜样。[22]但有时为了保存这个政体中最宝贵的原则,不得不接纳这种邪恶。1757年,哈德威克勋爵(Lord Hardwicke)写道,反对党是"人们可以加入的最邪恶联合体,比我见到的任何政府都更糟糕和腐败"。[23]但在绝对必要的情况下,他对这一原则做了例外规定,他一定是想到了1688年辉格党和托利党反对詹姆斯二世的阴谋。

这必定是一个沉默的例外。由于早期的政党研究者对其普遍存在的邪恶夸夸其谈,而对其罕见的必要性却讳莫如深,他们给政党的现代研究者留下了一种非常令人讨厌的沉闷和笨拙的印象。一些现代学者因此接受了为当代政治科学发现政党的荣誉。[24]但是这些研究者没有看到传统观点的微妙之处,在传

---

[21] *The Writings of Thomas Jefferson*, ed. P. J. Ford (10 vols.; New York, 1896), Ⅶ, 128; 转引自:Ⅶ, 43, Ⅸ, 425. Carl J. Friedrich, *Constitutional Government and Democracy* (rev. ed.; Boston, 1950), p. 414。

[22] 参看 *The Complete Works of George Savile, First Marquess of Halifax*, ed. Walter Raleigh (Oxford, 1912), p. 225。

[23] Philip C. Yorke, *Life of Hardwicke* (3 vols.; Cambridge, 1913), Ⅱ, 392; Ⅲ, 362, 496.

[24] Robert M. MacIver, *The Web of Government* (New York, 1948), p. 208; Austin Ranney, *The Doctrine of Responsible Party Government* (Urbana, Ill., 1954), p. 4; Sigmund Neumann (ed.), *Modern Political Parties* (Chicago, 1956), p. 1.

统观点下,没有一个负责任的人会传播一种他知道可能会被误用的危险工具之运作——尽管他自己可能不得不使用它。这种人可以研习政党,通过将自身和那些单纯回避罪恶的人分开,在某种意义上,他就变成了政党的一个成员。但是他不会公布自己的研究成果,因为它们的确对所有人——无论是好人还是叛徒——都是有用的。然而,在传统观点中,好人只会利用政党来废除政党存在的机会。因此,公开地为政党辩护将会破坏政党对好人的用处,并且只会为坏人的利益服务。为了达到偶然的良好目的,政党必须被置于公共性建构之外。传统的政党观念建立在对公与私严格的区分之上,就好像对公众有益的事情总是能够被公开宣布一样;但是它包含了一种沉默的例外,以便在紧急状况下为老练的政治家服务。在缺乏信任和组织的时代,这是一种与政治实践相适应的观点。

在这一观点中,对于如何对待政党存在不同的意见,他们认为政党普遍是邪恶的。前文的古老观点认为,它们应该被压制;但是某些现代政治哲学家(比如休谟)则认为,在一个自由国家,政党可能必须被宽容。休谟说:"消灭政党的所有区分也许并不是切实可行的,或许在一个自由政府中也不是值得希求的。"[25]《联邦党人文集》(*The Federalist*)第十篇持有相似的看法,既然派别(faction)的原因潜伏在人性中,那么如果不牺牲自由,派别就无法被压制;它们的影响必须得到缓和。在这两种情况下,政党可能被容忍的观点都伴有一个论证,以表明政党是可以被建立并得到宽容的。温和的派别和被容忍的

---

[25] Hume, "Of the Coalition of Parties", *Essays*, I, 472; 转引自: James Harrington, *The Commonwealth of Oceana* (London, 1887), pp. 30-40, 135, 171, 200-201。

政党为自由人提供了一个消耗能量的地方，同时避免更糟糕的伤害。从这个观点来看，一个由温和派别组成的社会要比一个使臣民变得迟钝或愤愤不平的死气沉沉、毫无派系的社会好得多。

但这种对政党的宽容并不等同于政党受尊重的信念。[26] 即使对政党的宽容可以给一个自由国家带来力量，差别也仍旧存在，因为从公众的视角出发，许多必要的活动并不是值得尊敬或者合适的。被容忍的政党所产生的力量在任何情况下都不对政党本身负责，因为政党只是表达了自由人的能量，是对作为一项原则的自由负责。如果大党派能够通过原则的扩展——这种原则缓和并分散了宗教狂热——变小并将之保持，那么在政党不受尊重的情况下，人们仍然能够自由地生活。他们能够赞美自由，却不赞美它最不幸的副产品——政党；他们可能会像警惕外部敌人一样警觉自由原则所导致的危险。

尽管承认宽容政党和尊重政党之间的区别，人们可能仍会断言，休谟的观点是政党从受压制到获得尊重这个进程中的临时一站。但休谟关于宽容政党的意见是政党受人尊重的替代品；它不是一种尝试性的新观点，而是对传统政党观的一种调解。通过证明政党可以被宽容，却不受尊重，休谟非但没有使柏克关于政党尊严的论证变得更容易，反而变得更困难。我们将会看到，柏克的论点反对博林布鲁克的信念，即政党不应该获得宽容，因此他将休谟视为同盟。但是休谟批判了宗教原则的现代政党。他试图表明，原则的差别相较于野心的冲突，更能让党派之争变得危险；与之相反，柏克试图表明，政治家只

---

[26] Caroline Robbins, "Discordant Parties—a Study of the Acceptance of Parties by Englishmen," *Political Science Quarterly*, LXXIII (1958), 505-29.

有在政党中相互结合的时候,才能根据原则而行事。二者都想要一个自由政体,休谟认为它必然和政党背道而驰(against),而柏克则认为只有(with)政党才能捍卫它。

因此,我们必须区分政党政府的基础和开端。政党政府的基础,即把大党缩小为小党的革命和解,既能证明博林布鲁克的观点——他认为政党现在是不能容忍的,是正确的;也能捍卫休谟和柏克的立场:休谟认为政党是可以容忍的,柏克则认为政党是值得尊重的。我们认为,在反对政党实践,甚至在反对为政党政府提供基础的发展方面,传统的政党观独树一帜。相反的观点必须成功地加以反对。柏克的政党观继承了传统观点,这并不能证明它的真实性,因为意见并不总是由优越的论点所支配。但是,在这次介绍性的考察之后,我们不能说这个论点与政党政府的起源毫无关联。本研究的目标是要考察在政党政府起源之时,人们支持或反对政党政府的论点。

进一步地,由于传统的政党观仍未被克服,因此政党政府的相关论证也没有得到解决。现如今,它仍然以流行的观点存在,区分了"政治家"和"政客"两种概念,并且经常使用"政治"(在美国)或"政党政治"(在英国)作为谴责的术语。现代的政党学者反对"异类""时髦的诋毁"或嘲讽等用法,并反对表现出"道德偏见"。[27]事实上,他们为政党辩护,主要是为了对抗它糟糕的名声。一个政治科学家曾说过:"直到本世纪,才有相当多专业、可敬的观点有信心地提出,政党

---

[27] Wilfred A. Binkley and Malcolm C. Moos, *A Grammar of American Politics* (3d ed.; New York, 1958), p. 195; D. W. Brogan, preface to Maurice Duverger, *Political Parties*, trans. B. & R. North (London, 1954), p. vi; Neumann, *Modern Political Parties*, p. 1; Neil A. McDonald, *The Study of Political Parties* (New York, 1955), p. 3.

是负责任的大众政府的必要特征。"[28]这个声明具有消除公众疑虑的性质,它暗示人民应该屈从于20世纪提出的一种相当大的、令人尊重的、专业的意见。最后一个特质似乎是决定性的:政治科学的专家已经发现,政党对于负责任的大众政府是必不可少的。我们可以通过考察柏克——其了解在政党受到尊重之前的政治——的政治哲学,来思考专家发现的这一真相。

政治家才能和政党政府

柏克如此坚持改革和创新之间的区别,以至于我们不敢在没有研究的情况下,将他关于政党受尊重的论点描述为二者之一。柏克促进的变化是从政治家才能向政党政府的转变。如果这种变化的确存在,其重要性也得到充分的暗示,我们则可以探究这种变化的性质。政治家才能是在情境中做善事的能力,作为个体,人们的成就各不相同。既然人与人之间在这一方面擅长的程度不同,他们就是不平等的,那么政治家才能从本质上来说就是一种不平等的能力。就这一点而论,它必须由最佳典范而非平均样本加以定义;因为我们根本不知道一个政治家能够做什么,除非我们了解人类能力的限度,即一个伟人会做什么。政治家才能的研究因而主要是对伟人的研究,对政治家才能的依赖就是对伟大政治家的表现和典范的依赖。政党对政治家的取代是为了避免依赖伟人。

当柏克写到查塔姆(Chatham)的时候,他说在团队中行

---

[28] Avery Leiserson, *Parties and Politics* (New York, 1958), p. 316.

动往往会降低一个杰出人物的价值，但他本可以写他自己。他是一个伟大的政治家，不仅试图减少英国对他个人能力的依赖，而且试图降低它对任何伟大政治家能力的依赖。他通过将政党引入公共性建构，通过使政党政府成为正派守信之人的可敬工具来促进这一变化。将"政党"界定为根据某个特定原则而结合的一群人，柏克使彼此相结合的好人利用政党来对抗坏人。但是好人能够同意公开结合的原则必须是一种正派的原则，这种原则不会冲击任何情感，但会牺牲一些"具有卓越价值的个人"的敏锐洞察力，以促成好人之间的联合。这并不是说一个政治家没有原则或高于原则；而是说，他的原则在转译成公共演说和政党纲领的过程中，丧失了它的文雅。在这种转译中，原则必须是可辩护，也必须是可行的。对于一个乐于被伟大政治家打动的公众来说，这是站不住脚的；而对于急于纠正表面不一致的政党来说，对于一个被教导去奖励党派偏见的公众而言，这是站得住脚的。相比于政治家的原则，适用于政党原则的能力必然更小。柏克认为政党值得尊重，是因为他愿意接受不那么精确的原则，用来换取对政治家的更少依赖；伟大的政治家是可遇不可求的，起码从这个意义上来讲，他们就是不可靠的。柏克相信，正派之人的一致性能够弥补他们洞察力的缺乏，政党政府能够取代政治家才能。

　　作为政党政府的创始人，柏克应该享有的声誉给他为赢得政党尊严而提出的论点投下了阴影；因为政党政府的建立不是一种党派行为，而是仰赖政治家才能。要理解这一行为，我们必须对柏克的《思考》做一个细致的解读，从小册子的表层外观开始。起初，柏克表示他对介入以揭露当前不满的根源持保留态度，有些含糊其词。然而，经过深思熟虑之后，人们可能会得出这样的结论：柏克的微妙性和含糊性是彼此关联的，他在18世纪的读者中制造了一个传奇，目的是让他们行动起来——不是为了一种狭隘的党派目的，而是为了修改宪制。他使用了政治家的修辞来描述一种危险，以期得到补救。但其补救措施的本质是减少对政治家才能的依赖。柏克在《思考》中的论证从政治家才能转向政党政府，从开端含糊其词、小心试探转向结尾处自信满满、口无遮拦。

《思考》是一种回应；它为专制的危险提供了一种补救办法。柏克将政党视为一种防御策略。他的对手并没有被指出名字，但是必须被识别出来；通过他对活跃于18世纪60年代的"某一政治派别"的影响，我们认为这个对手就是博林布鲁克。了解博林布鲁克的影响力意味着了解他的意图，我们发现他的意图是利用政党作为进攻（offensive）策略。但是，由于他的党纲对党派之争抱有敌意，他只想让他自己的政党获得尊重，而且只有在腐败的贵族政党幸存下来的情况下，他才会这么做。柏克提出政党的尊严是为了对抗一个政党的威胁，这个政党的纲领是反对党派之争。他的政党防御概念比博林布鲁克倡导的一党改革制更接近于现代的民主政党制度。但在柏克的辩词里隐含的其与博林布鲁克的冲突中，我们发现了英国政党政府的起源。博林布鲁克政党的纲领性愿望和柏克政党制度的固定责任，在现代民主政党制度中作为对立和互补的因素而持续存在。

在确定并考察了柏克的对手之后，我们会继续表明，柏克对政党的捍卫源于他对现代政治哲学的参与，源于他对人的自然权利学说的遵守。我们惊异地发现，他对英国政制的构想是一个大众政府，类似于《联邦党人文集》中的大众政府——经过改良而变得优雅,由绅士的统治加以贯彻。政党,或称政党制度,是为了克服大众政府的弱点而提出的补救方案,也与绅士们温和的政治能力相适应。

  作为政治家的柏克,尽管引入了这个变化,却认为如果没有来自其他优秀政治家的干预,这一政制就不会无限期地存续下去;允许政党受尊重的"审慎规则"并非那么确定和有效。虽然在《思考》中有一场从政治家才能向政党政府转变的运动,但二者之间仍然存在一种张力。在最后几章,我们试图从柏克的其他作品中找到这两种原则——柏克分别称之为"真正德性"和"先定德性"(presumptive virtue)——之间的一种调和。如今,政治家才能和政党政府的问题仍旧存在,却隐藏在政党政府的支配之下。政党制度因政治家才能而获得好评,这是因为政治家必须在政党中行动,党派人士相信,当他们要求政党领导时,就已经满足了伟大的诉求。应该说,这个问题最好在政党政府的起源时期,也即在替代方案更清楚的时候再加以研究。

第二章　政治家的假定

在研究政党政府的起源时，我们不能忽视或轻视它最初的正当性。因为在它的起源处，政党政府必然是一个由分析得出的结论。那些认为政党是自由政府的必要工具的人必须承认，正如其他人断言的那样，政党的必要性首先是作为一种结论而达成的。柏克的《思考》包含了对英国政制危险的分析，并对危险提出了补救方案，其中政党是主要的疗方。我的解释将遵循柏克从危险到补救的论证过程。在开始讨论这种危险时，我们假定，柏克认为英国政制是一种有限的或君主立宪制的国家，但是随后我们需要对柏克的政制（constitution）概念作更深入的理解。

一些解释者和历史学家认为，柏克对政制危险的描述正如其所见。但当他们注意到他的陈述夸大其词时，就得出结论说，柏克的目的只是狭隘的党派之争。[1] 根据我们的解释，柏克将

---

[1] 考察路易斯·纳米尔（Sir Lewis Namier）的断言："诚实历史的首要任务在于，怀疑并且驱逐其无用或不诚实的变种。"在他看来，关于这一时期的无用和不诚实的历史变种很大程度上是基于"the literary afterthoughts of Edmund（转下页）

危险描述为宫廷阴谋集团的"计划",但他确信正是这种危险支撑了一种新型政府理论的合理性。他夸大了"计划",但并非出于一种狭隘的党派目的。柏克的描述(以及本章接下来的内容)从讨论阴谋的具体危险,转向有害理论的一般危险。

《思考》的第一句话宣称:"探究公共混乱的原因是一件多少有点微妙(delicacy)的事情。"《思考》一文从整体上给人的第一印象是,柏克对危险的描述是含糊的。我们认为柏克的"微妙性"是他含糊其词的原因,因此,这并非偶然,而是有意为之的。他的微妙性源于他对政治家的假定——危险是可以补救的这一概念的理解。如果将危险描述为一般的危险,可能会破坏补救它所需要的信心(包括政治家的信心以及对政治家的信心);然而,如果把一般的危险描述为特定的危险,补救方案的尝试就会变得无效甚至更糟。柏克似乎通过模糊地呈现特定的危险来解决这个问题。他的政治家才能必须缺乏坦率,并且运用修辞。

柏克承认他的小册子具有修辞性,它不是"诚实的历史"或"科学史",因为柏克并没有展现他所看到的东西。尽管如此,我们仍旧必须根据字面意思来考察柏克揭示的宫廷"计划",以

(接上页)Burke", Namier, *Avenue of History* (London, 1952), p. 6, 以及 *The Structure of Politics at the Accession of George Ⅲ* (2d ed.; London, 1957), pp. 9, 238。纳米尔被本书作者哈维·曼斯菲尔德(H. C. Mansfield)批评, "Sir Lewis Namier Considered", *Journal of British Studies*, Ⅱ(November, 1962), 28-55;也可以参考 Robert Walcott, "Sir Lewis Namier Considered Considered", *ibid.*, Ⅲ(May, 1964), 85-108。对柏克的《思考》有相似理解的其他历史学家还包括:Herbert Butterfield, *George Ⅲ and the Historians* (London, 1957), pp. 54-56; Richard Pares, *King George Ⅲ and the Politicians* (Oxford, 1953), pp. 31 n., 80 n., 84; John Brooke, *The Chatham Administration, 1766-1768* (London, 1956), pp. 225, 276, 281。

证明其修辞的存在和方式。我们必须表明,"计划"从字面讲是不可能的。对字面意思的探究所揭示的修辞越多,这种探究就必须进行得越深入,因为精巧的修辞和真理有着精确的关系,它比诚实的历史包含的内容更多,而不是更少。良好的修辞把当时最重要的实际问题传达给全部读者;对于细心的观察者来说,它同时传达了这些问题的背景、被视为理所当然的意见和不可改变的事情。它的呈现是内容的一部分。例如,《思考》很少涉及宗教与政党的关系,然而,诚如我们所见,为政党辩护所做的一般性论证,反映了柏克对1688—1689年宗教和解方案取得成功的信心。

一部好的当代*政治作品,因为它的时代性,把最重要的实际问题和它们的背景区分开来。当代学者不会像历史学家那样,被后见之明诱惑,去责怪政治家没有做不可能的事,或者原谅他们不去做本可以做到的事。当代学者关注行动,因此也关注行动的限度。通过参与政治,他为后来的读者再现了政治的背景。正如我们已经注意到的,他们观察到,在柏克欣然接受"从前分裂和煽动王国的大党派"的解散后,他继续为建立在"某种特定原则"之上的政党做辩护,以促进"国家利益"。因此,在柏克看来,这些能受认可的党派必定是小党派。我们只需要揭示"大党派"的解散这一语境,而不必将小册子置于历史语境中加以考察。

柏克的观点可能是有局限或错误的,但是在他的观点被彻底检查之前,我们用另一种观点来代替它也是不合适的。他的

---

* 这里的"当代"是指柏克所处的时代,即18世纪。

错误可能具有启发性，因为它们都是政治背景中的错误。我们很清楚，政党首先是根据一种信念，即宗教政党之间的严重冲突是可以避免的这种信念而得到辩护的。17世纪欧洲宗教政党的冲突被19世纪和20世纪的种族和阶级政党的冲突取代。在反对博林布鲁克的影响时，柏克部分地预见到了宗教冲突解决之后阶级政党的崛起。但如果他知道政党政府未来会走向种族和阶级冲突，他就很有可能不再捍卫政党的声望。他反对博林布鲁克在废除政党方面的自信纲领，但他同样自信地认为，一个政党制度将会保护英国政制免受博林布鲁克反贵族纲领带来的危险。我们必须从柏克自己的描述中再现他的信心，以便判断他对政党政府的期望是不幸的还是错误的。可想而知，种族和阶级政党的到来是可以预见的，而这正是他所厌恶的；如果他理应合理地预见到的话，他的政治背景就不像他所想象的那样了。诚如他的修辞假设所传达的一般，在研究柏克对其所处时代政治环境的描述时，人们学会质疑这种描述并在18世纪寻求行动的真正限度。

诚实的历史学家有责任来阅读柏克的小册子，即使它是修辞性的。他也有责任报告柏克的修辞是诚实的。因为虽然我们都同意，诚实要求说真话，但我们也得承认，不把真话讲完并不必然是不诚实的或者狭隘的党派偏见。要想理解柏克的《思考》，就必须认识到这一点。一个诚实的历史学家能把他所知道的说出来，但一个诚实的政治家很可能会发现"探究公共混乱的原因是一件多少有点微妙的事情"。我们不能错以为柏克的修辞是误导性和具有偏见的。我们必须准确无误，才能证明其有意为之的含糊性。

政治家的假定

在考虑柏克事业的微妙或困难时,我们发现他给出了自己的解释:

> 如果一个人碰巧在这样的探究中没有成功,人们就以为他弱小、好空想;而如果他触及了真正的不满,就有得罪那些有权有势人物的危险,这些人会为别人发现自己的错误而恼羞成怒,却不会感谢别人提供了纠正自己错误的机会。[2]

23 但是"政治家的首要研究"应该是"人民的脾性"。由于人民的"脾性"也许看起来和人民的"意见"等价,柏克接着考察他们的意见:

> 对我们的时代鸣冤叫屈,对当前的掌权者牢骚满腹,对过去的时光扼腕叹息,对未来的岁月想入非非,这些都是绝大多数人类共有的性情。实际上也是庸人轻浮无知的必然结果。这种抱怨和情绪在任何时代都有;然而,由于各个时代并不一样,真正的政治智慧,恰恰体现于能够辨别哪些抱怨是人性普遍弱点的特征,哪些抱怨是我们时代特有的节气反常的症候。

---

[2] "Thoughts," *Works*, I, 306;下一句解释了接近有权有势之人的危险。

人民意见特有的缺陷进一步解释了柏克职责的微妙性。如果一个政治家，或者一个作为政治家的平民（作者注：按照"取缔暴动法"中的精神）把由"人性的普遍弱点"产生的人民不满误认为"特有的情绪失调"的症候，那么他就会被认为是软弱和好空想的。然而，当他找到一种特有的节气反常，并寻求它的原因时，他就有可能冒犯那些有权有势的人物。柏克只是把人们的抱怨视为当前不满之根源的一个指南。如果政治家严肃地对待这些抱怨，这些抱怨对他来说就是一种危险，但这并不是他职责微妙的原因。人们的抱怨或意见是持久不变、不加区别的；它们不能等同于人民的脾性，后者才是政治家的首要研究对象。

在驳回了民众的抱怨后，柏克转而求助于"执政或在野"政治家们的意见。所有人都同意，"目前的事态尤其令人担忧"。接下来，他列举了一些目前尚不存在的疾病的典型根源——大党派、外部灾难、新税收、不成功的战争。因此，当前的病症是奇怪的。柏克询问大臣们对其原因的意见，并在这种情况下反驳他们。他严肃地考虑大臣们而非人民的意见。

大臣们提出了一般原因，而不是特定原因——那些与事件的一般变动而非单个的偶然事件有关的原因。他们列举的原因太过笼统，以至于我们对此无能为力，即便是完美的智慧也是无效的。贸易和制造业的增加以及帝国的扩张给英国人带来了财富，使他们成为自由的民族，当他们拥有财富时傲慢无礼，缺乏财富时感到内疚。幸运的是，使政制变得不自由以限制经济活动和殖民化，不在大臣们的权力范围；而他们无法控制的国际事件又需要征服额外的领土。大臣们认为，在任何社会都能找到、自由社会必须加以容忍的少数诽谤者和失望政客，是造成目前这种疾病的直接原因。如果大臣们理解其断言的程度，对这种原因的分析将使他们陷入"彻底的绝望"；否则，他们就会招致"特别的惩罚"。在后一种情况下，大臣们愚钝地认为，通过惩罚"少数微不足道的诽谤者"，他们就能修复其通过分析而发现的政制中的深层缺陷。他们错了，因为"特别的惩罚是治疗国家意外疾病的良方"。

　　柏克对大臣们意见的看法是他先前对微妙性所作解释的一种阐述。大臣们列举了一些没有补救措施、理应产生"彻底绝望"的一般原因。他们在理解当前不满的尝试中是"软弱和空想的"，因为和人民一样，他们将持久不变的抱怨来源误认为是不满的有效原因。他们不像柏克这种平民一般显得如此软弱，因为在获得了权力之后，他们可以通过严酷地对待"少数弱小的诽谤者"来掩饰自己的软弱。在这种分析的指引下，他们的补救方案将会失败。那么，造成当前不满——它的成功发现有得罪有权有势人物的危险——的真正原因是什么？

　　在接下来的两页中，柏克从各个方面来反对大臣们的意见，但并未证明他们是错误的。要理解他的微妙之处，我们就必须认识到，大臣们的意见在某种意义上是完全正确的。柏克事实上反对的是他们意见的实际效果。如果他们的意见是正确的，那么人民目前的脾性确实是极反常的，只有通过贫穷、放弃帝国和专制才能加以补救。特别的惩罚并不足以抑制这种反常，而只会加剧它。大臣们意见的实际效果是使真正的补救行动瘫痪，使罪恶加剧。在柏克看来，大臣们在"对我们目前的性情没有太多的考察，对人类的一般本性也没有任何了解"[3]的情况下坚持他们的观点。相比于他们观察到的事实，大臣们似乎对其意见的效果更加无知。事实上，他们的意见可能在一定程度上是正确的，因为他们指出了当前这种疾病的普遍原因。我们可以认为，这种疾病有一个普遍的原因，但它并不完全如大臣们所认为的那样。然而，他们没有错得很离谱，因为柏克严肃地对待他们的意见，即财富的增长给政制带来了危险。他似乎部分赞同大臣们的意见。

随后在柏克的引言中出现了两个明显的矛盾，进一步强化了这种印象。柏克说，在讨论大臣们意见的实际效果时，特别的惩罚会激化"由政府根深蒂固的管理不善或人民的天然不适而引起的紧张情绪（heats）"；这一点必须与他在下一页的陈述以及对整个小册子所作的假设相一致，即"宫廷体制"导致了政府的管理不善。政府中是否存在根深蒂固的管理不善？如果存在，包括柏克在内的任何政治家的计划，是如何帮助治疗它的？如果不存在，为何不把无常作为"对愚蠢和无知的自然纠正"呢？

在这两句声明之间，柏克插入了一个关于人民和统治者的讨论。他说，在这种争论中，一个人的假定必须支持人民，因为与他们的统治者不同，人民对混乱不感兴趣。他们的统治者"可能是出于有意，也可能是出于无意而作恶"。柏克并没有解释这个困难的区别，但他接着引用了一位意图良好的统治者的观点，即政府的"无能和混乱"带来了伟人的革命，而民众的起义源于对苦难的不耐烦，而不是对攻击的欲望。换言之，尽管后果是可怕的，但双方的意图都不是邪恶的。他从苏

---

[3] "Thoughts," *Works*, I, 310.

第二章 政治家的假定 | 35

利（Sully）的引用中提出了一个与柏克的引言相反的建议，因为柏克暗示说一个统治者是在有意地作恶。相反，这段引用表明一个善意的统治者，如果是"无能而混乱"的，就有可能导致革命。它也可以表示"根深蒂固的管理不善"的情况，因为软弱的统治也许不是由某个统治者的偶然无能而引起的，而是来自一个有缺陷的体制。柏克接着说："即便这种偏袒臣民而责难权力受托者的推断不一定是更可信的，我也确定，这是一种更惬意的推理。因为更换政府易，而改造人民难。"[4] 在这一点上，柏克抛开了其假定的真实性，而倾向于它的舒适性；他说，这是为了服务于另一个假定——政治家的假定。当他们试图理解事件时，政治家必须假定这些事件可以通过可能的行动来改变，比如说改变政府，而非不可能或者非常困难的行动，比如说改变人民。引起疾病的一般原因似乎是最无可救药的；因此，政治家的假定尤其会通过将一般原因伪装成特殊原因而加以隐藏。如果柏克确实把当前的不满归结为一般原因，我们可能会期望他以这种方式加以掩饰。

到目前为止，这种看法的两种迹象已经被揭露："没有太多考察"这一短语和对苏利的引用（作者注：*法语*）。这个短语暗示了柏克同意大臣们的一点，即当前不满的一个普遍原因是英国社会的自由，它与"人民的天然不适"相结合。苏利的引文表明另一个普遍原因是脆弱的政府，或者是"根深蒂固的管理不善"。柏克的介绍性说明，即统治者"可能是有意，也

---

[4] "Thoughts," *Works*, I, 310-11; cf. p. 476. 柏克在一封关于美国问题的信中说："我不能认为全体人民都要受责难；或者如果他们该受责难，那么谴责他们也是徒劳无益的。" *Correspondence*, III, 217-18.

可能是无意而作恶"，掩盖了这种普遍原因。脆弱的政府不仅使伟人反抗，也会让人民起义，而对于后者，苏利并未直接指出。但是，更大的邪恶或者对持久和普遍的邪恶有更多的认识可能带来"对苦难的不耐烦"。一个软弱无力的政府可以通过提高人们对普遍恶的认识来增加人们的不耐烦——例如，将当前的不满归咎于人民的腐败。这种指责不仅麻痹了政府意志，而且使民众的反应更加强烈，从而让政府变得更为脆弱。如果人们被告知他们是由于一般原因而败坏的，他们要么相信它并如释重负，要么干脆拒绝它，并将不满归咎于错误的特定原因，进而导致危险的结果。要采取行动，就必须对造成痛苦的原因做出解释，这样才能获得成功的补救。正是在这一点上，大臣们犯了错误。在某种程度上，他们讲述了当前情况的真相，将这些情况恶化，并使可能的补救方案泡汤。他们给出了一个"简单"的一般观点，从而使适当的政治补救变得困难。

当然，要使政治家的假定有充分的根据，补救行动必须是真正可能的。但是，真正可能的事情如果得到了公开的描述，也许就不再可能了。修辞的使用显然是危险的，这不仅对偏离了真实描述习惯的政治家的利益是有害的，而且对他假定要保护的国家利益也是有害的。然而所有讲求实际的人，尤其是所有政治家，都运用修辞，感知它的益处。修辞的危险只会增加它的有益效果。

在《思考》的引言部分，还有另一个修辞性矛盾，体现在这个主张："实际上，人们对公众行为失当的感觉很少出错，正如他们对其原因的思考很少正确一样。"[5] 但早些时候柏克

---

[5] "Thoughts," *Works*, I, 311; 转引自：Sir Henry Cavendish, *Debates of the House of Commons*, I, 306, 308。

告诉我们,"对我们的时代鸣冤叫屈,对当前的掌权者牢骚满腹……实际上是庸人轻浮无知的必然结果"。

因此,相比于柏克起初似乎承认的东西,在人民的抱怨中包含着更多的真实性。他们微不足道、无知的意见完全是误导性的,但他们的感觉是准确的。政治家因此必须根据他们的感觉来判断他们的脾性。"人们对混乱没有兴趣",当政治家知道去依靠他们时,他们的感觉就是可依赖的。每个人都有自己的脾性、性情,但我们不能说每个人,或者任何人都有天生的不适。任何假装在人民中找到"天然不适"这种疾病的一般原因都表明,如果危险确实存在,它是不可能加以补救的。因此提出这种普遍原因的政治家会招致失败和挫折。但在一个有限君主制中,政治家们不能在不破坏政制的情况下责备国王,责备有权势的人,因此,指责人民的诱惑力就变得更大了。一个政治家应该把每一种疾病都解释为可以通过某种方式来治愈,比如改变政府,因为他能够也必须假定人民是善良的。

相比于柏拉图和亚里士多德的古典概念,柏克关于政治家能力范围的概念受到了更多的限制。在《法律篇》的一个段落中,柏拉图提出了一个虚构的假定,即除非统治者犯错误,否则统治不会被解散。他不希望展示统治者无能为力的各种场合,因为在展示它们的时候,他会为统治者提供一篮子的借口。因此,为了强调统治者的责任,柏拉图认为好政策是自足的——就好像好的政策不必靠好运气来补充。柏克不认为有德性的统治者是自足的;他认为,如果人民生活在自由政体中,就会有足够的德性。根据柏拉图的观点,政治家该受责备的原因是,他们认为人民的每种疾病都是可治愈的。柏拉图比柏克的假定更为苛刻，因为他让政治家承担培养好人的责任；柏克的政治家只需要对好政策负责，因为人民已经足够善良了。

根据亚里士多德的观点，政治家在审慎上比人民更优越，能看到的东西比人民更多；在理解和处理人民的问题时，政治家不受他们视野的限制。但是在柏克看来，政治家的能力似乎受限于人民感觉的精确性；在对大众疾病的治疗中，他可能不会，也不需要质疑这种精确性。由此可见，政治家必须更多根据柏克的理论而不是柏拉图和亚里士多德的理论进行推定。既然柏克的政治家不能塑造人民的感觉，他就必须从行动中推出一种良好的效果，这些行动并不试图塑造或者教育人民。[6]

因此，柏克的责任是微妙的。他自己并不是一个普通的政治家，而是在一种非同寻常的场合充当政治家的平民。这个场合非同寻常，因为通常的补救措施，即改变政府是不够的；事实上，这种危难的一个症候就是18世纪60年代政府的频繁更迭，它在十年间就换了七次。引起不满的一般原因认为，"根深蒂固的管理不善"并不是"人民天然不适"的结果，而是超出了普通政治家通常的求助范围。柏克似乎暗示了普通和杰出政治家之间的区别。他的微妙任务是让一个不寻常的问题看起来很平常，但同时又不否认需要一个不寻常的补救措施。这个问题超出了普通政治家的能力范围，但作为平民的他，必须把它纳入自己的能力范围。他自己不需要政治家的假定，即把一般原因转化为特别原因；但他必须运用它。

他必须运用它，是因为"大多数人在他们的政治生活方面

---

[6] Plato, *Laws*, 683e; cf. 631b, 660e; Aristotle, *Politics*, 1277b25-31; *Rhetoric*, i. 8.

至少落后了五十年"。

只有极少数人能够对不同时期和不同场合发生于自己眼前的事进行比较和消化,进而融会贯通,形成一个独特的体系。但是,在书本中,一切都为他们梳理好了,他们无须做多大努力,也不需要有多少智慧。因此,除了自己的时代,人们在对待其他任何时代的事务时,既明智又不必深思熟虑,既善良又无须克己。[7]

在过去的权威历史中,"整个情势的发展","从微不足道的起因到悲剧性的事件"都一览无余地摆在人们面前。过去没有诸如造船费(ship-money)、森林法和领主权(droit du seigneur)这些专制的症候,而人们以历史为训诫,满怀信心地依靠过往的经验错误地进行推理。在情境和爱国回忆的外衣下,以一般原因作为先例,历史似乎解决了政治家的假定所揭示的问题。这样,历史就能"令人惊异地调和思考和行动之间的老纠葛"。但是那些相信历史训诫的人,抱着对先例效力的错误信心,寻求缓和由简单的一般性所引起的虚假绝望。大臣们迅速推理出当前不满情绪的一般原因,可以参照这些先例来消除其绝望的意义。

对历史权威的信仰导致了一种理论上的错觉,认为历史先例起着与大臣们意见中的一般原因同样的误导作用。它重申而不是解决了政治家假定的问题。政治家有责任避免误导性的

---

[7] "Thoughts," *Works*, I, 311; cf. "Remarks on the Policy of the Allies," *Works*, III, 456; Leo Strauss, *Natural Right and History*, p. 306.

历史训诫，并找出当前不当行为的原因。但是，平凡的政治家并不总是能看到这个原因，因为"只有极少数人"能够"融会贯通，形成一个独特的体系"。平凡的政治家意识到需要修辞，需要一种能够允许适当行动的诊断。但他们与人民一样，对历史有着同样的信心，因此不能提供他们所感知到的对于修辞的需求。柏克的职责是，在普通政治家无法履行职责时去履行政治家的职责。当这样做时，他必须考虑到普通的政治家和人民都有根据权威书籍来理解目前事件的倾向。他必须以"专权"的威胁——也就是作为一个阴谋集团的威胁，来展现"影响力"的威胁。"古代暴政的大量工具都已破烂不堪，其余的部分，也完全过时了。"柏克的修辞任务是让暴政的某些工具，对于现在来说是可信的，因为它们按照过去可识别的风格而制作，却又没有令人熟悉到足以消除恐慌的程度。

综上所述，《思考》的开篇巧妙地发展了政治家职责的微妙性这一主题；同时，它是对这一主题的修辞性重复（repetitio），重申了谨慎的必要性。这种发展由特殊与一般的辩证法而产生，通过对微妙性的需要进行三个阶段的解释而展开：首先是柏克对微妙之必要性的坚持；其次是人民对当前不满之根源的意见；最后是大臣们的意见。在讨论其任务的微妙时，柏克说，成功地定义当前不满的原因是可能的；他将失败的表象（看起来软弱而空想的）和成功的结果（接近有权有势之人）作了区分。替代方案是脆弱的一般性或者危险的特殊性。他驳斥了人民对当前不满之根源的看法，因为它没有区分人性的普遍弱点和情绪失调的具体原因。他也驳斥了大臣们的看法，因为这些看法造成了一种困境——要么是缺乏补救方案的一般原因，从而导致绝望；要么是由惩罚加以解决的特殊原因，从而导致失败。"当前的不满"是可以控制的，因为它们似乎是暂时的，而且有一个"原因"可以解释。在柏克看似无心写成的《思考》中，当前不满的唯一原因介于普遍和特殊之间，正如他所说的那样，这是"根深蒂固的管理不善"。通过对人民可以解释的这种管理不善的迹象提供一种特殊的叙述，柏克必定考虑到，人民对公共不当行为的原因所发表的意见是不可靠的。因此，柏克在一开始就确立了人民和政治家，以及柏克（或像他一样的人）和普通政治家之间的区别。

宫廷阴谋集团的计划

《思考》的导论部分包括柏克对当前疾病原因之意见的评论；他自己对原因的分析占据了这本小册子的主要部分。这一分析认为，原因是一个"宫廷阴谋集团""一群策划阴谋的人"实施的"计划"或"工程"。但是柏克不愿指认策划者，只得出结论说，宫廷阴谋集团已经制定了一套新的政策体系。他对这一计划的叙述含混不清，暗示了当时所有公众人物都知道的一些事件，就好像新的宫廷制度是一种特殊的疾病，可以通过某种改变政府的方式加以解决。这种改变当然会重建执政的罗金厄姆党，将其作为对一种特殊疾病的适当补救。但柏克的疗方实际上是对政党的普遍推荐，他将罗金厄姆党仅仅作为真正政党的典范加以推荐。那些认为柏克实际上相信新的宫廷制度是一群密谋者——他们以平凡的方式充满雄心——的工具的历史学家，降低了其暗示的补救措施的普遍性，并认为他的动机是狭隘的党派偏见。

与此相反,柏克提出了一种政制补救方案来解决由新理论产生的普遍危险。这个理论,而非密谋者的恶意,创造了新的宫廷制度。这种理论由于在人民和公众看来是貌似合理的,从而威胁着政制。"计划"是柏克根据政治家对于人民是足够好的这一假定而发明的修辞手段。他没有攻击他们的轻信,而是通过一个"传奇"(运用纳米尔的术语)再现这种看似合理的理论,这样他们就能理解其邪恶的意图和效果。为了尊重政治家的假定,这个"传奇"读起来像是一个密谋;但是这个密谋从未这般具体,以至于罗金厄姆党认为仅仅通过更换现任政府就可以反对它。这个"传奇"似乎很特别,却如此这般含糊。它从字面看是不可能的;然而,它是为这种微妙的修辞效果而被精心构建的。为了证明这一解释,我们有必要简要地考察一下柏克对当前不满之原因的整体分析。

让我们回到分析的开始。与误导性的历史保证相反,现在有了充满雄心的新手段和目标。我们只与我们这个时代的政治相关,或与具体邪恶相关。然而,柏克所举的一些具体的邪恶例子,如造船费、森林法和领主权,都是暴政已经过时的标志,以至于我们不禁要问,那些更为严重的邪恶是否会更加持久。政制现在已经成熟了,但即便如此,它仍旧可能遇到其在成熟过程中所遭受的同类攻击。柏克接下来比较了作为"专权"的王权和作为"影响力"的王权,而这种比较支持这个假定。"王权"是"专权"和"影响力"的明显相似之处,但是柏克选择陈述它们之间的区别。令人惊讶的是,他说,相比于17世纪的暴政工具——专权,现在的影响力更强大,引起的厌恶却少得多。此外,柏克似乎认为影响力是更

31

普遍的危险,因为它是基于"活跃分子的利益",而专权需要"古老偏见"的支持。"人民的无知,只能做一个临时体制的基础,国事中活跃分子的利益,才是永久而坚固的根基。"[8]他说,自从革命以来,这种影响力并没有成为一种危险,其实是偶然的。革命之后,新的宫廷被迫寻求老牌贵族的支持。通过强调新与旧的区别,柏克引入了旧恶的一种新形式,并设法提出了相似之处。跟随柏克的修辞,读者就会开始理解当前不满的原因,从而寻找柏克心中的补救措施。读者会说,当前的危险就是影响力,它与鼓励滥用国王专权的阴谋集团有着同样的危险,但只有以某种新的方式才能加以补救。

柏克接着描述了一项计划,旨在自革命以来,在国王和伟大的贵族政党领袖之间幸运地划分影响力。"铲除一切独立、重要的中间力量,确保宫廷在运用其影响力时完全以他个人的偏好为转移而不受任何限制和约束,在过去几年里一直是宫廷政策的大目标。"[9]在接下来的内容中,柏克几乎是含混不清的。他继续描述这个"计划",总是用被动语态,时常用条件时态,通常省略对"计划者"的任何提及。但他们是谁?"我听说,该计划最初是由威尔士亲王弗雷德里克(Frederick of Wales)宫廷中的一些人构想出来的。"柏克是通过道听途说而辨识他们的,并且仅限于此。弗雷德里克已经死了,他是被提及的唯一名字。

国王的亲信——布特勋爵(Lord Bute)——是计划者吗?

---

[8] "Thoughts," *Works*, I, 313.
[9] *Ibid*., 314-315;强调部分为原著者所加。

看看这段表述:

> 为实现这个计划,他们最初的尝试是:树立一个地位受尊重、财富充裕的人做大臣;但这个人,在暴得高位的当时,是极少为国人所知、所重的。整个国家会立即而盲目地服从于他。

32

布特似乎不是计划者,是别人拥立他的。但如果是这样,这个计划就很奇怪、很愚蠢。其他人拥戴布特,但布特获得了"立即而盲目的服从"。但是,当这些神秘的计划者令他感到为难和危险时,他就会把这些计划者清除——这是他们很容易预见到的结果。诚然,他们放弃了这种"最初的尝试",但并非因为这个计划是愚蠢的。我们可以注意到,这种服从的馈赠(gift)所包含的愚蠢适用于任何制造傀儡的计划,这一计划试图把真正的权力赋予表面上的权力施行者(也就是说,不再更多地惧怕、提防傀儡)来达成其目的。除了国王本人之外,任何这种"计划者"显然都是不明智的。但如果国王只是打算把布特作为专制的工具来使用,那么影响力和专权有什么不同呢?

如果从字面理解,这个计划接下来会被认为更加愚蠢。柏克说,这个"革新后的计划""将宫廷与政府区分开来"。但是,如果布特是被"树立"的,如果他是"这个计划的工具部分",那么"革新后的计划"就是"稍微改变了一点"的未改革计划:两者都以同样的方式使用傀儡大臣。这个事实强调了布特在未改革的计划下放弃"立即而盲目的服从"时的温顺——一种不同寻常的温顺,因为柏克后来说宫廷制度"不仅

第二章 政治家的假定 | 45

仅"(部分地)来自布特的野心。[10] 我们不能从表面上看这个计划,因为柏克留下了一个模棱两可的问题,就是布特到底是傀儡的操纵者(puppet-wielder)还是傀儡本身。他似乎认为布特只是一个傀儡,但这个计划只有在布特是其设计者的情况下才有意义。

国王似乎也不是宫廷计划的策划者。柏克宣称,这个计划"并非不合情理",但它得到了"诱人机会"的青睐,也受到了具体环境的支持。[11] 它们是什么呢?柏克在接下来的一段只列举了那些有利于国王,或者有利于他成功且合法统治的机会。然后他说,虽然这些对国王来说是"独一无二的优势",但它们给其他人也提供了获得权力的机会,"他们绝不能希望从自然的影响力或可敬的服务中获得这些机会"。那么,国王的这些好处是如何转变为宫廷派系的机会的呢?

原因似乎不是国王的恶意,因为柏克明确地排除了它:"这些独特的优势激发了国王唯一的热望,就是保持国民的自由精神于完整,因为他把这充满光荣的局面归因于这一精神。"[12] 但

---

[10] "Thoughts," *Works*, I, 330. 沃波尔认为《思考》是不明智的,因为它稀释了布特当下的影响力,"虽然这本书因此将一个可憎的、表面上的目标从人们的视线中移除,但它呈现给他们的无非是一个模糊的概念,它称之为双重内阁"。Horace Walpole, *Memoirs of the Reign of King George the Third*(4 vols.; New York, 1894),IV, 89; 也可以参考 Duke of Portland, Rockingham MSS, R1, 1249。

[11] "Thoughts," *Works*, I, 317.

[12] 纳米尔没有研究柏克《思考》一文的修辞性,但他大胆地认为,柏克特别地将乔治三世从宫廷体系的内部地方行政官中排除,只是一种欺骗。他认为,柏克"建构了一个理论,认为抵制大臣们的支持是乔治三世有意的政策和既定的做法"。L. B. Namier, *England in the Age of the American Revolution* (London, 1930), p. 182; 转引自:Namier, *Monarchy and the Party System* ("Romanes Lecture" [Oxford, 1952]), p. 11。

是即便在君主立宪制的国家，对君主的赞美也可能并非其本意。当责备国王是不可能或者不受欢迎的时候，通常就会责备国王的大臣们。虽然柏克并不希求在不久的将来为他自己或罗金厄姆党获得宫廷中的晋升，但他可能谨慎地认为政治处境的变化可以让他的政党最不令国王讨厌，所以柏克可能有谄媚的动机。然而如果他只是想"在国王的美德和政府的邪恶的区分中"保存自己，就像他的同事——罗金厄姆党的小册子作者威廉·道得斯威尔（William Dowdeswell）[13]那样，那么就没有必要去设计和阐述影响力和专权之间的区别。人们通常会责备国王的大臣们，而不是指责宫廷制度。此外，在柏克的报告中，宫廷制度的概念和运作并没有迎合国王的想法，在他的信件中，柏克强烈暗示国王是软弱和缺乏经验的。[14]他对乔治三世的真实看法隐藏在奉承或单纯自我保护的谨慎之中。他很可能认为乔治三世受到了启发或者被一种应受谴责的野心而感染，因为乔治三世至少是宫廷制度推动者的助手。如果影响力远不如专权令人厌恶，那么不同于他的专权，国王的影响力可能会在没有恶意或明显恶意的情况下威胁到政制。乔治三世是否参与宫廷制度的问题可以留待以后来考察，它将证明柏克真诚地赞扬国王维护国家自由的热切愿望是可能的。

影响力"本身就是生长和革新的永久原则"，因为它建立在"国家中活跃分子的利益"之上。但是，由于这种"特定的政治家"会源源不断地涌现，仅靠他们的野心并不足以将国王

---

〔13〕 Burke, *Correspondence*, II, 53.
〔14〕 *Ibid.*, pp. 41, 45; 也可以参考 pp. 260-63, 在这里，柏克强烈否认他曾诽谤国王的品格；转引自：Sir George Savile, in Burke, *Correspondence*, II, 119。

的优势转变为派系的机会。柏克似乎说，这种转变的具体原因是一种新的原则，不仅不同于人民的"古老偏见"，也不同于公众人物的普遍意见。"为了便于他们的阴谋得以实施，政治结构就必须进行诸多修正，活跃于公共事务中的大部分人的意见、习惯和联系，也得做出重大改变。"[15]

接下来是对新制度中修正后的政治安排的评论——对皮特的攻击，以及通过他进一步对辉格党大家族的攻击。柏克这里指的是实际事件，当然，他的模糊性仍然存在；他通过使用被动语态再次隐藏了这个变化的作者。在随后的五页中，他提出了阴谋集团的论证——向人们提出"超自然美德"的观点；适用于"个体"的"其他方法"，柏克呼吁先前统治的成功来反对它；而关于贵族权力增长的论证，则旨在警示民众。关于"超自然美德"的争论，其目的是"使人们的思想与所有这些运动协调一致……"。

然后柏克将注意力集中到一本小册子上："在这篇文字中，第一次出现了新制度的曙光：首先出现了将宫廷和政府（administration）区分开来的观点（当时只是猜测），万事不再取决于国民的联合，只取决于个人的恩宠；为了达到这个目的，他们以国王的亲信们（King's men）这种名义成立了一个常规的政党。"[16] 他似乎又一次向我们提出了不满的一个特别原因。"计划"在这个小册子中有一个具体的来源。但值得注意的是，柏克现在将思辨作为新制度的来源。原初的计划和改革后的计划之间的区别不应该被忘记。柏克曾说过"这项经过修改的计划

---

[15] "Thoughts," *Works*, I, 318; 强调部分为曼斯菲尔德所加。
[16] *Ibid*., p. 320; 强调部分为原著者所加。

的第一部分是划一条界限,将宫廷与政府区分开来"。分离是当时改革的一部分,但这一说法直接与之前引用的文字相矛盾,其中"新制度的曙光"(未改革的计划)和分离的观念是同时出现的。这个矛盾值得注意,因为它可能是有意的修辞,而不是偶然的。后面的陈述部分地解释了阴谋集团是如何使人们接受其变化的。阴谋集团的论证会随着计划的制订而展开,因为这个计划的目的是说服人们接受它——除非计划从一开始就要求人们以及公众人物的意见发生"重大的变化"。如果需要做出这种改变,那么我们就可以理解新制度的公共辩护何以是新制度的来源了。提到这本小册子,读者期望知道策划者的名字,但随后对这本小册子的讨论,使他注意到它的论证。柏克讨论这本小册子的论据这一事实很奇怪,这是因为:策划者都是骗子,如果在回应他们的谎言时陷入困境,就有可能失去反击他们行为的机会。柏克与这本小册子的纠葛表明,策划者的论点不仅仅是流氓们为自己公开辩护而做的普通努力,而且更接近当前威胁的中心。它表明,这些论据构成了一个不容忽视的问题,因为试图组成"常规政党"的不是普通的流氓行为,所以需要公众"在意见、习惯和联系上做出重大的改变"。

柏克的意图在他对小册子的讨论中得到了发展。他没有解释它如何"看起来像是某种重大事业的宣言"。他没有像以前在小册子中描述的那样,描述一个具体的计划。相反,他说,这并非预示着深刻的变革,它包含的原则旨在呼吁那些善良灵魂的"轻信道德"。柏克认为,这些原则是面向平民的论点;除少数人之外,它们对每个人都有吸引力。[17] 它们是可信的、

---

[17] Burke, *Correspondence*, II, 336.

熟悉的，而不是新造的。正如柏克所说，如果这是这些论证的"首次"出现，那么它们的首次出现很可能只是它们近期的首次重现而已。由于这本小册子是凭借"不小的艺术和技巧"完成的，有必要让极少数"对超自然美德的声明不太满意的人"把它揭露。但是，这本小册子不可能是通常意义上阴谋的来源，因为通过似是而非又为人熟知的论据来隐藏它以宣传一种新制度，肯定会削弱其微妙之处。我们认为，"超自然美德的声明"并不仅仅是狡诈野心的一般性虔诚，尽管柏克并不介意它们看起来是如此的。

论证完新体系之后，柏克在接下来的两页讨论了新政党的性质，然后又用了两页纸以惯常含混不清的术语谈论了它的行动。在这部分，他所描绘的"计划"也令人难以置信：

> 这个体制的构造，运转时是混乱的，原则上是错误的……这个计划的推行，是专门为了弱化常规的行政权力。它推行的用意，是为了削弱国家而增强官廷的力量。这一套阴谋，完全依靠怀疑、分化、原则的易变，以及每个具体成员的系统化削弱。[18]

如果公开承认，这些都不是可信的原则：谁会宣称他希望削弱常规的行政权力呢？但是柏克说阴谋集团的论证是有道理的。他显然遵循了我们所描述的方法；他似乎把危险归因于在一个新体系中行动的普通野心，因为在政治家的假定中，一个普通的阴谋是可以补救的。柏克的描述有一种反合理性；他利用自

---

[18] "Thoughts," *Works*, I, 324-25；强调部分为曼斯菲尔德所加。

己论点的可信性，使对手似是而非的论点难以置信，但不引人注目。柏克并不会描述邪恶而不考虑对其进行修正。因此，他对阴谋集团的描述，刻画了一个既没有严格定义也不能严格定义的阴谋的模糊轮廓。[19]

在对待布特勋爵时，柏克明确表示这种效果是有意的。布特是人民最主要的指责对象；在更受欢迎的反对派报纸和小册子上，他遭到了嘲笑和谴责。如果人们对公众不当行为之原因的猜测很少是正确的，他就应该不受处罚，几乎不需要审判。柏克主张，对布特勋爵的人身攻击是琐碎和危险的，他声称"用来诋毁这位贵族的大部分话题要么是不公正的，要么是无聊的"。事实上，他说我们应该在没有布特的宫廷体系中"接受审判"，这会在布特死后得以实现。

柏克接下来阐述了当前不满的原因，而没有提供他对宫廷派系的"假定首脑"布特勋爵的个人反思："我们的政府，就其构成来说，大部分是民众性的（popular），在其中注入亲幸制（system of favoritism）是违反自然的，正是这种不自然的注入，产生了当前的国家骚乱。"[20] 布特"与我们大部分实业家的直接交流非常少……对他来说，用他的信徒（creatures）包

---

[19] 宫廷制度的这一部分，在对实际事件仅有的一次明确提及中，在描述完一个最不含糊、最为人熟知的阴谋集团的行动后，柏克并没有提出比他的评论更有价值的东西："那些还记得本届国会开始时米德尔塞克斯选举的骚乱，以及与圣乔治庄园（St. George's Fields）交易相关的人，就不会不明白这些评论所指何事。""Thoughts," *Works*, I, 327.

[20] *Ibid.*, p. 331；强调为原著者所加。转引自 p. 329：柏克称这种制度是一种"双重内阁制，这个词是像英语那样读，还是像法语那样，随你的便"来暗示它是一种法国体制。这是古老的暴政工具，是路易十四的风格，而且可以用来隐藏博林布鲁克理论中危险的本土来源——正如柏克在《反思法国大革命》中，并未提及雅各宾派人权学说的英国来源一样。

围他们就足够了"。因此，与一些历史学家所认为的相反，柏克本人并不相信（无论其他人相信什么）布特以"直接的方式"管理阴谋集团。布特的信徒并不是他的工具，而是他的模仿者，或者顶多是他的顾问——他们支持由"孤立个体"管理的观念。柏克在1770年之前的信件中频繁提到的"布特党"是指那些遵守布特原则的人，而不是那些"立即而盲目地顺从"他的人。[21]可以重申的是，柏克不希望消除他用其修辞建立起来的阴谋的印象。但是我们可能会注意到，柏克对政制危险的理解，似乎集中在由孤立的个人管理的观念上。

根据表象的判断

在介绍布特之后不久，柏克说："善观政治天象的人，看到地平线处一个巴掌大的云彩，就知道那是飓风，并会躲进最近的港湾里。"[22]一个巴掌大的云彩本身并不危险，其趋势才是危险的。然而在下一页，柏克的修辞达到了一个显著的高潮。"我们目前在这一点上存在争议。我们正处于这场争论的巨大危机之中。而人们扮演的角色，无论如何，都会被用来区分他们的性格和原则。"他刚刚谈到介入"王国自然力量"的需要，"以拯救他们的君主，他们自己以及他们的后代"。对于柏克来说，这里是一个合适的地方，可以引导他所激起的热情，并在

---

[21] *Correspondence*, I, 169, 170, 265, 277, 284, 285, 290, 297, 311, 316, 317, 339, 342; II, 5, 43, 44, 55, 59, 101, 144, 176, 198. 1770年12月29日，柏克写道："我很清楚，布特勋爵不再是顾问，但他的制度已经掌握在更坚定、更有能力的人手中"；转引自：*Works*, I, 183-84。但可参考 Namier, "The Character of Burke," *The Spectator*, December 19, 1958, p. 895。

[22] "Thoughts," *Works*, I, 336.

风暴中提供强有力的灵感——赋予名字和目标。但柏克在这里并没有提出什么特别的目标，他给人的印象是模糊的，他放弃了自己的观点。

柏克对威尔克斯（Wilkes）的处理遵循这种模式。他似乎赋予威尔克斯——一个特别的人很大的能力和机会，而这与柏克对当前不满的深切关注相矛盾。柏克显然认为，这个阴谋在反对威尔克斯的时候，有意地建立了一个原则，而在其他地方，他则担心这个原则是由貌似合理的错误指示建立的。这个原则，即"即使就获得受人爱戴的荣誉和民众的信任而言，人民的支持也不如宫廷的支持可靠"，作为任何阴谋集团的公开意图都不令人信服。柏克认为这是从处理威尔克斯的事件中得出的一个先例，但他把它当作一种训诫，好像有人想公开地传授它似的。但是如果这个原则不像阴谋集团的公开意图那样可信，人民就必须仍旧受到貌似可信的训诫的蛊惑。然而，如果是这样的话，下面的情况就不可能是真的了："这位绅士（威尔克斯），通过极力反对宫廷阴谋集团，立刻变成了他们迫害的对象，变成了民众的宠儿。"[23]如果人民被阴谋集团愚弄，威尔克斯就不可能仅仅因为反对阴谋集团而受欢迎。正是柏克本人，而非"阴谋的策划者"，揭示了"赤裸裸"的宫廷制度。也正是柏克本人，通过将宫廷党隐藏的意图作为一种公开的戒律来报道，从而把威尔克斯的受欢迎程度和宫廷制度联系起来。这样公众对威尔克斯的愤怒就被表现得比真实情况更加敏锐。[24]他使人们相信他们在同一个难以置信的原则做斗争。

---

[23] "Thoughts," *Works*, I, 351.
[24] 转引自：Cavendish, *Debates*, I, 231。

换言之，经过柏克的描述，这个原则实际上已经变得难以置信了。

在接近《思考》的中间部分，当描述宫廷制度对外交关系的影响时，柏克讲述了一个关于罗彻福德勋爵（Lord Rochford）和谢尔本勋爵（Lord Shelburne）的真实事件。他非但不以诚实的历史的翔实细节来取悦我们，反而公开地讲述了一个特殊的事件，而在小册子的别处，他却从未这样做过。然而，这并不只是一项特殊的事件，而是"具有这种性质"的事件："罗彻福德勋爵，即我们驻巴黎的大使，由于谢尔本勋爵的直接授权而抗议法国以兵戎加诸科西嘉岛。"但是法国的大臣对罗彻福德的抗议不屑一顾，因为他从大使那里得知，谢尔本的这些命令是不受内阁其他成员支持的。法国大使报告了英国大臣们私下的分歧，柏克将这些分歧归因于目前的宫廷制度——他的政府。因此，这些分歧表明了英国当前政体的性质，或者英国政制的私人性质。法国大臣利用这些信息，使政制的私人性质公开了："由于这件事，我们宫廷的处境就暴露无遗了。"[25]

如果这种赤裸裸是不好的，那么在这个例子中以及一般情况下，柏克本人为什么会将政制的私人性质暴露出来呢？在谈到涉及法国大臣的事件时，柏克说："我是完全按照人们对它的普遍看法而写这件事的。"但是这件事情的"光"来自柏克对政制的私人性质如何通过宫廷制度而真正发挥作用的描述。与其说这是权威被削弱的一个例子，也就是事情如何被"普遍接受"，远不如说柏克到底展示了什么——一个宫廷制度可以腐化整个政府，用似是而非的声明掩盖自己的行为。柏克是不

---

[25] "Thoughts," *Works*, I, 340; 转引自：p. 351。

真诚的,更糟糕的是,用他自己的标准来看,他似乎也是不负责任的。

在概述宫廷制度的结尾,柏克又重述了这个困难,他说:"这到底是头脑错乱者的幻想,是心怀恶意者的发明,还是一个真正的国内派别,必须以八年来的国事之表象加以判断。"[26]读者通过事物的表象来判断;他们从表象中获得真相,从表面的真相中获得真相。但是在整个小册子中,柏克对政制的表象提出了质疑,并揭露了新宫廷制度的合理性。在下一个句子中,他提到"组成了现任政府的所有外部部分的人",从而揭示了他们的权力不能通过外观来判断。柏克自己的演讲使他提出的演讲标准显得可疑。如何才能真正通过外表来判断呢?

从外表来判断,是依据柏克呈现给他们的表象来判断。宫廷派系已经在某种程度上公开化——因为它的合理性——至少明显地改变了大臣们的前任任期:"人民对它的原则虽无深入的了解,在伟大创新精神的暴力中,在政府所有功能的普遍混乱中,已清楚地看到了其后果。"[27]柏克通过夸大宫廷派系来帮助宣传它,但只是在一定程度上。如果读者认为英国政制的状况就像柏克小册子中所描述的那样,他看到了一个极端危险的新局面,但柏克避免称其为暴政。由于宫廷派系的许多行动都具有专制和君主制退化的特征,这种疏忽不应该被忽视:这意味着柏克相信英国政制在当前的形式下尚可补救。我们没有必要尝试着只是改进一种暴政,在不挑战其基本形式的情况下使其变得更温和。的确,我们应该说柏克试图预见暴政。他的修

---

[26] "Thoughts," *Works*, I, 329.
[27] *Ibid*., p. 331.

辞夸大了目前危险的发展状况,以便发出警钟,但为了尊重政治家的假定,他又将危险的最终阶段减至最低程度。因为如果危险的原因是一种貌似合理的新原则,那么人们对这一原则的敏感性是有误的。当柏克的主要补救方案——他的政党概念被检查时,人们将会看到,它的正当理由与他对当前不满之根源的修辞是一样的:政党也将有助于预见暴政。

行文至此,我们可以总结柏克修辞背后的政治理解。一般来说,补救行动需要归咎于特定的原因。然而,在这种情况下,它要求许多人意识到危险,这样他们才会有所行动。因此,邪恶的特定原因必须是广泛的;它似乎需要更多的补救措施,而非特定的惩罚措施。与人们可能的设想相反,柏克提供的证据远远超出了为证明其真实性所必需的范围,以便说明政制处于危险之中。智者看到了地平线上的飓风云,但他必须说服的那些人没有看到。因此柏克通过夸大宫廷制度将之揭露,这种行为在最好的情况下也许是不负责任的,但当前并不是最好的情况。政治家,或者扮演政治家角色的平民,必须进行干预来保护政制。通过运用一种改变政制性质的修辞以及向公众公开政制的私人运作方式,他试图做到这一点。然而,如果政治家不能提出一种补救方案——政党,即通过修改公共性建构来对抗已暴露的危险——他就不会进行这种干预。政治家,或者最好的政治家,不需要通过表象来判断;但他必须期待其他人会这么做。

我们的分析足以得出,柏克写作《思考》的目的,从狭义上来说,并不是促进罗金厄姆党的利益。[28] 有两封信证实了这

---

〔28〕 Butterfield, *George Ⅲ and the Historians*, pp. 54-57; Namier, *England in the Age of the American Revolution*, p. 179; Brooke, *The Chatham Administration, 1766-1768*, pp. 232-33.

个结论。其中一封信,柏克提醒罗金厄姆勋爵,《思考》的出版(那时迫在眉睫),在尚未与其他反对派进行调解的情况下,"一定会将你与宫廷及其每一位追随者置于不可调和的糟糕关系中"。《思考》将有助于阻止罗金厄姆党拥有权力。[29] 狭义上的党派目的涉及谋求官职,而柏克并没有这样的目的。

柏克还写道,《思考》包含了"我们党的政治信条"。[30] 为了集思广益,手稿在罗金厄姆党的成员中传阅。也许是根据这些意见,柏克显然做了一些改变。但是柏克的朋友利兰博士(Dr. Leland)写给他的一封信显示,《思考》并不是一份普通的政党文件,这封信由柏克保存并注释,现在收录在谢菲尔德的菲茨威廉手稿中。利兰博士写道:

> 奥哈拉(C. O'Hara)在加尔山的谈话中自然地问,我是否收到并阅读了《思考》等。我的回答伴随着一种批评,这个批评我将不再重复;不过,我有一点要说的是,在我看来,奥哈拉家族对我们这位朋友的风格影响不大,因为有几个地方的措辞不像平常那么优雅。我认为这是由于作品的广泛传播,以及为作者承认的来自他人的一些介入:当他接受了别人的想法,他不应该费劲地给它们涂上自己的颜色。我承认这一点激怒了我。

在"作品的广泛传播"这行字后面,柏克写道:"没有这

---

[29] *Correspondence*, II, 108, 122. 沃波尔和查塔姆相信《思考》一书削弱了对宫廷的反对;参考 Walpole, *Memoirs of George III*, IV, 83; 以及 Earl of Albemarle, *Memoirs of the Marquis of Rockingham* (2 vols.; London, 1852), II, 194-95。

[30] *Correspondence*, II, 136, 139。

种事,利兰博士!每个字,无论是好的还是坏的,都是他自己的";在"他不应该费劲地给它们涂上自己的颜色"后面,柏克写道:"没有这种事!——埃德蒙·柏克。"[31]

这个证据证实了与柏克初次相识时的想法——他是为了政治家的目的而运用罗金厄姆党,而不是出于政党目的被罗金厄姆党所利用。

---

[31] Burke from Dr. Leland, June 11, 1770. Fitzwilliam MSS. 读者将会注意到柏克非常关心自己留存下来的东西。他仔细审察了自己的信件,销毁了许多信件,使之成为公开记录。

第三章 博林布鲁克的制度

柏克的目的是通过一种新的补救措施——政党政府,来反对博林布鲁克关于爱国君主(the Patriot King)的观念所带来的威胁。在本章和下一章,我们将试图表明,柏克认为博林布鲁克的理论就是当前不满的原因。这并非一个不可能的论点,因为其他解释者已经在一般意义上把它提出来了。[1]然而,这一点必须得到证明,因为柏克在《思考》中没有提及博林布鲁克,尽管他确实提到了"那个政治学派",我们接下来会展现它与博林布鲁克之间的联系。

博林布鲁克是《政党论》(*A Dissertation upon Parties*)的作者,这是柏克撰写《思考》时已有的关于政党主题的最著名作品,而《思考》几乎是第一部推荐政党的著作。博林布鲁克还是《一个爱国君主的观念》(*The Idea of a Patriot King*)这

---

[1] W. Murison (ed.), *Thoughts on the Cause of the Present Discontents* (Cambridge, 1930), p. xxii; E. J. Payne (ed.), *Burke, Select Works*, I, xvi-xvii; F. G. Selby (ed.), *Burke's Thoughts on the Cause of the Present Discontents*, pp. 104, 152.

本小册子的作者，这本小册子提出了乔治三世同时代的人认为对乔治三世影响深远的一个观点，而《思考》关心的是乔治三世建立或通过乔治三世而建立的宫廷制度。此外，在柏克出版的首部著作《为自然社会而辩护》(*A Vindication of Natural Society*) 中，诚如他在第二版序言中的论述（而且只有在那里），通过展示博林布鲁克的原则对既定市民社会的威胁，他尖锐地对其作了嘲讽。这些事实表明，总体而言柏克对博林布鲁克的著作是非常熟悉的，在创作《思考》一文的时候，他就特别想到了这些作品。

为了证明博林布鲁克的理论是造成当前不满情绪的原因，下文将分两部分进行论证：第一，我们必须证明柏克和博林布鲁克之间的共同基础，即"大党派"已经不复存在；第二，我们必须比较从这个共同基础得出的论点。

17 世纪大党派的消失是在 1688—1689 年的革命和解中，伴随着宗教问题从英国政治中的消除（或其重要性降低到可以控制的程度）而产生，1746 年斯图亚特王位觊觎者（Stuart Pretender）的最后一次失败使这一问题得到了解决。宗教问题从政治中的消除是由各种自然宗教准备和促成的，这些自然宗教的提出是为了平息启示宗教所引发的冲突，博林布鲁克的自然神论就是其中之一。但博林布鲁克的自然神论与一种政治制度，即爱国君主的观念有关；我们认为，当柏克攻击推荐宫廷制度的"超自然美德的声明"时，他指的就是这个制度。只有进一步思考宗教问题对于英国政党起源的重要性时，柏克和博林布鲁克之间的对立才能显现。人们通常会忽视政党起源的这个层面，而支持一种令人宽慰的看法，即现代政党不会因宗教问题而走向分裂。但如果不考虑影响政党的宗教问题，我们就不可能理解现代政党的成功，也不可能理解柏克和博林布鲁克之间的问题。

大党派的彻底解散

18世纪60年代英国政局之新奇在当时不足为奇。柏克也毫无争辩地给出了这种新奇的原因。第一个原因本身就是老生常谈："众所周知，曾经分裂和煽动王国的大党派，以某种方式完全解散了。"[2] 这与其他原因一同形成乔治三世即位时的"独特优势"，这些优势不为1688年以来他的任何前任所拥有。柏克认为，这些优势被宫廷派系作为一种新的扩张机会而加以利用；而柏克的反对者认为，它们由于为一种新的改革即宫廷制度提供机会而深受欢迎。除了大党派的解散之外，独特的优势还包括：乔治三世作为汉诺威王朝的第三任国王而继承王位，这可能会吸引世袭权利的狂热分子；他继承了一场英国在各地都取得胜利的战争；他缺乏"外国习惯或感情"；王位觊觎者的彻底失败；文职机构（civil establishment）有着充足的收入；王室享有广泛的影响力；反对派看不到任何逆转的希望。

路易斯·纳米尔却有自己的见解，指出18世纪60年代政治局势的新奇性仅仅源于上述最后一个原因，因此只是适度的新奇。[3] 随后他对最后一个原因作了简单的解释。柏克没有这

---

[2] "Thoughts", *Works*, I, 308.
[3] L. B. Namier, *England in the Age of the American Revolution* (London, 1930), pp. 61-64, 70; Romney Sedgwick (ed.), *Letters from George III to Lord Bute, 1756-1766* (London, 1939), pp. xii-xix.

样做，因为这是那些生活在君主政体下的人的第二天性。在君主政体中，反对在位国王的人以某种形式寻求王室的保护，以避免不忠的嫌疑和不道义。因此，他们寻求法定继承人的保护。在英国的君主立宪制中，反对派对这种保护的寻求比在更严格的君主制下更为公开；在一段失宠的时期过后，反对派的领袖们不顾一切地向在位国王证明他们不可或缺的地位，有时他们会强行使自己回到有利的位置，放弃王储的保护，从而换取现任国王的保护。由此产生了父权和政治权力的混淆。由于国王拥有政治权力，他就不能像其他父亲那般放弃他的父权；当王储为一个不寻常的父权统治而烦恼的时候，他又进一步为王位继承的前景和其父反对者的奉承所嘲笑。

这种缺陷在世袭君主制中是固有的，但在英国的君主立宪制中被夸大了。威尔士亲王的住所实际上是反对所有汉诺威国王的公开集会地；汉诺威人的家庭关系总是很糟糕，即使对王室来说也是如此，因为国王政治权力的软弱显示了其父权的软弱。争论在19世纪就终止了，那时国王几乎丧失了所有施恩的权力，反对派转向人民来寻求保护。

但在1760年，乔治三世继承了其祖父的王位，他的父亲于1751年去世；而且那个时候尚没有可以推翻他的反动资源（这是他很快就会充分拥有的一个缺点*）。在纳米尔看来，这种情况充分说明了政治形势的新奇性。由于乔治三世没有儿子，而且继承了其父对祖父的怨恨，他比汉诺威的前任们更易冲动。这种冲动没有暴政的危险，只不过是以一种异常自由的

---

* 这里的"缺点"指当时乔治三世还没有子嗣，但随后很快他就有了子女。

方式表达正常的怨恨而已。我们没有必要详细地检省纳米尔的论点，因为他认同柏克及当时普遍的看法，即 17 世纪的"大党派"已经"在某种意义上完全解散了"。[4] 然而，在各派冲突日趋白热化的背景下，乔治三世继承下来的怨恨可能比纳米尔所认为的更加危险。乔治三世会利用别人的愤怒激情来获得自己的满足；否则他就会陷入这些激情，如此一来，他正常的怨恨，无论多么情有可原，都会引发一场爆炸。大党派的解散对于解释纳米尔的观点是很有必要的，他认为缺乏反动资源可以解释 18 世纪 60 年代政治形势的新奇性。

我们已经讨论了解散大党派的意义，但是它们的彻底解散，又意味着什么呢？它们的冲突在 1688 年至 1689 年得到了解决，但是和解使两代人都没有安全感。那时还有一个斯图亚特王位觊觎者，他在英国和欧洲都有支持者；也有很多托利党人，他们很难忘记自己曾是失败者，就像辉格党人很难忘记自己是胜利者一样；王位传给了一个新的继承人，一个外国的继承人；1713 年之前，英国的政策还深深卷入了一场大陆战争，而这场战争正是王位觊觎者最希望看到的。辉格党大臣们权力的延续是对抗这些不确定因素的保证，这些大臣是 1688 年至 1689 年发起革命并实现和解的"那些伟人"（正如柏克在《思考》中对他们的称呼）的直系子孙或政治后裔。

但是对这种保证的需求表明，和解尚未完全成功。有时，辉格党的大臣们大声疾呼这些不安全感，也许只是为了服务自己；然而，他们论点的成功，无论真诚与否，都证明了他们所

---

[4] Namier, *England in the Age of the American Revolution*, p. 225, 以及 *Monarchy and the Party System* (Oxford, 1952), p. 9。

声称的危险。只要能激起托利党的怒骂,他们就成功了。1710年对萨切维尔博士(Dr. Sacheverell)的审判(柏克在《一个老辉格党人对新辉格党人的呼吁》中巧妙地使用了这一点)是表明17世纪的政党意见只是被压制,而非被抹杀的最臭名昭著的证据。18世纪60年代大党派连同它们的残余的彻底瓦解,意味着1688—1689年和解的彻底成功。柏克列举的乔治三世拥有的独特优势表明了这一成功,因为每一项都适用于消除英国17世纪冲突所造成的麻烦。从1760年开始,1688—1689年的和解就被视为理所当然了,不需要再被捍卫。

这一事件,以及各方对它的共同认识,创造了18世纪60年代新的政治局面。一方面,它提供了一种新的机会;另一方面,它也带来了新的危险。博林布鲁克的支持者和弟子们看到了建立其非党派政府的机会,因为他长期以来认为在理性中存在的条件——大党派的彻底解散——最终变成了显著的事实。他们的行动和计划作为一种新的危险,给柏克和受柏克影响的人留下了深刻的印象。在他们看来,这比斯图亚特家族的直接暴政更为阴险,危害也丝毫不减。在纳米尔看来,18世纪60年代没有暴政的危险,这是因为斯图亚特的暴政并不存在重生的迹象,也因为"大党派"被认为"以某种方式完全解散"了。然而,他没有注意到,关于1688—1689年和解的意义可能会发生严重冲突。在柏克看来,正是因为政制的新敌人承认和解,由此他们的计划比斯图亚特暴政更为可信,也更加危险。新的敌人并没有把暴政的"古老工具"作为"回溯性智慧和历史爱国主义"的信号。他们私下策划了这场阴谋,但在公众面前宣布这是一场早就该进行的改革。因宗教问题而形成的大党派已经离开,关于绅士统治的新分歧随之产生。它并非大党派的残余，而是由于它们的离去而诞生的。

我们现在来谈谈博林布鲁克体系中以解散大党派为基础的那一部分，以便确定博林布鲁克和柏克之间的问题所在。

政党是否存在真正的分歧？

1733—1734年，《政党论》以一系列信件的形式首次出现在《工匠》(Craftsman)杂志上，这是一本由博林布鲁克创办并维护的期刊，以表达对沃波尔内阁的强烈反对。1734年，这些信件统一出版，以自荐信的形式对沃波尔进行嘲讽。在这篇引言中，博林布鲁克指出，这部作品的目的是"打破我们以前的区别"。原来的区别被认为是造成目前的区别或政党的原因；而政党是一个优秀政制中腐败的原因。《政党论》讨论了17世纪大党派的历史，并与当今的政治作了诸多比较。正如博林布鲁克的其他著作一样，它频繁地指出与个体的差异，因而必定是离题的。然而，博林布鲁克始终铭记，既然他的政策基于"第一原则"，那么它们就是普遍适用的；所以他对其暗示赋予适当崇高的表达，与其说是将其隐藏，不如说是在美化它们。这篇引言的傲慢口吻，是其政治乃至哲学著作的典型特征，它预示了他的政治纲领；如果把《政党论》的引言和《思考》的开篇做比较，博林布鲁克和柏克之间的问题就浮出水面了。

博林布鲁克和柏克一样是个平民，但与柏克不同，他以前是个流亡者。但他在向公众，也就是向那些当权者发表自己的意见时，丝毫没有柏克的谨慎。平民"可以表达他们认为对公众有用的东西，并能够用一切决定他们意见的理由来支持他们的陈述"。"根据其价值,让他们在公共舆论中或进或退。"[5]那些有能力的平民,如果想要向柏克所谓的"有权有势之人"免费提供建议,就不需要那么体贴了。博林布鲁克认为,只有腐败的大臣才不欢迎这种提议,因为他和沃波尔一样,对所谓的价值视而不见。博林布鲁克把沃波尔作为大臣本应该做但实际上没有做的事情讲给他。很显然,他并不是向沃波尔讲话,而是向"公众舆论"、向"会聚议会中的国家智慧"讲话。柏克在《取缔暴动法》中找到了一个半合法的理由让一个平民说话而不被传唤;他首先(简短地)认为大臣们对当前不满之根源给出的意见是"应得的称赞";他不会因为宫廷制度而责备国王或者大臣,尽管他尖锐地抨击宫廷制度所依据的观点。在尊重人民感受的假设下,柏克对大臣们的讲话就好似他们会对劝服(persuasion)持开放态度一样,尽管他在给罗金厄姆勋爵的信中认为他们无法完全被说服。他的原则似乎是,执政的人如果要根据人民的感觉来统治,就必须按照偏见而行动,但如果小心地走近的话,他们可能对劝服持部分的开放心态:"国家是根据同样的方法和原则被统治的,凭借此,一个没有权力的个体往往能够统治与他平等甚至优越于他的那些人,通过了解他们的脾性并明智地对其加以管理。"[6]大臣们的偏见应当受到尊重,就像大臣们必须尊重人民的偏见一样。无论谁发言,对偏见的尊重似乎是公共演讲的显著特征,因为所有的公共演讲在决定性意义上都是正式的或代表内阁。然而,尊重偏见是可能的,因为当把人民的感觉(这种感觉是可靠的)与他们粗糙、过时的猜测区分开时,偏见就能得到明智

---

[5] Bolingbroke, *Works* (4 vols.; Philadelphia, 1841), II, 10, 22.
[6] "Thoughts," *Works*, I, 307.

的控制。很明显，大臣们和那些想给他们出谋划策的人不应该共享人们的推理。在柏克看来，他们能否在控制大众猜测的同时分享人民的感觉，必须暂时保持开放的态度。考虑到他们的感觉和推理，柏克对于大臣和人民的偏见似乎持有复杂的尊重。博林布鲁克暗示说，"公众舆论"原则上可以采纳最值得称赞的私人意见，因此，一个不接受建议的大臣没有任何借口，也不应得到尊重。[7]

这些对偏见的评论不仅仅是导言，因为偏见的地位正是博林布鲁克《政党论》的主题，《政党论》的目的在于表明17世纪的分裂是真实的，且17世纪的政党是可以原谅的，但既然这些分裂已经解决，18世纪的政党就没有任何存在的借口了。在解释这些真实、显著的党派分歧的历史时，博林布鲁克面临以下的困难：如果17世纪存在真正的分歧，那么它们是如何在1688—1689年的和解中得到彻底解决的呢？在某种意义上，能够解决的差异就不是真正的差异。另一方面，如果17世纪不存在真正的分歧，进而导致和解是可能的，那么如何解释严肃的17世纪政党和琐碎的18世纪政党之间的区别呢？博林布鲁克把难题归结为：偏见能造成真正的不同吗？换言之，偏见是真实的吗？从他的解释中我们可以看出，这个形而上学或认识论的问题是博林布鲁克实际关心的问题。[8]

47

---

〔7〕 转引自："Remarks on the History of England," Letter 1, *Works*, I, 293。
〔8〕 休谟在1742年出版的第一篇关于政党的文章中也遇到了类似的困难。他将"个人"和"真实"的政党或派别区分开来，前者建立在个人友谊或敌意的基础上，后者则没有定义，但被划分为利益、原则和感情的政党。利益的政党是最合理和可被原谅的，因为国家有不同的秩序，不同的秩序有不同的利益。但由利益而建立的政党并不严肃或危险，因为它们在政府的根本原则上没有区别。由原则而建立的政党，在根本原则或者宗教方面存在差异，"只有到现代（转下页）

博林布鲁克说:"我们的宗教和文明竞争几乎是交替出现并互相煽动的,这是一个确定的事实。"[9] 英国政党的起源不在宗教,更非仅在基督教,而是由"涂油加冕的学究"*(that anointed pedant)詹姆斯一世首先提出的荒谬的神授权利制度。在共和国下,当议会被认为由一种不同的神授权利来统治时,詹姆斯一世统治的原则激起了相反的原则,它们在应用上更为邪恶和疯狂。但是詹姆斯一世是政党的始作俑者,因为他把一个真正的不同之处引入政党中。复辟是对共和国的一种反抗,因此并没有充分地使政党实现和解:宗教分歧没有得到解决,国王的专权又太高了。然而,博林布鲁克说,在1660—1680年,宫廷党和乡村党又获得了重建。

在博林布鲁克看来,宫廷党和乡村党的存在在某种意义上是英国自由政体中的正常情况。乡村党由乡村的声音授权,它是基于共同利益的原则而不是针对特定利益的特定偏见而形成的。"这样构成的一个政党被不恰当地称为政党;它代表一个国家,在特定之人的话语和行为中说话和行动。"[10] 这个政党代

(接上页)才为人所知,也许它们是迄今人类事务中最特别、最不可思议的现象"。由宗教原则而建立的政党,尽管是建立在人性的绝对化倾向上,却是无关紧要的,因为不同的宗教不需要产生相反的行为。休谟引用现代的宗教战争作为荒谬和不真实争论的例子。此外,由政治原则而建立的政党是可以调和的,正如休谟在1752年发表的论文《政党联盟》("of the Coalition of parties")中对辉格党和托利党进行的讨论所表现的那样。最后,感情的政党建立在"人们对他们想要统治的具体家庭和个人的不同依恋之上",但是,这些依恋关系是一种"想象的利益",似乎与休谟从真正政党中区分开的个人政党没有差别。那么,基于真正分歧的政党在哪里呢?参见 David Hume, *Essays Moral, Political and Literary*(2 vols.; Edinburgh, 1817),I, Essays 8, 9; II, Essay 14。

[9] Bolingbroke, *Works*, II, 25.
[10] *Ibid.*, p. 48.
* 詹姆斯一世是基督教国王,因此加冕要施涂油礼。

表着统一的国家,迟早会在自由政体中获胜。宫廷党是根据宫廷的特殊利益而组成的,正如博林布鲁克在《一个爱国君主的观念》中阐明的,它并不是国王的真正利益所在。既然宫廷党有一个虚假的基础,那么它仅仅是暂时的;乡村党才是唯一正当的政党,因此被不适当地称作"政党"。然而在某种意义上,宫廷党和乡村党的并存是正常的,因为总有一些野心勃勃的人渴望在宫廷党中为己谋利,直到现在,还有很多无知的君主准备雇用他们。当政体处于健康状态时,就不存在政党;但政体在其目前的精神下具有形成宫廷党的普遍倾向,那么乡村党作为一种国家党,必须经常召唤国家的利益。

尽管来自宫廷党的危险是可以控制的,来自政治-宗教政党(political-religious parties)的危险却是极端的。这些政党建立在真正的分歧之上,因为它们分裂了乡村党。这在17世纪发生过两次:第一次,乡村党被荒谬的神授权利观念划分为骑士党和圆颅党;第二次,在《排除法案》危机期间,由于对极端主义的担忧,乡村党被划分为辉格党和托利党。博林布鲁克认为辉格党和托利党并不是真正的圆颅党和骑士党[11]:它们被假定为如此,而乡村党则由于这种忧虑而四分五裂,仿佛它们有权预料到一个假定的敌人会造成的伤害。但是,詹姆斯二世的行为足以纠正政党的愚蠢,也就是说,能够将乡村党重新团结起来。在1688年的革命中,"双方都清洗了……敌人指控给他们的罪名"。辉格党和托利党从来都不是它们彼此指控的样子,但是"现在连表象都被纠

---

[11] Bolingbroke, *Works*, II, 54.

正了"。[12] 辉格党和托利党似乎只存在于 1680 年到 1688 年之间。但是，博林布鲁克说这些政党（在它们的全盛时期也只是"表象"的政党）的"幽灵""在这么多年后继续困扰并分裂着我们"。他甚至自相矛盾地说，辉格党和托利党在 1688 年之后仍旧"维持着宿怨的表象"。[13] 总之，英国 17 世纪政党间的真正分歧是由詹姆斯一世在选择荒谬的神授权利体系作为其统治的基础这种最初的愚蠢造成的。这个选择引发了分裂乡村党的忧虑。这些担忧最初是有道理的，但随着英国经历了神授权利的愚蠢和政党的分裂，对神授权利的合理忧虑被平息，而对反对政党的忧虑被认为是不合理的。政党之间的真正分歧是基于对自由政体危险的担忧，这种担忧是公正的，或者至少是可以原谅的。这些差异变得不那么真实——或者更像幽灵——因为它们变得不那么可以原谅。

1688 年和解后，政党变得不可原谅，并自此一直维持着一种不必要的存在。革命开创了一个新时代，因为从原则上讲，它使乡村党在永久性的基础上重新团结。应该指出，这是辉格党的基础，因为辉格党一向奉行为革命铺平道路的原则，而托利党只是根据这些原则采取行动。[14] 但是，如果辉格党原则（大体上）是革命的原则，如果这些原则是永久性的，那么辉格党原则必须是正确的。博林布鲁克毫不犹豫地说，"英国政府的现行政体"是"顺应自然和政府的真正目的"的。"我们的政体不再是一个谜；君主的权力现在受到了

---

[12] Bolingbroke, *Works*, II, 67.
[13] *Ibid.*, pp. 67, 71, 76.
[14] *Ibid.*, pp. 27, 37.

严格的限制,专权的幻想被消除了,臣民的权利也不再是有问题的了,尽管为了更有效地保障臣民的安全,一些必要的东西可能仍然欠缺。"[15]

英国政制可以建立在真正的原则之上,因为这些原则可以成为"一个民族的精神"。博林布鲁克的信仰显然属于霍布斯和洛克的传统,他们认为市民社会可以建立在对自我保存权利的普遍承认(在自然法范围)之上,这种承认是从人的真正本性中推导出来的。根据这些作者的说法,一个人自我保存的自然权利很容易被看到或主张,那么认为社会可以建立在真理的基础上这种信念只有与后来的非理性主义相比较,才能被恰当地称为理智主义(intellectualism)。博林布鲁克无意用这种信念赋予知识分子一种新的自由,让他们讨论社会可能接受为真理的那些信念。为共同知性(understanding)所采用的真正原则是无可争辩的;人们不必用哲学来厌倦或取笑自己。

然而,从真正的政制和党派分子的争论之间的差别来看,博林布鲁克的制度并不像今天所理解的那样是政党政府的障碍。人们普遍认为,政党政府是随着人们逐渐认识到对于一个忠诚反对派的需要而发展起来的,而这种观点必须重新加以审视。博林布鲁克也许是英国历史上政党政府最强烈的反对者;他甚至强烈谴责 1710—1715 年他自己的政党内阁。[16] 然而,他持有一种使政党政府变为可能的信念,一种社会可以建立在真正的原则或"第一原则"之上的信念,但是,我们有必要来

---

[15] Bolingbroke, *Works*, II, 80-81.
[16] "A Letter to Sir William Windham," *Works*, I, 113-15, 118, 131-32; 转引自: "Of the State of the Parties," *Works*, II, 433。

了解一下，博林布鲁克认为这些原则是什么，以便考察政党政府是如何从这些原则中发展起来的。

第一原则

博林布鲁克对第一原则的讨论是在他死后的《论人类知识》(*Essays on Human Knowledge*)及《文章片段或纪要》(*Fragments or Minutes of Essays*)中被提出的，这些文章都是在1727年至1733年间"在蒲柏先生（Mr. Pope）的有生之年，根据他的意愿得以呈现的"。第一原则是自然法，在人们想要保护自己、变得快乐的时候，它们构成了人的一种义务（obligation）；人们确实强烈地渴望他们的存续和幸福，以至于可以说人们是由对这些东西的渴望所决定的。人具有使自己成为人的本性；人性这种东西是存在的。但这种本性乃是人类被造或者人之为人所依据的法则，因为人类是创造物。自然法和创世的秩序是一致的，是在创世的时刻和过程中被赋予的。因此，自然法和自然宗教是一样的。理解自然法就是要意识到创世的秩序、"自然的系统"以及事物和存在产生的原因。理解自然法意味着，人们要尽可能地了解上帝。人对上帝的认识是不整全的，因为他们不可能了解宇宙的整个体系；在其他星球上可能有某些存在物，他们对上帝有着更大、但仍旧不整全的认识。但人类之所以比其他为人类所知的动物高贵，是因为人类的理性使得他们能够认识自然法或自然宗教。人类是上帝的宠儿这种假定显然是错误而狂妄的，因为其他动物也有理性。但只有人类才有概括思想的能力，因此会对自己作为上帝造物而承担的义务有一个理性的认识。

"自然法和自然宗教是一回事"这种主张是博林布鲁克自然神论的本质。[17]当人们审视自然，即"事物的集合体"或"系统的巨大集合体"时，他们开始确信它是由无限的力量和智慧构成的。"有许多东西，它们可能以某些方式被制造出来，并被放置在几乎无限的位置上。它们是如此被制造，如此被放置，如此被设计，以至于它们被明显地用于它们所服务的特定用途，而不是其他用途。"[18]上帝的作品赋予我们无限能力和智慧的观念，因为它们超越了人类概念的所有边界。自然哲学（或科学）的每一个新发现都通过以前未知的事物关系来让我们惊讶，从而证实了这种无限性。博林布鲁克相信，人类能够以这种方式看到自己想象不到的东西。[19]

"正确的理性在于与真理的一致，真理在于与自然的一致。"[20]但是正确的理性发现了一种本质上的确定性，在这种确定性中，许多可能存在于任何地方的事物，通过彼此之间的关系，被置于它们具有唯一可见用途的地方。它并未找到一种内在的合理性，其中异质部分通过展示它们之间的差异来表明它们在整体中的位置。正确的理性找到了一种模式，一种碎片

---

[17] 博林布鲁克与其他自然神论者的关系可以从沃尔特·梅里尔（Walter Merrill）的作品中找到：*From Statesman to Philosopher: A Study in Bolingbroke's Deism* (New York, 1949); 以及 John Leland, *A View of the Principal Deistical Writers* (3 vols.; London, 1754-56); 也可以参考莱斯利·斯蒂芬（Leslie Stephen）的现代评论，*History of English Thought in the Eighteenth Century* (2 vols.; London, 1902), I, chap. 3, 82-88; II, chap. 10, 43-54。

[18] Bolingbroke, *Works*, IV, 142, 162, 318, 333, 423-24; 转引自：Spinoza, *Theologico Political Treatise*, chap. 4。

[19] 转引自：Kant, "On the Impossibility of the Psycho-theological Proof," *Critique of Pure Reason*。

[20] Bolingbroke, *Works*, IV, 142.

的排列——一种统一的、理性意志的证据——而不是对有机相关部分的解剖。因为自然的系统是机械而人为的,那么理解自然就像理解机器一样。为了了解技工的目的,人们试图重造技巧——进行实验;人们不只是欣赏一个永恒的整体,它由非人造的或自我生成的,因而也是不可改变的部分所组成。这就是人们在自然法中发现了立法者的原因。[21] 他们看到系统意志的结果,这种系统可以是完全或无限的任性;上帝无限的智慧是其无限力量的结果。他们没有看到一种内在的合理性,这种合理性之所以引人注目,恰恰是因为它不能被制造。从神无穷无尽的力量中也可以得出这样的结论:他必须是唯一的;因此博林布鲁克的自然神论是一神论。

在博林布鲁克看来,自然宗教是从洛克的观念论中推断出来的。[22] 博林布鲁克在第一篇关于人类知识的论文中,记录了对洛克理论的普遍认同。没有不变的本质——没有用于理论理解的可感知的物种,也没有用于实践目的的道德本质。在洛克看来,人类的知识是由复杂观念组成,这些复杂观念从简单观念中收集并由人类的心灵所产生。与洛克相反,博林布鲁克断言,当复杂观念是自然界所存在的事物的摹本或原型时,它们就是真实的(而非幻想的),他尤其指的是道德观念。洛克曾说过,复杂观念(除了实体的观念),不是任何

---

[21] Bolingbroke, *Works*, Ⅲ, 399.
[22] 莎夫茨伯里的自然神论,比博林布鲁克的更微妙,也更成问题,与对洛克观念论的直接攻击相关。参见 *The Life, Unpublished Letters and Philosophical Regimen of Anthony, Earl of Shaftesbury*, ed. B. Rand (London, 1900), pp. 13-47, 415; Shaftesbury, *Characteristicks* (4th ed., 3 vols.; London, 1727), Ⅰ, 109-14; Ⅱ, 6-20, 68, 以及 *Second Characters*, ed. B. Rand (Cambridge, 1914), pp. 105-6; Bolingbroke, *Reflections Concerning Innate Moral Principles* (London, 1752)。

东西的摹本。[23] 博林布鲁克同意洛克的观点，即道德知识与数学一样具有真正的确定性，但他认为，原因并不在于道德和数学真理（作为心灵自身创造的原型）必须准确地再现它们自己；而在于他们在成为道德学家和数学家之前，就从先前的观察中照搬了它们的抽象概念，即谋杀是错误的，圆形是圆的。

博林布鲁克愿意承认，复杂观念的原型存在于自然中，因为他乐意去论证，自然是由上帝系统地创造出来的。真正的自然宗教与基督教经院哲学有着明显的区别，因此没必要担心原型会被误认为可见物。博林布鲁克的论证如下：在亚里士多德或经院哲学的永恒本质中，不存在"自然"；然而，自然界是有秩序的。因此，秩序已经被创立。这一秩序的创造者具有非同寻常的力量，不可能是人类；因此上帝才是事物体系的第一个（有效）起因。第二个起因由实际可见的原因组成，它起源于上帝。

洛克并未从他的观念论中推断出自然宗教；他写了一篇文章《基督教的合理性》(*The Reasonableness of Christianity*)，以表明从自然法的角度来看，基督教的哪些部分似乎最为合理。然而，博林布鲁克对基督教中真实的、因而是自然神学的部分和纯粹"人造神学"的部分作了一个简单的区分。按照博林布鲁克的说法，人造神学是由古代的哲学家-立法者（philosopher-legislators）发明的，他们之所以成为牧师，是他们希望在"正确理性的命令中加入启示的支持"。他们采用"公开和隐秘教义的区分"：将系统化迷信的公开教义用于改

---

[23] Bolingbroke, *Works*, Ⅲ, 81, 102-3, 158-63; Locke, *An Essay Concerning Human Understanding*, Bk. 2, chap. 30; Bk. 4, chap. 4.

造半野蛮人的生活方式,而将真正一神论的隐秘教义保留给了极少数的信徒。[24]这种区别在早期有它的理由,但从那以后,公开的神秘事件为牧师们提供了利益。他们的权力被置于公共判断之外,成为国中之国(imperium in imperio)。[25]来自圣保罗的基督教牧师们遵循异教徒哲学家的教义,并在真正基督教的简单性之上,[26]引入了一些神秘的发明,如三位一体教义和"陈腐的洗礼仪式"。《圣经》,或者也许只有福音,包含了上帝的话语。但是,即便是基督也不得不出于政治动机而有所保留,与"确定""显然"的自然法相比,[27]那些更为模糊的段落使圣经权威只是成为了可能。在清晰可见的自然宗教的启发下,博林布鲁克认为有必要去批评人造神学的复杂性。他指责那些在物质世界中有着惊人发现的现代哲学家,他们没有传播自己的发现和圣经历史之间的差异。[28]他特别指责洛克的想法,即道德必须由人造神学中令人印象深刻的谎言来支撑的观点。[29]所有人都有能力获得自然神学和宗教的充分知识,即足以了解每个人认为最重要的东西。[30]不同于洛克的《基督教的合理性》,博林布鲁克断言,人造

---

[24] Bolingbroke, *Works*, Ⅲ, 225, 235.
[25] *Ibid.*, p. 487.
[26] *Ibid.*, Ⅳ, 14-15, 84, 480.
[27] 博林布鲁克接受洛克的论点,Bolingbroke, *Works*, Ⅳ, 43-44;也可以参考 Ⅱ, 201; Ⅲ, 421; Ⅳ, 172-3; Locke,"The Reasonableness of Christianity," *Works* (3 vols.; London, 1740), Ⅲ, 522-27, 545-46;转引自:Spinoza, *Theologico Political Treatise*, chaps. 4, 5。
[28] Bolingbroke, *Works*, Ⅲ, 328.
[29] *Ibid.*, Ⅲ, 405-6; Ⅳ, 263.
[30] *Ibid.*, Ⅲ, 374-77.

神学在与激情的斗争中阻碍而不是帮助了理性。[31]

由此可见，博林布鲁克传达了"事物显现给我的全部真相"；因为当一个社会能够建立在真理的基础上时，公共和私人学说之间的区分就不再必要了。博林布鲁克说，形而上学在现代已经成了一种行话，但现代哲学家从揭露形而上学开始，常常以形而上学告终。自然宗教和政党一样，没有犯错误的借口；因此，如果错误是由某个哲学家或科学家造成，它就会更大。自然法对所有人都开放。"洛克，那个谨慎的哲学家"没有必要去寻找基督教的合理性，因为一个人不必像洛克所想的那样，为了了解自然法则而成为一个谨慎的学徒。[32]一个平民比那些被认为是哲学家的人更能成为好的哲学家，因为他不会将研究推向"物质自然"的"现象"之外。我们需要培根和笛卡尔等伟大的现代哲学家来反驳经院哲学家的行话，但这些现代哲学家的发现，在某种意义上将平民从对哲学而非自然哲学或科学的需求中解放。不得不说，博林布鲁克是本着这种新自由的精神，非常自信、非常随便地讲话的。这个建立在真正的第一原则基础上的社会既不需要人造神学，也不需要它的母体——哲学。由于自然神学的基础是在自然哲学中找到的，所以社会不能抛弃科学家，因为只有从现代科学中人们才能了解

---

[31] 类似地，博林布鲁克认为，责任的知识可以和霍布斯的《利维坦》第三卷、第四卷中提到的"基督教的合理性"分开来谈，虽然他似乎采纳了这种合理性："[人造]神学的王国是黑暗王国；为了享受福音的真光，我们必须远离它。有人说，相信耶稣是弥赛亚是信仰的'唯一必然性'（unum necessarium）；但遵守自然法肯定是责任的'唯一必然性'。对于这个信念和责任的总结，不存在任何合理的怀疑。" Works, Ⅲ, 485; 转引自：Ⅲ, 418。Locke, Works, Ⅲ, 573-79。

[32] Bolingbroke, Works, Ⅲ, 148, 189, 232 n.; Ⅳ, 431; Locke, Two Treatises of Government, Ⅱ, §§ 12, 63, 124.

到"现象"和"物质自然"的存在，才能知道天空并非世界的天花板。博林布鲁克有时称为"常识"并赞颂为"正确理性"的东西，将更准确地被称为基础现代科学。[33]

人们可以了解上帝的作品，而不是上帝的本性；他们可以从上帝的作品中推演出上帝的意志，而不是从它的本性中推演出来。博林布鲁克说，上帝创造宇宙是为了宇宙，而不仅仅是为了人类。上帝并不会即刻出现在自然的运作中，而是会让人类根据自然的系统来改变自然的事物。上帝对宇宙有一个普遍的天意，并非针对某个特定物种或此物种中某个特定成员的天意。既然宇宙不是专门为人类而造的，人们就不能公正地抱怨在他们看来似乎是不公平的事情。[34]人类的普遍天意是在社会中，而不是在个体中，我们将会看到，对博林布鲁克来说，人是社会的动物。上帝给了人们通过政府来获取幸福的手段；当人们不能根据第一原则建立政府时，他们就会感到不快乐，而这是自然法的普遍而必然不加区别的制裁。在这方面，博林布鲁克将道德和技术进步区分开来：它们不会发生相反的变化，但它们的进步方式是相反的。技术进步来自个体发明家对人类的贡献，而道德进步则需要政府，它来自社会对个人的贡献。人类的社会性，以及他们对政府的需要，似乎是上帝天意的普遍化结果。很显然，博林布鲁克从人的社会性推论到天意的普遍性，因为在他看来，有一点很清楚，人只有在总体和整全的意义上才能够生存并且幸福。大自然的上帝允许人们认识到他们所处环境的这一根本事实，从而使他们超越了仅仅靠本能而

---

[33] Bolingbroke, *Works*, III, 327; IV, 142, 160.
[34] *Ibid.*, IV, 374.

生存的物种。但人们必须明白的是，上帝并不关心个体，而只关心人类，它对待人类并不像其对待其他生物的方式一样，而是在社会中表现它的关心。

博林布鲁克的第一原则中最有趣的特点是人的自然社会性。在他看来，这是他与霍布斯和洛克最大的不同之处；他对自然宗教的信心，来自他对人的社会性的信念，而这并不被霍布斯和洛克完全认同。根据博林布鲁克的说法，不同于霍布斯和洛克的假设，人类在自然状态下从来就不是"野蛮的个体"或者"孤独的流浪者"。社会以家庭的形式与人类同在，然而人类始于：

> 如果有第一个男人和第一个女人，他们和他们的孩子（孩子不能照顾和教育自己）一定组成了第一个社会。如果有许多男人和女人同时从地上冒出来，男人之间为了争抢这些原始妇女可能会产生一些竞争，他们可能会使用某种暴力，也可能会在交配的匆忙中产生某种混乱。但在那之后，产生纷争的同一种本能，就会塑造社会。〔35〕

在这个优雅的表述中，我们可以看到，自爱的本能最初表现为对快乐的欲求。尽管理性从一开始就存在于人类之中，因为智力不能从非智力，即"自爱产生社会性"〔36〕的本能中生长，但是家庭把人们排除在霍布斯和洛克称之为自然状态的个体化状态之外。博林布鲁克同意，人的自然状态是前政治（prepolitical）的：自

---

〔35〕 Bolingbroke, *Works*, Ⅳ, 146.
〔36〕 *Ibid.*, Ⅲ, 67; Ⅳ, 147.

然社会或政府应该与市民社会或政府区别开来，因为市民社会是由同意形成的，因此是人为的。博林布鲁克说，虽然洛克有时承认父权政府先于公民政府，但洛克对公民政府的制度进行了论证，就好像公民的同意来自个体一样。[37]

事实上，同意源于个体的家庭，因为博林布鲁克认为，个性是社会性的结果，而非它的基础。只有聚集在社会（家庭的或公民的）中时，人们才能成为个体，对于彼此而言的个体。市民社会是在家庭间彼此结合以及家庭政府得到了家庭成员的同意之时诞生的。无论是家庭社会还是市民社会，战争状态并不是形成社会的原因，而是它的结果；在博林布鲁克看来，家庭间的战争状态显然是市民社会的起因。自然通过本能创立家庭，通过理性将人们引入市民社会。人的天性并不是政治的，但他们的天性是指向市民社会的。博林布鲁克引用亚里士多德《政治学》中的一段话表示赞同，即最早的政府是王治的，因为他们出自家庭。通过与亚里士多德的类比，博林布鲁克说"人是一种宗教动物，也是一种社会动物"，[38]对他来说，人之所以是一种宗教动物，因为他是一种社会动物。如果自然宗教不适用于人类，如果自然法没有显示自然的上帝对人类的天意，那么自然宗教就不能令人信服。但是，既然自然指引人类进入政府——它是生存和幸福的必要手段——上帝的天意就得到了充分的证实。博林布鲁克的读者可以体会到他的满足

---

[37] 请参考 Locke, *Two Treatises of Government*, II, 110。博林布鲁克对霍布斯的批评也不是中肯的。*Leviathan*, chaps. 13, 30.

[38] Bolingbroke, *Works*, IV, 167-68, 190, 426；博林布鲁克在假定人类天生是社会性的动物时，与莎夫茨伯里的观点一致，然而与之不同的是，他认为他们的社会性源于自爱。参考 Shaftesbury, *Characteristicks*, I, 109-14; II, 23-25。

感,因为在关于自然对人类的冷漠态度方面,他对现代政治哲学做出了所有让步,但仍旧得出结论:自然(以及由此而来的上帝)为它产生的邪恶提供了补救措施。

博林布鲁克认为,自然的目的在自然中得到了充分的揭示。总之,他的推理是:自然是仁慈的,因为它为人类所理解;但是就古老的、永恒的本质而言,并不存在可理解的自然。因此只有上帝对人类是仁慈的。博林布鲁克把自己置于古代及中世纪的哲学家与现代哲学家之间,前者认为自然是仁慈和可理解的,而后者认为自然是冷淡和顽固不化的。他说,哲学家:

> 被带到……有些人把道德的原则置于我们和他们自己的视野之外,同时他们假定道德原则源于永恒的本性,独立于上帝的意志;有些人,则把这些原则放得太低了,就像人类政策的水平一样低,同时他们认为这些原则是有名无实的,取决于人的意志……[39]

博林布鲁克认为,所有的合法政府都是经同意而产生的,同意的权利无疑是上帝赐予的,因为所有人都能凭借正确的理性看到社会的好处。他认为最重要的知识来自启示,而不是哲学;然而,启示是可以在没有辅助的人类感知和理性中获得的,因为"启示"这个术语意味着一种充分揭示的、尽管不是必要的可理解性。博林布鲁克认为神法或者启示,和自然法是完全一样的。通过将自然主权提升到天上,他能够否认霍布斯对现世主权者的某

---

[39] Bolingbroke, *Works*, IV, 151.

种不同的肯定，即认为它的意志与自然法是共存的。[40]

博林布鲁克自然神论的困难在于他的自然宗教和人的自然社会性的概念。博林布鲁克通过否认自然在不可变本质中的可理解性，发现了自然宗教的可能性：如果存在这样的本质，自然就会有独立于造物主的自身意义。然而他承认，自然以真实、复杂观念原型的形式，将暗示赋予人类知觉。[41]虽然自然本身是不可理解的，但自然引导人们认识上帝。它引导人们去理解的是自然之神，这个神解释了人们所能理解的自然系统。上帝要么是自然系统的一部分，而自然终究是可理解的；要么是高于自然，那么对纯粹自然的理解是不可能的，并且不能得出对自然之神的任何结论。博林布鲁克的自然宗教是哲学和启示的一种被迫结合，而洛克的观念论使得这种结合变得可信。这个理论的观点是，人们可以了解他们不可能拥有的知识，而博林布鲁克将这种文雅的无知转化为一种冷漠而抽象的虔诚，这种虔诚推溯出了造物主。

如果在人类的自然社会性中发现了自然宗教的关键证据，我们就必须质疑博林布鲁克关于自然的前政治状态的观点。既然人类天生是社会性的，并且家庭组成了一个社会，那么市民社会何以是必要的？是什么使它有必要从自然和本能的家庭过

---

［40］ 博林布鲁克在试图将他的制度与霍布斯的制度区分开来的过程中，对霍布斯的描述并不完美，就好像霍布斯否认自然法与实证法之间的区别，而非肯定它们在市民社会中是共存的一样。为了确保这种区别，博林布鲁克以一种多少类似于莎夫茨伯里和斯宾诺莎的风格，频繁地引用西塞罗的观点，并不是因为他会"在第一哲学的事务中以塔利作为自己的指南"。*Works*, Ⅳ, 147n. 博林布鲁克不像莎夫茨伯里那样欣赏古代人。参考 Shaftsbury, *Characteristicks*, Ⅰ, 268。

［41］ Bolingbroke, *Works*, Ⅲ, 103.

渡到人为的市民社会呢？既然自然将人们引入市民社会，必然存在某种自然需求，驱使人们离开自然社会；家庭中一定有一些不可避免的缺陷。的确，博林布鲁克说过，人们在满足了社会性之后就变得不合群了。他们的社会变得彼此独立，结果就是战争状态。

> 社会在各方面都变成了个体化的，也就是说，除了相对地顾及自己之外，它们并不关注他人；促进了人与人之间联合的自爱，也促进了人与人之间的不和。像马姆斯伯里的野人哲学家，他们好像有权利通过欺诈或者武力获得他们可以得到的一切。战争状态是形成不同社会的结果，而远非原因。尽管根据自然的一般规划，人类的繁殖使得形成社会很有必要。[42]

这个段落中的"不同社会"当然是处于国际战争状态的市民社会，也似乎是处于前政治的战争状态的家庭。但是，博林布鲁克需要区分出哪些社会（家庭）可以团结起来以避免战争状态，哪些社会（家庭）不能也不需要团结，而必须永远处于战争状态。霍布斯在他的主权学说中就做了这个区分：个体可以通过将其自然主权让渡给一个人造主权者而团结，但是人造的主权者不能联合，因为他们拥有的主权是为了人民的安全，而不能用来让渡。博林布鲁克也同意"在每一个市民社会，绝对权力都必须被置于某处"。[43] 也许绝对权力的存在正是市民社会与家庭的区别所在。

---

[42] Bolingbroke, *Works*, IV, 187.
[43] Hobbes, *Leviathan*, chap. 30; Bolingbroke, *Works*, IV, 193.

那么家庭必定因为缺乏绝对权力而有缺陷；"自然政府"必定是不完美的政府。那么，我们说人类天生是社会性的动物，就仅仅是说，自然引导人构成的社会是如此不完善，以至于它们的形成恰恰标志着战争状态的开始。

这可能意味着，家庭政府或者父权是不完美的，因为父亲对其已成年的儿子（他们自身也是父亲）控制得太少或太多。如果他们的父权不能延伸到儿子、包括孙子的所有事务上，他们就几乎没有控制权，而如果他们的父权摧毁了其子的父权，他们的控制就显得太多了。因此，除非这个"祖父问题"通过某种外在或超越于家庭的权力——政治权力或立法权而加以解决，否则这个家庭往往会瓦解为彼此敌对的个体。[44]纳米尔所指的法定继承人（the heir apparent）的问题，是祖父问题的一个特例，在这种情况下，政治权力在家族内部进行传递。自然通过把人们带入家庭而引发了祖父问题，但自然能解决这个问题吗？博林布鲁克可以肯定地回答这个问题，只要他同意亚里士多德的观点——人类天生是政治的，而不仅仅是社会的动物时，他就能得出结论：自然对人类有利并且自然宗教是可能的。

通过解释自然宗教和基督教之间的区别，博林布鲁克说，一夫多妻制符合自然法，禁止它是荒谬的。一夫多妻制是自然的，因为它是增加人口的最好手段，从而可以提高每个国家的力量和财富。在这一推理中，博林布鲁克显然已经超越了出于繁殖或者仅仅享乐欲望的自然基本本能，而是通过增加必需生存的人口数量来合理地提高生存的机会。自然法所推崇的特殊婚姻形式，即一夫多妻制，为实现家庭本身无法想象也无法

---

〔44〕 博林布鲁克似乎认识到了这个需求。*Works*, IV, 217.

实现的目的而辩护。因为繁衍既不需要，也不保证人口的增长。那么一夫多妻制，而非一夫一妻制和一妻多夫制，就必须由民法确立，后两者仅能满足生育的需要。虽然生育只需要一个家庭，但人口的增长只能由国家来保证，而国家需要这种保障。[45]自然法似乎具有特定的政治性，而非模糊的社会性。但是博林布鲁克没有得出这个结论；他似乎否定了霍布斯和洛克所阐释的现代自然法的实质——自我保存。对博林布鲁克来说，人类的自然社会性很自然地产生了非社会性——一种战争状态，人们必须通过人为契约才能从这种状态解脱。因此，在这种情况下，声称自然通过向人们展示其自身安排的可怕不足而引导人们进入市民社会是有误导性的。从这个意义上讲，霍布斯和洛克也认为人类天生就合群。博林布鲁克希望对现代自然法的政治意涵进行某些修正，为此他似乎重新安排了现代自然法的基本内容。在审察过程中，他必须在查漏补缺和根本的改变之间做出选择，二者不能兼得。人们可能认为，博林布鲁克敢于说人类天生就合群，只是因为霍布斯和洛克成功地反抗了占统治地位的亚里士多德政治科学。因此，对人的自然社会性的信念不再意味着效忠于博林布鲁克所谓的"黑暗王国"或柏拉图"异想天开的共和国"。[46]

然而，对英国政治而言，这些查漏补缺在实践上的重要性非同一般：它们肯定是本研究的主题。正如我们将要看到的，博林布鲁克和柏克之间的核心问题是博林布鲁克为"才俊之士"划分等级的纲领。他的"人在自然状态下是合群的"这个观点，使

---

[45] *Works*, IV, 203, 217-22.
[46] *Ibid.*, III, 294, 485.

之能够区分个人平等和社会平等。个人平等在人类中存在得最少,但社会平等是自然状态下人类社会(家庭)个体化的真实结果。[47]因此,博林布鲁克的暗示比霍布斯单调地坚持自然状态下人人平等的主张更有利于天赋贵族(aristocracy of talents)。这个复杂的问题留待以后再来讨论。

博林布鲁克对现代自然法的两项修正也被柏克以自己的方式尝试过:一是相信责任高于权利;二是重新依赖历史。第一点最明显地体现在博林布鲁克为爱国君主推荐的政策中,而柏克在《思考》中反对这个政策。博林布鲁克认为,如果自然权利被赋予实现的保证或者手段,就可以说它们是上帝赐予的。如果是上帝赐予的,它们就是责任:人们按照他们必需的方式行事,以索取他们被赐予的东西。然而,由于这些权利是通过政府被间接授予的,因此必须以爱国主义精神来要求这些权利。爱国主义是博林布鲁克的政治主题,然而很少出现在霍布斯和洛克的作品中。爱国主义并非源于对自然状态的抽象认识。要理解这一点,我们必须接受博林布鲁克对于历史的重新依赖。

博林布鲁克断言,人们可以在上帝的作品和普遍天意中,清楚地认识自然法。这意味着人们可以在市民社会看到自然法的运作;在市民社会形成之前,自然法尚未受到民法的沾染,也未得到民法的支持时,他们无须看到它的运作。上帝仁慈的天意充分向我们揭示了对上帝的首要责任原则,即对自己和他人的首要原则,这样人们就不必在市民社会产生以及上帝的天意(His providence)显现之前,在一开始就询问上帝的意图。正如博林布鲁克的自然宗教中没有原罪一样,他的自然法中也几乎不存在

---

[47] *Works*, II, 90; IV, 196.

自然状态。与霍布斯不同，博林布鲁克称："对于从未经历过人类社会之外的邪恶的人，我们这样说就足够了：他们不依赖这种对比就能感觉到，并且必定感觉到社会的好处（除非他们是白痴）。"[48]因此，博林布鲁克只在他的理论著作中对自然状态进行了思考；在其三篇最实用的政治作品《政党论》《关于爱国主义精神的信》和《一个爱国君主的观念》中，他只提到过一次自然状态。自然法在上帝的作品中是显而易见的，因为人们无须与自然状态作对比就可以感受到社会的好处。而将自然状态作为其政治教义核心的霍布斯和洛克，想法刚好相反：他们认为，除非人们理解自然法在社会之外运作的严格性，或者至少是不充分的，否则他们永远不会接受市民社会的合法限制。在他们看来，人们很容易看到自然自由的好处，但不需要一种受约束的公民自由。[49]因此，他们尽其所能将自然状态保留在普通公民的思想中，即使不是在经验中。

博林布鲁克的自然神论几乎是自然状态观念的一种替代物。在博林布鲁克的制度中，这种使人类发现自己不变的本性，并且在焦虑和厌恶中逃向文明中去的自然状态，几乎从人们的视线中消退了。它成为自然之神的普遍天意，凭借它，人被揭示为一种创造物，而非拥有本性。博林布鲁克甚至没有像卢梭在《论人类不平等的起源和基础》（1759）中那样对人性这个概念提出挑战。他认为，正如我们注意到的，人类的智力不可能从非智力中产生；的确，这就是他认为神圣智慧是宇宙第一因的理由。但他找到了历史上自然法的第一原则，从这些原则中，他得出了一个推

---

[48] *Works,* IV, 146.
[49] 转引自：*ibid.,* p. 199。

论；此外，他用历史来说明非历史性的原则。正如休谟的理论所指出的那样，不仅使终结了自然状态的社会契约变成了"原初契约"，而且进入社会的条件也可以通过比较"其他人和其他时代的经验与我们自己的经验"来解释。这就是"历史的伟大用途"，这就是博林布鲁克从"哈利卡那苏斯的狄奥尼修斯（Dionysius Halicarnassus）作品中的某处"借用而来的那句名言的含义，即"历史是通过例证来教授哲学"。[50] 博林布鲁克相信，每一个市民社会都是经同意（也就是说，通过家庭）而开始的，因为没有哪一种力量能给人留下如此深刻的印象，也没有哪一种欺诈行为能聪明地战胜自然法的简单原则。因此，市民社会的第一次联合必须遵循自然法。[51] 但是，根据博林布鲁克的说法，大多数现实社会很可能都是由那些曾经在已有的市民社会拥有权力的人通过武力和欺诈而开始的。征服而来的市民社会是由帝国主义形成的。因此，自然状态的概念并不能为现存的市民社会提供显著和相关的实际指导。

在"第一原则"一词中，本质上的第一和起源上的第一之间存在着歧义，"对我们来说"真正的第一原则（博林布鲁克认为是本质上的第一）可能不是真正的原初原则。通过对比按照自然法运行的社会明显表现的幸福与不按照自然法运行的社会所遭受的痛苦，来了解任何社会的历史，比从逃离自然状态的原始需求中把握方位要更容易、更安全。上帝的普遍天意是比最早进入市民社会更清楚的指南。对英国来说，博林布鲁

---

[50] "Letters on the Study and Use of History," *Works*, II, 177, 222, 229; Dionysius of Halicarnassus, *Roman Antiquities*, xi. 1. 4.
[51] Bolingbroke, *Works*, IV, 149, 197-203.

克从后来的历史中得出了一个推论，进而采纳了一种观点，即英国政体最初是一个自由的哥特式政体。*[52] 如今，这种观点因其非历史性而备受指责，而博林布鲁克也承认，关于英国或任何其他社会起源的证据寥寥无几，但他同时相信哥特式政体就是自然状态的历史替代品。考虑到它后来的历史，这一定是英国建立的开端。博林布鲁克并不是从自然状态出发进行推理（reasoning *from*），而是把它认定为（reasons *to*）哥特式政体。因此，对英国人民来说，真正而充分的指导是在英国政制历史的运作中，而不是在它的开端找到的。博林布鲁克在《政党论》中阐述了这一观点，并用他在书中给出的简短历史加以说明。[53]

博林布鲁克试图用他的自然神论来消灭宗教政党之间的问题，现在，这些问题即便不能完全被终结，也已获得更妥善的处理。现代自由主义与我们赖以生存的犹太-基督教启示之间

---

[52] Bolingbroke, *Works*, I, 316, 319; II, 196, 211; Michael Geddes, *Miscellaneous Tracts* (3 vols.; London, 1706), III, 16-21; Nathaniel Bacon, *An Historical and Political Discourse* (London, 1760), Part I. 同时参考 James Harrington, *The Commonwealth of Oceana* (London, 1887), pp. 19, 51, 55, 156, 246; Algernon Sidney, *Discourses Concerning Government* (2 vols.; Edinburgh, 1750), II, 245-46, 259; Montesquieu, *De l'esprit des his*, XI, 8, and *Lettres persanes*, nos. 131, 136; 以及柏克的批评，"Abridgment of English History," *Works*, VI, 415。如前文所述，只有在霍布斯阐述自然状态概念的语境下，哥特式政制对于博林布鲁克而言才是重要的。

[53] Bolingbroke, *Works*, II, 121, 140. 在《关于历史的研究和运用的信》（"Letters on the Study and Use of History", *Works*, II, 239）中，博林布鲁克说，现代政治伴随国王的反贵族和反教会政策，在15世纪末开启了一个普遍全新的时代，乃至于对之前时代做深入研究是不必要的。同时参考 "On the Power of the Prince," *Works*, I, 511。然而，哥特式政制确实是在伊丽莎白女王时代重新制定的。*Ibid.*, I, 360-63。

* 哥特式政体（Gothic constitution）通常用来指欧洲文艺复兴之前的封建日耳曼社会。

的妥协，使我们对启示的让步越来越少。因此，从我们的角度来看，博林布鲁克的自然神论必定显得胆怯或过于谨慎。但我们不仅忘记了那些日子里由正统和新正统神学的勇敢战士来代表的基督教的公共力量（博林布鲁克在多半作品中都反对它），也忘记了启示本身的问题，它一直没办法解决，只能靠现代的世俗主义来压制。博林布鲁克本人并没有对这个问题给予应有的重视；通过把它描述为已经解决的问题而不必再讨论，他想要将其从公众讨论中去除。但是他自己意识到了这一点，并且理解了现代科学的"第一哲学"，这在今天不关注政治的人当中是很少见的。人们必然要从事高于人的事业，这种事业反映在政治中，这仍然是在博林布鲁克的自然宗教中可以找到的真理。

　　自然神论的目的是去展示一个反对神授权利的广泛战线，神授权利以不同方式成为 17 世纪主要宗教政党的原则。为了开辟这条广泛战线，博林布鲁克扩展了自然宗教，使它与无神论的结盟成为可能；正如他的解释，无神论者通过利益而受自然法的约束比有神论者通过责任而受约束的程度更低。当有神论者从自然法推理出神圣的立法者时，无神论者则"会公正地嘲笑那些因为议会没有这样的法案就告诉他不必过桥的人，尽管如此一来他可能会被淹没在洪流中"。[54] 斯宾诺莎主义者和霍布斯主义者虽然有许多荒谬的错误，但他们并不仅仅因为是无神论者就是道德败坏的人。[55] 与此同时，在博林布鲁克看来，自然宗教非但不能支撑基督教的诸多教义，反而与其背道而驰。然而，他宣布宗教中"良好政策的首要原则"是"一种

---

[54] Bolingbroke, *Works*, IV, 141-42；转引自：III, 398-99。
[55] *Ibid.*, IV, 415-16.

考验和一种宽容"——需要考验性的誓言,因为政府需要国教的支持;需要宽容,因为神学争议和教会争论的致命影响,即宗教政党,必须被扼制。[56]

自然宗教和国教之间的差异(在英国,这种差异包括并不被自然宗教推荐的基督教教义)可以由普遍天意和特殊天意之间的区别来解释。正如我们看到的,普遍天意必须通过市民社会加以具体化,因为它难以感化自然良心,唯有通过民法的约束才能对特定的人产生影响。反过来,英国国教是由官员组成的神选机构,为法律提供制裁。自然宗教需要市民社会,而市民社会需要国教。博林布鲁克是否会回到霍布斯和洛克的观点,即道德需要一种"人造神学",换言之,有些教条是自然宗教无法维持的(尽管它们可能不会被反驳)?博林布鲁克并未论及,但他似乎认为,国教最终可以优化为自然宗教。人造神学是不需要永久存在的,因为基督教可以通过福音书的真实性而剥离它的虚假教条以维持基督教的存在。博林布鲁克呈现自然宗教的情况时,和洛克一样,也为合理的基督教辩护;但在他看来,合理的基督教是正确的,因为它与自然宗教相一致。在英国,他对宗教考验的支持,包括对他认为错误的教条进行宣誓,并不是纯粹的虚伪,因为当虚假宗教因宽容制度而变得无害时,人们可以为真正宗教的传播留出一段适当的时间。

这一事实为英国政党史与宗教史之间的联系提供了线索。霍布斯建立绝对主权学说,部分是为了将宗教分歧从市民社会排除,摧毁宗教或者政治-宗教政党。当一个教会宣称自己的权威等于或高于君主的权威时,其结果就是国中之国,引发内

---

[56] Bolingbroke, *Works*, IV, 108-9.

乱和争。因此，霍布斯将教会界定为公开承认的基督徒的集会；如果合法，这个集会就能在主权者的命令下被召集；真正或合法的教会与国家是一样的。[57]

博林布鲁克承认宗教臣服于君主，但在发现了自然宗教和自然法的同一性之后，他得出结论说，君主不必与教会相等同。君主应该优先考虑国教，但也应该允许其他教派的存在，因为它们在自然宗教中的共同基础使其能够得到适当的控制，从而对公共和平无害。自然宗教是真正的宗教，以自然宗教（其中自然指的是国教）为基础的社会建立在真理之上。对霍布斯来说，由于社会基于真正的自然法，因而君主不能容忍许多教会。而对博林布鲁克来说，由于社会基于真正的自然法，那么君主就可以宽容很多教会。因为神话可以遭到摒弃，社会可以建立在真理的基础上。这种观点不仅能够为最严重的不宽容做辩护；也能够为最广泛的宽容而辩护，因为如果神话可以被摒弃，它们就能变得无害。这不仅仅是因为黑暗先于黎明：在绝对主权学说中，宗教不宽容的胜利反倒为摒弃宗教不宽容铺平了道路。而且可以说，宽容的根源就在于不宽容。如果教条可以被击败，为什么还要费心去摧毁它呢？

从1660年到1770年，英国的政党通常被视为不受尊重、扰乱和平的政党，因为它们是持有不同宗教教义的政党，这些教义的各种政治主张是相互矛盾的。博林布鲁克不仅像洛克（和其他人）一样，证明了宗教宽容的可能性，而且指出了自1688—1689年的宗教和解之后英国宽容的成功。他能够令人信服地表明，17世纪的党派冲突已经消除。因此，博林布鲁克得出结论，

---

［57］ *Leviathan*, chap. 39.

政党不再有存在的理由；但柏克的结论与博林布鲁克相反，他认为党派冲突可以转化为能够容忍的党派竞争。宗教宽容和政党声望之间的关系首先可以表现为一种平行关系，以比例来表示：宗教方面霍布斯之于博林布鲁克，就如同政党方面博林布鲁克之于柏克一样。但是，这些概念之间的关系实际上并非平行的，因为宗教冲突的和解是容忍政党竞争的先决条件。

这一和解的前提是，社会可以建立在真理的基础上。博林布鲁克说，真理能够成为"一个民族的精神（genius）"。

> 一个教派、更重要的是一个国家的权威，能够激发和证实最荒谬的观点。激情，或兴趣，能产生热忱。但没有什么能给错误带来稳定和持久的一致性……这种观点，就像人的身体一样，从一开始就有解体的倾向。它们不久就会被摒弃，不仅在人们可以思考的理论中，也在人们能够自由行动的实践中。[58]

错误的观点是短暂的。因此，从他的观点来看，没有人拥有真正的党派利益。政党之间绝不存在任何真正的分歧；只有错误的担忧（apprehensions），这可以产生足够真实的行动，但它们无须存在，而且"从一开始就有解体的倾向"。既然基于真理的社会是可能的，那么博林布鲁克相信没有党派的社会也是可能的。他试图在英国政党中找到真正的差异，但他的努力被这种前提阻挠。他想表达的是，内战的双方都是出于对真正和谐的利益持有错误的忧虑，但保留了17世纪和18世纪政党之

---

[58] Bolingbroke, *Works*, II, 43.

间的明显差异。因此他必须说，18世纪的政党是忧虑的幽灵。

在这一点上，我们可以简单地对博林布鲁克与柏拉图和亚里士多德的政治科学做一个比较。对柏拉图和亚里士多德来说，一个国家的政治是由它的政体（politeia）决定的。政体的特征——可能是民主制，贵族制，或君主制的，其中一个有缺陷的对应物或某种混合——在那个国家的主流或公众舆论中反映。公众舆论绝不是真理，而总是意见或神话，换言之，它只是声称自己是全部真理的部分真理而已。通过比较不同政体间相互矛盾的公共舆论，我们可以看出舆论的偏私性。但要进行仔细的比较并不容易，因为真理隐藏在矛盾的主张之中。那些能够并且愿意探究真理的人（更别提成功地探究了）寥寥无几，因而无法支撑起一个社会；他们太过忙碌以至于必须得到社会的支持。既然每一个政体都提出了部分真理，那么着眼于全部真理，每个政体都是偏私性的。比如说，一个民主政体将民主政党的意见，即片面的真理作为公共舆论。任何政体都必须有一个执政党，因为矛盾意见的真理即便能在朋友之间得到解决，也不可能在社会层面解决，因此必须选定一种意见。并非所有意见都同样值得选择，但所有的意见都必然是偏颇的；所以，每一个政体都必然是不宽容的，尽管程度不同，针对的事物也不尽相同。与此同时，柏拉图和亚里士多德教导人们认识到不宽容的必要性和必要的不宽容程度——这减轻了它对受过教育的人和他们所影响的人的不良影响。博林布鲁克的前提，或者说现代自然法的前提即"社会可以建立在真理之上"，通过野心激发了一种非同寻常的不宽容，也通过最初的信心或随后的幻灭激发了一种相应的宽容。如果社会可以建立在真理的基础上，那么社会的政治组织就可以是非偏私性的；如果政治能够成为非偏私性的，政党就可以成为无害的，甚至是有益的。与预期相反，经验或许表明，政治不可能做到无偏私；但至少英国的政党可以变得无害。

柏克在对偏见的著名赞颂中，似乎追随了柏拉图和亚里士多德的思想：

> 先生，您知道，在这个启蒙时代，我敢承认，我们普遍都是些无知的人；我们非但没有抛弃所有的旧偏见，而且在相当大的程度上珍视它们，为了让自己蒙羞，我们珍惜它们，因为它们是偏见；它们持续的时间越长，以及越是普遍地占据上风，我们就越珍惜它们。[59]

事实上，他所称赞的并不是良好或合理的偏见，而是偏见本身的智慧。偏见是不可避免的，但它是无害的，甚至是合理的。接下来会讨论，偏见通过柏克的时效（prescription）理论而变得合理。这一理论是转变（作者注：这个转变由博林布鲁克帮助发动）的一个高级产物，即从对自然状态的依赖转变为对作为"第一原则"来源的历史的依赖。柏克并没有真正放弃"社会可以建立在真理之上"这种信念；他抨击的信念毋宁是说，社会可以建立在抽象的真理之上，因为他相信，道德和政治真理并不是抽象的。偏见可以被宽容，甚至被鼓励，理由恰恰是博林布鲁克认为偏见能够、并且必须被废除的原因之所在。为了深化柏克和博林布鲁克之间的这个问题，这个出现在柏克《思考》一文中的问题，我们必须理解博林布鲁克为废除偏见及其衍生物——政党而提出的纲领。

---

[59] Burke, "Reflections on the Revolution in France," *Works*, II, 359.

第四章 博林布鲁克的纲领

1733 年,博林布鲁克在一篇文章中说,目前两党之间的分歧在于腐败的正当性。他认为辉格党和托利党已经过时;但是宫廷党和乡村党重新出现,它们公开承认双方在原则上存在差别。然而,这并不是国家原则的不同,而且乡村党也不像 17 世纪那样分崩离析。腐败的实践者指出腐败有存在的正当理由,以此厚颜无耻地为自己的行为辩护,这就导致了现在的不同。为了让乡村党团结起来对抗这个"更沉默,不太被人注意"[1]的危险,博林布鲁克构想了一项反腐败的纲领,他在两本小册子,即《关于爱国主义精神的信》和《一个爱国君主的观念》中都提及这一纲领。对这项纲领的研究证实,他所提倡的"超自然美德"恰恰是柏克在《思考》中攻击的对象。它还对以废除政党为唯一目的的政党本质提出了一些反思。因为博林布鲁克不仅反对政党,而且认为可以抛弃它们;除此之外,他还认为,自由国家通过采纳一种废除政党的政策,可

---

[1] Bolingbroke, *Works*, II, 168.

以独立而充分地解决自身的腐败问题。这本超党派的小册子中充斥着对党派偏见的谴责，难免让今天的读者产生嫌恶之感，他们对政党声明的丰富经验使他们乐意承认，进而驱逐博林布鲁克这样的老骗子（vintage humbugger）。但是，博林布鲁克并不只是为了谋求官职而收集陈腐的口号，他公开宣称的反党派立场是认真的，是有说服力的。为了对他做出公允的评价，我们必须了解他的纲领；因为博林布鲁克的反党派性（antipartisanship）是英国最早公开的政党精神之灵魂。

不含偏见的爱国主义

在写于1736年并于1749年出版的《关于爱国主义精神的信》中，博林布鲁克表明他的纲领在起初是一个反对派的纲领。他反对的危险是由沃波尔领导的宫廷党腐败，它受到错误印象的支持，而这种错误印象是博林布鲁克在《政党论》中试图消除的，即辉格党必须继续执政以保护1688—1689年的革命和解免受托利党之害。在18世纪的英国政治中，"腐败"除了通常的含义之外，还有一种专门意义。"腐败"（捍卫它的人也称其为"管理"）类似于现代美国的"授职权"（patronage）：它通常被王室用于聘用级别较低的官员，以确保他们及其庇护人的忠诚；因此，这意味着选择官员的便利不限于他们的能力，有时也不包括能力。但是腐败，或者"王权的影响力"，不同于授职权，其实践的目的是在议会中为王室的举措（the crown's measures）赢得多数席位。这并不意味着固定的党派之争，而是忠诚于王室或享有王室影响力的大臣，这种忠诚得到了适当的回报。

腐败的做法和授职权一样，使施与者和接受者之间的关系变得融洽，并相应地对意识形态的狂热嗤之以鼻。它的和蔼可亲并非源于专业的选举管理者和满足人民需要的专家大臣所具有的宽容优越感。相反，它源于古典政治家才略传统的业余性（amateurishness），其政治智慧包含了对政治的一般理解以及根据情况做出具体决定的能力。一个人可以为做出某种决定做好准备，但仅是通过训练决不可能做出这种决定，因为英国统治阶级认为政治是要处理人类所关心的所有方面，并要求考虑被统治者的意见或偏见。政治家的行为不能以官僚主义的方式被切割成各个方面；政治是一个整体，因为它关乎整体，关乎共同善。人们也不相信社会可以完全摆脱偏见（至少在原则上如此），以至于统治者可以像数学家纠正错误一样轻易地改变他的统治方法。出于这两个原因，政治家们试图明智地实践政治，而不是把它作为一种职业，他们的和蔼可亲是政治家所具有的宽容优越感，因为他们理解他们必须与之打交道的人。正如林肯·斯蒂芬斯（Lincoln Steffens）所指出的，授职权是职业政客的工作，也是政治专业化的结果；腐败是业余爱好者的工作，也是贵族统治的必然结果（没有人认为这是有益的）。[2]通过打击腐败，博林布鲁克推动了专业主义和官僚主义在政治中的发展，并为授职权的兴起做好了准备（正如柏克所认为的），这是专业主义的典型疾病。如今我们认为政治上的专业化是理所当然的，因为它是无法逃避的。但曾经，人们是有可

---

〔2〕 Burke, "Thoughts", *Works*, I, 367-68; 转引自：Halifax, "A Rough Draught of a New Model at Sea", *The Complete Works of George Savile, First Marquess of Halifax* (Oxford, 1912); 参考 Joseph Cropsey, *Polity and Economy* (The Hague, 1957), p.69。

能对专业化的良好效果抱有热切希望的,这种渴望首先表现在博林布鲁克对腐败的抨击上。

博林布鲁克对这种渴望的表达是"爱国主义精神",我们必须仔细研究这当中的两个词。在博林布鲁克的语言中,"精神"(无论他的行为如何)并不意味着政党之间的战争狂热。"精神"意味着"持续的投入""活力""努力""勤勉"——所有这些都是对"天赋"一词的补充。[3]大自然为宫廷党的反对者提供了足够的天赋,但天赋必须应用于精神。博林布鲁克说,"爱国主义"是一项真正的责任,就像其他任何道德责任一样可以证明。它把那些"注定要成为人类导师和守护者"[4]的极少数卓越人才,和那些必须富有精神来弥补天赋匮乏的人联系在一起。所有的人都必须严格遵守这一责任,因为对博林布鲁克来说,爱国主义是一项严格可证明的责任。上帝对人的普遍天意通过社会来实现,在社会中,人受上帝创造的本性所支配;民法是天意的工具。博林布鲁克在《一个爱国君主的观念》中说,服从民法的义务是"自然法的重要段落"。这种法律并不是上帝在一般意义上启示给人的,而是"通过如此简单、清晰地使用我们的智识能力,它可以由上帝对人类的启示而被发现……因此,违反本国法律的人,就违背了上帝的法令,即他的本性法则"。[5]但只有好的法律才是这种义务的法律,因为只有良好的政府才是神的意图。爱国主义是指一个人在他的国家按照自然法行事时,并且只有在这种情况下,他

---

[3] Bolingbroke, *Works*, II, 353-55, 358, 369.
[4] *Ibid*., p. 352.
[5] *Ibid*., p. 379.

才热爱他的国家。

"社会不需要建立在偏见的基础上"这一信念产生了不含偏见的爱国主义。[6]这是一个惊人的结论。博林布鲁克将真正爱国者的"智识快乐"置于笛卡尔和牛顿之上,因为形成一个"伟大而精心设计"的政治方案与他们的计划一样崇高和引人入胜,而且更为重要。如果爱国者成功地执行了他的方案,他就会成为立法者中的立法者,并"基于对其作品的考察,享有一种与最高的存在相似的快乐"。[7]博林布鲁克绝不能阻止这个模仿上帝的人成为近乎神圣的人。这样的人如果制定了好的法律,就拥有真正的神授权利。但是,由于正确或良好的法律可以通过智识能力的清晰运用来发现,爱国者就有明确的神授权利来反对坏的法律。不含偏见的爱国主义使毫无保留的反对成为一种明确的权利,实际上是一种责任。因为他知道没有偏见的社会是可行的,爱国者会毫不犹豫地反对他的国家所珍视的偏见;他也不必等到一个错误的政府发生"一连串的滥用职权"时才反对它。[8]最严格的爱国主义可以转变为最大胆的反对派,而这位爱国主义哲学家是第一位维护公开反对权利的哲学家,这听起来是自相矛盾的,但经过深思熟虑,又会觉得颇有道理。

爱国者的道德责任实际上是一种理智德性,也是一种可实现的德性。爱国主义同哲学一样冷酷,却和繁荣一样平易近人。美德"建立在……卓越之上",但"并非屹立在一个崎岖

---

[6] 转引自:Shaftesbury, *Characteristicks* (4th ed.; 3 vols.; London, 1727), Ⅲ, 143-47。

[7] Bolingbroke, *Works*, Ⅱ, 360.

[8] Locke, *Two Treatises of Government*, Ⅱ, § 225.

多岩的山上,使得通往它的道路困难而危险"。[9] 尽管立法者至少拥有一项艰巨的任务,但受法律保护的英国爱国者并不需要立法者。"即使是有才能的无赖,在这些情况下也会像我们一样维护自由。"英国爱国者需要的不是困难和危险的美德,而是精神。用精神来行动就是根据一种制度来行动,这在博林布鲁克看来是具有德性的。"每一届政府都是一种行为制度。因此,反对派也应该是一种类似的行为制度,一种相反、但非依赖性的体制。"[10] 如果一个反对党的行为是系统化的,那么它就会找到足够的天赋和美德来给它指引,而无须求助于有能力的无赖。

如同法律所暗示的那样,在执行法律的时候,爱国主义精神可以归结为一种系统化的责任。腐败规避了政制的宗旨,使英国的自由政制陷入混乱。新法律不会影响改革,因为法律是普遍的,必须加以执行。博林布鲁克同意马基雅维利的观点,即新的法律不能控制腐败的人,只会为他们的腐败意图服务。法律必须由一个与它目标相同的制度来管理;否则一个反对党就必须按照这种制度行事,以便实现恰当的统治。它不应以一种"依赖性的"体制行动,仿佛在为大臣们出谋划策,而应像一支敌对的军队那样独立行事。在意识到法律的局限性之后,博林布鲁克扩大了政治家才能的范围。但是,如果政治家才能可以制度化,那么它就会被反对派利用。由于一个反对党可以毫无保留地爱国,它就可以在行动和原则上成为该国的政治家。柏克在《思考》的开篇巧妙发展起来的公职人员和普通

---

[9] Bolingbroke, *Works*, II, 374.
[10] *Ibid*., p. 370.

人之间的区别消失了，这一区别对审慎的反对派所造成的微妙影响也随之消失。

反对偏见的纲领

《一个爱国君主的观念》写于1738年，直至1749年才出版，以防止错误版本的出版。虽然博林布鲁克本打算出版这本小册子，但是他原想在自己选择的时机出版，以便抓住一个政治机会。或者在他死后出版，那时他所推行的政策不会受到对他本人敌对情绪的破坏。[11]这位"爱国君主"显然是展示给威尔士亲王弗雷德里克王子（Prince Frederick）看的。弗雷德里克王子是王储的法定继承人，1751年去世后，他的儿子乔治三世（George Ⅲ）于1760年继承王位，而没有任何"反动的资源"来反对他（我们将在后面的讨论中表明，乔治三世是第一个应用爱国君主观念的人）。弗雷德里克王子在某段时间是博林布鲁克小册子的重要读者，这似乎是合理的，毫无疑问，博林布鲁克会接受一位爱国君主的真诚邀请而担任要职。这本小册子是否是为有礼貌但愚蠢的读者而精心准备的一篇恭维文章，我们最好在仔细研究之后再来回答。

在"爱国君主"身上可以清楚地看到，《关于爱国主义精

---

[11] 然而，博林布鲁克选择与亚历山大·蒲柏（Alexander Pope）展开一场文学上的争吵。当时，蒲柏已经去世，但沃伯顿（Warburton）为他的早产出版物进行辩护。参考印刷商为第一版《一个爱国君主的观念》(*The Idea of a Patriot King*, London, 1749) 做的宣传；George H. Rose (ed.), *Papers of the Earls of Marchmont* (3 vols.; London, 1831), Ⅱ, 181, 185-89, 284-85; *Letters of Lady Luxborough to William Shenstone* (London, 1775), pp. 104-5; Walter Sichel, *Bolingbroke and His Times, The Sequel* (London, 1902), pp. 284, 384-91, 556, 583。

神的信》中向反对派推荐的"行为制度"类似于现代的"纲领"。在自由政体中,公民的职责主要是反对腐败,这在爱国君主的职责中得到了详尽阐述,他必须采取具体措施来清除和防止腐败。这些"具体措施"是应用于"英国现状"的"一般学说"或"第一原则"。[12] 关于人类本性的这些普遍真理适用于特定的时间和地点,它们的应用可以是系统化的,因为这些普遍性适用于所有的人。博林布鲁克的纲领并不是从对英国人的断言开始的,而是从对所有人的断言开始,然后才是对处于英国境况的那些人。因此,它的结论不能受到质疑,除非推论有误;它的前提或"哲学"必须受到挑战。博林布鲁克的目的是让每个有关"具体措施"的争论变得不可能,既然每个措施在这个体系都占有一个位置,因此争论就是不必要的。这样,政治就不会为个体对个人事务判断的不确定性所困扰。通过运用这一制度,人们还可以提出新的法律或措施,这不仅是基于那些对政治事务有真知灼见的人的信心,也基于那些知道大众偏见会为这一真理所取代之人的信心。完美的纲领是一种全新的政制(constitution),至少是对政府的重新安排,包含或暗示了普遍真理对大众偏见的取代。很少有纲领能像博林布鲁克的这个早期作品一般完美;它揭示了纲领的本质——即当今的政党纲领虽无法实现,却无法停止追求的——政治的体系化。

17世纪的宗教政党没有这样的纲领,因为它们的宣言(例如,1641年的《大抗议书》)并不是对人性的推演,而是对《圣经》和宗教传统的诠释。由于《圣经》从人类理性的角度

---

[12] Bolingbroke, *Works*, II, 372, 390.

来看并非清楚明白的，那么这样的解释就不是完全系统的，或用后来的一个词来说，不是"意识形态的"。它们传达了上帝在社会和政治事务中的命令，但它们并非由主宰人类事务的人创造的，也不是根据人类的需求而完成。它们基于启示知识，而非自然知识，寻求传播信仰，而非信心。无论它们如何具有革命性，都是在寻求让政治服务于上帝，最终只是满足人类的需要而已。它们不运用"第一原则"，而是使用上帝的话语；它们的系统化只是为了解释启示，而不是按照人们的所见来安排人类事务。我们今天拥有的政治纲领，已不再因深信真理（人类自己能够获得的真理）能够成为公众舆论而进步；然而，这种信心是一个完美纲领的基础。普遍真理不是神话或偏见，需要专业政治家在驾驶舱中加以纠正；它们是简单真理，可以在不产生歧义的情况下进行宣传，而简单的真理是反对神话或偏见的行动指南。纲领在起源和本质上是启蒙的工具。

博林布鲁克以"爱国君主"开篇，总结了所有政府，尤其是君主制国家的"第一原则"。君主制的优点似乎是它可以不受政治纲领的约束：当博林布鲁克的崇拜者托马斯·杰斐逊（Thomas Jefferson）起草他的政党纲领时，他把目标对准联邦政府的"君主主义"特征。博林布鲁克迫切地想要证明，按照真正的第一原则，即便对于最优秀的统治者，君主制也不是"专断统治"，而是最适于制定反腐败的纲领。

为了奖励其卓越的功绩，最初的国王被升格为陛下，进而被授予神性。但是第二种奖赏赋予牧师超出早期人类纯朴之优势，而没有功绩的人获得王位，仅仅因为他们与前任国王在血缘关系上的亲近。这种虚假的神授权利与真正的神授权利形成了鲜明的对比，真正的神授权利是国王在民法规定的君主治理范围内进行统治的权力。博林布鲁克认为，世袭君主制在理论上是荒谬的，但在实践中比选举君主制的周期性暴乱更可取。有限君主制在某种意义上是对上帝的模仿，因为上帝不会专断地统治，而是使自己成为一种原则；一个国王不能主张一个更绝对的统治。柏克在博林布鲁克的作品中注意到，当君主制成为基本形式时，它就具有了优势，相比于让贵族制或民主制与它做调和，它更易于调节自身而与贵族制和民主制相适应。[13]我们必须区分立法权和君权：前者是绝对的、无限的、不可控制的权力，它必须置于每个政府的某个地方，但不能完全集中在一个人身上；在英国，后者是行政权，并且作为立法权的一部分而享有否决权。英国政制已近乎完美，乃至任何国王都无法牢固地统治，除非他是一位爱国君主；然而，这样一个国王拥有的权力和最绝对的君主一样多，而且比后者更安全、更愉快。"爱国主义必须建立在伟大的原则之上，以伟大的美德为支撑。"[14]但原则比美德更重要，因为只有美德不会产生好的政府；君主的教育应该集中在原则上，而不是美德上。对于那些认为劝诫国王限制其权力是不切实际的人而言，博林布鲁克给出了一个答案：他提倡马基雅维利的观点，认为马基雅维利为这些反对者树立了权威，即一个君主获得名声和安全的可靠途径是恢复败坏的自由政体，而不是建立暴政。[15]这不是一个好君主在真正原则的指

---

[13] Bolingbroke, *Works*, 381; Burke, *Works*, Ⅱ, 397.
[14] Bolingbroke, *Works*, Ⅱ, 384.
[15] Machiavelli, *Discourses*, Ⅰ, 10, 17, 25, 52.

导下统治国家的动机，而真正的原则就是责任。但是，博林布鲁克并没有给出任何理由，解释公民们为什么会希冀这种更高的动机，也没有提出一个好君主单凭这种更高的动机可以完成的事迹。即便没有伟大的美德，真正的原则也足够了。"一个不了解真正原则的君主，就无法向自己提出政府的真正宗旨；而一个不如此提出真正宗旨的君主，永远不会把自己的行为坚定地引向这个宗旨。"[16]

爱国君主如何重建英国的自由政体？博林布鲁克采用了马基雅维利对政制秩序和政制精神的区分。这些秩序是由不同的阶级和群体组成的，相应地也有不同的形式、权力和特权——今天政治学家称之为"制度"（institutions）。精神是人民的品格。只有自由国家才真正具有政制，它们在秩序和精神上都可能堕落。为了维护自由，一个在精神上腐败的自由国家需要与腐败相适应的新秩序；但这样的新秩序很难实现，无论是温和的还是暴力的。博林布鲁克引用马基雅维利的话说："如果这有可能做到，那就必须通过将政制纳入君主制的政府形式中来实现。"这是有限君主制的另一个优势：

> 当人民的腐败继续并增长之时，通过新的法律和新的政府计划来保护自由是绝不可能的。但通过把政制的精神灌输到人的心灵中，而在旧法律和旧政制下恢复和保护自由，不仅是可能的，而且它以一种特别的方式，对于国王而言也是容易的。[17]

---

[16] Bolingbroke, *Works*, II, 392.
[17] Bolingbroke, *Works*, II 393, 395-96; Machiavelli, *Discourses*, I, 18.

爱国君主如何唤醒政制精神？他干脆不再利用腐败作为政府的权宜之计。当他这样做的时候，也就是当他刚登上王位，"万灵药就派上用场了"。这位爱国君主远非一个娴熟的政治家，因此君主制获得一种优势，即政治家的自由裁量权（discretion）很容易被反腐败纲领取代。

在解释这一纲领的五项具体措施之前，先用简短的准则加以说明："在爱国君主的领导下，人们不仅会停止作恶，也学会了行善；因为，通过将公共美德和实际能力作为获得国家权力或利益的唯一手段，他将把他们内心的激情安置于自由和良好政府的一边。"[18]爱国君主的纲领是真诚地呼吁具有"公共美德和实际能力"的人献出自己由衷的热情。什么是公共美德？显然，它是为公众服务所需的美德，而不是所有的私人美德。事实上，正如博林布鲁克赋予它们的那样，这是对政府第一原则的忠诚，这种忠诚既可以像责任一般严厉，也可以像利益一般冷漠。与第一原则相比，博林布鲁克不仅贬低了"伟大美德"，而且认为"公共美德"就是对这些原则的忠诚。

与培根不同，博林布鲁克说"实际能力"是智慧，而不是狡诈。然而，智慧和狡诈在性质上并无不同，智慧包含狡诈，两者往往具有相同的目标和手段。智者比狡诈的人看得更远：他看到了遥远的关系和间接的趋势。他看到了"国家理性的方案"，它"包含了政府的所有伟大原则以及国家的全部重大利益"。智者有长远的狡诈，他考虑的是名声而不是掌声，他的原

---

[18] Bolingbroke, *Works*, II, 396.

则是通过掩饰而不是彻底的虚假来调和的。[19]"公共美德"实际上并没有增加"实际能力",因为爱国主义的原则是长远狡诈的准则。在准则中,博林布鲁克的纲领是提拔"才俊之士",这些人在 18 世纪 60 年代被其追随者如是称呼,这就产生了天赋贵族。

天赋贵族

天赋贵族的观念在霍布斯和洛克的政治哲学中得到了早期发展,并由博林布鲁克进一步推进。它可以简单地解释为从自然平等的信念中得出的结论。如果人类在自然上(by nature)是平等的,那么他们天生就是自由的,或者说是不合群的,因为社会需要等级。天生自由的人并非天生就是政治性的;他们必须受教化。霍布斯和洛克的自然平等观念,非但没有为普遍的民主制辩护,反而支持一种人为的文明贵族制度。根据他们的观点,如果平等是人类的自然状态,那么这种"自然状态"就是战争或至少是不便。前政治的自然状态对于产生人类的不平等以及显示人类的基本平等是同样必要的。文明之所以进步,是因为它克服了人类在恐惧死亡方面的根本平等,并允许不那么根本的不平等得以发展。这些不平等不是古人所说的德性差异,也不是博林布鲁克所说的私人德性上的差异。美德需要抵抗对死亡的恐惧或者对生命的渴望,以便实现美好生活。但是美好生活有几种表现形式,因此产生了多个政党;当美好

---

[19] Bolingbroke, *Works*, II, 401; Francis Bacon, "Of Simulation and Dissimulation," "Of Cunning," *Essays*; 转引自:Shaftesbury, *Philosophical Regimen*, p. 182。博林布鲁克简化了培根的区分。

生活与宗教结盟时，至少在其流行的表现形式中，政党将会充满激情，可能会变得狂热和残忍。即便德性本身不会带来内战，它也会使人们无法清醒地追求繁荣，而这几乎是他们为自己设定的任何德性实践所必需的。这就是不平等必须人为地建立在自然平等基础上的原因：当人们思考他们天生是如何平等时，他们会回想起自己的自然贪婪或贫穷，并将美德的幻想从脑海中驱除。自然平等比自然不平等更为根本，因为它是人类建立文明、实现自我保存目标的基础。为此，那些有益的天赋或能力上的不平等，必须从德性上的不平等中挑选出来。在某种意义上，一个被视为自然的社会等级制度被一种新的天赋贵族制所取代，这种新制度之所以为人珍视，正在于它是文明的，或是不自然的。

　　博林布鲁克以他独特的主权概念，接受了霍布斯和洛克的这个结论："我有时这样描绘平民（the vulgar），他们偶然地由臣民、附庸、农民的头衔所界定，这些头衔分别与国王、领主、贵族相对；我这样描绘少数人，他们在本质上区别于人类群体。"[20] 正如我们所见，博林布鲁克对人的自然社会性的信念使他能够在社会和个人平等之间做出区分，并且显然让他比霍布斯和洛克更坚定地支持天赋精英。但毋庸置疑的是，他接受他们的根本原则。我们已经说过，在英国，自由主义不是在反对贵族，而是在贵族内部获得早期发展的。如果说后来的民主自由主义比早期的自由主义发展得慢，那么它是在与解除武装并以同样方式被说服的敌人作战。与17世纪的绅士相比，18世纪的绅士实际上已经解除了武装：他拿的是手杖而不是剑。

---

[20] Bolingbroke, *Works*, II, 353.

他还引导英国公众的意见和习惯,从对荣誉和宗教问题的关注,转变为对商业、自由和宗教冷漠的专注。上面引用的博林布鲁克的声明并不是民主的,但它对每个现存社会都是革命性的:一个没有偏见的社会需要一个没有特权的社会。柏拉图的"美德愿景"[21]是可行的,因此不再有任何借口不去建立它,也不再有任何理由将其隐藏在高贵的谎言中。然而,由于它更大的实用性,博林布鲁克的爱国君主纲领意味着少数人和平民之间的差别(如果存在的话)要小得多;我们这些自由民主国家的人现在想知道,为什么他走得这么远,却停留得这么短暂。

爱国君主纲领中的第一个具体措施是:"他必须在开始统治时就进行控制",[22]这句话在1760年乔治三世即位时变成了一个流行语。既然他的目标是完全可行的,他必须从一开始就执行它。换言之,他必须"肃清他的宫廷",以确保他的臣民们将按照他想要统治的同样原则行事。如果之前的统治是糟糕的,那么掌权的人将是忙碌而大胆的冒险家,他们会卷入党内阴谋,"常常没有真正的能力,总是没有真正的野心,甚至没有美德的外表"。由于仁慈是一种有限度的美德,其中的一些人将被爱国君主抛弃,接受国家正义(尽管不是政党式的愤怒)的审判。博林布鲁克一本正经地说,这次清洗运动的高潮是对那些犯下"滔天大罪"的人进行弹劾。其余的人必须被"一同立刻"驱逐出去。

这项纲领始于一场清洗运动(purge),旨在保护遵守真正原则的人。仅仅找到才华横溢的人是不够的;爱国君主必须

---

[21] Bolingbroke, *Works*, II, 428.
[22] *Ibid.*, p. 398.

由这些才俊之士来侍奉，与某些有才能的人不同，他们认为能力应该有着决定性的力量。能力本身并不缺乏，因为大自然已经"尽了自己的一份力"；[23] 问题是要找到接受能力原则（*principle* of ability）的人。既然真正的第一原则是可以找到和应用的，而且它们能够协调人们彼此冲突的利益，意见就没有理由发表。值得重申的是，博林布鲁克不仅相信自己的原则是真实的（如果不假定人们通常能够按照这些原则生活，就很容易相信这一点），而且相信他的原则是适用的，可以通过清洗运动来合理地应用。如今，无论是民主主义政党还是极权主义政党，它们的政治实践都包括清洗运动，由此揭示出：清洗运动不仅是为了清除政府中的无能之辈，也是为了清除那些不遵从政党原则的才俊和忠诚之士。所以，在实践中，能力是从属于能力原则的。

"清洗"一词就像政党的许多特征一样，具有宗教渊源；但它的现代政治实践不同于它的宗教概念。对于后者，人们必须从一群人中驱逐圣人以外的所有人，就像他们把罪恶从灵魂中清除一样。1648年对长期议会进行的"普莱德清洗"（Colonel Pride's purge）运动就基于这一概念。但是，博林布鲁克提出的清洗运动是反对这个概念的，他认为这种想法残酷地压迫了人性，以促进少数统治者的利益。博林布鲁克的清洗不是为了清除罪恶的状态，而是为了清除那些扰乱安全自由的偏见；为了实现这个目的，他的清洗运动是为了让这些罪恶的激情（诸如野心和贪婪）服务于人。压制激情和与激情合作的中间立场是理性支配激情；这种中间立场令人质疑，一个人是否应该像统治自己的激情那样

---

[23] Bolingbroke, *Works*, II, 355.

统治其他人。博林布鲁克认为，根据人类性格的自然法，激情只能为其他激情所左右。有趣的是，一项调动激情的政策，可能就像压制它们的政策一样冷酷无情。

其次，爱国君主必须取代那些被清除的人。他不需要制定新的法律；他带来了新的精神，创造了新的人。但要做到这一点，他必须向一个新阶层的人寻求帮助。在《关于爱国主义精神的信》中，博林布鲁克说："我把目光从正在离开的一代转向即将走上舞台的一代。"第一原则对年青一代特别有吸引力："爱国君主"不仅是写给弗雷德里克王子的，也写给一般的法定继承人。这不仅仅是对马基雅维利的暗示：

> 对于任何人类事务，都不能希求绝对的稳定……最好的政府……自身蕴含着毁灭的种子……他们每存活一小时，必须活的时间就少一小时。因此，为了延长一个良好政府的存续，他们所能做的一切就是在每个有利的情况下，使它回到其所建立的最初的良好原则上来。[24]

既然不能期待"绝对的稳定"，就不应该试图这样做。由于老一代人所谓的智慧取决于稳定，所以必须鼓励年青一代回想起第一原则，"在每个有利的情况下"重新组建政府。这种重建不是一种利用，而是一项任务；它可以被一位细心的、受过良好教育的爱国君主鼓舞，并由能力稳定的人来实施。与马基雅维利的想法不同，它不需要君主的胆识，也不需要贵族阶层的动荡和暴力清洗。由于博林布鲁克的第一原则是自然法

---

〔24〕 Bolingbroke, *Works*, Ⅱ, 364, 397.

中最好的部分，国家的缔造者必然是活着的人当中最有道德的人，而不是马基雅维利断言的一个重犯。[25]在英国政制的范围，一个国王在有爵位者的协助下，可以实现对第一原则的召回；尽管如此，这种影响仍然是反贵族制的。这种召回通过确保自由的稳定执法，而不是通过在今世或来世带来荣耀的行为，试图压制具有伟大德性的人对公职荣誉的要求，并取代为公众服务的才俊之士的要求。1688年制定的宪法一直是由"寡头政治集团"[26]管理的，之所以这么称呼它，不在于它是由辉格党控制，而是它扰乱了1688—1689年的辉格党统治。

爱国君主的第三个措施是"不支持任何政党，但要像人民的共同父亲一样执政"；这与马基雅维利的学说背道而驰。博林布鲁克对第一原则的效力非常有信心，他认为它们可以在没有党派之争的情况下建立，并在"共同父亲"的领导下得到年青一代的改善："由爱国君主统治的、自由人民的真实形象，是一个父权制家庭，在这里，首领和所有成员由一个共同的利益团结在一起，并由一个共同的精神所推动……"[27]这并不是说爱国君主具有《圣经》的权威；相反，他像管理家庭一般统治着一个共同体（community），虽然彼此有争吵，但对结社的目的而言，并没有无法调和的意见分歧。博林布鲁克说，这位

---

[25] 这位"爱国者国王"最初被命名为"爱国者君主"，这或许是对弗雷德里克亲王和马基雅维利更好的称呼。参考 Herbert Butterfield, *The Statecraft of Machiavelli* (London, 1940), pp. 135-65。

[26] Bolingbroke, *Works*, II, 365.

[27] *Ibid*., p. 401. 转引自：John Toland, *The Art of Governing by partys* (London, 1701), p. 41："在一切良好的政府中，都应当小心地避免分裂，一个国王最大的弱点莫过于领导一个政党；因为如果这样，他就只能成为一个派别的国王，而不再是百姓的共同父亲了。"

78　爱国君主几乎不需要通过政党治理国家，他甚至没有受到政党的诱惑。"政党是政治的毒瘤，而派系在所有政党中又是最坏的。"政党是为某些目的而联合的一群人，这些目的不是，也不被其他人允许成为共同体的目的；当个人或私人利益在其中占主导地位时，政党就变成了派系。在给出这些定义之后，博林布鲁克进一步证明了爱国君主在任何情况下都不会支持政党。我们稍后将会思考他为什么应该提供这个证明，这至少是不同寻常的：大多数反对政党的思想家都认为，论证每一个可能的政党都是不正当的这个事实，既没有必要，也毫无帮助。但首先有必要了解这个论证。

当爱国君主登上王位时，无论是当人们团结在一起还是当他们不那么团结的时候，都有可能存在政党。当人民联合起来服从国王时，他们可能会在一般原则或具体措施上产生分歧。如果他们在一般原则上出现分歧，爱国君主就应该采纳宪法的规则，不管那是何种规则，以使所有程序都更加有序和审慎，并通过捍卫宪法来击败政党。他应该引导人民从根据政党精神来行动转向根据民族精神来行动。如果在他的管理下，人民在具体措施上出现分歧，他应该在必要时承认自己的错误，而不是把正当的抱怨归咎于政党精神。当反对他的具体措施是不合理的，他只需要使用王权的工具，并诉诸那些将会支持他的人民。"在一个管理良好的君主制国家，毫无根据的反对，永远不可能强大和持久。为了确信这个观点的真实性，我们只需反思一下，针对最邪恶和最软弱的政府，有多少有根据的攻击被打败了，又有多少成功了。"[28] 爱国君主与其指望人民的正义，

---

[28] Bolingbroke, *Works*, II, 405.

不如依赖人民对安宁的渴望和对君主制的敬畏。在所有这些情况下，爱国君主可能暂时偏袒一个政党，但他既不支持也不禁止政党。

当人民没有团结起来服从爱国君主时，他仍然不应该对与人民的和解感到绝望，尽管他可能不得不像法国的亨利四世那样征服自己的一些臣民。他应该记住战争中的和平，并将洛克所谓的"斯文的一击"（a civil knock on the head）[29]赋予反对者。如果各派系没有武装，这位爱国君主只需要把他的权力和金钱从当权的各派中收回，并把反对派"标记出来"给人民，因为各派"几乎没有侵扰到人民"。即使是最难和解的党羽，诸如詹姆斯二世党人，也可以变成无害的；它们可以经诱导而"安静地服从并耐心地期待"。这样看来，没有任何一种情况能"使这些分歧显得不可救药"。在伊丽莎白女王统治时期，政党被压制的例子很多，她统一了人民，并在宫廷里维持阴谋。博林布鲁克关于政党永远不会不可救药的观点似乎假定两种人的存在：一种是无野心的人，另一种是野心勃勃的政治人物，当爱国君主使政治人物相信，那些没有野心的人更喜欢和平和无党派联合时，他们发自内心的激情可能会被激发。[30]

鼓励商业是爱国君主的第四个措施。这项政策不是英国人自由选择的，而是严格蕴含在第一原则中。"所有国家的财富和权力在很大程度上依赖于它们的贸易和商业……一个好的政

---

[29]《政府论》，II，§235；转引自：Burke, "Reflections on the Revolution in France", *Works*, II, 302-3。

[30] Bolingbroke, *Works*, II, 408-10。

府……将被不断地引导去最大限度地利用自然给予的每一个优势,或者技艺可以获得的每一个优势,来促进贸易和商业的发展。"[31] 法国和荷兰受情势和政府的影响,或多或少地适合发展商业,但它们仍有理由鼓励这种做法。商业是唯一能促进"良好政府所有目的"的活动,这些目的包括:"个体安全、公共安宁、财富、权力和名誉"。[32] 既然它促进了所有这些目的,那么它就是一项非党派的政策;它可以促进所有这些目的,因为它们是非党派的目的。每个人都渴望这些目的,并非因为它们构成了最高层次的幸福,而是因为它们提供了通往幸福的手段。当政府的目的不是幸福而是幸福的手段时,政府的政策就会变得不具有偏私性。博林布鲁克参与现代政治哲学的主权意图,将政府的目的从幸福转变为幸福的手段,其实践意义在于商业。为了实现这种意图,军事政策必须根据商业的需要而有所不同,博林布鲁克谴责了伯里克利(Pericles)对军事荣耀的梦想,这些梦想分散了雅典人对勤勉劳作的注意力,使他们渴望征服的果实;他还谴责了18世纪60年代的"大陆政策",即派遣英国军队到欧洲与法国作战——这一政策由威廉三世和马尔伯勒(Marlborough)开创,但被视为辉格党式的。马尔伯勒的荣耀过于光辉而难以持久,任何被它的记忆吸引的人都会首先被鼓舞,而后又沮丧,除非它被一种对帝国的更精心策划的欲望取代。[33]

爱国君主的礼貌、正派和优雅等风度是博林布鲁克纲领的

---

[31] Bolingbroke, *Works*, II, 415.
[32] *Ibid.*, p. 412.
[33] *Ibid.*, p. 428;参考 Bolingbroke, "On the Policy of the Athenians", *Works*, I, 496-508。

第五个措施。不同于过去的大人物,爱国君主不能沉湎于私人的享乐或恶习,因为伟大的激情为人民树立了一个坏榜样。他应该像恺撒的妻子,而不是恺撒。为了获得英国君主制权威的"唯一真正基础"——"民望"(popularity),[34]爱国君主必须放下国王的自负,那些自负的国王认为自己的能力和权威来源独立于人民的自然权利。他必须谦卑地放弃以神授权利为依据的传统荣誉和尊严,用一种冷漠的"法律敬畏",屈尊为人民的托管人。这种屈尊是由"我们通常所说的,所有艺术作品都有的画龙点睛之笔"[35]来完成。美德必须拥有和蔼可亲的外表、漂亮的伪装和一套礼仪。此处,博林布鲁克和洛克一样(在更低程度上和莎夫茨伯里也一样,更不用说后来的审美运动),倾向于把美德降为良好的礼仪。

超自然美德

现在有必要回到柏克的《思考》,来考察爱国君主的观念和当前不满之根源之间的关系。这一探究始于《思考》中关于"超自然美德"的段落,我们认为这是对博林布鲁克理论的一个参考。

> 为了向人民推荐这种体制,一幅由里向外涂抹得富丽堂皇、光彩夺目的宫廷政治图景呈现在目瞪口呆的民众面

---

[34] Bolingbroke, *Works*, II, 424. 霍布斯也在一种可估量的意义上使用了"民望"的概念。*Leviathan*, chaps. 10, 30 (end).
[35] Bolingbroke, *Works*, II, 419.

前。政党,连同它的所有恶行,都要被连根拔除。腐败必须被驱逐于宫廷,就像阿忒(Ate)被逐出天庭一样。从此权力将成为天意拣选的、公共精神的最好归宿,任何人都不会受到邪恶势力的支配,除了那些不幸在宫廷里失势的人,因为宫廷的四周全是罪恶和腐败。这样一项完美的计划,在一个君主国中,远比在柏拉图不切实际的理想国中实现得更好。整个场景被精心地布置,以图俘获那些善良的灵魂,他们轻信的道德观念,对于狡猾的政客来说真是无价宝藏。这一套手段的确能吸引所有人,除了少数几个不满于超自然美德声明的人,因为他们了解这种声明是由什么做成的,它的目的何在,以及它必然导致何种结果。[36]

之所以详尽地引用这个段落,是我们为了这项探究的目的,计划采用柏克精心写作的这个假设。它是否能够支撑后续的解释,如果没有检验,或者说如果不采用假设,是无法做出判断的。如果有人想说,由于柏克迅速[37]写完了《思考》,因此他写得激昂而匆忙;或者由于他是爱尔兰人,富有想象力,因此他的写作就洋溢着激情和非理性的气息,那么他不得不做同样的检验和假设。

这个"完美的计划"远远超出了柏拉图不切实际的理想国,它由"超自然美德声明"组成。柏拉图的理想国将德性和

---

[36] Burke, "Thoughts," *Works*, I, 320.
[37]《思考》一文似乎是从1769年7月到1770年2月写出的。Burke, *Correspondence*, II, 39-40, 49, 52, 92, 101, 122.

权力统一于哲人王身上；博林布鲁克的理论则把爱国君主的公共精神和权力结合。然而这个计划远远超出了柏拉图；它要求国王具有超自然的美德。超自然的美德就是上帝的美德；这个计划使国王变成了上帝。所有的耻辱都被界定为罪恶，或是对国王或者上帝的不服从。这个被比作天堂的宫廷"被精心地从内部照亮"——而不是从外部；国王，像上帝一样，通过自己的力量向世界展现自己，而不是接受自己在别人面前的样子。正如柏克在这个段落中所说的，"超自然美德"并非由传统的基督教神授权利所产生。根据基督教的神授权利论，国王是由上帝任命的，因为他拥有并传播属人的或自然的德性。最好的国王拥有人们可实现的那种美德，尽管可能还没有达到圣人的程度。他的美德具有神圣的约束力（sanction），但这并不意味着它是超自然的。尽管超自然美德可能产生滥用专权的结果，但它并非建立在神授权利的"古老偏见"之上，这种偏见构成了滥用国王专权的基础；超自然美德很可能与"积极分子的利益"相结合，成为滥用影响力的新基础。

人们还应该注意到公共精神的平衡，以及它与所有的邪恶和腐败相对抗。邪恶的反面不是美德，而是公共精神；正是公共精神取代了美德。此外，根据"超自然美德声明"，政党似乎是腐败的唯一来源；因此，完美的计划仅仅在于废除政党，这一计划不仅可行，甚至很容易实现。

柏克对"超自然美德声明"的批评中描述了他们的运作方法。

> 许多天真的绅士，终其一生都过着凡夫俗子的日子，本来对这种事是毫无所知的，现在终于睁眼看到了自己的

才德之美，认为在过去的多年里，自己之所以没有成为财政大臣或者贸易大臣，仅仅是因为政党的盛行和大臣的势力，正是它们，阻挠了宫廷对他们能力的支持这一良好意图。

这些声明通过在宫廷中确立公共精神，解开了以往对野心（ambition）的束缚；现在看来，放任自己的野心来为宫廷服务是颇为合理的。"天真的绅士们"曾经用某种天真的美德来约束他们的野心，而现在将会失去他们的冷静，改变平庸的生活习惯；*他们把政党的垮台视为扭转自己渺小地位的承诺。下一句"沛然如泉的王恩，现在是开启它的时候了……"表明了他们的雄心和贪婪是连在一起的。

这些观点对这位拥有"超自然美德"的国王有什么影响呢？我们必须通过分析才能了解它们，因为柏克并没有明确述说。这些声明鼓励国王相信自己具有超自然的美德，废除政党就能实现完美这种想法是对国王的谄媚，就像对其他"天真绅士"的奉承一般；它解除了对其自命不凡的约束。根据传统观点，这种谄媚似乎表明了暴政的存在（"超自然的美德"似乎是传统的神授权利），因为众所周知，暴君喜爱谄媚。但是，传统暴君的自负与受"超自然美德声明"影响下的国王的自负有着重要的区别。亚里士多德说，暴君宣称自己是政体中唯一的自由人，对精神和自足拥有垄断权——这一主张使他与权贵

---

* 柏克的原文直译为"说了一辈子散文"，这里柏克借用了莫里哀喜剧中的趣话，比喻一种庸庸碌碌的普通人的生活。

之间产生了冲突。[38]但在柏克的讨论中，废除政党是唯一被提及的目标；国王并不能垄断美德，而只能与宫廷中的其他成员一起，垄断公共精神。

最后，这些声明似乎很不真诚，它们提供了一个"透视图"（a perspective view）。它们来自宫廷中的狡猾政客，这些人有意俘获具有"轻信道德"的善良灵魂。轻信的善良灵魂包括"许多天真的绅士"，其突出品质是"他们的才能"。那些在出身和财富方面都不出众的才俊之士最容易轻信这个完美的计划。他们也是最危险的，因为如果他们的野心被激发，他们就会倾向于服务甚至变成"狡猾的政客"。因此轻信之善并不是充分的善良；凭借"超自然美德声明"，它可以为狡猾服务。那些对这些声明不太满意的少数明白人，必须帮助轻信之人来抵抗野心的诱惑。柏克自己必须表明，这些声明仅仅是一种声明，正如我们所见，他可以通过夸大其背后的阴谋最佳地完成这项任务。

"超自然美德声明"如何回应博林布鲁克的纲领？爱国君主是一剂"妙药"，他可以"轻易地"恢复自由政体；他必须采纳的措施是"非常容易的"。然而他从未出现过，完全不为历史所知。

> 爱国君主是所有改革者中最强大的；因为他自身就是一个长久存在的奇迹，很少被人看见，也很少被人理解，因此他的出现将在每一个正派之人的心中引起敬仰和爱慕，在每一个有罪的良心中引起困惑和恐惧，赢得所有人

---

[38] *Politics*, 1313b39-1314a10.

的屈服和顺从。一个新的民族将会随着一个新国王的出现而产生。[39]

爱国君主是一种简单而彻底的补救方法，却从未被应用过。博林布鲁克的疗方中这一奇妙的结合恰好符合柏克对"超自然美德"的描述中那个从未尝试的、新颖的"完美计划"。在博林布鲁克的分析中，政党和腐败是政制堕落的主要症候，这也刚好与柏克的论述完全一致。但是爱国君主的德性是否如柏克所描述的那样，是"超自然的美德"呢？

博林布鲁克所谓的爱国君主的观念，与柏克提出的"超自然美德"一样，显然是为了取代传统的神授权利。为了使爱国君主的任务变得容易，博林布鲁克使它变得更简单、省力。他取代了国王的传统美德，那时国王的伟大超越了大众的美德，使他与神性、公共精神或爱国主义相提并论，甚至可以归为神。而现在他是一个爱国的君主，比高尚或善良的国王还差一些。爱国主义的优点是它可能成为人民的共同特征。读者会注意到，博林布鲁克对政党的敌意表现在断言它们是为了某些目的而形成的联合，然而这些目的"不是，也不被其他人允许成为共同体的目的"。但是，虚假的神授王权——我们必须含蓄

---

[39] Bolingbroke, *Works*, Ⅱ, 396-97. 伊丽莎白女王近乎爱国君主的楷模。博林布鲁克说，没有任何一种统治"比伊丽莎白女王的统治更值得研究，更值得统治者和被统治者经常地缅怀"。*Ibid.*, Ⅰ, 363. 她可能在鼓励宫廷政党方面不如爱国君主（转引自：*Ibid.*, Ⅰ, 372；Ⅱ, 406），更重要的是（人们必须假设）她没有公开自己的第一原则。在博林布鲁克看来，拯救政制需要教育人民；人民受到适当的教育，不是通过高尚的榜样，而是通过了解他们的权利和责任。只有制度是安全的，制度必须用原则来教导。伊丽莎白使她那个时代的政党停步不前，但未能传播防止政党在未来产生的原则。

地相信它,"因为很少有人真的相信它"[40]——正是这样一种目的,它适合分裂的党派之争,因为它无法获得普遍同意。

因此,爱国君主就是"完美计划"的一部分,该计划通过降低完美的标准而建立。他可以很轻松地完成统一国家的任务,因为这个任务很容易。他只需要爱国主义或公共精神,而不是伟大的美德。他保持自己的礼仪,而不是自尊;他得到法律上的尊重,而不是卑微的顺从。他可以废除政党,因为政党由以产生的目的对他来说是可有可无的。很多评论家认为,博林布鲁克的理论经不起风浪,因为它要求我们愚蠢地相信人类是善良的,或者相信人会变善的可能性。麦考莱认为,博林布鲁克的纲领意在"用几句关于美德和团结的妙语"[41]就使贪婪进入睡眠状态。尽管博林布鲁克的写作无疑给人留下了一种华而不实、矫揉造作和天真精确的印象,但他的理论是冷静而审慎的(coolly politic)。对真正爱国君主的字面解释是理解其作品的线索:爱国君主在一般意义上只是爱国者。在感叹选举君主制的不便时,博林布鲁克断言,"对于在世界上毫无经验的人来说,斯多葛派的道德和柏拉图的政治不过是娱乐而已"。他指责加图(Cato)"天生脾气暴躁",并拒绝采用"那些接受最大稳定性的表面顺从"。[42]基于现实主义的第一原则,博林布鲁克的爱国主义包含了这些"表面上"的顺从。

---

[40] Bolingbroke, *Works*, II, 379.
[41] Thomas Babington Macaulay, *Miscellaneous Works* (10 vols.; Boston, n.d.), VI, 326 (Essay on Chatham); D. A. Winstanley, *Personal and Party Government* (Cambridge, 1910), pp. 22-23; H. N. Fieldhouse, "Bolingbroke and the Idea of Non-Party Government", *History*, XXIII (1938), 50; Kurt Kluxen, *Das Problem der politischen Opposition* (Freiburg, 1956), p. 111.
[42] Bolingbroke, *Works*, II, 381.

柏克强烈表明"超自然美德声明"是不真诚的，它们唤起了国王的自负，使才俊之士的野心膨胀。我们可以合理地认为，这可能就是他对博林布鲁克原则的看法。博林布鲁克的华丽辞藻和其较低要求之间的对比表明，他也许想把这些强加给他的读者。相应地，他向这位爱国君主推荐的礼仪与他以自己的生活为样板介绍的许多放纵行为之间的对比，也指向了同样的结论。他的修辞效果很可能正是柏克所批评的，因为他的修辞强调了国王必须坚持的政策，而不是必须放弃的政策；以及绅士们应该提出的主张，而不是应该撤回的主张。危险在于，国王学会了爱国君主的自信，而不是纪律。沃波尔谈及"博林布鲁克勋爵留下的建议，他曾向已故的威尔士亲王保证，托利党是国王专权最衷心的支持者"。[43]因此，尽管博林布鲁克的理论具有明显的意图，但其修辞的实际效果可能只是鼓励了对专权的滥用——这是博林布鲁克很容易预见的效果。[44]我们无法确定这种批评的真实性，但这似乎是柏克可能合理提出的批评。如果是这样，那么柏克对"超自然美德"的讽刺性描述与博林布鲁克理论之间的一致性就完整了。

正如柏克所见，"才俊之士"在落实"超自然美德"纲领时，宫廷从中获得的危险利益，才是他和博林布鲁克争论的焦点。另一方面，博林布鲁克认为，特殊意义上的腐败是普遍腐败的唯一原因。说腐败是维持议会多数的必要条件，并不能回

---

[43] Horace Walpole, *Memoirs of the Reign of King George the Third* (4 vols.; New York, 1894), I, 42.
[44] 1756年，柏克出版了《为自然社会而辩护》，展示了博林布鲁克用来摧毁宗教的那些原则对政府的颠覆性影响，通过对博林布鲁克风格的假设，他暗示博林布鲁克本应该预见到这种影响，但他没有预见到。那么，博林布鲁克对宗教的攻击就比他的政治更坦率。

应他的论点，因为造就议会多数的机制无法决定政制的性质。人们必须为那些维持多数并为其实施腐败的大臣们辩护。因此，在《思考》一文中，柏克在证明了伟大的辉格党家族作为大臣的特权资格是正当的同时，也证明了王权影响力下的腐败行为是正当的。博林布鲁克在攻击这种特权的基础上，也攻击腐败；他攻击腐败的目的在于，用国王领导的才俊之士的统治取代大家族的统治。柏克捍卫大家族的统治，并试图用政党的声望来修正它，既要确保王室对大家族的最大影响力，又要使腐败的运作服务于政党原则。

第五章　博林布鲁克的政党

86　　柏克没有与博林布鲁克直接对抗，而是通过抵消博林布鲁克的影响力间接地与之斗争。虽然那种影响力并不存在于单一的个人或群体，但受其影响的人只有一个意图：成为一个反对所有党派的政党。有一些证据可以看出博林布鲁克对乔治三世的影响，这将在后面的纲要中给出。但是柏克并未将乔治三世的恶意描述为暴政的原因，这是因为：他显然明白，直接攻击国王是暴君是很危险的；除此之外，他还断言，"古代暴政的工具"大多已经破旧不堪或未曾使用，一种新的暴政将不同于斯图亚特暴政。

在对博林布鲁克的研究中，我们发现，爱国君主的自信与斯图亚特王朝的专权概念相似，但又不一样。一个主要的差别在于爱国君主的观念：很有必要传播这种新观念，反对关于国家目标的传统看法，尤其是斯图亚特国王诉诸的对于荣誉的错误尊重和人们心中的虚假虔诚。因此，博林布鲁克的影响力可能不仅，也不主要表现在乔治三世的教育中，更表现在公众接受爱国君主观念的教育中。这种影响力与其说体现在私人交易的手稿中，不如说体现在大量发行的小册子中。

在《思考》中，柏克提到了一本小册子《一个正派之人的情感》(Sentiments of an Honest Man)，以及布朗博士的政治著作，这两者都属于一个"政治学派"。柏克认为，这个"政治学派"的任务是将宫廷制度推荐给公众。我们当下的目的是研究这一"政治学派"，它是危害政制的根源。在发现了柏克对"超自然美德"的攻击可能针对的是博林布鲁克之后，现在我们可能会问，这个"政治学派"是否与博林布鲁克有关，我们还必须问，《思考》中提到的"政治学派"是否与"一个特定的政治学派"有关，柏克在1769年出版的《〈国家现状〉之考察》(Observation on a late Publication Intituled the Present State of the Nation)中谈到了这一学派。"政治学派"是一个支持宫廷的学派；"一个特定的政治学派"是共同反对柏克政党的学派。如果这二者相同，我们就需要探究，既然博林布鲁克的学说如此敌视派系，那么它究竟是如何利用一个反对派团体的。

约翰·道格拉斯和布朗博士

约翰·道格拉斯（John Douglas）和布朗博士是柏克特别提到的"政治学派"中仅有的两位成员。两者都比博林布鲁克更公开地（但不是更深刻地）反对贵族。首先，他们谴责"大人物"和"大人物"所持的荣誉观念。在对这些作者的研究中，我们将探究柏克对于他们攻击的回应，会发现这是令人惊讶的让步。荣誉是贵族的美德；因此，柏克的荣誉概念与他对于英国政制，对于博林布鲁克理论对英国政制的危害，以及如何补救这种危害的看法有关。

柏克对《一个正派之人的情感》(正如他所称的那样)的讨论是在"超自然美德"一节中进行的,我们已经从这一节推测出来,《思考》是用来反对博林布鲁克的。但是由于柏克在一个脚注中指出了这个小册子(《思考》中仅有的四个脚注之一),我们的注意力就转向了原文。然而,当柏克用模糊的、能引起共鸣的典故提到乔治三世执政前十年的实际事件,并以煽动性的夸张手法来描述这些事件时,他指出了这本小册子,其赞颂超自然的美德并引诱"天真的绅士"。除了"超自然美德"的主张,他认为小册子中包含了"新制度的第一道曙光":"先是出现了将宫廷和政府分离开来的观念;万事都不再取决于国家的联合,而是个人的恩宠;为了达到这个目的,他们要建立一个常规的政党,叫作国王的亲信们。"[1]在柏克引领我们关注的小册子中,有什么内容是符合这种描述的?

第一个困难在于,并没有以这个名字命名的小册子。我们通常认为柏克指的是《一个正派之人的适时暗示》(*Seasonable Hints from an Honest Man*)*,这本小册子是约翰·道格拉斯在巴斯勋爵(Lord Bath)的庇护和煽动下写出并匿名发表的。[2]柏克或他的印刷工很显然弄错了这个名字。这种错误引用的目的,就像柏克在叙述事件时带有的模糊性一样。通过从晦涩中借用一般性、从典故中借用合理性,柏克的模糊性既暗示又掩盖了当前不满情绪产生的具体原因。然而,引用的存在似乎需

---

[1] "Thoughts," *Works*, I, 320;强调为原著者所加。
[2] London, 1761. 转引自:F. G. Selby (ed.), *Burke's Thoughts*, p. 104, and E. J. Payne (ed.), *Select Works*, I, 247-48。
* 以下正文部分简称《适时暗示》。

要我们将柏克的描述与原始小册子进行比较。

权力是"公共精神的最好归宿"这个暗示当然出现在《适时暗示》中；道格拉斯断言，新国王必须表现决心，以便从执政之初就打破"大人物"之间的所有派系联系。一个软弱的国王有"自由的手段，但需要精神来维护它"；因此，一个新的国王可以很强大，通过这种精神的自信摆脱派系的阻碍。一个强大的国王可以成为一个好国王，他会赢得民心；由正派之人（拥有独立财产和忠诚原则的乡村绅士）组成的人民将充分支持他来反对由"大人物"组成的政党。因此，当国王作恶时，没有一个政党会强大到足以支持他与人民作对；当他行善时，也没有政党会强大到足以反对他。[3]

大人物似乎拥有独立的权力，因为一种错位的荣誉感而结合为派系；但他们的重要性只源于他们对国王影响力的分配。大人物们利用国王的影响力收买了家臣（dependents），然后傲慢地以家臣的数量来论证自己对国王的不可或缺。为了在这些人面前维护自己的权威，国王为这些家臣提供独立于其尊贵主人之外的工作来检验他们的忠诚。通过这种方式，他可以显示，相比于他们在官职上的利益，他们的荣誉感是更脆弱的；家臣只需对他们的利益屈尊俯就，就能达到他们的美德。因此，正如柏克所说，宫廷里的耻辱"代替了一切罪恶"，因为在有这样一个国王的宫廷里，耻辱意味着一种不自然的、蓄意的派别之分，它既违背了权利，也违背了利益。[4]

"大人物"之所以能够借用国王在上一届统治时期的影响

---

[3] Douglas, *Seasonable Hints*, pp. 7-8, 4, 61, 12.
[4] *Ibid*., pp. 23, 13, 14.

力,只是他们有一个看似合理的借口,即詹姆斯党人的危险。他们以此将自己作为一个政党强加给乔治二世,这是一个纠缠不休的联盟,旨在限制国王对大臣的选择;他们通过选举腐败,为他们的家臣购买席位,排除人民的自然代表——正派的乡村绅士,来保障一个顺从的议会。但是这个借口已经站不住脚了,党派差异也不再有任何意义,因为这是一个"辉格党国家"。大人物们"长期沐浴在宫廷的温暖阳光下"。[5]他们必须让位给正派之人;而如果他们的借口被识破,放纵被收回,他们也将会让位给正派之人。

  幸运的是,现任国王已经掌握了大权。他将大人物和他们的家臣分开:"如果我可以相信一些事实,而我的每一个读者一定都听说过——人们盼望已久的时机已经到来,臣民可以期待从国王那里得到恩惠,而全权大臣不必承担此项义务。"[6]为了确保一个正派的议会,仍然需要召开一次不被腐败玷污的选举。

  道格拉斯预料有些人会把这个纲领视为"乌托邦的"(eutopian),但这似乎更符合柏克对一个自称"超自然美德"计划的描述。上面引用的暗示给人的印象是,它是献给"一生都过着凡夫俗子生活的天真绅士"的。但是柏克对计划的描述和道格拉斯的实际纲领是有区别的。有人可能已经预料到,道格拉斯对柏克归于《一个正派之人的情感》中的观点保持沉默,这一观点认为国王的亲信们组成的常规政党应该致力于将宫廷和政府分开。道格拉斯不提倡这种做法,也未提出任何以

---

[5] Douglas, *Seasonable Hints*, pp.15, 33-35, 9.
[6] *Ibid.*, p.28.

此为目的的政党活动。"国王的亲信或议员们"这个词组的确出现在《适时暗示》中，但这些人只是含蓄地被赞颂为大人物的敌人；[7]那些其行为为所有人树立榜样的人是独立的议员，即正派的乡绅。柏克认为，对"大臣暴政"的攻击倾向于将宫廷和政府区分开，教导国王依赖才俊之士——这些人的重要性是由他自己创造的，而不应依赖那些拥有巨大财产和显赫家庭的人，他们重要性的来源独立于国王。但正如我们所说，柏克指控一个阴谋集团是为了达到这个目的而建立的，比起他对这个方向的危险倾向的看法，这个指控显得不那么严肃，也更夸张（rhetorical）。[8]

柏克对道格拉斯小册子的引用证实了这一结论，柏克不可能是指其他小册子。在乔治三世统治初期（从1755年至1770年）出版的小册子中，没有一本能与道格拉斯《适时暗示》中提出的"超自然美德"计划相媲美，尽管别的小册子包含了其中的一些元素。如果柏克意指这本小册子，那么他在描述其内容时偶然包含了一些不在小册子中的东西，就不足为信了。如果他这样做了，就会粗心大意地留下最好的线索，那就是脚注，据此人们可以发现他的疏忽，同时也记录了柏克本可以多么容易地纠正它。这一脚注反驳了柏克对小册子内容的描述——只要他的描述宣称，一个未说出的意图是一种公开的目的。通过将小册子的后果作为其目的的一部分而包含进来，他让小册子讲述了全部真相；他让它变得更坦率。正派之人的"情感"比

---

[7] Douglas, *Seasonable Hints*, pp.61, 41.
[8] 柏克只是说，这本小册子"看起来像是某种重大事业的宣言"。"Thoughts," *Works*, I, 320；强调为本书作者所加。.

他的"适时暗示"更加坦率——如果一个正派之人确实暗示过的话。柏克对这本小册子的描述表明,道格拉斯缺乏坦率。

正如柏克即将解释的,约翰·道格拉斯并不是唯一的威胁;他属于一个政治学派,其中一个主题是"对贵族权力增长的实质恐惧,它有损于王室权利和政制平衡"。[9] 柏克在关于"政治学派"的脚注中说,"看看已故的布朗博士和许多其他人的政治著作"。约翰·布朗博士在他去世的前一年,即 1765 年出版了一本政治著作《对公民自由的思考》(Thoughts on Civil Liberty);他最广为人知的作品是《对我们时代的礼仪和原则的评估》(An Estimate of the Manners and Principles of Our Times),这主要是一篇道德论文。[10] 两部作品都包含了反贵族制的主题,它们是从一个关于道德的结论中得出的;布朗博士不相信荣誉的价值和效力。

对他的观点作一个总结就足够了。布朗博士使得开篇具有现代政治哲学的典型特征:人类在野蛮自然状态下的自然自由。[11] 平等法律的良性约束使公民自由成为可能;但是法律,由于它仅仅依赖恐惧,是不够的。它们必须建立在道德原则和礼仪的基础上;这些原则是宗教、荣誉和自然良心,它们通过责任的观念来确保公民自由。宗教通过灌输一种对上帝更可怕的恐惧,增加对神圣回报的希望来支持这一观点;荣誉通过鼓励对名声的热爱和对人们掌声的享受来激励公共精神。两者都独立于自然良心,但

---

[9] "Thoughts," Works, I, 322.
[10] John Brown, An Estimate of the Manners and Principles of Our Times (2 vols.; London, 1757-58), 以及 Thoughts on Civil Liberty (London, 1765)。
[11] Thoughts on Civil Liberty, p.12.

都有助于自然良心。自然良心接受被灌输的宗教和荣誉，发出自我认同或非难的特殊指令。这些原则和其他礼仪，必须通过教育灌输到良心中，以便"养成一颗年轻心灵的习惯，使之与普遍福祉相吻合"。自然的欲望太过强烈和有害，不能作为私人的恶习而被保留，而这种恶习却可以获得普遍福利。因此，它们必须被"最高的激情"，即公共精神所统治，它是受教育的良心产生的结果。公共利益就是国家的力量，因为只有一心一意地专注于国家的力量，才能克服淫乱的力量，这是市民社会自然自由的表现。[12] 按照布朗博士的说法，英国目前正遭受着道德腐败的危机，这带来了外部和内部的弱点；这场危机有两个原因：虚假荣誉和财富。腐败主要表现在"领导人民之人"[13]的最高层，因为他们特别容易受到虚假荣誉的诱惑。

现在，我们可以在亚里士多德的作品中找到荣誉和最高等级之间的联系。对他的荣誉概念作一个简短的解释将有助于我们理解布朗博士的意涵，展示柏克对布朗博士所作批评的性质，因为柏克和布朗博士一样，都很不同意亚里士多德的观点。亚里士多德认为，荣誉是一种外在善，也许是最大的外在善及对美德的应有奖赏。因为美德分配不均，荣誉也是不平等的。它们还反映，在有道德的人中间，从事能带来荣誉的伟大事业的机会是不平等的，因为伟大的事业需要伟大的机会，而这种机会是极少遇到的。[14]

此外，一个好人如果没有意识到荣誉，就不可能成为好

---

[12] *Thoughts on Civil Liberty*, pp. 24, 28, 29; *Estimate*, I, 72; II, 173.
[13] *Estimate*, I, 72.
[14] *Nicomachean Ethics*, 1123b16-24, 1124a12-20, 1159a22-27.

人。对这种意识的享受是一种内在善,但也像荣誉一样,是美德的奖赏。一个好人知道自己比别人优秀,对别人不屑一顾。荣誉不仅象征着优越感,也象征着蔑视;从本质上说,这需要人们之间的偏好和差别。但是人们寻求他们善良的保证,也就是说,从那些他们相信能够感知善良的人中强化他们善良的意识。因此,好人会被引导去寻找在美德上与他们同等或接近的人来结交,这些人最能感知他们的德性。来自他们的荣誉将是最珍贵的,因为它们来自那些最有资格授予荣誉的人,即使这些人不是实际的荣誉授予者。因此,尽管一个人的荣誉在分享时似乎会减少,但受尊重的人仍旧会寻求与极少数享有荣誉或值得荣誉的人结交。

只有在一个崇尚美德的社会,地位的等级差别(gradations)才是自然的,在这一社会,享有最高等级的是小群体。另一方面,由于大众政府是人民的统治,它必须宣称人们在统治能力上是平等的,因此它敌视荣誉。大众政府试图使人民成为荣誉的唯一源泉,并强调荣誉的赋予者,而非接受者——换言之,更多地强调奖赏本身,而不是值得奖赏的德性行为。它将受尊重的人称为"公仆",就好像他们是在为公众服务,而不是追求伟大而艰难的事业,这些事业可能也对公众有利。

当然,在现实社会,荣誉往往得不到恰当的授予;推定(presumption)而非功绩才是赏罚的标准。按照"根正才能苗红"(good comes from good)的偏颇观点,人们可能会寻求与出身同等的人结交,而不是与具备相同德性的人交往。出身差别可能会进一步演变成阶层分化,因为享有荣誉的家族会取代或融入具有共同荣誉的团体。在实践中,荣誉政体或崇尚美德的政体,会退化成不如其本意的东西。我们应该期待那些攻击

"贵族权力"的人,以某种方式反对荣誉的观念,并谴责和嘲笑荣誉政体中可能出现的错误。

根据布朗博士的说法,荣誉有一个军事上的起源,即"防御精神";这种精神也许是适合于自然状态的,但只有当它用于国防时才对社会有用。[15]在亚里士多德的著作中,荣誉(就其一般意义而言)在军事活动中、在伟大事业面临危险之时达到顶峰。这并不意味着战争就比和平更可取,只是说它比某些类型的和平更好,并且战争永远是为了其他种类的和平而发起的。如果战争能带来更大的善,那么伟大的人就会放弃只有安全的和平。[16]但正如我们所见,布朗博士认为市民社会的目的就是去避免自然社会的特征——战争。因此,荣誉的自然起源立刻使它令人怀疑;如果不加驯服,它可能引发回归野蛮本性的返祖现象。有两种方法可以驯服荣誉,其中一个是基督教,它净化了对征服精神的尊重,软化了它对战争的偏好。[17]

但布朗博士认识到追求荣誉的力量;如果它们不能被基督教成功地加以反对,就必须被改变。在市民社会,他把荣誉视为灵魂的一种原则,良心的一个组成部分。它是"美德的骄傲","对名声的爱";它是某种内在善,而非外在善。好人沉思着他的荣誉,即"人们的掌声",而不是他的善良;因此,荣誉变成了行善的动机,而不是对行善的回报。[18]但作为良心的组成部分,荣誉有助于提供责任的概念,这是一种约束欲望

---

[15] *Thoughts on Civil Liberty*, p.92; *Estimate*, I, 137, 141; II, 154.
[16] *Nic. Ethics*, 1124b6-9.
[17] *Thoughts on Civil Liberty*, pp. 34, 81, 113.
[18] *Ibid.*, pp. 31, 93; *Estimate*, I, 53, 59, 61; *Honour: A Poem* (London, 1743). 转引自:*Nic. Ethics,* 1124a10-12, 1124b24-26。

的标准。荣誉既是一种激励,也是标准;如果它是"人们的掌声",那么荣誉就是人们认可的声望。这样,"荣誉政体"的等级特征就被夷平了。换言之,布朗博士不只是以传统上支持大众政府的方式对荣誉怀有敌意;他改变了这一切。在某种意义上,他放弃了美德活动和外在奖赏之间的区别,而亚里士多德强调了这一点,它甚至在分层和堕落的"美德政体"中也仍然存在。即便是虚假傲慢的贵族也是傲慢的,因为他认为自己的善良(尽管他错了)要高于他人的认可。而布朗博士笔下的可敬之人,为了发现他们自己的善良,会满怀希望、甚至胆怯地向授予荣誉的人们张望。

但如果荣誉是"人们的掌声",那么什么才是虚假的荣誉?布朗博士批评贵族和"大人物",因为他们依附于"虚假荣誉的纽带",因为他们把个人利益置于公共精神之上。身居高位的大人物,很乐于接受朋友的奉承;因此,天生对官职的热切渴望变成了令人衰弱的争吵。这种争吵必然损害国家,因为共同善与国家的力量是一致的,而力量需要将派系最小化,或者把它消灭。[19]因此,正派之人把国家力量放在第一位,并准备加入一个"理性和有益的联合",以便保护并支持国家。但是"友谊、感激和血缘"的纽带阻碍了这一联合的发展,因为它提供了似乎合理的理由来奉承那些假装凌驾于公众之上的人,并激起党派的愤怒——这是荣誉军事起源的柔弱残存

---

〔19〕 布朗博士对于贪婪或者雄心是否会引起派系的看法有所转变(*Estimate*, I, 122, 以及 *Thoughts on Civil Liberty*, p.111)。关于派系是否像孟德斯鸠所说的那样必须被宽容,还是像博林布鲁克所说的那样必须被废除,布朗博士的看法也有所转变(*Estimate*, I, 104; II, 185; *Thoughts on Civil Liberty*, pp. 56, 92, 160)。

(effeminate survival),对真正的国防是有害的。[20]另一方面，穷人或平民并非没有个人利益，他们也倾向于依赖大人物。因此，那些渴望获得真正荣誉的人应该寻求正派之人的掌声，这些人处于中间状态(the middle state)，包括土地绅士、乡村牧师、体量庞大的商人、零售商、大量勤勉的自由人和自耕农。[21]

但是，当前的道德败坏还有另外一个原因。由于贸易的增加使得最大的土地主可以不劳而获，巨大的财富就摧毁了最高层的勤勉习惯。他们的品位变得奢侈和柔弱，罗伯特·沃波尔爵士(Sir Robert Walpole)在官职和恩宠的运作中广泛使用腐败的做法，就是在这种情况下产生的；他如今教他们要期待腐败，这又加剧了这种情况。现在，这些人期望并要求得到伟大和利润丰厚的职位，不仅出于野心，而且出于贪婪。

因此，现如今政制的真正危险源于贵族的分支：它对公职的垄断，正如上议院在下议院日益增长的影响力所证明的那样，可能会摧毁年轻绅士正派的抱负，并煽动他们以源于更大财产的政治权力，对上议院进行暴力和非法的攻击。补救办法具体到措施而言，就是把无能的人从公职中剔除，服从人民的统一呼声，这是对真理最可靠的检验。[22]特别是，英国需要一个把君主和人民的利益视为密不可分的伟大大臣。在废除了议

---

[20] *Thoughts on Civil Liberty*, pp.160-62, 167；转引自：Bernard de Mandeville, *An Enquiry into the Origin of Honour and the Usefulness of Christianity in War* (London, 1732)，他与布朗博士对荣誉有着同样的普遍理解，让"现代荣誉"具有某种社会效用，即憎恨侮辱的倾向。

[21] *Thoughts on Civil Liberty*, p.112. 转引自：柏克的"Thoughts,"*Works*, I, 337："王国的自然力量"是"伟大的贵族、主要的土地绅士、富裕的商人和制造商、大量的自耕农"。

[22] *Estimate*, I, 114-15, 151-219；II, 203, 214-50.

会中所有大臣的影响力之后,"他将努力消除政党差别;团结所有人,支持共同和国家福利"。[23]我们可以猜测这位伟大大臣的身份是威廉·皮特(William Pitt),因为当时布朗博士心中已经有了一个明确的目标,并于1758年写下了这篇献词。

因此,布朗博士宣称贵族权力危险增长的两个原因是虚假荣誉和财富,尽管他似乎不确定二者之间的关系。然而,回到柏克对布朗博士所属的"政治学派"的讨论中(布朗博士是唯一被提及名字的人),我们发现他只提到了他的后一种观点。总结亚里士多德的荣誉观不仅是为了揭示布朗博士的意图,也是为了表明柏克在批评布朗博士时可能瞄准的方向,如果他想要捍卫传统荣誉观的话。柏克忽视了布朗博士对荣誉的贬低,这似乎是不可能的,因为这一点在布朗的著作中非常突出,而且,正如我们将要看到的,在他的政治学派的"诸多其他人"的著作中也是如此。

柏克几乎没有朝这个方向采取任何行动。相反,在一篇只有两页的讨论中,他对著作中极少揭露的内容作了概括:

> 我不是贵族制的朋友,起码就这个词被通常理解的意义而言。以政制被摧毁为假想的前提去讨论问题,这如果不是一种坏习惯,那么我可以坦白地讲:如果贵族制必须灭亡,我宁愿让它转变为另一种形式,也不愿让它迷失在那种严厉而傲慢的统治之下。[24]

---

[23] *Estimate*, II, 252.
[24]《思考》, *Works*, I, 323。

在通常意义上，柏克并不是贵族制的朋友。从字面看，"贵族"意味着"最卓越之人的统治"；而在通常意义上，它指的是大家族，也就是英国贵族的统治。这类贵族制是"严厉而傲慢的统治"；柏克似乎认为这是最糟糕的寡头政治。他所捍卫的是"贵族权力"，即王室中贵族的巨大影响力，也是他们在平衡政制中的位置。这种影响力来自他们的财产；他们是"有财产的人"。如果政制仅仅是一个社会中强大力量的反映，那么要使有财产的人不受公众关注是很困难的，因为财产就是权力。但是，由于英国政制的目标是自由，那么限制这样的人就是不可取的，因为财富的巨大影响力似乎是自由的自然结果。

  这就是柏克在《思考》中从一般意义上对贵族的巨大影响力所做的贫乏辩护。至于过去对特定贵族垄断公职的指控，他回答说，他们的"统一、正直与合宪的行为"，他们的公共和私人美德，为他们赢得了"在国家中的影响力"。因此，他们的影响力取决于民众的喜爱；它一定是受了人民的影响；确实，这些贵族的重要性是人民重要性的"结果和保证"。这并不是说，贵族因其美德而伟大，然后又因那些美德的名声而有影响力；而是说，他们之所以对人民有影响力，是因为他们的美德，他们之所以伟大，只在于人民是伟大的。他们不建立丰功伟绩；只是以"统一、正直与合宪的行为"而著称。然而，只有他们才能从事有影响力的政治活动，因为只有他们能够凭借财富达到足够高的地位来做这些事。但他们的财富只是自由在人民之间传播的结果；因为当人们利用自由获得财富时，自由似乎是最安全的，而人们获得财富的能力是不平等的。财富使其拥有者享有崇高的地位，只是源于这种普遍而更有价值的财产——自由，并作为其安全的保障。赢得公众声誉、为公众服务的活动——"正直的行为"——是从属于公众活动的，后者最充分地体现了"自由精神"，贵族作为富裕的公众成员共同享有这种精神。正如柏克在这里描述的，贵族们"独立的伟大状态"，必须独立于国王或宫廷，而不是人民。贵族们的财富必须被授予"适当的尊严"，以便保障人民的自由。他们的"精神"意味着捍卫自身的权力，并以人民的利益为重。而针对那些"唯宫廷马首是瞻"的贵族们，柏克予以了严厉谴责。

在柏克看来，贵族依赖于人民的结果之一是贵族同侪受到了很大程度的贬低。如果贵族的重要性是由人民的重要性而不是自身行为的重要性所赋予的，他们应该通过获得人民的信任，而不是通过在伟大的行动中寻找伙伴或潜在伙伴的友谊来寻求这种重要性的保障。因此，那些因为美德而寻求伙伴的贵族，会以公仆的身份聚集在一起，以推动为着更重要的行动而开展的活动，而不是为自身之故从事的活动，比如伟大的事迹。一个好的贵族无须在他的贵族"同侪"面前，而只须在人民面前表明他是值得信赖的，就能最好地支持他对自己善良的意识。

在对贵族制的简短辩护中，柏克并没有提到布朗博士所抨击的"虚假荣誉的纽带"，但他强烈谴责宫廷党"用贵族暴政的幽灵来警醒人民"的企图。后者是对这种关系的一种危险企图，这种关系与有德性的贵族对自己善良的意识最为相关，因此也与他的善良本身、与人民的关系最为相关。以前的荣誉纽带仅仅是那些为了确保更重要的活动而共同参与活动的人之间的联合；如果不考虑更重要的活动，就无法确定这些联合的重要性或好坏程度。柏克随后表明，在政党中结合的贵族之间的友谊保护了大众自由。

很显然，柏克与亚里士多德的立场相去甚远。在亚里士多德看来，贵族制是一种良好的政制形式；严格意义上最卓越之人的统治，可能意味着哲学家的统治。在哲学家缺席的情况下，亚里士多德更青睐绅士统治，这些人应该很富有。把财富作为统治的条件，就是承认寡头政治的一个要素，即富人为谋求私利而统治，这是贵族阶级的典型腐败。但是绅士们应该富有，这样他们就有闲暇提高道德和政治修养，从而能够支持明智之人的统治。财富是为了培育政治德性；它不像柏克所想的那样，是自由的必然结果，其拥有者可以服务于自由。对柏克来说，民望而非荣誉才是美德的奖赏；贵族阶级的伟大服从于民众对这一阶层的信任。如果我们认真地看待他对于通常意义上的贵族制的谴责，认为它是一种"严厉而傲慢的统治"，那就必然意味着，这种意义上的贵族制，由于政治美德而宣称至高无上，只不过是一种寡头政治。他在财富的基础上捍卫贵族权力，因此捍卫自由，而非荣誉。柏克的贵族似乎不是由实干家或统治者组成的，而是由领袖组成的。由此我们试探性地得出了一个令人诧异的结论：柏克在一定程度上接受了"那个政治学派"对贵族制的批评。

"诸多其他人……"

现在，我们来看看柏克在提及布朗博士的同一个脚注中出现的"那个政治学派"里的"诸多其他人"。当然，这些其他人在18世纪60年代广泛发行的小册子文献中也会被涉及。如果我们试图把文献作为一个整体来描述，那么我们就必须把它的特殊美德标记为对论证的关注。几乎所有的作者都遵循一条合理的道路，留下一条很容易被人发现的踪迹；他们不怀疑价值判断的客观性，可以自由地证明自己推荐的路线比别人的更好，而不是在简单的断言之后如释重负。也没有现成的政党信条，从而方便懒惰的推理者；"辉格党"和"托利党"为政制反思或个人谴责提供了素材，却没有同等地对待政党纲领。博林布鲁克的纲领虽然是现成的，但它的应用并不固定，其问题也不是平庸陈腐的。另一方面，这些作者的目的是否严肃有时也很成问题。他们为"公众"说话，因此大多数小册子都是匿名的；[25]但许多作者得到了庇护人的支持，尽管他们通常不是被雇来写一本特定的小册子。结果，他们试图偷窥对方的名字和支持的来源，彼此进行利益交换，通过刻意的暗讽破坏了隐秘之处的自然吸引力。这不是一个男子汉的正业。

由于"诸多其他人"的观点与柏克单独提到的两个人物——道格拉斯和布朗——的观点没有明显的不同，我们也许可以满足于简洁地展示这些相似之处，以便确立一个"政治学派"的存在。由于这个学派与博林布鲁克仍有联系，这两项任务可以同时完成。首先，我们必须把布朗和道格拉斯联系起来，尽管读者也许已经这样做了。他们都希望有一个自由、因此也是强大的国家，这个国家由正派之人加以维持，来对抗享有虚假荣誉的"大人物"。他们比博林布鲁克更为公开地反对贵族；在这些人的著作中，"天真绅士"的野心更为突出；但在某种程度上，这正是柏克所预言的。他们都将派系视为基本的政治罪恶，所有腐败的顶点。二者的主要不同之处在于，他们通过一种正派之人可以团结起来的自信，把消除党派区分的任务

---

[25] 读者被告知，这些小册子作者的名字往往只是猜测的。

交给了不一样的人：道格拉斯希望是国王；而布朗希望是一个"伟大的大臣"，毫无疑问他指的是皮特。但这只是一个小区别而已，可以简单合理地把这两个人分配到目前只有他们组成的同一个政治学派中。二者与博林布鲁克的联系同样清楚。这一点在约翰·道格拉斯的《适时暗示》中表现得尤为生动。道格拉斯的庇护人是博林布鲁克昔日的工作伙伴——巴斯勋爵。道格拉斯呼吁一个意气风发的国王，事实上就相当于博林布鲁克呼吁一个爱国君主。布朗博士与博林布鲁克的关系就不那么显而易见了，尽管布朗博士在其他方面赞颂博林布鲁克，但他抨击了后者的反宗教立场，并在《看法》(*Estimate*)中宣称孟德斯鸠是他最喜欢的思想家。但在同一篇论文中，他不无赞同地引用了博林布鲁克对派系的不宽容言论，在《关于公民自由的思考》中，他反驳了孟德斯鸠关于自由社会必须容忍派系的主张。孟德斯鸠没有透露布朗博士所接受的对自然状态的霍布斯式悲观看法。布朗博士似乎主要是博林布鲁克的信徒。

    布朗博士的这些困难说明了把影响力归给博林布鲁克的问题。首先，要证明一位政治哲学家影响了许多通俗作者是很困难的。与前现代的政治哲学家不同的是，博林布鲁克打算对政治社会进行全面的改革，这是其哲学结论的直接后果，主要是由其学说的传播所致。因此，他希望他的学说通俗化；他希望人们抓住它，使它更容易地适用于简单的头脑，适用于不太有害的偏见，二者结盟以对抗最坏的偏见。事实上，他似乎是在《一个爱国君主的观念》一文中开始这项任务的。因此，我们将会发现他的学说是不纯粹的，混杂着不相容的思想，被对整个学说的不充分理解所玷污。我们需要寻找的特征是一些简单

98

的政治理念，这些理念可能会为口号所左右：首先是爱国君主的观念，然后是对派系的绝对不宽容（与传统的不认同相反），对荣誉的贬损，以及对大家族的攻击。

但是，如果博林布鲁克没有被点名的话，也很难把他的想法从其他人的想法中挑出来。正如我们所见，博林布鲁克借鉴霍布斯和洛克而得出他的基本原则，这些人也是"启蒙哲学家"。他们寻找大众门徒，并且（尤其是洛克）赢得了这些门徒。他们的思想随着博林布鲁克思想的传播而传播，[26]而博林布鲁克自己就是主要的扩散者。事实上，将他的影响与洛克的影响区分开来，在某些方面与博林布鲁克的意图是相悖的。如果要严格定义博林布鲁克对现代政治哲学的精确贡献，人们可能不得不将其影响力的范围缩小到爱国君主这个概念上。但是随后博林布鲁克试图传播与这个概念相关的其他观念；因此他的影响力（他想要普及的东西）要大于他的贡献（仅仅源于他一人的贡献）。例如，由于他希望人们认为市民社会是人为的，所以他把扩大洛克的影响力作为他意欲的影响力而加以接受。我们不能认为，在18世纪60年代的政治小册子中所发现的博林布鲁克的思想碎片，表明他对自己的原则赋予了独特而深刻的关注；但其影响力的传播并不需要，也不打算获得小册子

---

[26] 例如，想想凯瑟琳·麦考莱对柏克《思考》的攻击，因为柏克说"对共和主义悍妇的爱国主义谴责"。她认为"贵族派系和政党的危险策略"是"国王陛下展示其独立的伟大地位"的结果，而对之加以谴责。这里显然是博林布鲁克的影响力。但是，不同于博林布鲁克和洛克，麦考莱夫人要求政府变成共和的，这个政府提供了"自然权利的充分保障"。Catharine Macaulay, *Observations on a Pamphlet, Entitled Thoughts on the Cause of the Present Discontents*（London, 1770）, pp. 6, 8, 13; Burke, *Correspondence*, ed. Copeland, II, 150.

作者的那种关注。当我们在政治小册子上看到由博林布鲁克共享的现代政治原则支持爱国君主纲领时，我们会合理地得出结论，博林布鲁克的影响力是决定性的。当我们看到他所提倡观念的明显倾向是推动该纲领时，我们可以怀疑这种影响力的存在。

也许当作者明确指出他的导师时，影响力是最明显的。但他可能没有说出正确的名字，正如我们在提到布朗博士时所怀疑的那样。在博林布鲁克的例子中，他对基督教启示的真实性持有的公开怀疑，以及他与王位觊觎者的政治联系——同样可疑，但由于它的轻浮本质，肯定是不光彩的——赋予他一个令人憎恶的名声，使得任何一个爱国或审慎的人都不会轻易地选择分享。这种憎恶也许足以使他的影响力散去，因为不能被公开承认的影响力是很难汇聚的。然而，令人惊讶的是，博林布鲁克的观点竟然被如此频繁地引用和赞扬，比柏克在《思考》中称赞的伟大辉格党贵族的观点还要多。

从某种程度上说，这些辉格党贵族是这个王国的缔造者。诚然，他们不是这样被称赞的，因为这意味着斯图亚特王朝和威廉三世之间的不连续性，这既不利于汉诺威国王的合法性主张，也不利于人们顺从他们的习惯。但是，即便辉格党不能在公众舆论中树立其缔造者的形象，他们也无疑是非常杰出的引导者（ushers）；他们的确是非常成功的引导者，与当前完善的政体相一致。此外，这些引导者的名声通过家族纽带和政治关系，在博林布鲁克的生前和死后都被他的政治对手盗用。因此，博林布鲁克和他的原则必须具有强大的魅力，才能克服辉格党贵族的影响力，战胜其对手的政党遗产，尤其是当人们对他的明显耻辱和彻底失败都印象深刻的时候。如果发现博林布鲁克的影响力是秘而不宣的；或者经常发现他的政治原则未经承认就被接受，他的宗教观点遭到攻击，这当然就不足为奇了。

最后一个困难已经被间接地解决了：有人反对说，博林布鲁克的原则只是空话，毫无特色，因此是无关紧要的。在对博林布鲁克的分析中，我们已经表明，博林布鲁克修辞的无辜外表具有欺骗性，并且指出，博林布鲁克反对亚里士多德的观点，这种观点会带来不同的后果，自身更接近于传统的陈词滥调。

现在我们不妨转向那些最清晰地展现了博林布鲁克影响力的作者。欧文·鲁夫黑德（Owen Ruffhead）就是一个典型的例子。在《和平条约应该在议会中辩论的原因》（*Reasons Why the Approaching Treaty of Peace Should Be Debated in Parliament*）（1760）中，他认为议会应该考虑和平条约的条款，因为议会现在是廉洁的，而且没有党派之争——他把这归于皮特的功劳。但在同年晚些时候出版的《大臣篡夺》（*Ministerial Usurpation*）中，他注意到出于对等级的自负而产生的一种"不适当的大臣影响力"。例如，等级赋予纽卡斯尔公爵（Duke of Newcastle）卓越的地位，但只是作为臣民而非政治家的卓越。也就是说，等级不应该影响国王对大臣的选择。即使纽卡斯尔和其他贵族都是好人，他们也不能保证政府的安全："这个王国的状况是多么危险和悲惨啊！它的安全取决于统治者的个人美德，他们一刻都不能保证自己的生存！"因此，安全是一个国家的伟大目标，而派系是它最坏的敌人。但是这些大臣，凭借他们的等级和财富，引诱其追随者们进入他们的派系计划："知识少、不善反思的人，有一种毫无根据的信心；他们更注重名声和外表（persons），而不是物质和基本属性。在一个爱国君主和德性政府的领导下，他们无法想象将来会出现一个暴君或叛徒。"

这里,鲁夫黑德表明他不仅是博林布鲁克的拥护者(尽管他确实因为《乌得勒支条约》而攻击他),而且是其思想的谨慎学徒;他把爱国君主塑造成一个天真的概念,而不是一个具有启发性的观念;他认为这是一种不会带来政治邪恶的观念,政治邪恶的定义是不安全,而不是罪恶。到 1763 年,在《对当前危机的思考》(Considerations on the Present Dangerous Crisis)中,鲁夫黑德对皮特大失所望;他赞扬了后者摧毁政党的尝试,但指责他的辞职是出于虚荣,这助长了派系,并把政府交给了无能的布特勋爵。和布朗博士一样,鲁夫黑德也不同意孟德斯鸠的观点,即在一个自由社会中,派系必然出现,也可以被容忍;他要求国王通过选择非党派人士担任官职来打消两党的疑虑:"我们中间有一些诚实、独立、温和的中立之人(neuters),他们从未走进过党派的束缚。"鲁夫黑德的结尾同样诉诸"天真的绅士",这和柏克在道格拉斯的《适时暗示》中考察到的东西相同。[27]

约翰·马约特(John Marriot)爵士以前是纽卡斯尔的家臣,他在 1762 年向他的前庇护人陈述了自己的《政治思考》(Political Considerations),试图说服他维持引退的状态。这从来都不是一个和蔼可亲的主题,马约特并没有做什么让它变得更亲切。他说,我们现在有了一种新的政府制度,摆脱了"派

---

[27] Owen Ruffhead, *Reasons Why the Approaching Treaty of Peace Should Be Debated in Parliament* (London, 1760); *Ministerial Usurpation Displayed, and the Prerogatives of the Crown, with the Rights of Parliament and of the Privy Council, Considered* (London, 1760), pp. 5, 21, 26; *Considerations on the Present Dangerous Crisis* (London, 1763), p. 45.

系控制的悲惨局面"。这是幸运的,因为"我们在神意的眷顾下享受的每一份祝福的持久性都取决于我们的一致性……",英国现在需要有人"来引导公众舆论,并与新旧偏见作斗争";还有谁能比一个正派之人做得更好呢?"一个比最伟大的君主所能授予的更显赫的头衔。"马约特概述了爱国君主的纲领,但没有这样称呼他:

> ……如果在任何时候都有可能把政府的缰绳置于美德的手中,那么,当君主宣布自己是腐败的敌人,只需要人民获得自由时,就有可能在统治的初期带着最大的成功希望来实现它;当鼓励贪赃枉法的那些理由不再存在于牢固的王座上时,曾经因一个外国的王位觊觎者而处于危险之中,现在却由一个出生在这个国家的君主来填补……
>
> 那么,在这些情况下,一个毁灭的机会是多么令人高兴!所有的古老区分对于共同善而言都是致命的。[28]

小说家托拜厄斯·斯莫列特(Tobias Smollett)曾在1762年和1763年担任周报《英国人》(*The Briton*)的编辑;正是这份出版物为约翰·威尔克斯笔下著名的《北英国人》(*North Briton*)这个名字提供了灵感。斯莫列特宣称,由于现任政府"对窥探者的嫉妒和无休止的派系指责不屑一顾",而且是由一位"不分政党"进行执政的君主选定的,因此"我相信,这种现象以前从未在英国出现过"。博林布鲁克强调了爱国君主这一观念的新颖性,斯莫列特似乎也提到了这一主题。与此同时,以庸俗

---

[28] Sir John Marriot, *Political Considerations* (London, 1762), pp. 15, 16, 29, 41.

的形式出现的爱国君主观念也有可能激发为王权的"古老光辉"服务的进取精神,正如乔治三世所做的那样——而不是爱国君主真实、更现实的目标;斯莫列特的《英国人》是以赞美年轻国王的"崇高美德"(对他来说)开篇。斯莫列特继续说,英国在战争中的成功是由于英国"普遍的团结精神……源于这样的民族信念,即政党会造成麻烦"——因此指出,建设一个强大、廉洁的政府是人民的任务。人民不是"英国的老百姓";他们是忠诚于国王的臣民,因此应该享有"平等的自由和特权"。即使他们拥有巨额财产和伟大家族,也不能"天生就自命为大臣"。国王的选择是个人的;他应该选择他最了解的人。[29]

与《英国人》同一时期,《审计员》(The Auditor)也出现了,它由剧作家兼演员阿瑟·墨菲(Arthur Murphy)编辑。它的目的是消除民族偏见,并且"驳斥或嘲笑所有的党派差别"。墨菲说,"我不会诉诸博林布鲁克,因为我不想以华丽的装饰来迷惑人们的想象力……"但是,墨菲对文学用语的厌恶,并不妨碍其思想的实质仍深受博林布鲁克的影响。这一点可以从《审计员》第29期中看到,他在开头引用了博林布鲁克关于辉格主义起源的论述。在汉诺威家族到来后,墨菲继续说,辉格党和托利党"只保留了以前分裂的名义存在(nominal existence),它们的本质发生了彻底的改变";它们变成了乡村党和宫廷党。这也是博林布鲁克的观察,路易斯·纳米尔重申了这一观察,但即便是这种差别现在也结束了:

在这些王国出生和长大的国王以英国人的名义而自

---

[29] Tobias Smollett, *The Briton* (London, 1762-63), pp. 2, 21, 26, 184-85, 216.

豪，他的登基带来了一场政党革命，这是那些怀着悲观幻想的人所不希望看到的，而他们国家所有乐观的爱慕者都从这场革命中得到最坚实的好处；这是一场革命，它使官廷党的存在不再是必要的，因为君主与公共福利的要求没有任何区别；这是一场革命，它甚至使善意之人的关心和愿望成为多余，因为国王亲自领导了一项健全的国家政策的总体计划。

我们注意到这里提到的"革命"，是一种简单的革命，它只考虑国王为自己的利益会做什么（因为他自己的利益与公共福利并无区别），而不依赖于"善意之人的关心和愿望"——或许这与他们的利益相反。

与此同时，墨菲得意扬扬地质问道：既然没有暴政的危险，为什么要复兴政党？我们有必要详细引用他的话，因为他的反问表明，在缺乏"古代暴政工具"的情况下，柏克很难唤起人们对"阴谋集团"的反对：

> 在这个时期，任何一个正派的人都能体面地呼吁复兴那些早已消亡的政党吗？王室在违宪权力方面取得了任何进展吗？是否有任何限制专权或者侵犯臣民权利的行为被发现呢？有哪位教皇领主曾宣誓就职枢密院吗？那么，为什么旧的抵抗、排斥、退位和宣誓的原则又一次激怒了我们的心灵呢？托利党是否重新发扬了过时的神授权利、被动服从和不抵抗的学说，以便需要一种制衡来将他们带回一个更温和的政府体系？如果是这样的话，那么建立一个控制危险派别的辉格式联盟将是一项正直、爱国的工作。

但我们夸耀的是，我们的王座上有一位国王，他研究并尊重我们优秀的哥特式政体，不需要臣民的消极服从或不抵抗，只需要他们服从法律；在履行这一职责时，他自己为人民树立了一个杰出的榜样；这是所有好人都钦佩的榜样，而我们当中只有少数骚乱分子不愿意效仿。

"在这个国家，有一种人，"墨菲说，"他们认为自己拥有一种世袭的权利，可以享受国王的恩宠。"在他们的"内阁制度"下，人才不会进步；但是现在的国王鼓励"有德性的能力"。墨菲引用了"明智的马基雅维利"的建议，即君主应该避开那些追求声誉从而获得独立的大臣。如果大臣把荣誉归于君主，他就会只考虑君主的荣誉。因此，最优秀的大臣都是才俊，他们把自己的升迁归功于国王，他们的荣誉回报了他们的利益。如果国王采取这一政策，他将剥夺各政党的追随者，因为他们将"很快找到他们的庇护人，尽管他一直在搞恶作剧，但很卖力，能够吸引为数不多的人进入他那令人头晕目眩的政治旋涡……"[30]

1757 年担任马萨诸塞州州长的托马斯·波纳尔（Thomas Pownall）在 1752 年撰写了《政体原则》(*Principles of Polity*) 一文，这是一篇论述"文明帝国的基础和原因"的对话。1764 年，他又写了一本题为《殖民地管理》(*The Administration of the Colonies*) 的小册子，献给乔治·格伦维尔（George Grenville），尽管它与格伦维尔的政策有些不同。波纳尔的《政体原则》是

---

[30] Arthur Murphy (ed.), *The Auditor* (London, 1762-63), pp. 6, 12, 27-28, 30, 43, 47, 65, 80, 175-80.

一部理论作品,旨在解决洛克原则的一个实际后果。

根据波纳尔的理论,社会契约论最近被误解为国王和人民之间的一种纯粹联盟,就好像自然状态存在相互冲突的双方。"《政党论》的高贵作者"已经证明了这一错误,他认为,这种联盟并不是真正的联合,而是组成一个必须由政党和反对派来维持的政府。

事实上,这种似是而非的联盟合约如今给了政党一个把柄,它们的活动建立在对自然自由的一种错误理解或虚假要求的基础上。与这种社会契约的观点相反,波纳尔公正地引用了洛克的话,即并非人民和国王,而是人民彼此之间,才是第一订约人。波纳尔说,最初由平等之人组成的共同体,是一种自然的交流,只有一个共同的利益,而不是一种人为的团体;尽管作为订约者是平等的,但它的成员是根据他们的财产而划分等级的。财产——被理解为受契约保护的共同体的一部分——把占有者置于社会,正如它的质料确定了宇宙任何部分的位置一样;因此,在政府中的影响力应该与其财产相称,因为这一"真实和明显"的规则不会引起任何争论。简而言之,波纳尔对洛克的学说做了些许修正,但并未对他的根本原理提出挑战,他这样做是为了回应博林布鲁克关于派系不可容忍的观点。[31]

查尔斯·劳埃德(Charles Lloyd)——国会议员及格伦维尔勋爵(Lord Grenville)的政治代理人——写了几本小册子,

---

[31] Thomas Pownall, *Principles of Polity* (London, 1752), pp. 7, 13, 31; *The Administration of the Colonies* (London, 1764); Locke, *Two Treatises of Government*, II, § 132.

展示了博林布鲁克的影响力。这种影响力尤为显著地体现在《对后期谈判的剖析》(*The Anatomy of a Late Negotiation*)中,它以博林布鲁克的一句话开篇:"自由的精神是一种嫉妒的精神;而派系同样是它嫉妒的对象,无论派系的观点是支持还是反对君主。"真正的自由精神并不试图分裂王国的力量;只有党派愤怒是用来欺骗和背叛的。当下的讨论并不仅是由威尔克斯一个人引起,而且是由贵族引起——在这个例子中是纽卡斯尔和德文郡(Devonshire)——他们试图把皮特强加给国王。幸运的是,王室的胸膛很坚挺。[32]

约翰·阿尔蒙(John Almon)是一位出版商,也是一位多产的(因为总是重复)小册子作者,他称赞博林布鲁克是"英国有史以来最好的政治作家"。借用博林布鲁克对托利党和辉格党的区分——前者为乡村党,后者为宫廷党,他追溯了在乔治二世统治时期,大臣们的影响力所带来的不良后果,并得出结论:乔治二世在世时看到了政党精神被皮特抹杀。皮特改变了英国事务的面貌;他进入内阁是迫于"受虐人民的普遍呼声",以便反对伟大的家族。政制中的贵族部分过重,现在只有"中等阶层的人"[33]才有可能发现真正的美德。

在1766年的《近期少数派的历史》(*The History of the*

---

[32] Charles Lloyd, *The Anatomy of a Late Negotiation* (London, 1763), pp. 1, 8, 15; *A Defence of the Majority* (London, 1764); *A Critical Review of the New Administration* (London, 1765); 以及 *The Conduct of the Late Administration Examined Relative to the Repeal of the Stamp Act* (London, 1767)。

[33] John Almon, A *Review of the Reign of George the Second* (London, 1762), pp.8-9, 29n., 113, 258; *A Review of Mr. Pitt's Administration* (London, 1763), p.130; *A Review of Lord Bute's Administration* (London, 1763); 以及 *A Letter to the Right Hon. George Grenville* (London, 1763)。

Late Minority）中，仍然是皮特党成员的阿尔蒙声称，如果布特不存在，最近的罪恶就不会发生。[34] 布特对政府的看法源于几年前托利党反对派的领袖们发表的一份"愚蠢文件"，在承诺消灭派系之后，它列举了弗雷德里克亲王在即位时将要采取的一些反腐败措施。但阿尔蒙并不认为消灭派系的目的是愚蠢的，因为他称赞皮特是政党的敌人，并且攻击纽卡斯尔是一个党派人士，是一个谄媚家臣的创造者。他主要攻击罗金厄姆集团，因为他们与布特合作。自从辞职后，布特一直在秘密参政；当格伦维尔政府试图驱逐布特的朋友时，国王仅仅因为这个原因就开除了他。如果在那个时候，"近期的少数派"罗金厄姆集团拒绝上台执政，那么国王的亲幸就会被击败。但他接受了这个职位，而且布特的影响力一如既往。阿尔蒙的作品对国王怀有敌意，而符合"爱国大臣"皮特的利益，但他对政党的反贵族式攻击是博林布鲁克的风格。

约翰·道格拉斯的庇护人巴斯勋爵在1763年写了一本小册子，欢迎"各阶层人民对我们爱国君主的热情和爱戴"。这位有德性的国王引入了"廉洁而艰苦的政府"；结果，"我们的政党和偏见现在已经最愉快地中止了"。"腐败的卑鄙手段"已经"受到最高权力的崇高谴责，所有正直的人都受到来自王座的邀约，让他们为了促进国家的繁荣而与其君主合作"。[35]

写于1763年的《镇上一位绅士致乡下朋友的信》（*A Letter*

---

[34] John Almon, *The History of the Late Minority* (London, 1766), pp. 10, 14, 38-41, 74, 329；柏克说，"如果布特伯爵从未存在过"，"我们应该在宫廷制度中接受审判"。"Thoughts," *Works*, I, 330.

[35] William Pulteney, Earl of Bath, *Reflections on the Domestic Policy Proper To Be Observed on the Conclusion of a Peace* (London, 1763), pp. 2, 44, 65, 85, 97.

from a Gentleman in Town to His Friend in the Country) 的作者惊呼道:"一位爱国君主和一位爱国大臣在学者的著作中都有描述,并被认为是令人钦佩和向往的对象。我担心这个国家看到过他们(乔治三世和布特),却不认识他们。"[36]

另一位作者,在《政府起诉威尔克斯先生的行为》(*The Conduct of the Administration in the Prosecution of Mr. Wilkes*)(1764)中,注意到了同样的事实,并提出了一个理由:

> 因此,我认为在关于王国的治理方面,陛下已经采纳了爱国君主的观念。不幸的是,尽管我们承认,所有的美德是形成最崇高的人类品格所必不可少的,因为它们最能行善;但我们还需要假定作为这些美德对象的爱国人民,以便能够产生自然和可欲的效果。

威尔克斯被政党精神所激励,在诉诸暴民(与人民不同)时,他只是以"绅士"为榜样:"通过假定对政府的所有重大工作都有一种世袭权利,他们(绅士们)已经用贵族的恐怖来警醒我们了。通过求助于民众的决定,他们已经将我们置于民众的骚乱和困惑中。"[37]因此,这些绅士与那些因贫穷而成为家臣的乌合之众结盟,以反对爱国君主——他寻求爱国人民的支持。

---

[36] William Pulteney, Earl of Bath,《镇上一位绅士致乡下朋友的信》(*A Letter from a Gentleman in Town to His Friend in the Country*, London, 1763), p.9。

[37] Ruffhead, *The Conduct of the Administration in the Prosecution of Mr. Wilkes* (London, 1764), pp. 13, 16, 25.

柏克的《考察》

我们已经能够建立一个以观念为基础的"政治学派",并介绍了柏克在《思考》中所暗示的、具有或直接归因于博林布鲁克的政策。对于这种联系还需要考虑其他材料。1769 年,柏克写了一本小册子——《〈国家现状〉之考察》*。这本小册子的开头和《思考》的开头一样,都讨论了一个平民对政治的干预。首先,他认为党派分裂与自由政府是分不开的;随后他就问一个好公民在遇到这种情况时应该做什么。普通公民应该是中立和无辜的;公职人员必须采取行动,否则就要放弃国家的法律和制度赋予他们的职位。但他们必须适度行动;这就是为什么"一个非常受尊重的政党"在"过去的两年里,在同一个政治领域"中悄然承受了多次攻击。此外,该党还遭受了另一个反对派团体的攻击,因为它知道存在一个长期而成功的计划,即"通过把组成这个王国的组织烧得粉碎,通过煽动仇恨和血腥的情绪,通过消除社会感情和公众信任的每一种纽带,来削弱这个王国的力量"——而这是他们不愿意参与的计划。然而,最后有一本小册子出现了,它对这个国家的侮辱如此严重,忽视它不是一种美德:"这篇文章叫作《国家的现状》**。它是一个特定政治学派公认准则的摘要,其理论和实践对这个国家的影响将是长远和严重的。"[38]

---

〔38〕 "Observations," *Works*, I, 187.
* 以下简称《考察》。
** 以下简称《现状》。

在考察了《思考》中的"政治学派"之后，我们必定产生一个问题：这是同一个政治学派吗？首先，我们可以看到，《考察》比《思考》中的参考更受限。在这里，柏克提到了"过去的两年"——也就是说，自从罗金厄姆政府结束之时；而"政治学派"仅仅指那些明显反对"计划"的人。《现状》由乔治·格伦维尔和威廉·诺克斯（William Knox）撰写；柏克在脚注中提到的其他小册子包括：约翰·阿尔蒙写的《近期少数派的历史》；很可能由格伦维尔的代理人查尔斯·劳埃德[39]写的《废除印花税法案的历史》（History of the Repeal of the Stamp Act）；格伦维尔的一个家臣托马斯·惠特利（Thomas Whately）写的《关于贸易和金融的思考》（Considerations on Trade and Finance），以及阿尔蒙出版的《政治纪事报》（Political Register）。现在阿尔蒙是皮特和坦普尔勋爵（Lord Temple）（当时在政治上与他的兄弟乔治·格伦维尔相分离）的追随者，他严厉批评了格伦维尔政府，尤其是在处理威尔克斯的问题上。因此，虽然《现状》出自格伦维尔政党，而且对作者"派系"的另一处提及只能是格伦维尔政党；[40]但柏克似乎指的是"非常受尊重的政党"之外的一般反对派团体，也包括"一群假装被类似动机驱使的人"。如果根据被提及的小册子来判断，我们得出结论：《考察》中的"特定政治学派"比《思考》中的"那一政治学派"要小。

---

〔39〕 Lloyd 写了一本小册子，叫作 The Conduct of the Late Administration Examined Relative to the Repeal of the Stamp Act。

〔40〕 "Observations," Works, I, 248；在信中，柏克认为格伦维尔家族属于"那个政治学派"，Correspondence, II, 85。参考 The Political Register (4 vols.; London, 1767-69), IV, 161-66, 304-5, 312 中对 The Present State 的综述。

柏克攻击的小册子内容也必须加以考察。柏克对小册子的考察包含四个部分：前文描述的导论，对《现状》的分析，对罗金厄姆内阁的辩护，以及对柏克在政制中看到的弊害的补救措施[41]（稍后将会与《思考》中提供的补救措施进行比较）。柏克对《现状》的分析始于他对于基调的评论：

> 在构成上，它与葬礼布道有着惊人而古怪的相似之处，不仅体现在结尾处的哀婉祈祷，而且体现为整个表演的风格和基调。它是可怜而悲哀的，不时地向沉闷点头；充满着虔诚的欺诈，像大多数这类的演讲一样，它是为了布道者的私人利益而精心策划的，而不是为了教诲听众。[42]

这段话很快让人想起"超自然美德声明"，它对"狡猾的政客"非常有用，我们在《思考》中对此进行了研究。这些声明也将自己伪装成虔诚者（pious frauds），具有相同的目的，使用相同的手段——对教诲"天真绅士"的关心徒有其表。

柏克对《现状》的分析在他评论完小册子的基调之后立即以明确的摘要形式呈现：

> 这位《现状》作者的明显意图是要描绘这个国家最严重、最丑陋、最畸形的景象，其抱怨式的雄辩，再加上他对事实的任意支配，就能把这个国家的状况描绘……但

---

[41] "Observations", *Works*, Ⅰ：导论, pp. 185-87；分析, pp. 187-266；辩护, pp. 267-90；补救措施, pp.290-305。

[42] *Ibid.*, Ⅰ, 188; William Knox and George Grenville, *The Present State of the Nation* (London, 1768), p. 99.

是，根据他的陈述，他所展示的这个国家更大、更糟的部分，并不能归因于它的极端弱点和政制混乱。然而，这一切并非毫无目的。作者希望，当我们为了拯救民族而陷入狂热的恐惧时，我们就会准备好把自己——以一种仓促的信任、一种交织着傲慢和绝望的奇怪心态——交到最虚伪和向前看的承办人手中。

《现状》描绘了一幅政制困境的画面，然后试图以"与它所代表的邪恶荒谬地不相称"的补救措施来"改造一个腐败的世界"。[43] 柏克首先用小册子文本中的引用和暗示来证明，如果英国的情况正如我们所描述的这样，那么它将是多么难以忍受；然后他又表明，拟议的补救措施将是多么不充分。接下来，他否认这本小册子真实地反映了英国的情况。无须遵循柏克的分析细节，我们就可以看出它的框架和博林布鲁克制度的框架相同。博林布鲁克的制度也建立在这样一种判断之上，即政制是彻头彻尾的腐败，它目前的状态是非法和不可容忍的；他的制度还提出了解决这种极端混乱的办法，尽管这种解决办法前所未有，但执行起来出奇地容易——"也许是在本届议会的进程中"，《现状》断言。[44]

根据《现状》，造成当前困境的原因是最后一场战争，尽管这场战争对英国来说"圆满结束"，但代价是巨大的。最后的结局是幸福的，因为英国"有一位坐在王位上的君主，更愿意获得自己人民的未来福祉，而不是征服敌人的荣耀；并愿意放弃新胜

---

〔43〕 "Observations," *Works*, I, 234, 291; Knox and Grenville, *The Present State*, p. 32.
〔44〕 *The Present State*, p.67.

利的荣誉,为他们带来和平的祝福"。战争的光荣和荣誉只属于国王,不属于人民,人民必须享有和平的祝福,即商业和工业。柏克注意到,这种观点削弱了英国的英勇成就;我们必须指出,这与博林布鲁克贬低军事荣耀的做法是一致的。"战争后期的不幸开支"是格伦维尔家族的一个永恒话题,他总是表现顾忌的样子,一本正经地说要节俭,故意刁难战争中的伟大功绩。[45]

最后,《现状》包含了对"大人物"的否定,这意味着他们的影响力虽然减弱了,但仍然是有害的。在列举了格伦维尔家族支持的许多措施,作为解决英国腐败问题的方法后,作者建议政府应该把责任赋予"德才兼备的人"。有人指出,这是在博林布鲁克的影响下,那些希望清除国家中贵族成分之人的一句流行语;值得注意的是,柏克在《现状》中提到了这个短语的用法。他表明,在除了格伦维尔以外的所有阶级和最近历届政府受到普遍谴责之后,这句话只有作为格伦维尔野心的一种特殊主张才有意义;就其本身而言,如果描述一种适当的管理,它"根本没有传达任何明确的观念"。柏克认为,那些受到《现状》作者们谴责的人并不属于"德才兼备的人"之列,而是"许多出身于第一家族的人"——柏克为他们的重要性作了辩护,我们将在随后讨论。在此我们注意到,柏克又一次将注意力转向,并严厉地评论了《现状》中的一个方面,它具有博林布鲁克影响力的特征。[46]

---

[45] *The Present State*, pp. 7, 29; Burke, "Observations," *Works*, I, 199; Sir Grey Cooper, *The Merits of the New Administration Truly Stated*(London, 1765), p. 18. 库珀是罗金厄姆党的一个成员。

[46] *The Present State*, pp. 64, 94; Burke, "Observations," *Works*, I, 290, 294-95; "Letters on a Regicide Peace," *Works*, V, 339.

我们可以得出结论：首先，《现状》的所有主要论点都倡导博林布鲁克的政策——英国正遭受着对军事荣耀的渴望（无论是谁的渴望），随之而来的困难需要一场改革，这一改革出乎意料地容易，但必须由"德才兼备之人"来完成。尽管《现状》引用了洛克的一段话，但它并未提及博林布鲁克。其次，柏克把这些政策视作《现状》中的主要论点而加以反对，尽管他这样做的时候也未提及博林布鲁克。最后，正如柏克在《考察》中所报道的，《现状》中的主要论点是他在《思考》中抨击的"政治学派"的看法，除了一个例外。我们可能还记得，在《思考》中，他在分析道格拉斯的小册子（"政治学派"的主要产物）时说，"从此，权力将成为公共精神的最好归宿"。权力与公共精神的结合自然不会出现在他对反对派的小册子，即《现状》的分析中，这就是《思考》中提到的"政治学派"与《考察》中的"特定政治学派"的主要区别。

因此，在18世纪60年代，并不存在严格的党派界线来划定博林布鲁克的影响力；到目前为止，我们已经在乔治·格伦维尔周围遇到了一股势力。第二股力量是威廉·皮特，约翰·阿尔蒙和布朗博士最喜欢的"爱国者大臣"；简单来说，皮特一直反对通过贵族联合来限制君主制的观念，并且总是喜欢由他自己领导的、能臣组成的无党派政府，这是18世纪英格兰选贤举能（risen merit）的最杰出范例。第三股力量围绕着国王。1769年，当柏克发表他的《考察》时，这三个团体处于不同的阵营：皮特由于患痛风刚刚从一个部门退休，这一部门在《现状》中受到了严厉谴责；国王对他尊敬有加（但并不喜欢他），还记得他在七年战争中所做的伟大贡献，以及在乔治三世登基前他对莱斯特宫（Leicester House）的背弃，这一切使他的功绩成为可能。格伦维尔在美国政策上与皮特意见不一，就遭到了国王的深恶痛绝，1765 年，国王甚至更欣赏罗金厄姆勋爵而不是他。但情况并非总是如此。沃波尔称他们为"少年爱国者"，在 1735 年议会期间，他们在反对派中地位显赫；他们包括威廉·默里（William Murray）（后来的曼斯菲尔德勋爵）、乔治·利特尔顿（George Lyttleton）、理查德·格伦维尔（后来的坦普尔勋爵）、乔治·格伦维尔和威廉·皮特。[47] 他们在法国的时候曾经都是博林布鲁克的政治学徒，并在莱斯特宫听过他的谈话，也出席过他的演讲；现在他们在威尔士亲王手下服役，威尔士亲王充满忿恨地反对他父亲的大臣沃波尔，也就是说，威尔士亲王弗雷德里克，作为乔治三世的父亲、博林布鲁克的朋友和他原则的追随者，根据柏克的《思考》，他的宫廷是乔治三世时期宫廷阴谋集团实施新计划的著名来源。在当时，除了乔治三世本人似乎是由博林布鲁克的学生指导以外，博林布鲁克的三股影响力之间紧密相连。

乔治三世的助理家庭教师是数学家乔治·刘易斯·斯科特（George Lewis Scott），他是在博林布鲁克的引荐下被任命的；他的大臣是安德鲁·斯通（Andrew Stone），威廉·默里的密友；他的第一个家庭教师是弗朗西斯·艾思库博士（Dr. Francis Ayscough），他和利特尔顿勋爵有亲戚关系，并由他推荐。在对乔治三世的教育缺乏研究的情况下，我们很难知道这种关联的证据到底有多重要。教不好或学不好都会削弱其影响，但博林

---

[47] Albert von Ruville, *William Pitt, Earl of Chatham*, trans. H. Chayter (3 vols.; London, 1907), I, 75, 88, 104, 130, 289; Basil Williams, *The Life of William Pitt, Earl of Chatham* (2 vols.; London, 1914), I, 40, 51, 54.

布鲁克对乔治三世的影响似乎一直很强大。乔治三世的信中有充分的证据表明博林布鲁克的存在,尽管这些信件有些含混不清。1762年,乔治三世写道,他计划进行一场彻底而全新的改革,"一条未知的道路",这将通过他的顾问而不是大臣们来完成。这是一场简单的改革,"可能会在这届会议中卓有成效";它包括了挫败"派系的邪恶阴谋"。乔治三世甚至正确理解了改革何以如此容易。如果社会可以建立在真理的基础上,那么所有的敌意都是暂时的、非理性的,可以相信,雄心勃勃的人会为了自己的野心而放弃他们的"邪恶阴谋":"当人们看不到其他资源时,他们甚至会帮助(改革政府),而不是被赶出政府;如果坚持不懈,这就不应该受到那个时代腐败的影响……"[48]

最后也是最重要的一点,乔治三世的政策(就出于他自己,而非由各种事件和比他更伟大的人所决定的部分而言),至少在一定程度上是博林布鲁克的纲领。他花了五个月的时间试图在没有秘密情报基金的情况下进行统治,而这种基金是一个备受谴责的腐败来源;1762年,在德文郡公爵辞职后,他和布特勋爵全面遣散了纽卡斯尔公爵的家臣,这是为了清除贵族统治的代理人。布特是个出身富贵的人,但正如柏克所说,他"在王国里几乎不为人所知";乔治三世不无固执地把他提拔到了重要地位。布特认为,国家受到了"一群自诩为大人物的派系联合"的威胁。约翰逊博士(Dr. Johnson)在1775年写道,布特"尽管是一个非常可敬的人……他是一个理论政治家,一个书生大

---

[48] 参考 Romney Sedgwick (ed.), *Letters from George III to Lord Bute, 1756-66* (London, 1939), 导论; and H. C. Mansfield, Jr., "Sir Lewis Namier Considered," *Journal of British Studies*, II (November, 1962), 28-55。也可以参考 Sir George Young, *Poor Fred: The People's Prince* (London, 1937), pp. 60-62, 172-75, 210-14。

臣（book minister），认为这个国家可以仅由王权的影响力来统治"。[49] 但是他指的是哪一种理论，以及哪本书呢？博斯韦尔（Boswell）没有问。至于"国王的亲信"，即布特和乔治三世试图召集的那些心甘情愿的能干之人，如果人们还记得博林布鲁克想让爱国君主领导下的整个政府成为一种无党派的行政部门，那么把他们称作公仆并不具有误导性。在不详细研究博林布鲁克影响力来源的情况下，我们就可以得出一个极有可能的结论：柏克所说的"一个特定的政治学派"指的是博林布鲁克的学派。

柏克通过他在18世纪60年代影响的那些人，间接地攻击了博林布鲁克。他为什么这样做呢？显然，柏克想避免在博林布鲁克影响力的问题上划分党派界限。他可能会认为，如果博林布鲁克的影响不好，提起他就会增加这种影响，或者，博林布鲁克在一定程度上是对的，指名道姓地攻击他不能把应该被拯救的好人和应该被谴责的坏人区分开来，或者，这两个理由都是合理的。如果有人假定，柏克认为博林布鲁克的影响力是邪恶的，这至少在很大程度上是真实的，那么很容易看出，柏克可能担心对博林布鲁克的提及会增加他的影响力。我们以后再考虑第二种可能性。

柏克曾说过："一个特定的政治学派，其理论和实践对这个国家的影响将是长远和严重的。"这种影响力是强大的，我们从一开始就看出它的学说似乎是可信的：谁会反对和谐与力量的结合，反对消灭腐败，反对任用德才兼备的人，反对摧毁贵族派系？提及博林布鲁克，可能会让他的读者详细考察那些充

---

[49] Burke, "Thoughts," *Works*, I, 315; L. B. Namier, *England in the Age of the American Revolution* (London, 1930), p. 433; James Boswell, *The Life of Samuel Johnson* ("Modern Library" [New York, n.d.]), p. 528.

满诱惑力的学说，或者激发博林布鲁克的追随者更广泛地捍卫和解释这些学说。柏克出版的第一部作品《为自然社会而辩护》（*A Vindication of Natural Society*）是对博林布鲁克的讽刺；但他在《反思法国大革命》（*Reflections on the Revolution in France*）一书中对博林布鲁克的著名评价表明，他并不希望公众重复他的阅读："现在谁还读博林布鲁克？谁曾读过他的书？"[50]人们可能会认为，博林布鲁克的政治失败会使他的学说遭到诋毁，而柏克可以很容易地证明叛国是叛徒思想的结果，或者接近叛徒思想的结果。但这不包括此人及其学说的魅力。事实上，博林布鲁克的作品在其政治失败后仍然保持着影响力，正如他的个人影响力在其职业生涯的每一次转折之后都得到复兴一样。博林布鲁克有着惊人的持久性。

政党和反对派

如果博林布鲁克的影响力扩大到反对乔治三世，我们必须面对一个反对意见。反对派如何能够建立在对派系的不宽容之上？对于那些希望反对政府（administration）的人来说，博林布鲁克的影响力如何为之所用？博林布鲁克本人也从事反对活动，但他这样做的时候，难道没有向英国政治家们传授政制反对派的做法吗？[51]因此，与他的意图相反，难道他不是在为

---

[50] Burke, *Works*, II, 361.
[51] 这是库尔特·克卢克森在 *Das Problem der politischen Opposition* 中的论点（Freiburg, 1956, chap. 10）。克卢克森误解了博林布鲁克的意图，他以为博林布鲁克只是把没有政党的国家统一视为他的最高和不切实际的理想（pp. 111-16）。

柏克赞扬政党的行为铺平道路吗？对于这个反对意见有三种回答，我们必须区分这三种反对派。

第一，博林布鲁克的确是最常持反对意见的，他在《关于爱国主义精神的信》中首次阐述了系统的反对派纲领。但这些事实与消灭派系的愿望并不矛盾。我们有权说，博林布鲁克有一个纲领，他提倡一个政党，即"乡村党"（country party）来接受这个纲领。博林布鲁克是第一个将人的自然权利——无论如何修改或伪装成人的自然责任——作为明确的政党纲领之基础的政治哲学家。他通常把"政党"当作贬义词，但偶尔也会用它指代"乡村党"。[52]我们也许还记得，这个党并不能恰当地被称作一个"政党"，因为它在原则上代表国家。然而，直到那些心怀不满和野心勃勃的人屈从于他们的真正利益时，博林布鲁克才理智地将乡村党称为一个政党。在使用这个术语时，博林布鲁克似乎接受了传统的政党观：对政党普遍持敌对态度，只有当明智的政治家在糟糕的情况下使用它是例外。

根据柏拉图和亚里士多德的观点，传统的政党观可以和政体的偏私性联系在一起。传统的政党观是一种通俗或非哲学的观点，意识不到政体的偏私性。斯巴达人并不认为自己过度专业化和"寡言少语"，而把自己视为受过适当训练的人。公众舆论出于对共同善的考虑而在传统上敌视政党，从哲学的角度来看，这本身就是片面的。传统观点假借非政党的名义谴责政党。也就是说，为了保持政体的和谐与完整，它敌视内部分裂，它既不能理解也不能避免该政体的偏私性，即使它曾经理解过。

―――――――

〔52〕 参考 Bolingbroke, "Party and Faction defined and distinguished," *Craftsman*, No. 674, June 9, 1739, 以及 *Gentleman's Magazine*, IX, 313-14。

博林布鲁克将传统的政党观与批判它的哲学观点相结合。他似乎并不是传统政党观的简单信徒。按照他的说法，政体是建立在真正的第一原则之上的，因此它不是片面的。第一原则并不是人们渴望的最高真理；相反，它们是人们所能追求的最低限度的真理。它们是无可争辩的，因此第一原则既不偏袒，也不具有党派性。由此可见，博林布鲁克对待政党的态度比传统观点更具敌意：他只允许一个例外，即一个反对各种党派的政党，该政党必须建立一个不可能存在党派的政体，至少在爱国君主统治期间是这样，他的继任者可以很容易地接受这个教育。持有传统政党观的人永远不能声称，对政党的一次使用，就消除了今后对政党的所有需求，因为不公正可能卷土重来。

　　博林布鲁克主张建立一个反党派的政党（an antiparty party），但他的政党与他打算废除的政党在本质上是不同的。它所依据的原则在本质上是非党派的；他的政党会是最后一个政党。第一个现代政党是把自己视为最后一个党派的政党。杰斐逊是美国政党的创始人，与博林布鲁克不同，他能够通过一个政党纲领来组织和取得胜利，也相信"共和主义原则"的成功使得合法的政党成为可能。今天，我们在一切可笑的姿态和坚定的措施、懒散的冷漠和狂热的激烈中所听到和看到的对党派之争的尊重、赞扬甚至煽动，其根源在于这种信念，即政党能够而且应该被废除。当博林布鲁克的政党在不同的部门中被构想并形成时，就奠定了政党受尊重的基础。然而，博林布鲁克的政党抨击传统的观点，并不是因为它对政党的普遍敌意，而是因为它的敌意存在例外的情况。当这种对于政党全新而绝对的敌意占了上风，使得对政党的传统敌意过时的时候，政党受尊重的基础就建立起来。柏克从未试图反驳关于17世纪

"大党派"的传统观点。相反,他以"大党派"已经无法挽回为由,认为成立合理的、可被宽容的政党是可能的。如果这些政党已经无法挽回,那么原因就在于博林布鲁克和其他人所宣扬的信念获得了成功,即一个社会能够而且必须以一种无党派的方式组织起来。正是出于这种对"大党派"的强烈敌意,政党才被赋予了现代尊严。

第二,确实,在18世纪60年代,有许多显示博林布鲁克影响力的小册子也赞扬了反对派的德性。但我们应该考虑它们说了什么。

《政府行为》(*The Conduct of the Administration*)一书的作者说:"以公共美德为基础,以能力为支撑,以性情为指导的反对派,将永远有益于自由的利益,任何自由的朋友都不应否认这一点。"但有一个限定条件:

> 只有能力和正直才能使反对派获得公众的崇敬和尊重。当一个国家中相互竞争的政党势均力敌时,这种竞争就会对公众福利造成威胁。那么,热心于公众利益的反对派同样有责任支持政府的每一项有助于国家利益的计划,就像有责任反对政府的每一项危险或压迫措施一样。

约翰·马约特爵士认为反对举措,而不是反对人,在某些情况下是必要的,因为"整体的善常常源于各部分之间的碰撞"。欧文·鲁夫黑德教导国王,绝不允许任何阴谋集团的人进入内阁;但他希望,建立在利益基础上的阴谋反对派,被以感情为基础的反对派取代。"这将产生一种高尚的竞争,即谁将为公共福利提供最好的建议。争论的主题将是举措(measures),而不是人（men）。"[53]

这些作者，以及其他几位承袭他们思想的人，只是试图证明"政制"反对派是正当的，而派系、违反政制的反对派则是不正当的。他们不打算将所有的反对派都视作合宪的并加以支持，但他们一贯攻击派系，赞扬反对派。才俊之间的竞争是一种受认可的反对派形式，他们因志同道合而相聚，反之则不相为谋。这不是一种以稳定、系统化的纪律为基础的"成形反对派"，这种纪律不只是对同意某些举措的单纯登记；这样的纪律会腐蚀潜在大臣们提出的带有可疑野心的建议。

但在博林布鲁克的计划中，野心能够为公共利益服务，而当它是完全个人化的时候，也是如此。一个反对派的人在独处时可以表现他自己的价值，就像皮特；但如果他和反对派的其他人联合，他必须基于共同的意见来行事，而不是为了尊重、顺从或任何超越共同意见的友谊感受来行事。这些意见必须是与当前政治形势相关的具体意见；因为如果它们是根本意见，那么根据博林布鲁克的理论，这个政体就奠定于错误的基础之上；反对它就是反对派系本身，这就是上面提到的第一个例子。如果共同意见源于一生的相识和信任，无论是公共的还是私人的，比如特罗洛普（Trollope）的读者所熟悉的"政治家族"，那么反对派就是集体的或"成形的"，带有一种团体野心，因此是不恰当的。

---

[53] Ruffhead, *The Conduct of the Administration*, p. 27; Marriot, *Political Considerations,* p. 41; Ruffhead, *Considerations on the Present Dangerous Crisis*, p. 44; 同时参考 Nathaniel Forster, *A Defence of the Proceedings of the House of Commons in the Middlesex Election* (London, 1770), p. 1; 以及 *The Principles of the Late Changes Impartially Examined* (London, 1765), pp. 38-39; 转引自：Burke, "看举措不看人", "Thoughts," *Works*, I, 376。

纽卡斯尔公爵的雄心绝不只是为了他自己；也是为了他的"朋友"或家臣，那些他了解的或者他希望能忠实于自己的人，以及（甚至不是）有能力的人。但是这种团体的野心很难或不可能让国王在不考虑关系（ties）的情况下选出最有能力的大臣。他不得不接受在好的东西中掺杂一些坏的；或者，即使强加于他的家臣们自身是无可挑剔、完美无缺的，他也必须淡化仅凭"能力和正直品质"来拣选的原则。那么，这些作者赞成的反对派就很容易被拆散；即便当个体一起行动的时候，这种反对派也只是一种个体间的竞争。这就好比一群人在大学里寻找职位，每个人都雄心勃勃，都处在竞争中，结果就是普遍的善。这种反对并不比对派系制度的反对更接近政党政府的现代实践。它不是政党政府中成形的、有纪律的、体系化的反对派。的确，它反对成形的反对派、政党纪律以及"另类政府"的思想。

因为具有政党内阁和反对派的政党政府，并不是启蒙运动渐进发展的结果，在此过程中，人们越来越重视反对派的优点——首先相信它是可以容忍的，然后认为它是可取的。这个观念本身就是荒谬的。这种对反对派优点的逐渐欣赏可能只是由于日益增长的无知，这种无知试图为日益顽固的自满辩解。它要求我们知道自己知道得少，因此知道我们需要反对派。这个暗示有一种庄严和哲学的光环。

但是哲学的基础和源泉就是知道自己一无所知，由此我们知道自身需要反思。这并不意味着我们知道需要某人来反对我们的行动；我们只是希望尽可能地反思自身的行动。虽然我们的行动可能基于一个错误的原则，但这并不意味着它们就应被别人基于其他原则的行动所反驳，因为其他原则也可能是错误的。除了我们的原则可能是正确的这一事实之外,根据一项(可能是错误的)原则行事,相比于根据两个或两个以上相互冲突的原则行事,其中一个原则又肯定是错误的而言,是更好的选择。两种或两种以上错误意见的冲突未必比一种错误意见的和谐更好:这取决于意见本身。对于知道自己做错了的政党,因为它觉得反对自己是可取的,却继续做错事,我们能说什么呢?难道因为拒绝从反对派中吸取教训,就能为反对派辩护吗?

对反对派的容忍,或者对反对派的可取性的信念,必定不是逐渐欣赏到政党政府优点的结果,而恰恰是由于逐渐对这些优点不再抱有幻想才产生的。在博林布鲁克的概念中,政党政府始于运用第一原则改革社会的一种尝试。起初,它可能声称自己有权反对让社会腐败的政府。在成功地改革社会之后,它可能会容忍具有竞争性的反对派。当它未能改革社会时,它可能会被迫地容忍反对派,因为对于那些认为政党原则令人反感的观察者来说,反对派似乎是可取的。

第三种可容忍的反对派是为了消除已有的罪恶而设计的,而不是为了实现某种被渴求的善而设计;"反对派是可取的"这个结论是由博学的观察者得出的,在他所知的范围,他是无党派的,而不是由充满希望的党派人士得出。开放、成形的反对派并不是政党政府成长的先决条件;相反,它是其衰落的证据。考虑到上述解释的改革欲求,政党政府成长的唯一先决条件是一个自由的社会,或者是一个低效而压抑的社会。相信一个被容忍的反对派预示着政党政府之开端的历史学家,错过了政党雄心的全盛时期;或者,正如我们讨论的小册子一样,他们会把一个政党在假想的胜利后彰显出的那种居功自傲,误认为是政党政府诞生的最初曙光。

当我们做出这些区分时，博林布鲁克对派系的攻击就变得可以理解了。博林布鲁克赞成第一类反对派——对贵族派系的反对。正如他的政治学派所建议的那样，博林布鲁克本可以推荐第二类反对派——在派系体制被摧毁后，由才俊构成的有竞争力的反对派。他不赞成第三类反对派，即开放、成形的政党反对派，其最初的目标本应促使他们成为第一类反对派，但长期未能实现这些目标使他们满足于我们现在的党派竞争。柏克不可能指望通过他的对手们的一致性使自己反对博林布鲁克和他的追随者的这一行为受到欢迎，因为他的对手们本身也处在对立之中。因为博林布鲁克从始至终都不认为，宽容反对派的信念是其理论或实践的正确含义。

作为政党的"政治学派"

如果有人在这些政治小册子的建议和政党政府的建议之间寻找最重要的相似性，他应该把目光投向别处，而不是从他们的反对派建议中寻找。我们应该考虑这样一种可能性，即"政治学派"试图将第一原则应用于特定的政治问题，以取代政治家才能；柏克对《现状》的核心批评就表明了这一点。提到该小册子为它所揭露的根深蒂固的罪恶而提出的两项主要补救措施，他说：

> 我在这里把所有想法都抛在一边，不谈根据任何合理的理论，这样一种制度将在多大程度上改进我们的政制。我并不是要谴责这种引起全国关注的伟大目标的思辨性探究。它们可能倾向于澄清疑点，并可能像它们经常做的那样，促成

真正的改进。我所反对的，是将它们纳入与我们当前事态有关的讨论，并提出切实可行的政府计划。在这种观点中，我只看到作者的一贯作风；企图在英国人民中引起不满，以平衡他的朋友在美国已经提出的那些令人不满的措施。[54]

有人评论说，柏克反对《现状》的论点揭示，小册子发现的邪恶和它找到的补救措施之间存在着荒谬的不相称。柏克一针见血地指出，急于公开发表见解，往往更容易起到破坏而非改良的作用，因为它通过唤起人们对改良的期许，传播了对当前政制的普遍不满；因此，这与其说是一种不周全的改进，不如说为失败开辟了道路。[55]

这个批评并未出现在《思考》中；在《思考》一文中，柏克认为道格拉斯的小册子（"政治学派"中第一个被提及的）中首次出现了"（仅仅在思辨中）将宫廷和政府分开"这一观念。在《思考》中，柏克没有提到爱国君主的观念，正如在《适时暗示》中道格拉斯并未提出国王之友的政党，或者主张宫廷与政府的分离。无论如何，柏克不会直接反对爱国君主的

---

[54] Burke, "Observations," *Works*, I, 259.
[55] 柏克的论点不同于亚里士多德反对创新的著名论点。假定这些改进并非仓促而公开地提出，而是私下向统治者提出，并且经过仔细思考后才公开采纳。亚里士多德指出，这些创新，即使是真正的进步，也可能是糟糕的；因为美德是习惯的结果，而创新摧毁了习惯的力量，那么所有的创新都会攻击美德，即便总体而言，它们的效果是为了谋求善。Aristotle, *Politics*, 1268b23-1269a29. 对比柏克的话："……权威对意见的依赖至少和责任一样多"，而亚里士多德说："……除了习惯的力量之外，法律对服从没有任何权力……" Burke, *Works*, I, 260; Aristotle, *Politics*, 1269a21. 相比于亚里士多德，柏克对创新更加友好，因为他相信自然法学说，尽管他的自然法版本对习惯的力量做了很多让步。

观念；在《考察》中，他抨击了这样一种普遍观点，即在讨论两种比爱国君主更不可信的补救措施时，将思辨性探究"纳入与我们当前事态有关的讨论"。在《思考》中，他认为没有必要重新提出这一批评，尽管这种批评可能是恰当的，因为爱国君主的观念与对阴谋集团更传统的指控是相互抵触的。我们已经表明，柏克通过将爱国君主的观念和古老的暴政工具相提并论，展示了反对这种观念的合理性是必要的。不妨考虑一下，这一政治学派对博林布鲁克原则的使用是否等同于政党对政治家才能的取代。爱国君主的观念并不取决于国王的美德，而仅仅取决于他本人和人民是否愿意遵守某些容易遵守的原则：将才俊之士的地位提高到名门子弟之上，摒弃腐败，优先追求和平而不是荣誉，促进商业的发展。这些原则使用现代意义上的词汇，构成了博林布鲁克的纲领；因为它们是对统治者的具体指导，旨在通过减少对统治者的美德或政治家才能的依赖，从而改革社会。博林布鲁克的原则并不仅仅是对统治者的具体指导，使他们能够运用自己的能力；他的原则更是能力的替代物。它们构成了一个现代的政党纲领，因为它们把政治变成了一个全新而简单的真理体系。

  这个政治学派也以现代政党的方式寻求问题，以显示其原则的效力。例如，道格拉斯提出，通过将贵族荣誉和利益分开，以及迫使大家族的家臣在忠诚和保住官职之间做出选择，来检验对贵族荣誉的尊重程度。他不仅把它看作对国王的私人建议，而且是对原则的公共考验，在这种考验中，家臣们应该通过追随他们的利益来展示自己的德性。在《考察》的结尾，柏克用道格拉斯的观点来审视这个问题，他认为自己和他所在的政党都是如此，他说："一大批人坚定地为原则而牺牲雄心，这样的例子绝不可能没有用处。"[56]

博林布鲁克政党（也许还有柏克的党派性）的本质是运用原则，而不是美德或政治家才能。从对政治家才能的依赖转向对原则的依赖并不明显，因为否认爱国君主具有美德不符合博林布鲁克的修辞目的；重新诠释"美德"或只在口头上说说"美德"会更安全。但这种转变是明确无误的。博林布鲁克的原则具有自然法的理论渊源和只需忠实于政府的简单应用；如果爱国君主必须是一个伟大的政治家，那么爱国主义将是不够的，原则（正如博林布鲁克的解释）也是无意义的。今天的政治家才能与政治原则、甚至政党原则是如此一致，以至于很难在政治家才能向原则的转变中重新把握现实。博林布鲁克将原则和利益区分开，这在今天看来可能是不现实的；但是他把原则奠基在易于受教化的利益之上。

这种转变的一个标志是博林布鲁克对（第一类）反对派的拥护，从这个角度来看，对反对派的拥护确实是向政党政府迈出的一步。正如我们上述的考察，对博林布鲁克来说，公开支持反对派是可能的，因为他并不把反对派视为一个问题。当爱国主义建立在真实和适用的第一原则之上时，反对派是没有问题的。当一个真正的爱国者支持这些原则时，无论他的国家多么不相信这些原则并依照它们来行动，他都无法不忠实于自己的国家。由于统治者没有理由不让国家的政策符合真正的第一原则，那么爱国者可以起身反对，甚至走上流亡的道路，持续并公开地表示反对，直到将国家带入正轨为止。对于爱国者

---

[56] Burke, "Observations," *Works*, I, 330; Douglas, *Seasonable Hints*, p. 14; Murphy (ed.), *The Auditor*, p. 179.

的抗议，我们毫无悔意可言，也没有任何理由抑制反对派的热情。更一般地，我们可以说至少在政治事务中，博林布鲁克已经消除了善和个体善之间的差异。既然善是可行的，那么个体乃至整个社会，都可以把它转变为自己的。因此，不能实现自身的善并不是悲剧，而是不可原谅的愚蠢或堕落。公开拥护系统化的反对派是基于一种简化的爱国主义，因为明智的政治家相信有必要尊重他自己国家的偏见，绝不会认为对这些偏见的简单反对就能治愈或驯服它们。他的爱国主义通过管理偏见，试图使自己的国家实现共同善，而公开的反对往往不是一种可行的手段。当一个政治家担心改革会伤害他自己的国家时，反对派就是成问题的；他无法确切地知道何时该敦促他的国家实现其最大的愿望，何时让它保持其典型的状态。对反对派的倡导（而不仅仅是宽容）是从政治家才能向原则转变的标志和结果。

那么政治学派和宫廷阴谋集团之间的关系是怎样的呢？我们已经讨论过宫廷阴谋集团的活动，暗示它们在某种程度上是相同的。在某一处，柏克把阴谋集团比作这种学说的布道者（我们发现这是政治学派的一个标志），即"所有的政治联合本质上都是派系的"。在另一处，他说："我们的宫廷道德家"不赞成这种"成为良好友谊的偏私性"。[57] 但如果阴谋集团进行布道，并且在这方面与政治学派是相同的，那么它当然也代表了其所宣扬的学说的实践。但是柏克以一种特殊的视角来呈现这种实践。他似乎认为，政治学派的学说所造成的危险后果已经昭然若揭，但不再受到这些学说合理性的保护。博林布鲁克

---

[57] "Thoughts," *Works*, I, 322, 354, 372, 378.

的政治学派缺失一个核心组织——将学派的成员团结起来,并指导他们采取行动。柏克在对宫廷阴谋集团的描述中补充了这种缺失的元素,他的描述含混不清、含沙射影并且有些夸大其词,但总体上是有说服力的,而一些历史学家告诉我们,这个阴谋集团从未存在过。

但是他剥夺了这个阴谋集团中看似最合理的主张。例如,他从未提及爱国君主的观念;他从未对阴谋集团的纲领进行完整的总结,以便给予其充分的反驳。因此,宫廷阴谋集团就可以看作叛国或近似于叛国,这种行为一直被无效(因为内疚)地掩盖着,现在却暴露在所有人的视野中,并使得人们对其采取行动。这似乎是谄媚者的阴谋,尽管是围绕在易受影响的国王周围的系统性阴谋——一个老生常谈的古老问题,与"古时的暴政工具"同时登上了历史舞台。但是柏克认为"政治学派"的学说是错误的,尽管它们是可信的,而且没有被他公开反驳。当一个人知道对错误学说的反驳可能是无力的,抑或是有其他手段来否定它们时,即便错误学说是在被驳斥时报道的,其仍然具有误导性。[58]因此,柏克对宫廷阴谋集团的描述并不会真正误导那些把它当作字面报告来阅读的人;虽然它的含糊其词应该足以使怀疑者对真相产生疑虑。柏克认为,政治学派理应产生宫廷阴谋集团,因而可以将阴谋集团等同于政治学派。

我们的结论是,这个"政治学派"极其类似于一个现代政党。如果是这样,那么18世纪60年代就是英格兰政党野心的

---

[58] 这个案例不同于激发法国大革命的合理学说;它的进展更为先进,必须不惜任何危险予以直接驳斥。"Appeal," *Works*, Ⅲ, 104.

全盛时期，当时正值现代政党史的早期阶段，该政党的存在是为了实现自己的纲领，而不是为了反对其他党派。在美国，时势与杰斐逊的雄才使然，政党野心的全盛时期正好与政党在政府中占据明显优势的时期相吻合；杰斐逊既是政党政府的创始人，又是它的组织者。而英国没有出现这样的巧合，因此我们很难估量18世纪60年代政治学派的普遍重要性。

约翰·道格拉斯、布朗博士、巴斯勋爵、欧文·鲁夫黑德、约翰·马约特爵士、托拜厄斯·斯莫列特、阿瑟·墨菲、托马斯·波纳尔、威廉·诺克斯、查尔斯·劳埃德、约翰·阿尔蒙，也许还有两位匿名作者，我们认为他们都是这一政治学派的成员。但也有一些人显示了博林布鲁克的影响力，尽管欠缺其政治观点的实质内容：在文学界有奥利弗·戈德史密斯（Oliver Goldsmith）和约翰逊博士；在政治作家中有纳撒尼尔·福斯特（Nathaniel Forster），查尔斯·詹金森（Charles Jenkinson），约西亚·塔克（Josiah Tucker），凯瑟琳·麦考莱（Catharine Macaulay），约瑟夫·普里斯特利（Joseph Priestley），安德鲁·亨德森（Andrew Henderson），罗伯特·华莱士博士（Dr. Robert Wallace），约翰·达林普尔（John Dalrymple），和其他一些匿名作者。[59]有的作者反对这些人的反贵族结论，如约

---

〔59〕 Oliver Goldsmith, *The Life of Henry St. John, Lord Viscount Bolingbroke* (London, 1770), p. 96, 以及 *The Citizen of the World* (2 vols.; London, 1762), I, 84, 131; II, 226; Samuel Johnson, *The False Alarm* (London, 1770); Nathaniel Forster, *A Defence of the Proceedings of the House of Commons in the Middlesex Election*, pp. 1-2, *An Enquiry into the Causes of the Present High Price of Provisions* (London, 1767), p. 41, 以及 *A Letter to the Author of an Essay on the Middlesex Election* (London, 1770), p. 2; Charles Jenkinson, *A Discourse on the Conduct of the Government* (London, 1759), pp. 9, 87; Josiah Tucker, *The Case of Going to War for the Sake of Procuring, Enlarging or Securing of Trade* (London, 1763),（转下页）

翰·巴特勒（John Butler），威廉·道得斯威尔，威廉·梅瑞狄斯爵士（Sir William Meredith），他们都在罗金厄姆的关系网中；还有许多小册子作者，他们依据狭隘的基础进行推理，并没有把自己的基本观点讲清楚。

但是，如果我们考虑到这些小册子中包含了对政制的实质性判断，如果柏克被排除在均衡之外，那么博林布鲁克的政治学派就会占主导地位。这一学派中的作者比其对手在论辩中更有说服力，语气更坚定，思考更深刻，柏克除外。更为重要的小册子和报纸，陈述了别人的评论或攻击的观点，通常是属于政治学派的——道格拉斯的《致两位大人物的信》（*A Letter to Two Great Men*）和《适时暗示》，布朗博士的《对礼仪的评价》（*Estimate of the Manners*），斯莫列特的《英国人》，墨菲的《审计员》和诺克斯的《现状》。当我们把威廉·皮特、格伦维尔家族以及乔治三世都纳入这些政治家的行列时，博林布鲁克的全部影响力，虽然是分裂的，却是巨大的。博林布鲁克本人在寻找爱国君主观念的追随者时，并不是在辉格党人当中寻找，因为他们可能已经从洛克的政治著作中获得了鼓励；而是在托利党人当中寻找，他们比辉格党人多，这些人因被指责不忠及被剥夺要职而感到愤怒。但

（接上页）pp. 13, 21; Catharine Macaulay, *Observations on a Pamphlet*; Joseph Priestley, *An Essay on a Course of Liberal Education for Civil and Active Life* (London, 1765), pp. 35, 150, 196; Andrew Henderson, *Considerations on the Question, Relating to the Scots Militia* (London, 1769), p. 1; Dr. Robert Wallace, *A View of the Internal Policy of Great Britain* (London, 1764), pp. vii, 11, 68, 100; Sir John Dalrymple, *An Appeal to Facts* (London, 1763), p. 18; 以及 *The Appeal of Reason to the People of England* (London, 1763), pp. 8, 16-17, 19, 39; *A Letter from the Cocoa Tree to the Country Gentlemen* (London, 1762), pp. 4, 8, 13。

是，由于博林布鲁克接受了洛克的根本原则，他的"新托利主义"通过对乔治三世、皮特、格伦维尔家族以及他们所有的追随者产生影响，从而将这些原则传播给了那些从内战保皇派一方继承了政治遗产的人，无论是出于世袭还是怨恨。博林布鲁克帮助解决了17世纪辉格党原则上的分歧，却是以一种让这些分歧过时的方式解决的——与其说是1680年的辉格党推理，不如说是洛克式推理和1688年的辉格党推理。尽管爱国君主的观念失败了，但他仍然在很大程度上实现了自己的意图。

122　　尽管这个课题还未得到应有的研究，但我们仍然可以说，博林布鲁克对18世纪60年代政治的影响比任何其他来源的影响都要大。因此认为18世纪60年代不存在政党政府就是错误的。当时有一个强大的政党，虽然缺乏现代政党的组织，但它的基础大多是现代的。历史学家忽略了这一点，因为他们认为，公开的、成形的反对派标志着政党政府的成长，而不是衰落。我们现在更关心的是，柏克的《思考》只能根据这个事实来理解。他为政党进行辩护的论点是对现存政党的一种回击：他更喜欢与现代政党政府相类似的党派竞争，而不是他所反对的政党的胜利。因此，在英国，第一个关于政党尊严的公开辩论是防御性的，针对的是不被称为政党或被称为"乡村党"的进攻性政党，而在美国，政党首先出现在进攻中。这是一个重要的区别，但它建立在攻击者的品格中一个更为重要的相似性之上。博林布鲁克的"第一原则"和杰斐逊的"共和原则"是简化了的真理，目的是用政党政府取代政治家才能，从而取代古老的、压迫性的偏见。

第六章 英国政制：大众政府

柏克对 18 世纪 60 年代暴政危险的分析以一种欺骗性的形式呈现，但是经过省察，我们发现，与最初呈现给读者的印象不同，柏克对宫廷计划模棱两可的描述表明，他对博林布鲁克的影响有着更为深刻的认识，因而这种欺骗是合乎情理的。现在，通过审视柏克对这种危险的两种补救措施，即大众对下议院的控制和政党政府，我们就有可能得出柏克对危险分析的结论。这些补救措施设法纠正整个政制的不平衡；因此我们必须首先以柏克的视角来看待政制。本章首先思考第一种补救措施，以便展开柏克对英国政制的观点；下一章将一起考虑这两种补救措施。首先，我们将指出，柏克认为英国政制代表了类似于《联邦党人文集》中所描述的大众政府。其次，柏克认为人民只有通过绅士的统治才能统治自己。在柏克看来，政党是一种在大众政府中绅士统治的建制（establishment）。因此，要理解柏克将政党引入公共性建构的做法，就必须理解柏克"大众政府"的含义。

在《思考》的开篇，柏克暗示英国政制现在已经"完全成形和成熟"。[1]诚然，它并不完美；例如，如果它能在选举中消除政府腐败，那就更好了。但它不需要任何重大变化或进一步的发展来挖掘其潜力，更不用说纠正其不足了。柏克并未提议对政制进行任何重大的改变；更严谨地说，柏克并未提出任何导致对政制做出重大改变的建议，尽管为了消除重大危险，采取某种重大的补救措施也许势在必行。然后，在柏克对政制的看法中，尽管存在担心的理由，但人们无须为将来的重大变化留下余地；在这些补救措施的巩固下，英国政制已经尽其所能做到最好了。在探究柏克对整个政制的看法时，人们不必超越他对当前实践的描述和这种描述的含义。

在柏克反对博林布鲁克的影响中可以发现这种描述，如果我们把博林布鲁克和柏克进行对比，就能很容易地观察到。柏克针对博林布鲁克的影响力有补救措施。问题必然是，当一种补救措施被认为是可能之时，它将面临怎样的挑战：它是否会与弊病妥协，或者它是否会使之痊愈，甚至带来改进？但是，如果如今政制已经完全成熟，改进的可能性就被排除了；问题在于妥协和痊愈之间的选择。

君主制和君主制原则

在《思考》一文中，柏克区分了英国政制的三个政治元素：君主制、控制（controls）和人民。因此，为了找到方便我们描述和命名英国或整个英国政制的主权要素，似乎需要开展三个部分的研究。但在《思考》中，一个令人诧异的事实在

---

[1] "Thoughts," *Works*, I, 312.

于，柏克没有把英国归为君主制或有限君主制。事实上，他用不同的名称来称呼它——"混合政府""自由国家"或"自由联邦"。他有时确实使用"君主制"这个词，但只有在提到"王权"（crown）制度时才使用，而不是整个政体。他使用过一次"君主制政府"，但显然只是对政制进行限定而不是归类。当把国家作为一个整体而提及时，他使用过"王国"（kingdom）这个词，但是他并未说明国家和政制之间的关系。[2] 为什么柏克不把英国归为一种有限君主制？对一个国家进行分类意味着从整体上来描述它。但是，国家似乎有一种支配整体利益的统治元素，而非有一种可以从外部观察、且无须涉及这个统治部分就能被描述的显而易见的结构。因此，对一个国家进行归类意味着要确定谁在其中进行统治。对于一个行事谨慎的人来说，未能根据谁来统治（who rules）对一个国家进行分类，意味着对政制有一种不同的理解，或许他认为应根据谁控制（who controls）而对国家作分类。柏克未能将英国政体归类，这就要求我们检验这一预期：他是否认为政制中没有统治部分？政体是否根据对政府的控制而被归类？政制就是控制？

在柏克的思想中，他未能根据谁来统治对各种政制进行分类，这与他的君主制概念以及他对政治家才能的依赖之间存在着联系。亚里士多德认为，绝对君主制是最好的政府形式，这种"形式"（如果我们能恰当地描述它）通过赋予政治家无限的自由裁量权，充分利用了伟人美德的优势。这种安排与人类

---

[2] "Thoughts," *Works*, Ⅰ, 308, 328, 331, 343-44, 359; 也可以参考 "Reflections," *Works*, Ⅱ, 303, 327, 396-97; "A Letter to a Member of the National Assembly," *ibid*., p. 545; "Appeal," *ibid*., Ⅲ, 8, 25, 33, 37, 115; "Remarks on the Policy of the Allies," *ibid*., p. 429。

美德的可能范围相一致。因为美德分为普通美德——一般人可以达到的美德，和英雄美德——远远超出普通水平的美德，伟大事迹的目的很少被看到，只有少数人能达到。但如果这是美德的可能范围，英雄美德的概率就很低；绝对君主政体被认为是脆弱的，尽管是最好的。只有在最有利的情况下它才是好的，因为只有最优秀的人才能良好地运用无限的权力。

因此，人们可能会转向有限君主制，把统治权交给一个受法律约束的人。当法律把最重要的权力留给一个人的自由裁量权时，亚里士多德同意将这种政制归为君主制。[3]这种君主制仿效了伟人统治的优点；因为许多尚未被法律解决的事情，如果说但凡达成一致就能得到明智的处理，那么用一个人唯一的自由裁量权来代替伟人的智慧，显然可以最有效地实现这一点。然而如果没有智慧，这个意志的单一方向终究是不可能的，因为一个固执的人在失去目标之后，最终会失去方向；而如果他不够智慧，最终会失去目标。在这两种情况下，君主制的优势都源于一个人的美德。君主本身的美德——而非他对公共既定原则的顺从——才被视为君主制的优势。受法律限制的君主也必须遵守为他设立的法律或限制性制度。但他仍然是唯一的统治者（如果他是至高无上的），归根结底，他的美德尽管不那么好，但可以促进共同利益。

我们可以把这种假定的君主制优势称为"君主制原则"。亚里士多德不会简单地偏爱君主制或者法治，他也不认为二者是不相容的。[4]既然法律出于统治的目的规定了谁是平等的，

---

[3] *Politics*, 1285a4-1285b4; cf.1286a5.
[4] *Ibid.*, 1286a13-14, 1287b8-12, 1286a8-1288a32.

那么当最佳的人和最佳的法律问题得到解决时，君主制的优势就会显现。但是在不考虑特定情境的情况下，亚里士多德没有找到解决这个问题的论点。对于不得不在其所处的情境中行动的政治家来说，问题仍然存在。我们必须考虑，柏克是否把最佳的人和最佳的法律视为一个问题，是否认为君主制原则是政制的一个可能优势。

我们必须承认，君主制原则的应用在证成对政治家才能的依赖方面并非绝对必要。然而，如果政治家才能意味着在所处的情境中做最好的事，那么君主制肯定比民主制更适合政治家的实践。民主制不能缺少统治者，但它声称统治者和被统治者之间不存在自然的差别，因此人们应该统治自己。他们自己可以行使政治家才能。但对于这点，人们会反对说，在这种情境中做最好的事情需要一定的劳动分工，因为当对共同善有疑虑时，理性之人可能会对什么是最好的问题产生分歧。一个人做决定、并且在一段时间始终如一地做决定，比起理性的人们争论不休却不做决断而言，是很合理的。鉴于劳动分工或职务的必要性，行动在某种意义上成为公职人员的私有财产；这是他的政府。[5] 这并不是因为他比那些不是官员的人更适于行动而必然归属于他，而是因为行动需要人们打消或忽视疑虑。真实的疑虑表明其他选择也是平等的，或者近乎平等的。因此政府中的私有财产并非源于卓越的判断，而恰恰相反——来自于卓越判断无能为力的情况。那么，即便是经过官员修正的，政治家才能与民主制也并非不相容；对于真正可疑的行动，民主制比君主制更合适，因为它通过否认某些人在任何与统治相关的

---

[5] *Politics*, 1261b6-7, 1276b37-9, 1279a8-17, 1287a17.

能力上天生卓越，从而更深切地反映了卓越判断是无助的。

这种民主制的论点是对君主制的让步，而不是对君主制原则的让步。它承认决定是必要的，而决定的一致性肯定来自一个人。如果这种让步是广泛的，如果官员拥有广泛的权力，这种民主制就会变成以前讨论过的有限君主制或有限贵族制。霍布斯认为，统治者和被统治者之间没有自然的区别，但是共同利益的分歧要求所有人都同意一个绝对的主权者，最好是一个绝对的君主。根据霍布斯的推理，人们的平等产生了政府内部的极端不平等，君主制源于对君主制原则的否定。在否定了卓越判断的必要性之后，民主制可能不得不让步很多，或者根据霍布斯的论点，使一切让步于一致决定的必要性。

但是，另一方面，卓越判断不起作用的情况很少；而且，在大多数情况下，当某些人被认为天生比其他人更适合行使自由裁量权时，当君主制原则被认为适用或可能适用时，政治家才能，即特定情况下自由裁量权的行使，最能得到发展。即使是真正可疑的行动，也需要政治家才能，而不是卓越的智慧。这个论点表明，即使是在民主的最佳假定条件下，当所有人天生都同等地适合统治时，自由裁量权也是不可或缺的。它没有使假定的条件成为可能。[6]

现在，柏克关于国王权力的概念似乎接近于亚里士多德的有限君主制观念，它承认最优秀的人和最佳法律的问题。柏克从两个方面论述了国王：首先是享有王权的国王，其次是"以个人身份"出现的国王（king "in his personal capacity"）；他

---

[6] 亚里士多德还从另一方面断言，最好的人没有法律是不能统治的。*Politics*, 1286a22-3, 1287b8-12.

说，对后一方面优势的考虑是"最初在宫廷推荐这个制度（宫廷制度）的伟大原则"。[7]但他暗示说，即使宫廷制度为"以个人身份"出现的国王带来了好处，也不足以使其挚爱的臣民容忍它。他提出了这个制度的所谓个人优势，以向国王表明，即使是最初推荐的原则也是错误的，且已经被其他论点推翻。[8]王权和国王之间存在区别，王权更重要。当我们转向王权时，我们发现了一个进一步的区别，它印证了柏克与亚里士多德之间的内在关联：柏克将控制国王的法律从"必然授予君主的自由裁量权"中区分出来，并补充说，后者和法律有着同等的重要性。柏克向来厌恶纸上谈兵的政府设计和理论推理，这种理论推理在应用时对政治形势有一种盲目自满。这难道不是他采用作为实践智慧或政治家审慎的亚里士多德"明智"（phronesis）概念，与审慎地采用一种法律秩序以限制对自由裁量权的无限、不公正的使用相结合的范例吗？

通过阅读柏克的字句，我们可以看出这种假设是可信的。在说完自由裁量权在重要性上和法律相等同之后，他继续说：

128

> 法律是行之不远的。无论建立怎样的政府，其权力主要交付于国务大臣们，因此政府的好坏，必然多取决于国务大臣们的审慎和正直。甚至法律是否有用，是否有效力，也都取决于它们。没有这些，你的国家就只是纸面的计划；而不是一个有生命的、积极的、有效的政

---

[7] "Thoughts," *Works*, I, 331-37, 342-46.
[8] *Ibid*., pp. 342-43.

第六章 英国政制：大众政府 | **187**

体（constitution）。[9]

这些国务大臣（在英国政制中）——不包括以个人身份出现的国王本人——是国王的大臣。留给他们审慎的权力是重要的，这些权力包括执行法律、任命行政长官和官员、处理和平与战争事务、安排财政收入。但是，我们不禁要问，为什么柏克刚说过自由裁量权在重要性上与法律相等同，紧接着就说自由裁量权在政府构成中所占的比例比法律大得多？答案似乎是，法律虽然是"根本的"，但又是"消极的""防御性的"；自由裁量权在"次序上排第二位，而在重要性上是同等的"，因为更根本的法律本身是惰性的。如果自由裁量权在政府中占比极大，那么人们可能认为自由裁量权不如法律重要——这样，通过一种合理的解释，就能实现政府内部自由裁量权和法律重要性之间的平衡。*柏克曾说过，英国是一个由君主制和控制构成的混合政府，它的一个伟大目的是"君主不能违反法律"。然而，这是由自由裁量权来完成的，因为"法律是行之不远的"。"国家的积极部分"，即大臣们的审慎，使国家"比纸面的计划更好"，使它成为一个"有生命的、积极的、有效的政体"。如果是这样，法律的重要性何在？到目前为止，柏克似

---

[9] "Thoughts," *Works*, I, 331-32.

* 曼斯菲尔德在此处原文中表达"政府不如法律重要"（the government, one might think, is less important than the laws），疑似笔误，译者改为"自由裁量权不如法律重要"。理由有二：一，作者在前后文中一直在比较自由裁量权和法律在政府中的权重；二，柏克在《思考》一文中也明确指出，英国政府是由君主制和控制所构成，前者掌握自由裁量权，后者负责法律，因此政府包含了自由裁量权和法律这两者。故将政府和法律作比较似不大妥当，译者遂依此改动。

乎和亚里士多德一样欣赏君主制。

但是，如果一个人具有一般的警觉性，并受到柏克没有把英国政制归为有限君主制这一事实的警告，他就会发现困难。"自由裁量权"——似乎表明了柏克对君主制原则的欣赏，但它逐渐克服了柏克欣赏的这个假定，最终需要一个不同的结论。首先，自由裁量权"必然授予君主"，而不是出于选择。我们必须谨慎地说明这个区别：柏克和亚里士多德都同意，法律必然是有缺陷的，因为它无法在字面意义上对每一种公平或紧急情况都做出恰当的规定。因此，自由裁量权在某种程度上是必要的。但是亚里士多德认为，明智地行使自由裁量权可以改善法律，在某些情况下，对自由裁量权的这种明智行使会出现在君主制或有限君主制中，后者通过选择把自由裁量权赋予一个人。而柏克显然认为，这种赋予仅仅出于必要性；除了某些例外，法律尽可能好地做出规定；毫无疑问，这些例外是可悲的；因此，英国必须将自由裁量权赋予君主制，不是企求得到更多的好处，而是担心获得的更少。作为对法律不完善的一种补救，自由裁量权不是完善法律效果的良机，而只是为了在仅靠法律不能取得成功的领域实现与法律同样的结果。对此，柏克并没有说很多，但我们可以这样来解释"必然授予"的含义：当柏克有机会描述君主制的卓越美德时，无论对于绝对君主制还是有限君主制，他都选择忽视这种美德，并把它视作必然的结果。[10] 如果我们能看到将柏克与亚里士多德结盟所涉及的更多困难，那么就能更好地理解这个暗示。

其次，柏克指出自由裁量权是"在公共原则和国家基础

---

[10] 转引自：Locke, *Two Treatises of Government*, II, §159。

上行使的权力，而不是基于宫廷的喜好或偏见，阴谋或政策"。他完全抛弃了一种可能性，即"喜好或偏见，阴谋或政策"可以成为国王的美德。对亚里士多德来说，君主制的优势在于它公开了国王的美德；在这里，君主制的一个缺点在于，它也使国王的私人恶习公开化，这种缺点可以通过将公共原则强加于国王的私人性情而得到纠正。柏克不只是要求宫廷为公众利益，而非基于其自身的偏见采取行动；这种要求无可厚非。但他也利用公众来对抗宫廷；服务于公众的东西不可能从宫廷中产生，而是必须强加于它。

公共原则是由大臣们强加给宫廷的——这是把古典的君主制概念归给柏克的第三个困难。"被授予君主"的自由裁量权是由值得信赖的大臣们行使。国王自身并不拥有这些权力。[11] 他不被允许违反法律而行动，他甚至连这个机会都没有。这就是现代意义上的"君主立宪制"的有限君主制，换言之，根本没有一人统治——这种限制不仅仅是对滥用君主制的攻击，也是对君主制原则的攻击。柏克在《思考》中提出的君主制概念，其限制远远超出了他所处时代的实践范围，也超越了那个时代并非真正意义上的共和制的其他政制理念。

我们可以继续说：相较于现代的实践和观念，柏克的概念更反君主制，因为他小心翼翼地用复数形式来指称大臣，而避免使用首相的概念。他不可能不知道首相的概念，因为这个概念在18世纪60年代，尤其是在1761年皮特傲慢辞职的时候，就引起了争议。当时，皮特的反对者谴责首相的想法是违宪

---

[11] "Thoughts," *Works*, I, 331-34.

的，是对国王职责的侵犯：国王就是首相。[12] 现代学者赞扬英国政制，因为它使国王的专权在没有本质改变的情况下，发展成为由首相领导、内阁行使的王权。而柏克不支持上述任何一方。他并不提倡首相制，但这是因为一人统治的君主制原则在本质上是错误的，而不仅仅是出于民主化的考量。

他这样说道：

> 但是那种政府形式，无论是直接从制度上，还是当前趋势中，都没有努力把它的事务交给最值得信赖的人，却把整个行政制度，全部委之于个人的意志，任由他凭一己的喜怒而不加以制约地去处置，则无论这个人多么优秀或有德性，那么这样的政体计划，不仅在行政部门方面有缺陷，也将害及它的每个分支。[13]

柏克似乎只主张有限君主制，而反对"任何不受控制的个人喜怒"。但事实并非如此，因为"那种政府形式"已经是有限君主制，错误地只把"整个行政制度"委托给一个人。由于君主甚至不能自行支配整个行政制度，我们认为柏克甚至已经离开了有限的一人统治的范围。这个段落中还有更多的内容可以证实这一点。既然柏克使我们形成这个假设，那么从这位最优秀或品德最高尚之人的"不受控制的喜怒"中，我们有什么可

---

[12] 关于首相的概念，可以参考以下的小册子：Owen Ruffhead, *Ministerial Usurpation Displayed* (London, 1760), p.28; *Political Disquisitions Proper for Public Consideration in the Present State of Affairs* (London, 1763), pp.4-9, *The Conduct of a Rt. Hon. Gentleman* (London, 1761), p.52; *A Letter to the Right Honorable Author of a Letter to a Citizen* (London, 1761), pp.9-10。

[13] "Thoughts," *Works*, I, 332.

担心的呢？人们可能会想，这样的人要么在为公众利益而行动时，会有一种自制的快乐，要么在为公众利益而控制自己时，会有一种不受限制的快乐。但柏克不允许他的结论受美德水准的影响；他把每个人都放在最低的层次，以此决定他对一人统治的态度，就好像这个统治者是最低等的人一样。这并不必然意味着，没有人会为了善而运用他的自由裁量权。但对自由裁量权的恰当运用可能会树立一个不好的榜样，因为一个人的胆识也许会招致另一个人的傲慢。

这是一个系统化的决定。在亚里士多德的概念中，"政府的形式"或政制是至高无上的。是他们制定了法律，法律是精心设计的，因为制定法律的人很乐意让它们变成这样。君主制受到法律的限制，因为一个国王曾经希望受到限制，或者被迫接受那些想要限制他的人的限制。但在上述段落，柏克展示了"政府形式"或"政体计划"相对于统治者的优先地位。"政府形式"是句子的主语，似乎无论多么卓越或者高尚的人，都无法用他的美德来克服形式的不良设计，虽然这种形式允许他设法克服它。亚里士多德承认并考虑了柏克在此处否定的可能性。正如有必要记住，每一种政府形式都是在某人或某些人不加限制的享乐中建立的，我们也可能认为，一个好人也许比最好的有限政制更好。[14]但柏克似乎假定政制优于君主制原则，而不是认为它有问题。他的上述声明甚至让人回想起了杰斐逊的话："难道我们甚至不能说，这种政府形式是最好的吗？它能最有效地将自然贵族的纯粹遴选引入政府机构。"[15]柏克会

---

[14] *Politics*, 1278b9-15, 1288a27-29.
[15] Lester J. Cappon (ed.), *The Adams-Jefferson Letters* (2 vols., Chapel Hill, N.C., 1959), II, 388.

否认他的"最值得信赖的人"就是杰斐逊描述的"自然贵族"（natural aristoi）。但是与亚里士多德不同，两人都让最好的人服从"政府形式"——杰斐逊假设这种形式可以选择最好的人，而柏克认为最好的人绝不会胜过一种形式的负面影响，这种形式鼓励其不受限制的快乐，并容忍坏人放纵他们的快乐。

总而言之，国王的自由裁量权"必然授予"他；并由大臣们根据公共原则行使，这是由一种选择可信赖大臣的政府形式所保证的。按照柏克的说法，这些权力是王权的一部分，与另一个部分即法律"同等重要"。然而，如果自由裁量权将一切"用途和效力"都赋予法律，那么法律又如何能与这些权力同等重要呢？对柏克来说，法律的重要性通常不在于法律本身，因为它们是消极和惰性的；而在于它们用合法性的概念渗入审慎的领域。正如柏克所认为的那样，审慎并不在法律之外，而只是法律的一种延伸，法律对个人自由裁量权的不信任得以维持和改善，是因为自由裁量权中不应被信任的领域与可被信任的领域之间是区分不开的，前者倾向于将后者吸纳。"公共原则和国家基础"应成为政治家行使自由裁量权的指南，它们使法律的普遍性得以维持。这些原则必须充分地不受例外情况的影响，才能成为准确的指南，尽管就法律的制定而言也许不够严格——它们在准法律性质上更像是政党原则。除了良心上的谴责之外，还有一种制裁可以确保适当地行使审慎；这种制裁的行使不属于一个人，而要交给我们将要看到的在外部负责的一群人。因此，君主的权力包括法律和合法的审慎。法律由于惰性所缺乏的重要性，通过它们强加给"国家积极部分"的例子得以实现。柏克认为，自由裁量权的最高目标莫过于完善法制。与法制领域相对，他似乎将合法的审慎概念赋予审慎领域。可以说，为了实现法律本身由于其普遍性而无法达到的目的，自由裁量权是必需的。但柏克似乎不太关心法律的目的，而更关心合法性，不仅在处理糟糕的情况时是这样，即便在面对最好和最成熟的政制时也是如此。

这个讨论是围绕国王的公共身份——王权而展开的。国王的"个人身份"又是什么呢？这是古代君主制观念的避难所吗？即使国王必须把他的公共权力移交给大臣们，并放弃审慎的积极运作，他也可能以其个人身份展示一些美德，这些美德也许低于最高的政治德性，却可以从一种不活跃的状态中表现。闪耀的正直、庄严的敬意、快乐的宽宏大量——这些都是国王可能具有的美德，而当它们鲜明地呈现时，或许就会被人们普遍接受。它们更多的是作为服从的典范，而不是对伟大的激励，但仍然是有价值的。一些观察家认为这些或类似的美德是英国现行君主制的优点。

但同样可以看出，在柏克的观念中，除服从人民的德性之外，国王的德性中没有更多的公共利益：

> 除了仅作为国家尊严的代表而享有的那种伟大之外，国王作为个人，与他利益相关的事，似乎不过如下几件：财富的积累；为了场面、逸乐或慈善花去的财富；对他个人的尊重和礼貌；以及最重要的是，身心的安闲。[16]

柏克提及的唯一伟大之处是"国家尊严的代表"；也就是代表人民的伟大——在某种程度上，这种思想反对为人民树立伟大榜样，以供人民崇拜或仿效。柏克似乎暗示，国王具有的唯一伟大之处

---

[16] "Thoughts," *Works*, I, 343.

在于他是一位慷慨仁慈的挥霍者。但他很快就把这句话理解为前面的论断:"对于这个国家来说,没有什么比用刻薄机械的规则来衡量君主的光辉更不值得一提的了。的确,我发现很少有人愿意做这种小气的事。"[17]因此,国王可以是慷慨或慈善的挥霍者,因为他代表了国家的尊严;如果这个国家不对国王慷慨解囊,那么它就是一文不值的。柏克甚至没有让这一点成为理所当然的事——他进行了一项民意调查,探究这个国家是否认可以国王的名义所行的慷慨之事,结果发现只有"极少数人"不赞同他的做法!

但让我们回到国王的"个人利益"——财富的积累和花费、个人尊重,"最重要的身心安闲"。"这些构成了繁荣环境的清单,不论他们是君主还是臣民;他们的福乐,只因身份的不同而规模有别而已,性质是一样的。"因此,国王是一个普通人,一个非常不英勇的人,他的快乐只在规模上,而不是性质上与其臣民不同。它们在规模上的不同只是因为他代表了国家尊严,也即他的臣民的尊严。柏克直截了当地说:"国王是人民的代表。"[18]因此,从他代表的臣民的尊严来看,他似乎具有派生的尊严。他的尊严将会比他的臣民更少,因为他们至少有生活的事业来充实他们的思想;但是对于国王来说,最重要的是"身心的安闲"。到目前为止,从英雄事迹中可以看出柏克眼中的君主,这足以令人回想起最近对美国"总统职责"的担忧。

人们可能会注意到另外两个迹象,表明柏克对国王的要求并不比对普通人高。首先是他对国王亲信的态度。我们看到,相比于宫廷制度——亲幸制(a system of favoritism)所造成的危

---

[17] "Thoughts," *Works*, I, 343.
[18] *Ibid*., p.348.

险，柏克贬低了国王的亲信布特勋爵的重要性；我们看到他抨击了一般的观点，即国王和亲信的关系是不自然的、糟糕的：

> 如果某些人由于其君主所在社会的崇高荣誉而成为一种附庸；而且，由于他们参与了他的娱乐活动，他们有时宁愿满足他的个人爱好，而不愿支持他的崇高品格，那么这将是很自然的事，也是可以原谅的。[19]

134 通过这个反思，柏克将一个可以原谅的亲信和自封的"国王之友"进行了对比，"国王之友"并不真正地参与他的娱乐活动，因此无助于国王身心的安闲。用柏克的话说，"宫廷"包含了以个人身份出现的国王以及他挑选的亲信或者"朋友"。因此它与王权不同，王权由国王和他的制宪大臣组成，如果他们也是国王的个人亲信，那么其中的一些人可能属于宫廷。此处的着墨是想澄清，对柏克而言，"宫廷"中赤裸裸的亲幸制是情有可原的，而"宫廷制度"中同样的事情是不可原谅并且必须予以反对的。

柏克对国王职位的要求并不苛刻，这也体现在他对王室专款（civil list）债务的讨论中。[20] 在18世纪，王室专款是下议院授予国王的津贴，乔治三世时期则无须每年投票或调查；这就像一种和解。王室专款包括国王的个人开支（目前仅限于此）和"民政开支"的一部分，而非全部。因此，学者坎普（Betty Kemp）将政府支出划分为王室专款支出（大部分不受议会控制）和经议会投票的物资支出。这是平衡国王和议会权力的一种妥协。如果是这样的话，柏克并不把自己视为妥协的一方，

---

[19] "Thoughts," *Works*, I, 346.
[20] *Ibid*., pp.359-65.

因为他对国王的不信任，至少相当于现代实践中所暗示的那样。作为1782年罗金厄姆内阁的一名成员，他提出并确保通过了一项法案，其目的是尽可能将王室专款作为议会的评估对象。[21]

这次讨论的背景是大臣们于1769年向下议院提出的一项申请，要求偿还王室专款的债务，即支付王室费用中超出其固定收入的部分。由于担心此类申请会助长王室专款对宫廷制度的资助，抑或王室专款已被用于资助宫廷制度，柏克以如下方式讨论了这一危险：

> 在这场辩论中，有一件很显眼的事，是不可能被人忽略的。他们在谈论王室专款的债务时，口吻像是在谈论由国民授权而借的国债。这一笔债务的偿付，也是一件紧迫的事，同样关乎公众的信用和荣誉……

人们可能会认为柏克同意上述提到的妥协方案，只是认为国王打破了它——因为在此他只是反对在不做调查的情况下，理所当然地让下议院支付王室专款中超额的费用，而不是反对王室专款本身，因为它涵盖了许多当今未包括在内的用于公共目的的开支。但柏克主张的原则是超现代的，即使他对这个原则的应用还不够全面，没有将王室专款的削减限制在国王的个人开支上。[22] 因为柏克在这个讨论中完全区分了王权的荣誉和公

---

[21] Betty Kemp, *King and Commons, 1660-1832* (London, 1957), pp. 73-76; Burke, "A Letter to a Noble Lord," *Works*, V, 122; "Speech on Economical Reform," *ibid.*, II, 55-126.

[22] 也许他对这一原则的应用达到了现代实践的程度，因为现代议会对开支的控制几乎不等同于对政府开支最高限额的执行，否则就是未经审查，或者事后审查。

众的荣誉。在陈述了上文引用的大臣们的错误论点，即王室专款的债务完全是公共债务之后，他最后指出已经为王权所接受的、对这种未来债务进行限制的性质：

> 然而，为了去除人们对此事的所有猜疑，在感谢了议会如此慷慨地给予的救济之后，大臣们在御前宣言中这样通知两院：他们将尽力把公民政府的开支限制在——什么范围呢？你能想得出吗？是法律所划定的范围吗？完全不是——是限制在"王权的荣誉可能认可的范围"。
>
> 如此，他们就为君主的尊严建立了一套任意的标准，尽管议会原本为其界定过法律的标准。在王权的荣誉这一宽泛而含糊的概念下，他们沉溺于各种形式的挥霍和腐败中，毫无约束。[23]

无论是国王还是王权，都不能享有公众的荣誉；我们将看到，只有下议院能代表人民享有这样的荣誉。柏克清楚地表明他对法律的偏爱超过了自由裁量权，即使是在大臣们行使自由裁量权的时候，甚至当自由裁量权的对象——王室专款——涉及（尽管不限于）国王的个人荣誉时也是如此。王权的荣誉是一种任意的标准，而非法律标准。现如今，人们对"王权荣誉"的怀疑已经解除；它不再被看成一种任意的标准，因为内阁大臣们通过政党和人民联系在一起，当他们享有公共荣誉时，就为王权的荣誉提供了保证。但柏克更为严格地忠实于不信任原则这一事实，不应该使我们忽视他与现代信仰和博林布

---

[23] "Thoughts," *Works*, I, 364；强调为原著者所加。

鲁克的根本共识,即王权的荣誉是一种任意的标准。仍需注意的是,柏克并不想隐瞒甚至贬低这样一个事实,即"王权的荣誉"这个短语是国王说的,因此国王似乎是一个讲着非法学说的傀儡。大约六十年之后,"陛下的反对"(His Majesty's opposition)这个短语才被发明。

因此,柏克在《思考》中对君主制的描述以一种强烈而大胆的反君主制论调而告终。现在我们可以尝试解释《思考》开篇的一段话,这里他显然把绝对君主制等同于专制主义:

> 因此,对于绝对君主制的真正爱好者来说,这种由拥有很大的自然利益或获取丰厚报酬的人进行统治的方法,是非常令人反感的。专制主义的本质是,除了君主自己可以为一时的快乐所支配,此外任何手段掌握的权力都为其所憎恶……[24]

这不只是因为柏克认为绝对君主制很容易退化为专制主义,从而更倾向于有限君主制。如果是这样的话,我们可以说,他对绝对君主制可能衰落的考量,加上他那个时代由于斯图亚特专制主义的不幸经历而得到强化的实践,理所当然地得出了支持有限君主制的结论。但是,通过将绝对君主制向专制主义的堕落视为一种必要的、而不是可能发生的情况,柏克超越了这个结论。他把绝对君主制等同于专制主义的做法使其脱离了亚里

---

[24] "Thoughts," *Works*, I, 314. 参考 "Reflections," *ibid*., II, 396, 其中柏克将亚里士多德的 *turannis* 一词翻译(或赞同翻译)为"绝对君主",并错误地否认绝对君主制是政府的"合法"形式之一(*Politics*, 1288a32-36)。转引自:Locke, *Two Treatises of Government*, II, §§ 90, 138, 153。

士多德的君主制概念，而与洛克的概念相一致。我们不能肯定柏克并未言辞激烈地说出反常的话，但他本可以不这样说；他后来也说了同样的话；在其他地方，他也始终坚持这种观点。

正如我们所看到的，亚里士多德认为绝对君主制并不是一个可能的政体，而是一个最能从卓越德性之人的统治中，也就是从政治家才能中获益的政体。绝对君主制最能体现有限君主制中多少被隐藏的优势，在有限君主制中，一些优势被用来换取安全和稳定。有限君主政体比绝对君主政体做的坏事要少，因为它能做的好事也更少——因为它可以做的事更少。但是有限君主制的优点只能用绝对君主制来表述，因为它试图获得一种较小但相似的优势；否则君主制原则就会被抛弃。这一事实在柏克的例子中得到了清楚的体现：他对绝对君主制的反对是如此彻底和激烈，以至于无法接受君主制原则。柏克承认，绝对君主的自由裁量权中只有很少一部分能为英国君主带来快乐：以个人身份出现的国王，有权选择一些大臣，以及否决法律。前一种权力，正如本章后半部分对内阁政府的处理所述，只是确保人民统治的一种方法；后一种权力，其重要性仅在于用一项新的法律来巩固法律（而不是作为一个整体的重要性）。

因此我们得出结论，在柏克看来，尽管英国政制包含一个有限君主制，但从整体上看它并不是君主制；他拒绝将其称为有限君主制这一事实也表明了这一点。不可否认，柏克认为君主制是一个重要的制度；在随后的作品中他把它称为政制其他部分的"必要基础"。但他提醒我们，这些其他部分是共和主义的部分；它们统一在王权上，而不是国王身上。[25]

---

〔25〕 "Appeal," *Works*, Ⅲ, 37.

博林布鲁克虽然也使用"混合政府"这个词，但他确实称英国政制为有限君主制，因此正如人们所料，他承认爱国君主的重要性（尽管不是至高无上的）。然而，就像柏克一样，他认为国王的私人利益并不是公共利益的来源，因为国王在私人事务中很可能是一个非常普通的人。相反，国王的个人性格是危险的：它可能导致"人们对国王的惊愕"，而伟大的国王尤其容易受到影响。博林布鲁克提出的对抗这种危险的保障是，国王应以自己可能成为的样子为目标，通过使他的个性适应于对"民望"的追求而服务于公共利益。要做到这一点，国王不应该因为知道自己的美德而感到骄傲，而要"不受任何矫揉造作的影响"。[26] 因此，柏克和博林布鲁克都对君主制原则有着深刻的怀疑，但柏克的这一怀疑表现得更为鲜明。

柏克并没有说一个人通常不比另一个人好，因此人们应该根据法律轮流行使自由裁量权。相反，他似乎在说，一个人从未好到可以行使自由裁量权，因此，任何人都不应该行使自由裁量权，但人们应该在法律规定的范围，使他们的统治者服从法律；而在法律不能触及的地方，应该服从于合法的审慎。在对君主制的攻击中，柏克似乎也贬低了政治家才能，尽管他本不需要这样做。

为人民而进行的控制

英国"混合政府"的第一个要素是君主制；第二个要素包括"由上层人民和下层民众进行的控制"，尤其是议会。既然这个探究旨在找出柏克认为的英国政制的统治部分，以便我

---

[26] Bolingbroke, *Works*, II, 420-22, 425.

们能够将政制作为一个整体加以概括，那么我们可以恰当地认为自己已经接近了目标；因为柏克将议会作为一个"全国委员会"应有的尊严和它仅作为"宫廷成员"[27]具有的从属地位进行了对比。议会比宫廷更接近国家。

议会的腐败比滥用专权造成的王权腐败更可怕；滥用专权是意料之中的事，自从斯图亚特王朝开始，它一直受到谨慎的人们的严格审查。但是议会的腐败影响了这种审查的工具，实际上将"敌对者变成了权力的工具"。现在议会已经被腐化了，而且由于滥用王权的影响力，有可能发生致命的腐败。在这里，王权的影响力是指它在议会的影响力，这种影响力源于它对议员和贵族的任命，使其担任部长或部长级以下职务——那些被如此雇用的人，特别是在部级以下任职的人，被称为"禄虫"（placemen）*。因此，滥用这种影响力是侵犯议会独立性的一种企图。这当然不是对议会独立性的第一次企图；在专权的鼎盛时期有许多这样的尝试；但这是一次新的尝试，比以往的那些都更危险。这种新型腐败的常见后果是将议会尤其是下议院，从对君主制的控制者转变为权力滥用的教唆者：

> 在革命时期，由于革命本身的目的，君主被剥夺了诸多专权，显得太过虚弱，对立足未稳的新政府面临的所有困难，它完全无力应对。因此，宫廷不得不把自己的部分权力，委托给那些由于利益而支持、出于忠心而依附王权的人……这种联合，最初是迫于形势的必要性，但时过境

---

[27] "Thoughts," *Works*, I, 347.

* 禄虫：为谋求个人私利或政治支持而任命的官吏。

迁,仍旧存活了很久;当然,如果处理得当,无疑在任何情况下都会成为政府的有用工具。[28]

但它并没有得到适当的执行;宫廷并未将影响力分享给那些具有相关利益和忠心耿耿的人,而是即将获得权力,进而只对私人恩宠运用君主的影响力。柏克为我们讲述了这个谨慎的杰作:

> 铲除尽这一切独立的中间力量,确保宫廷在运用其影响力时完全以它自身的偏好为转移而不受任何限制和约束。这在过去的几年中一直是宫廷政策的主要目标。[29]

柏克认为在个人恩宠的指导下,利用影响力的所有行为都是腐败,这并不足为奇,无论这种影响力是革命后授予大臣的权力,还是当时宫廷(国王和他的"朋友")保留的权力。

因此,议会的真正功能就是以人民的名义控制君主制。柏克关于伟人独立性的观点在前一章已经讨论过,并得出结论,国王的独立性是其依赖人民的结果。伟人多半是在上议院;那么下议院呢?它的独立性体现在何处?难道是乡绅的自给自足吗?这些人在自己的领域是安全的,在财富和影响力方面不受长官的威胁,他们构成了下议院大量的独立议员(independents),既不依附于伟人,也不依附于国王。

下议院脱离君主制的独立性也建立在对人民的依赖之上。

---

[28] "Thoughts," *Works*, I, 313-14, 322.
[29] *Ibid*., pp.314-15;强调为原著者所加。

柏克在控制君主制的总称下，描述了议会的两个适当功能，"直到最近"才在成熟的英国政制中得到尊重。第一，"法律应该是人民普遍同意的结果"。这些是限制君主制的法律，前文已经讨论过。现在我们发现，立法机构是议会和国王否决权的结合。但是我们应该注意到，在对议会适当职能的这种表述中，议会本身只是作为取得"普遍同意的结果"[30]的代理人而被间接提及。此外，法律是普遍同意的结果。并不是说，这些法律被制定以便获得普遍同意，在这种情况下，议会的职责是制定其成员能够执行的最佳或最明智的法律，同时也不忽视人民同意这些法律的要求。相反，法律是作为获得同意这一过程的目的而制定的，在这个过程中，人民的感受为立法者提供了成功的开端和标准，而立法者仅仅是人民的代理人。对法律的同意似乎优先于，或者几乎取代了法律的智慧；换言之，人民对自己的感受有足够的智慧，这些感受可以用来表达立法的必要性，并判断其成败。如果是这样，那么立法的过程比法律的内容更为重要，因为忠诚于民众的感受将是良好法律的主要因素。这是柏克处理王室专款债务时已经得出的结论。

到目前为止，这只是对一种简单说法的思考，但柏克用一种似乎证实了这种解释的方式，重新表述了议会的立法功能："人民，经由他们的代表和显贵，被赋予立法的审议权（deliberative power）；国王则被委以否决权相制约。"[31]人民有"审议权"，也即，他们对别人的审议并不只有同意的权力；更确切地说，人民"经由他们的代表和显贵"进行审

---

[30] "Thoughts," *Works*, I, 333.
[31] *Ibid*. 显然，"代表和显贵"不仅指下议院和上议院，也指议会和大臣们。

议，而不是同意他们的审议。这种区别可以从柏克的话语中找到，而这些话语并不是不经意间从未成形的思辨中脱口而出的。

"法律是行之不远的。"议会在控制君主制方面的第二个，也是更重要的功能是"执掌权力的人，除非是人民所接受的，或者说，在宫廷中占优势的派系，除非获得了国民的信任，否则议会拒绝支持政府"。这就是说："国王被委以审议和选举官员的权力；人民则通过议会的拒绝支持而享有否决权。"[32] 同样，议会作为人民的代理人，其行为的标准是何为人民可以接受的，或符合人民信心的，而不是何为最好或最高贵的。议会似乎是人民的代理人，在为人民服务的过程中，提供了一种人民不具备的专业技能，以便产生他们可以接受的结果。

柏克在下一页强调了这一点，他谴责任何"与人民利益没有关系""与人民情感和意见没有关系"的对大臣的选择。后者指的是一群"公然没有任何公共原则"，与人民的情感和意见没有任何关系的大臣。因此，柏克似乎将"公共原则"——必须被牢记的、唯一适当的指南，用于行使自由裁量权——定义为一项可以在公共场合成立的原则，而不是为了公共利益的原则。如果一项原则在公共场合站得住脚，它就足以为公共利益服务。同样，"人民的利益"似乎是人民自己感到的利益，这也就足够了；因为柏克攻击的是那些与人民利益无关，而非不了解人民利益的大臣们。在第二项功能中，议会必须在国王选择大臣的过程中行使否决权，以便大臣在人民的利益、情感和意见所规定的范围，成为人民的代理人。这种控制为国王的

140

---

[32] "Thoughts," *Works*, I, 333. 强调为原著者所加。

选择提供了一种可行的（并非万无一失的）指南，对于所谓的超自然美德，"不需要好奇而急切地去探究那抽象的、普遍的、完美的和谐"。[33]

这是柏克对宫廷制度的第一次描述；他对其后果的陈述包含了对议会腐败问题的进一步评论。[34] 这里，他评论了议会，尤其是下议院的"精神"，而不是"法律形式和权力"。下议院的精神是与"选民"共情；它应该"打上全体人民实际性情的烙印"。如果下议院分享的实际性情是"人民的某种流行病"，那将是一种罪恶，但不应为了纠正该罪恶而改变下议院的性质。

下议院的德性、精神和本质在于它是国民感觉的速写（express image）。这个机构并不是作为对人民的制约而创设的，如近来那有害的学说所教导我们的。它的设立，是作为为了人民而制约的机构。[35]

虽然柏克以前曾敦促下议院与人民的"利益"和"意见"有"联系"，但现在他把要求下议院的忠诚扩展到用人民的"性情"和"情感"来"感染"它。这是代表人民的一种极端的说法，在《思考》的末尾，我们还可以加上另一种说法。柏克说，"最重要的是"人民：

---

〔33〕 "Thoughts," *Works*, I, 337.
〔34〕 *Ibid.*, pp. 347-65.
〔35〕 *Ibid.*, pp. 347-48. 对于"近来有害的学说"，可参考 Jeremiah Dyson, *The Case of the Late Election* (London, 1769), p. 1; *Some Considerations upon the Late Decision of the House of Commons* (London, 1769), p. 13。

他们要尽量地约束下议院，不让它僭取那不属于它的身份。他们应尽量使下议院的存在、权力和特权，独立于别人，而只依赖他们自己。对下议院来说，这一种奴役（就像对神法的服从一样），是一种"完满的自由"。因为他们一旦放弃这自然的、理性的和自由的服从，他们就必须在另一个地方的卑微、不自然的依赖中找到支持。

民意就是天意（*Vox populi, lex Dei*）：这个类比出现在小册子结尾修辞性夸张的地方，但它只不过是把前面提到的表达推向高潮。既然下议院不能摆脱某种奴役，就应该通过分享他们的感受来为人民服务，这是"完满自由"的条件。这种奴役并不会扩展到接受人民的"权威指示"（或者更可能的是一群利益相关或狂热拥护者的指令），柏克在1774年的《致布里斯托城行政司法长官书》（"Speech to the Electors at Bristol"）中谴责了这一点。[36] 但下议院的确将大众意见的基调，即人民的感受作为其审议的根基。人民"经由他们的代表和显贵"来进行审议，他们同情大众感受并使它们合理化。人民不能恰当地进行推理，于是下议院就必须弥补这个缺陷。但下议院不应该有自己的感受；否则它就无法弥补这个缺陷。代表人民意味着分享他们的感受，并使他们的推理精致化；然而，只有当民众的感受是至高无上的时候，大众感受和推理之间的区别才是可操作的。因此可以准确地说，根据柏克的说法，代表必须接受人民

---

[36] H. C. Mansfield, Jr. 在 "Rationality and Representation in Burke's *Bristol Speech*" 一文中讨论了这篇演讲和柏克的"民众性"写作之间的一致性。*Nomos*, Ⅶ（1964），197-216.

的一般性指示。

没有牵连的控制

在考察了下议院与人民的关系之后，人们必须留意政制的后果。柏克认为，下议院必须摆脱"常设政府"（standing government）的束缚——这一立场必须与白芝浩（Walter Bagehot）及当代内阁制政府的观念区别开来。在1784年关于解散和选举的宣言中，柏克在某种程度上就预见了这种区别。

柏克说，下议院"最初不被认为是国家常设政府的一部分"。

> 从人民的直接代理和代表到根据原初权力来行使权力的转变，世界上所有民众的行政职权都以这种方式背离它们的目的。
>
> 就我本人来说，当我看到如下的两种症候时，我不得不得出这样的结论，即议会的原则将完全被败坏，它的目标因此也将被彻底打垮：一是不加区别地支持所有大臣，因为这将使议会作为一个控制机构的根本目的遭到破坏，而且等于预先就认可了政府管理不当的行为；二是提出任何与自由选举权背道而驰的主张，因为这将颠覆下议院所依据的合法权威。

关于第一个症候，柏克更充分地解释了他之前所陈述的观点，即当议会被宫廷制度败坏时，它就会成为暴政的积极工具，而不仅仅是无知无能的观察者。

如果他们［宫廷制度的支持者］有邪恶的计划，却无正常的、与之相称的合法权力去推行，他们便把它带到议会。在议会，整个过程从头至尾付之于施行。在议会，获得目标的权力是绝对的；执行起来也是彻底安全的。没有规则可限制，也不用担心秋后的算账。议会既然是同谋，那么就没有合适的理由来惩罚别人。因此议会对行政权力的控制就丧失了；因为议会卷入了政府的每一件重大举措。弹劾，作为维持政体纯洁性的伟大守护者，如今却面临着丧失的危险，甚至连弹劾的概念也要丢了。

后果就是人民对下议院的信心被摧毁了："议会一旦被说服担当起行政的职权，就将丧失所有的信心、爱戴和尊重；而过去，当人们认为它是对国家之行政权的矫正和控制时，它是一直享有这些的。"[37]

为什么宫廷制度应该被简化为"不加区别地支持所有大臣"？宫廷制度之所以寻求这种支持，在柏克看来，是它确保了这个理由的充分性，即"国王认为任命他们是合适的"。但这个表述会遭到质疑。我们看到，无论是博林布鲁克还是他的政治学派都不认为这个理由是充分的；用柏克的话说，这样做只是重新占领了"被摧毁的、旧式的专权堡垒"。[38] 博林布鲁克和他的政治学派对大人物和才俊做了区分，一旦教导国王运用这种区分，它就使"不加区别地支持所有大臣"变得似乎可信。随后不久，当柏克让宫廷制度的拥护者建议国王任命"最

---

［37］ "Thoughts," *Works*, I, 347, 349-50. 强调为原著者所加。
［38］ *Ibid*., pp.335-36, 350.

不骄傲、不任性的人"时，他就可能提到这种区别。由于我们不能认为他对这种普遍的区别毫不知情，[39]那么就很容易明白，如果这种区别的合理性对他不利，他何以不宣扬这种区别。此外，如果柏克不愿提及这一区别，那么从他的推理中不难看出：政治学派所依赖的上述区分将会被国王滥用，才俊之士也将沦为国王享乐的工具，沦为其"荣誉之任意标准"的工具。虽然要求国王选贤举能，但在实践中只能悬悬而望。柏克反对使用政治学派的区分，因为他完全不相信君主制原则。宫廷制度仅仅为了提高"禄虫"的地位，从而奖励他们的服从。

为了反对这种区分，柏克提出了另一种观点：在与人民有联系的大臣和没有联系的大臣之间，国王应该选择前者。柏克认为下议院的统治不是"不加区别地支持所有大臣"，而是对所有的大臣保持戒心，以实现为人民所做的控制。这是人民对下议院的唯一权威性指示。下议院通过它与人民的独立联系，实现了对国王选择大臣的一种制衡。但是大臣，也就是王权，是国家的"常设政府"；因此在柏克看来，政制并没有美国政制那样的权力分立。议会就像美国国会一样，似乎拥有主要的立法权；但对柏克来说，"法律是行之不远的"。它们虽然发挥支配性的作用，但却是被动的、而非主动的政制——其权力的运行留给了大臣的自由裁量权。因此，柏克与《联邦党人文集》的不同之处在于他赋予法律（区别于合法的审慎）的重要性上；法律不是常设政府的一部分，而根据《联邦党人文集》，法律在美国政制中的地位并不如此；相应地，他认为英国政府的主要危险源于自由裁量权的滥用，而这种权力必然属于行政体制，

---

[39] 柏克在"Observations"中讨论了这一点，Works, I, 293-96。

然而《联邦党人文集》指出立法篡夺是"进取的野心","人民应该放任他们的一切妒忌,用尽所有的预防措施"来予以抵制。尽管下议院制定了法律,但并不分享常设政府的权力,而是站在政府之外。另一方面,柏克的《思考》充分展现了与人民分离和竞争的思想,这正是美国政制中权力分立的本质。[40]

如果说柏克对下议院职能的看法与《联邦党人文集》中看到的美国国会职能略有不同,那么它与英国的现行实践则大不相同。目前的做法是由政党组成的内阁政府;这是沃尔特·白芝浩描述的内阁政府的发展。白芝浩对内阁政府的看法包含了柏克的思想元素;他认为下议院本身并不统治,而是在不同的内阁之间选择统治者。柏克留给国王的选择,白芝浩却留给了下议院。对白芝浩来说,下议院仍旧不是常设政府的一部分,尽管是它选择了常设政府。[41]如果遵循柏克的论证,这将可能减弱下议院对大臣们的戒心,因为下议院倾向于对自己选择的对象抱有喜爱的态度。通过将选择大臣的权力留给国王,柏克实现了总统制政府中立法部门和行政部门的严格对抗,而在白芝浩的内阁政府中,它开始将人民的控制——下议院,牵连到常设政府中。这个结果也许解释了柏克允许国王选择大臣的理由,尽管他不相信君主制原则。他的安排除了引进纯粹的共和主义,以及伴随而来的对国家礼仪和平静造成的暴力之外,最能保持人民控制的纯洁性。

---

[40] *The Federalist*, No. 48, Earle ed. ("Modern Library" [New York, n.d.]), p.323;转引自: Montesquieu, *De l'esprit des lois*, XI, 6。它与柏克的一致性,参考 *The Federalist*, No. 39, p. 243。

[41] Walter Bagehot, *The English Constitution* ("World's Classics" [London, 1929]), pp.116, 129.

但至少可以说，目前的实践偏离了白芝浩的观点，其方向与柏克的看法相反。下议院的政党纪律已经取消了它对大臣的选择，而现在几乎不分青红皂白地支持（和反对）所有的大臣。人民现在可以在同意政党纲领时，通过发出权威性指示来选择大臣，这些纲领经选举授权而产生。但在柏克的意义上，他们做出这样的选择实际上将导致下议院不再是为了人民所做的控制。下议院已经彻底卷入了常设政府中——尽管它在其中所占的比例并不显著——因为议员们必须投票支持或反对执政党。此外，在白芝浩看来，就下议院在选择大臣时卷入常设政府而言，人民自身也参与其中。由此可见，基于柏克的原则，当前的实践是为人诟病的。

在这里，我们应该考虑柏克对1784年解散议会的立场，因为这显然和他的观点不一致，即作为服务于人民的控制力量，下议院如同人民感受的速写。在国王下令解散议会之前的几个月内，他的首相皮特在下议院受到了猛烈的攻击，而国王则遭受了来自下议院多数派的几次重大挫败。柏克强烈反对这一解散，认为这是对下议院独立性的践踏。然而，在下议院反对皮特的时候，民众普遍支持他，这从皮特在下议院的实力逐渐增强，以及（不那么明显地）他在解散后的选举中获得胜利就可以看出。柏克肯定知道这一点，尽管他不能公开承认。那么，难道人们就一定要证明柏克在政制观点上的不诚实陈述，是出于狭隘的党派目的吗？

有些人说，这次解散——汉诺威王朝统治下第一次试图结束议会的合法任期，标志着英国内阁政府的开始。王权和下议院之间的分歧第一次交由人民来决定。有人回应说，情况并非如此，因为国王在还未获得人民支持他的可靠信念时，是不会诉诸人民的；他并非真正地呼吁一个不偏不倚的观察者来调停冲突，而仅仅是一个政党向另一个政党提出的援助要求。[42]这两种观点似乎在一定程度上是正确的：第二种观点恰当地界定了诉诸人民的性质；第一种观点恰当地将这种诉求归因于内阁政府的开端，因为即便在今天，解散议会仍旧是一种政党手段。柏克预见这种解散可能成为准内阁政府——一种大臣既代表王权而统治，又以人民的名义进行控制的制度——的先例。[43]他说，大臣们假装比下议院更了解人民的感受；他们声称下议院的美德是人民感受的"速写"。但即便这种声明有时是真的，也是很危险的。尽管政府的所有部门都有民众的起源，但只有一个部门可以声称是人民感受的速写，那就是控制机构——下议院。

当常设政府绕过"政制的自然守护者"，即下议院时，人民就会悄然卷入暴政，而非对暴政进行控制。因为常设政府必须声称与人民有密切的关系，而人民应该成为控制自己的力量。就像国王不能选择大臣并控制他们，大臣们也不能采取行动并控制自己一样，人民也无法规定常设政府并控制它。"人民将会作出判断"意味着人民能够而且必须是无党派的，这不是因为他们能够凌驾于诱惑之上，而是因为他们低于诱惑。正是对人民无偏私的信任，保证了博林布鲁克爱国君主的纲领，也保障了柏克让人民的感受成为政府之基础的意愿。政党的早

---

[42] W. E. H. Lecky, *A History of England in the Eighteenth Century* (12 vols.; New York, 1878); Ⅳ, 332-36; Kemp, *King and Commons*, pp.78-80; W. T. Laprade, "Public Opinion and the General Election of 1784," *English Historical Review*, XXXI (1916), 224-37.

[43] "Motion Relative to the Speech from the Throne," *Works*, Ⅰ, 252-53.

期倡导者把他们支持政党的理由建立在人民的无党派基础上，尽管今天的党派人士做出了最热忱的努力，但早期倡导者的思想并未完全失效。

通过弹劾而实现的控制

在柏克看来，除了先前大臣们必须与人民相连的保障之外，下议院如何实现对大臣们的控制？即使"每一个好的政治机构都必须有预防行动和补救措施"，[44]但如果大臣们失信于他们，补救措施是什么呢？根据柏克的说法，弹劾是政制的主要补救措施。但他说"弹劾，如今却面临着丧失的危险，甚至连弹劾的概念也要丢了"。

当然，如今我们已经意识到这种危险，而且在目前的实践和舆论下，弹劾已经丧失了。根据最近英国政制评论员的说法，弹劾的丧失是有充分理由的：厄斯金·梅（Erskine May）认为，它已经被大臣们对下议院（也就是通过政党）更持久的责任取代，这种责任在发生不当行为的情况下适宜采取不太严厉的处罚；戴雪（A. V. Dicey）认为，弹劾已经被越来越多的立法取代，可弹劾的罪行现在是非法的，是对一般法的违背。[45]政党政府的兴起和立法的增加可能是相互关联的，因为它们具有取代政治家才能的同样作用。但是这种替代是这项研究的问题所在；因此，我们应该努力回忆弹劾作为一种控制

---

[44] "Thoughts," *Works*, Ⅰ, 334.
[45] Erskine May, *The Constitutional History of England* (3 vols., London, 1889), Ⅱ, 92-94; A. V. Dicey, *The Law of the Constitution* (London, 1902), p.398.

工具的优点。柏克认为弹劾是不受牵连的最佳控制手段。然而,他的弹劾观念及对黑斯廷斯(Hastings)弹劾和审判的处理,彰显了其合法的审慎,柏克似乎用这种审慎取代了政治家才能。

弹劾的范围是什么?威廉·布莱克斯通爵士(Sir William Blackstone)在柏克的《思考》出版前写道:"英国下议院在议会中对上议院提出的弹劾,是对已知和公认法律的起诉……"[46]它也是在"英国上议院法庭"(High Court of Parliament)提起的诉讼。因此,在宣布弹劾必定适用于违法行为时,布莱克斯通预见了(尽管他没有说明)戴雪的观点。然而柏克并不同意。他将下议院与陪审团相类比;作为一种直接来自人民的控制,下议院"在政府的较高部分,就像陪审团在较低部分一样"。[47]柏克对法律适用范围的观点已被引用。如果弹劾仅限于柏克认为的法律所能达到的范围,它就不可能是"政制的伟大守护者"。弹劾必须适用于积极政制,也就是法律允许的自由裁量权范围的犯罪行为。在把下议院的一般功能比作陪审团时,柏克阐述了它作为弹劾案中控诉陪审团的特殊职能。因此,作为下议院的一般职能,柏克可能想到的是类似于古代议会的做法,即对于官员行为的赞扬或责备进行审议。布莱克斯通赞扬英国政制高于古代议会,因为代表受害一方(人民)的下议院只进行弹劾,上议院来定罪;而在古代议会中,人民既是法官又是控告者。[48]但柏克忽略了弹劾和定罪之间的区别,没有提到上议院;他可能想要暗示,第一,弹劾常常足以定罪;第

---

[46] Sir William Blackstone, *Commentaries on the Laws of England* (1765-69), IV, 19, 1.
[47] "Thoughts," *Works*, I, 347.
[48] 转引自:Montesquieu, *De l'esprit des lois*, XI, 6。

二，人民应该既是法官，又是控告者，因为正如我们在前一章中所看到的，上议院也与人民有联系。

但是，如果不以国法（the law of the land）为准绳，那么什么才是可被弹劾的标准呢？我们可以通过调查柏克在弹劾沃伦·黑斯廷斯一案中所起的作用来最好地回答这个问题，黑斯廷斯一案是柏克政治生涯的著名事件之一。柏克起草了反对黑斯廷斯的"重罪和轻罪的指控条款"，该条款于1786年提交下议院；这些指控主要涉及英格兰和印度法律管辖范围之外的过错。但柏克对黑斯廷斯不当之举的一个看法并没有出现在指控中。因此，我们有机会看到柏克认为的可弹劾罪行，它们不仅在法律许可的自由裁量权范围，而且完全超出了法律的范围。这些指控可按主题列出：

（1）黑斯廷斯违背了他的诺言，即对东印度公司和英格兰的诺言；这为公司带来了"极大的耻辱"，对"英国民族品格来说是极不光彩的"；它违反了"正义和荣誉的原则"和"一切正义规则"。（2）在印度，黑斯廷斯在没有充分详述的情况下对人提出指控，其行为"违反了正义的根本原则"。（3）他拒绝对陷入困境的贝纳勒斯王公（Rajah of Benares）的要求进行公平公正的审判，违背"自然正义的基本原则"，犯下了"严重罪行"。（4）再者，不给王公时间来回应对他自己的指控也违反了"自然的正义规则"。（5）黑斯廷斯在为之前的惩罚辩护时，错误地将违背"自然和法律理性原则"的罪恶目的归咎于王公。（6）黑斯廷斯作为国家的下属，根据自己的个人信念为国家的需要而任意征税，这种做法"颠覆了正义政府的所有原则"。（7）黑斯廷斯"违背了感情和自然法"，试图使王公的妻子和儿子变成其压迫王公计划的工具；这在亚洲是很不得体的现象,在那里,人们对于父母的权威表现出极大的忠诚,而黑斯廷斯——代表基督教国家的基督教总督,却强迫一个儿子成为暴力和勒索其母亲的工具。(8)黑斯廷斯通过建立和确认垄断,侵犯了"与诸多竞争者进行交易的自然权利"。(9)他违反了东印度公司董事会的指令,这是一项"严重犯罪和轻罪"(a high crime and misdemeanor)*。(10)最后,当他接受自己似乎必须接受的金钱时,他就做了一件"极其有损于这个国家荣誉"的事情。[49]

　　这些都是柏克用最令人印象深刻的称呼加以区分的指控。它们难免拘泥于法律条文(legalistic)。其中大多数涉及违反法律保障的行为,这些法律保障正如黑斯廷斯受到《权利法案》或英国普通法的法律原则的制约,它们又被称为自然正义的基本原则或规则。如此看来,柏克并没有完全脱离布莱克斯通。有一个例子偏离了这种模式:当黑斯廷斯强迫一个男人的妻子、儿子与其作对时,柏克声称黑斯廷斯违反了"自然法"。[50]尽管如此,柏克本人把这个例子与另一个类似的例子联系起来,他并没有这样描述,而是将其斥责为一种不当的、异端的场面。一般来说,黑斯廷斯并没有违反自然法的具体命令,而是违反了合法的自然正义原则。

　　对于这个结论,有两种反对意见。有人可能会认为,我们

---

〔49〕 (1) *Works*,Ⅳ, 222, 233, 247, 355, 494, 526; V, 13, 22, 28, 49, 50; (2)Ⅳ, 258; (3) Ⅳ, 251, 260, 327; (4)Ⅳ, 259; (5)Ⅳ, 271; (6) Ⅳ, 275; (7)Ⅳ, 279, 300-1, 321-22; (8)Ⅳ, 401; 参看 Articles Ⅶ, Ⅺ, Ⅻ; (9) V, 7; (10) V, 36。

〔50〕 "Speech on Mr. Fox's East India Bill," *Works*, Ⅱ, 205; "Speech on Hastings," *ibid*., Ⅷ, 141.

　　* "严重犯罪和轻罪"是弹劾的一项基础,这个短语最早是麦迪逊的发明。它与"叛国罪""贿赂罪"一起构成弹劾的具体依据。

夸大了柏克的律法主义,因为黑斯廷斯的弹劾案并不典型;或者说我们低估了柏克的律法主义,这在黑斯廷斯的事件中得到了最好的体现。[51]对后一种观点的支持,与其说是来自于已经讨论过的著作,不如说来自于柏克在1788年到1794年在上议院审判黑斯廷斯时所作的演讲。这些演讲比委员会报告(之后将会讨论)和"指控条款"(Articles of Charge)给人留下的印象要强烈得多,在柏克看来,黑斯廷斯的确违反了自然法,因此也违反了上帝法。柏克的可弹劾罪行的概念将是律法主义的,而不仅仅是法律上的(因为黑斯廷斯没有违反任何颁布的法律),而且是以单纯违反自然法为基础。因此,这一观点取决于柏克对自然法性质的看法,我们将在随后探讨这个问题。

我们可以注意到,审慎的半合法性质(semilegal quality)在这些演讲中非常明显:"……所有权力都受到法律的限制,应当以自由裁量权而不是专断的意志为指导——所有的自由裁量权都必须指向对权力施行对象的保护和利益;因此,必须以健全的政治道德准则为指导。"[52]但是柏克也重申,黑斯廷斯违反的不是法律精神,而是"自然法则,这是上帝的法则"。"道德法","支配一切法律的法律,即造物主的法律"。他说,"我以……他所违反的永恒正义法则的名义提出弹劾"。[53]在上议院的这些演讲中,无论是在宣誓还是在表达责任,他都非常频繁地提及上帝,比在下议院关于黑斯廷斯的演讲和"指控条

---

[51] Peter J. Stanlis, *Edmund Burke and the Natural Law*, pp.63-64.
[52] "Speech on Hastings," *Works*, Ⅶ, 2-3(强调是后来添加的);转引自:*ibid*., p.11:"国家道德的扩大和坚实原则";p.92:"国家法律的精神";p.93:"公正精神";Ⅷ, 11:"自然公正和国家法原则"。
[53] *Ibid*., Ⅷ, 141; Ⅶ, 94, 504, 231; 转引自:*ibid*., Ⅶ, 99-105, 以及Ⅷ, 309。

款"中更常见。它们独特的规律性使得很难对其赋予一个简单的含义;[54]我们必须等到将来对柏克的宗教信仰进行探究之后再来考察这个问题。

然而,柏克在审判演讲中留下了一个暗示,这与我们将在"指控条款"中看到的相类似,但更为清楚,即自然法是某些自然权利的结果:

> 我们已经向你们表明,如果要将这些政党放在一起比较,那就不是无关紧要的人民权利,而是主权者的权利。人民的权利就是一切,因为他们应该按照真正和自然的事物秩序行事。上帝禁止这些准则对主权及它所包含的真实、公正和合法的专权进行侵犯;相反,它们应该支持和建立它们。主权者的权利无疑是神圣的权利,世界上每个国家都应如此;因为它是为了人民的利益而行使的,是为了服从上帝赋予任何人或任何群体权力的伟大目标。这就是我们坚持的法律,也是法官们在法庭上审判囚犯的原则。

同时,"生命,自由和财产"这个短语出现在一篇很长的文章

---

[54] 在柏克关于黑斯廷斯的演讲和著作中提及上帝的下述清单中,第一个数字是誓言的数量,第二个数字是提及上帝作品和上帝施加责任的数量;第三个数字是页数。柏克在上议院的演讲:55,61,945;1784年7月30日的演讲:2,13,21;关于福克斯东印度的演讲:0,1,75;关于阿科特债务问题的演讲:1,2,81;其他在下议院的演讲:1,1,65;指控条款:0,1,365;特别委员会第九报告书:0,0,126;特别委员会第十一报告书:0,0,50;第一项的高分可能是由于主教担任上议院议员的缘故;在那种情况下,柏克称他们为"宗教的代表,这一宗教认为他们的上帝就是爱"。*Works*, Ⅶ, 230。第二项的高分包括上帝对一群捣乱分子的愤怒威胁,这些捣乱分子是在柏克强烈反对的1784年议会解散后新近当选的。

中,其中包含了柏克对自然法概念的最充分解释。[55]当考察自然法的性质时,我们将探讨这种联系,同时也将"人性本身"或"我和所有人都参与其中的共同性"的含义作为弹劾的标准。[56]

另一方面,有人可能会反对说,"指控条款"自然显示一种适宜于这种场合的律法主义偏见,因为如果能够证明法律被简单直接地违反了,弹劾就容易得多。因此,它们的律法主义只能印证柏克如何看待正确的弹劾方法,而不能作为他对可弹劾罪行看法的证据。但这种想法是不可靠的,因为呈现罪行的方式将很快定义罪行。但这个反对并不成立,因为柏克并没有指控黑斯廷斯的行为违法,只是指责他的行为是错误的,正如律法条文中规定的那样,但这超出了法律的范畴。黑斯廷斯并没有违法统治,但违背了法律的精神;他没有以合法的方式行事。我们应该注意到,他侵犯了一项自然权利——"与诸多竞争者进行交易的自然权利"。这就把我们引向了黑斯廷斯政权在印度的主要不当之举。

柏克控诉的不当之举既不是他所说的违反自然正义的行为,也不是那些所谓的"严重犯罪和轻罪"。它在柏克撰写的《下议院特别委员会第九报告书》(*Ninth Report from the Select Committee of the House*)中解释得最为充分,而在"指控条款"中几乎没有提及。相对于"有益的商业",即对印度和英国都

---

[55] *Works*, Ⅷ, 5; Ⅶ, 100; 转引自: William Cobbett, *The Parliamentary History of England*, ⅩⅩⅣ, 1273; *Works*, Ⅱ, 176-79。

[56] *Works*, Ⅶ, 231, 312; 转引自: *ibid*., Ⅱ, 220; Ⅶ, 190, 232; and Cobbett, *The Parliamentary History of England*, ⅩⅩⅤ, 162。

有利的商业而言，这种不当之举就是贪婪。[57] 按照柏克的说法，从印度贸易中获得的利润并不正当。东印度公司，尤其是黑斯廷斯，在榨取印第安人的贡品时，根本不是在促进印第安人的繁荣，而是以一种不安全和不人道的原则来促进他们自己的繁荣，即以武力侵占私有财产。真正的政策需要恢复"商业机器的主要动机——损益原则",[58] 迄今，这种原则一直受到国家管制和直接军事干涉的压制。因此，柏克仅在实现这个商业目的上认可帝国。事实上，柏克认为"绝对有必要"废除由欧洲人强制进行的本土贸易，并将其移交印度人——而且这种改革在不久的将来就能实现。[59]

因此，在针对黑斯廷斯的"指控条款"中几乎找不到他的不当之举；这必须与它们联系起来。这种联系最明显体现在柏克提到的一项自然权利，其作用是将商业置于政治限制之上。在柏克的指控中，只有一点不那么清楚：柏克指责黑斯廷斯的行为是出于他个人对国家必要性的信念，这种审慎是黑斯廷斯自己的辩护以及后来辩护者的论点。然而，构成大部分指控并违反自然法律保障的行为，其重要性必然低于上文所界定的不当之举；因为它们要么是程序性的，而不是为实现一个目的，要么是规定商业所必需的道德水平，例如遵守诺言。因此我们有权认为法律是为了商业目的而制定的。自然正义的原则包括商业所需的法律制度，而自然正义与商业或"与诸多竞争

---

[57] *Works*, Ⅳ, 29, 32, 52; "Motion Relative to the Speech from the Throne," *ibid.*, Ⅱ, 267.
[58] *Ibid.*, Ⅳ, 52; 强调为原著者所加；转引自："Speech on Mr. Fox's East India Bill," *ibid.*, Ⅱ, 227-28, 这里柏克列举了公司违反的六项商业原则。
[59] *Works*, Ⅳ, 84.

者进行交易的自然权利",也就是从事商业活动的权利不可分割,甚至是从属于后者的。相比于他对黑斯廷斯不当之举的看法,柏克的"指控条款"在法律上确实有其侧重点;但这并不意味着一种单纯的修辞目的,因为商业需要一个稳定的法律基础。[60] 柏克确实暗示了黑斯廷斯的不当之举——用征服来取代商业——不能用另一个目标的法律或政治规定来纠正。人们必须允许商业或"商业机器"在法律规定的基础上重建自身。在上议院对黑斯廷斯的审判中,柏克指出,英国政制的"卓越之处"在于它"广泛的责任循环"。除了国王之外,没有人"能逃脱本国法律的惩罚"。因此,弹劾并不是基于"狭隘的法律";相反,它确保了"那些通过滥用权力而违反法律精神的人,永远不能指望得到任何形式的保护"。法律的精神包括"国家道德的扩大和坚实原则",这是我们看到的具有法律和商业性质的原则;因此,法律精神不是超越法律,而只是补充法律本身。[61] "商业机器"所要求的道德比执行公平的清算更为广泛,这是不言而喻的。如果国家的目的是商业,那么手段就是法律,法律使商业摆脱限制,并允许释放每个人的商业冲动。因此,法律是消极的,政治家的自由裁量权由法律精神所引导。柏克开出的处方没有政治家那样精确和全面,因为政治家制定的国家法律试图让人们变得良善。

读者可能会反对说,我们不能假设每一次弹劾都会像对黑斯廷斯的弹劾一样,认为英国在印度的目标——商业——并不

---

[60] 从事商业活动还需要商业因素之间的信任,这建立在讨价还价的声誉之上。参考 "Speech on the Nabob of Arcot's Debts," *Works*, III, 160;以及 Cobbett, *Parliamentary History*, XXVI, 41. Cf. *The Federalist*, No. 3, pp. 14-15。

[61] *Works*, VII, 10-11; Cobbett, *Parliamentary History*, XXV, 1387, 1397.

是英国政制的唯一目的，而弹劾扮演了英国政制纯粹性的伟大守护者。但是柏克谈到自然的正义原则和自然权利，并未（在那些关键的地方）把印度的政治环境或者印度人的适合性作为"商业机器"的因素加以提及。黑斯廷斯的错误不在于管理不当（misrule），而是统治过度——或者是一种统治过度的暴政。他根据对国家必要性的个人信念来行事是错误的，这次弹劾是公众对此种行为进行控制的彰显。这次弹劾是一个公然模仿西塞罗反对维勒斯（Verres）之演说的断言，与柏克对西塞罗的看法相同，它们为了同样的一般目的而设计：

> 我们自打早期教育起，就都读过维勒斯演说……我们可以从这位伟大作家的明确动机出发来阅读这些书，他出版的这些书为世界和后代留下一个典范。从中可以看出，在一项伟大的公共事业中，一个伟大的公众控告者应该走什么样的道路；与此相联系的是，法官在做出判决时，应该采取什么样的行动。[62]

这就是可弹劾罪行的标准；它并不完全合法，而在不完全的意义上合法。有了这种标准，弹劾的概念就没有理由被限制在最令人发指和最罕见的罪行上。首先，在美国政制中对弹劾

---

[62] "Speech on Hastings," *Works*, Ⅷ, 407; 转引自：*The Correspondence of the Right Honorable Edmund Burke*, ed. Charles William, Earl Fitzwilliam, and Sir Richard Bourke, Ⅲ, 41-42。参考 "Speech on Mr. Fox's East India Bill," *Works*, Ⅱ, 210; Cobbett, *Parliamentary History*, XXV, 1092-93; XXVI, 40。柏克支持福克斯的《印度法案》，以弥补英国在印度的暴政的恶果。该法案的目的是通过由英国王室任命的一个委员会，扩大对总督的严格控制。

后定罪的唯一惩罚——公职的丧失——和任何进一步的处罚是有区别的，这种进一步的刑罚必须在对普通罪行进行起诉后由普通法院执行。弹劾就像在古代的实践中，或者就像在（实际上）博林布鲁克的情况中一样，可以导致放逐的惩罚。即使弹劾在法律意义上是非同寻常的，它也不必然是罕见的或激烈的，尽管柏克承认"它罕有使用"。但是，第二点，也更为重要的是，弹劾的概念可能比作为实际弹劾的指南更有普遍的用途；它可以为下议院的典型控制活动提供指导。它可以限定下议院的通常运作方式（*modus operandi*），例如只有在很少的情况下才会导致实际的弹劾。[63] 柏克对下议院候选人适当品格的描述，听起来像是在赞颂一名美国国会调查委员会成员："每当有无法无天的权力出现，便极力反对；有近乎狂热的独立精神；喜好追根问底，有着天不怕地不怕的性格，所以能发现并揭露政府的每一个腐败和每一种错误。"[64]

弹劾是为了保障不受牵连的控制。弹劾是对罪行的指控，无论它是由普通法还是自然正义的原则所界定。大臣们不被视作善良之人，而被认为是邪恶的，是潜在的罪犯，需要法律加以约束。下议院应该与他们保持距离，以便审判他们；它不应该像亚里士多德定义的公民那样参与统治。在柏克的概念中，这种克制并不是对人民的限制，而是人民的工具。如果他们有权提出特定的建议或发出权威性的指示，就可能会被诱使对暴政事先同意；当他们最初的轻率被误解为纵容之后，就可以阻

---

[63] *Works*, VII, 10-11; 转引自：Alexis de Tocqueville, *Democracy in America*, trans. Henry Reeves (2 vols., New York, 1945), chap.7; *The Federalist*, No. 65。

[64] "Thoughts," *Works*, I, 351.

止他们对暴政进行彻底的检查和惩罚。现在可以大胆推测，正是政党肩负的责任招致了这一结果。现在已经不可能进行弹劾了，因为弹劾会被政党操纵；那些与这名罪恶官员具有相同党派偏见的人，会立即倾向于把自己当作他的辩护人，而把他们的政党原则推向被告席。

但柏克的弹劾概念与政党责任并不完全对立。就像政党责任一样，它限制了政治家才能的范围，尽管程度较低。因为它无须把统治者视为一个为整体共同利益负责的政治家来加以评判。它满足于将统治者视为一个尊重自然正义的人，这似乎是达到非政治目的的一种手段。[65] 与其说将法律的限制施加（upon）在政治家的自由裁量权之上，不如说法律的限制就在这种裁量权之内（within）；他必须遵循符合法律精神的规则，并享有法律允许的自由裁量权，而不是服从合法的命令。柏克的弹劾概念与政党责任的合法性具有同样的间接基础。政党责任意味着政党领袖应该遵守主权选民制定的规则。这些规则没有陈述精确的法律命令；它们规定了行使自由裁量权的纲领；政党纲领并不像法律那样做出规定和允许；但它们将法律定义引入到许可的领域，将约束和自由裁量权融为一体。

然而，差异仍然存在。现代的政党责任概念使人民及其代表参与到统治活动中，但更多的是把他们牵连到结果中，而不是赋予他们影响结果的权力。尽管如此，从这个概念来看，他们并不是高高在上地严加控制。通过进行如此多的规定，人民丧失了清白的处境，而这在柏克看来，将是对他们权利的最

---

［65］ 这与西塞罗形成鲜明对比，西塞罗谴责弗里斯的理由比柏克谴责黑斯廷斯的理由要广泛得多。*In Verrem*, I.4.13; I.5.13; II. iii.1.5; II. iv. 40.87.

佳保护。他们不能无限制地惩罚。惩罚统治者的权力比向统治者发布权威性指令的权力更有价值，因为统治者可能把后者变成一种工具，迫使人们服从有罪的命令，对人民施行暴政。的确，正如我们所见，从整体上看，弹劾在重要性上不如获得可靠的大臣："每一个良好的政治机构……应该有一种把坏人排除在政府之外的自然倾向，而不仅仅是把国家的安全托付于事后的惩罚……这不过是亡羊补牢而已。"[66]但政党责任的概念在某种程度上意味着权威性的指令，它将可靠之人的安置与被证明不可靠之人的惩罚混为一谈。那些采纳这种制度的人，在某种意义上是在惩罚，因为他们试图纠正在不加考察地选举统治者时所遗留的问题，他们无知地惩罚，而不听取论据，也没有看到结果；因此他们就丧失了在知情的情况下进行有效惩罚的权力。与现代的政党责任概念相比，柏克对下述观点的信心要小得多，这种观点认为，权威性指示不同于一般的指示，可以充分地界定统治者面临的政治形势。权威性指示过于精确，只对那些在惯常的失败中偶有成功就得意忘形的无赖有用；这些指示，就像法律一样，"行之不远，触及的范围很小"。[67]

大众亲幸制

我们已经讨论了议会腐败的第一个症候"不加区别地支持所有大臣"。第二个症候是"提出任何与自由选举权背道而

---

[66] "Thoughts," *Works*, I, 334.
[67] 在《反思法国大革命》一书中，柏克对"弹劾的实际主张"和普赖斯博士向人民倡导的"驱逐他们的统治者"之间做了区分。"弹劾的实际主张"不仅可以保护政制自由，而且还能纠正"政府的管理不善"。*Works*, II, 302.

驰的主张"。柏克用了八页篇幅来描述第二个症候——他对约翰·威尔克斯事件后一部分的处理。1769 年，威尔克斯被米德尔塞克斯选区选为议员，并成功连任。但最终他被下议院取消了资格，第二名接替了他的位置。在柏克写作《思考》一文时，包括布莱克斯通和约翰逊博士在内的许多最出色的小册子作者，以及很多不太为人所知的人，都在赞扬或指责下议院的这个行动。威廉·梅瑞狄斯爵士代表罗金厄姆党发表了一本有说服力的小册子。但是柏克在这场战斗中游手好闲，忽视了与布莱克斯通和约翰逊博士这样的强大人物交战的荣誉，这些人尽管不是议会中的党派人士，但仍然让自己卷入这一事件。对于陷入困境的朋友，柏克放弃了救助他们的机会；他只是停下来向他们致意，并不相信其遭遇的危难。他的小册子《思考》尽管不是没有提到它，也不是没有给出结论，却与威尔克斯事件的情况毫不相干；换言之，它对那次战斗没有任何影响。柏克在写作《思考》时既没有一般的政治目的，也没有直接的党派目的。面对这些人，柏克只是拿出了自己的小册子，一本关于当前不满情绪的匿名小册子。事实上，正如我们所描述的那样，其修辞目的本质上是将他非凡的政治目标置于一个普通的背景中。但背景本身并不代表柏克的意图。

  柏克的结论是，威尔克斯的米德尔塞克斯选举揭示，下议院试图行使权力，阻止一个令人讨厌的人占有席位，"除了他们的好恶之外没有任何其他规则"。没有对下议院的司法管辖权提起上诉的事实并不意味着它在行使管辖权方面没有任何规则。那么，选举产生议员席位的适当规则是什么呢？柏克已经提到了自由选举权；结果是，他在此处支持人民的选择——威尔克斯。他们的实际选择必须占有席位，在任何情况下都不得用法律托词将之取代。下议院的规则是人民的意愿。柏克并不认可威尔克斯;他回忆说威尔克斯是个诽谤者。但是,作为一个普通人,如果国王有一个亲信尚可原谅,那么人民也有权拥有一个亲信。柏克表达了他的愤慨,在他看来,虽然不敬和诽谤盛行,但是"摧毁一个诽谤者,并从民众手中夺走唯一的亲信,国家的和平必定被动摇"。[68]那些痛斥乔治三世与布特勋爵亲密关系的人比攻击人民与威尔克斯之间亲密关系的人更接近于真正的信仰。国王拥有亲信是可以原谅的,但国王若被教导要依据亲幸原则(the principle of favoritism)来行事,则是不可原谅的。同样,人民也可以拥有自己的亲信,即便这个人是放荡不羁的;但鼓励他们拥有亲信是合理的。大众亲幸制的正当性在于反对宫廷亲幸制的错误。

现在可以回答关于下议院的第一个问题了,他们的独立性体现在何处?柏克直截了当地说:"下议院本身若不受制于选民,选民若不拥有选择下议院的权利(这一权利,下议院无权剥夺的),它就绝不能控制政府的其他部门。"[69]下议院的独立性来自于它对人民的依赖。在柏克看来,赢得民心的人应该更容易,而不是更难获得英国公共生活的荣誉(cursus honorum)。大众的宠儿不得不与"其宫廷对手"的优势做斗争,这是不对的。"如果……对民望的追求比奴性的倾向使人处于更大的危险,那么作为大众选举的生命和灵魂的原则,将从政制中消失。"[70]也就是说,对民望的追求不应该比那种胆怯

---

[68] "Thoughts," *Works*, I, 351, 357, 354.
[69] *Ibid*., p. 356.
[70] *Ibid*., p. 355.

的激情——卑屈的倾向使人陷入更大的危险。这不是威廉·皮特的观点,他是18世纪60年代民众的宠儿。他为自己在职业生涯中克服的危机感到自豪;在1761年辞职的时候,他寻求的是不确定的民望,也许超越了民望本身,因为他知道自己能力超群,而且不会因为对安全的渴望而受到阻碍。但是柏克说,相对于宫廷的支持而言,人民的支持——诸如下议院的选举——应该是通往大众荣誉的更可靠、更安全的道路。民望本身没有什么好处;有必要增添其他的奖励,那些目前由国王之友垄断的奖励。[71]

原因是下议院会滥用其独立性:"……所有人一旦拥有了不受控制的自由裁量权,就会扩大自己的团体并从中获利,他们往往会滥用这种权力;在我们这个时代,我看不出有什么超凡入圣之处,因此绝不可能通过奇迹的运作,推翻自然的进程。"[72] 如果我们不把它看作现代的陈词滥调,而是考虑到柏克持有传统信仰的名声,那么这个论断是惊人的。所有不受控制的自由裁量权将被滥用;也就是说,那些自认为善良的人保持独立的美德,也是皮特认为自己可以维持下去的美德(如果赞美的范围不太宽泛的话),是不太可能或不可靠的。柏克并没有说由于美德意味着自愿行善,因此需要一种"不受控制的自由裁量权",那么它就是不可能的。他只谈论作为团体的所有人,而不会逐一地谈论每个人;如果美德是不可能的,问题就不会产生;更确切地说,一个团体的充分美德是不能可靠地获得的。并没有足够多的威廉·皮特;或者有人会说,我们不能

---

[71] "Thoughts," *Works*, I, 351, 356; 转引自: *ibid*., II, 250.
[72] *Ibid*., I, 359.

相信威廉·皮特受到宫廷的支持还能保持不受诱惑。因此，下议院必须依靠对人民的依赖而独立，因为它不能依靠自身的美德而独立。大众的支持比它自身的美德更"可靠"；因此，好的议员就是人民的议员。德性天生是软弱的，有必要用一种对人民的奴性来反抗对王权的卑躬屈膝。

博林布鲁克用国王的恩宠取代传统的德性作为通往荣誉的道路，因为如果国王被教导做一个爱国君主，就能在才能的基础上施恩。但柏克否认了这一点。对爱国君主的教育是欺骗性的；这会放松对他的约束，而不会教会他一套新的制度。他会像一个暴君一样，肆无忌惮地处置他的恩惠；对这种恩惠的支持无异于对暴政的屈从。柏克在结束他对威尔克斯事件的处理时总结到，真正的竞争是选民和王权之间的较量，而在这个较量中，下议院变成了王权的工具。这是他一开始想要证明的命题。然而，在证明过程中，柏克已经用大众亲幸制代替了政治家才能。我们还不明白为什么他认为人民比国王更有权利选择自己的亲信。可以肯定的是，虽然柏克支持人民选择威尔克斯的权利，但他这么做是因为他认为，通常的选择不会是威尔克斯。大众亲幸制比宫廷亲幸制更可靠，但二者都是政治家才能的替代品。

柏克的大众政府

柏克说，我们的混合政府是"由君主制和控制组成的，由上层人民和下层民众组成"。在讨论了君主制和对君主制的控制之后，我们现在来谈谈这两个元素的所指对象——人民。关于人民与国王、上议院和下议院的关系，我们已经讨论过了，但我们可以先做个总结。

君主制与人民的关系尚不清楚。君主的权力，即"整个行政体制"将被交付予"值得信赖的"大臣，他们必须根据"公共原则和国家立场"行事。这种性质和这些立场的含义尚未被发现，尽管它们显然与人民有某种关系。王权与国王的私人身份是分离的，而就这种身份来说（正如博林布鲁克的概念），他并不凌驾于人民之上。事实上，国王与人民的联系是通过对财富和安逸有着同样的渴望来实现的。上议院，正如我们在前一章所见，是由他们的财富而不是荣誉和美德来定义的；他们与人民有联系，因为他们的财富是人民自由的效果和保障。事实上，他们往往是人民的臣属，因为柏克认为值得信赖的大多数大臣都是贵族。他们对人民的臣服不仅是人民自由的保证，也是国王的大臣与人民之间的适当关系。下议院是人民的控制力量，无论是在适当的场合（*in loco*），即人民缺席的时候，还是在人民缺乏判断力的时候，它都会代替人民行使自己的判断力。议员们认同人民的感受，以便执行人民的一般性指示。

因此，柏克的混合政制或政府概念不同于传统的概念。在亚里士多德的著作中，混合政体是不同元素的混合，而大众要素是其中之一。对于柏克，政制的每个元素都与人民相互联系，并且必须都服从于人民。政制的纯粹（弹劾是其"伟大的守护者"）在于它的民众性。政制的混合（包括常设政府和控制）是各部分分离的结果，尽管它们有共同的起源和从属关系。柏克的英国政制规定的大众政府，实际上是"完全民众"的政府，这有点像《联邦党人文集》中描述的美国政制。不同之处在于，在柏克看来，英国政制不像美国政制那样（司法部门除外），通过直接或间接选举，完全由与人民有关的部分组成。根据柏克的观点，下议院是人民的唯一授权代表；其他部分与人民有着其他的联系——上议院凭借财富和地位,[73]大臣们凭借他们尊重公共原则的名声,国王凭借其对普通人美德的满足。在晚期的作品中,柏克区分了人民的自然代表和人为代表。人民的自然代表是公众,他们有闲暇来讨论,有获取信息的手段,生活水平高于卑微的依存,他们在英格兰和苏格兰共有四十万人。人为代表更多地依赖公众,而不是他们的合法选民。但是如果柏克做出了这种区分,那么这些人是由每个成年人组成的,也许包含女性(她们并不被排除在公众之外)。[74]这种大众政制汇集并构成了通往人民的不同渠道,而人民是借由习惯和风俗逐渐形成并保持的。

"大众政府"似乎是柏克对英国政制的最好称呼。他自己并不这样称呼,而且它也不是传统意义上的大众政府。我们已经看到,人民不统治,而是控制统治者。柏克在《思考》的开头部分提到公民的能力是永久的,并把它与地方行政官的临时能力区别开来,就表明了这一点。亚里士多德将公民定义(或以各种方式描述)为参与统治的人,即使只是通过选举地方行政官。[75]柏

---

[73] 在《思考》中,柏克主要关注下议院;在《与王座演说有关的运动》一文(1784年6月14日,*Works*, II, 252)中,他否认上议院是人民的代表——这一学说允许大臣们转移下议院的非难。尽管如此,就像在前一章看到的那样,上议院还是间接地与人民相联系,并最终服从于人民。在柏克看来,它的处境似乎和美国参议院相似,最初是与人民(尽管是通过选举)联系在一起的,但并不是人民的直接代表。如果我们遵循柏克的想法,问题就变成了美国政府作为一个整体是否更具民众性(撇开稳定和智慧不说),因为参议院现在是民选的。参考"Reflections," *Works*, II, 330; "Observations on the Conduct of the Minority," *ibid.*, III, 500。

[74] "Letters on a Regicide Peace," *Works*, V, 190。

[75] *Politics*, 1298a20-25, 1318b27-33, 转引自"A Lettter to Sir Hercules Langrishe", *Works*, III, 305:"公民权应该属于作为臣民的臣民,而不是作为国家统治部分之成员的臣民";强调为原著者所加。

克将公民与统治者区分开来；在区分的背景下，他宣称公民的德性是对统治的克制。在柏克看来，虽然人民不统治，但英国政制仍然是大众政府，因为传统上谁来统治的问题已经不再至关重要。

对柏克来说，法律比谁来统治的问题更重要；法律界定了政府的本质。法律由包括下议院、上议院和国王的立法机关制定；某种程度上，它们是在常设政府之外制定的。现在，柏克认为"常设政府"就是"整个行政系统"；[76]也就是说，统治者执行法律。但是统治者拥有自由裁量权的理由是法律自身不能统治；法律通过合法性，或合法的审慎，或"自然正义原则"或"健全的政治道德准则"来统治。统治者的自由裁量权是法治的一种手段，而不是对法治的补充；其自由裁量权的目的没有超出法律的范畴，而是合法性以及与之相伴的道德。统治者不统治；法律统治一切，虽然它们主要是通过规则统治，而不是直接统治。我们还被告知："这个国家的法律是明智的，它在很大程度上是为政府的一般目的而制定的，而不是为了保护我们的特殊自由。"[77]但什么才是"政府的一般目的"呢？

它们还无法被定义。但我们看到，印度政府的目的是合法性，以保障某些自然权利。在《思考》一文中，除了小册子标题的暗指，还有十五处提到政府或者整个政制的目的，小册子标题中承诺要寻找当前不满的原因，因此似乎暗示，不满是最明显的罪恶。柏克认为，政制当然处在极大的危险之中；有人可能会假定，在这种情况下，最明显的罪恶就是最重要的罪

---

[76] "Thoughts," *Works*, I, 331-32.
[77] *Ibid.*, p.353.

恶。于是，人们很容易得出这样的结论：最重要的恶是对最重要的善——政制的目的——的腐败，而政制的目的似乎是让民众满意。这不是一个必然的结论，但它被《思考》一文的标题和《思考》中提及的政制目的证实。这些目的是：安抚臣民的心灵，给人民带来愉快的心情，结束国家常规权威或行政政府权力中的无序、混乱和软弱，促进英格兰的光荣、权力和商业。[78] 柏克似乎说，政制的目的是秩序和安全——而不是以美德为骄傲，因为政制明确的目的中缺乏美好生活。审慎的规则似乎在很大程度上是由"政治经济学"体系所规定的，柏克对这一体系的研究引以为豪。[79]

此外，柏克对宫廷阴谋集团的指控在于，它削弱了政府，而非它是不正义的。针对政制所遭受的威胁，我们不妨对柏克的分析作一个总结。王权的影响对国家中的活跃分子起了作用，诱使下议院成为暴政的积极工具——国王个人享乐的统治。如果没有博林布鲁克理论的影响，这种诱惑是不可能成功的，他的理论不仅鼓励了活跃分子的野心，而且解除了公众舆论对他们野心的制约，这种公众舆论认为政府要塞应该由与人民有联系的可靠之人占据。但它并未成功。人民对失去控制机构感到

---

[78] *Works*, I：p.307, 安抚臣民的心灵；p.308, 对无序的描述，而非不正义；p.317, 在位国王的独特优势——安全和财富；p.321, 英格兰的光荣、权力和商业；pp.324-25, 软弱是阴谋集团的后果；p.336, 人民的愉悦心情，政府的安全；p.337, 无序和混乱；p.338, 自由政府的安全；p.341, 秩序；p.342, 我们的公共和平；p.349, 君主政体下的自由很难与外在力量和内在安宁相调和；p.369, 削弱国家的常规权威；p.371, 公共和平和良善政府的所有目标；p.375, 公共力量的整体结构；p.380, 派系削弱了执行政府的一切权力，以及国家赋予行政权的力量。

[79] "A Letter to a Noble Lord," *Works*, V, 124; 转引自："Thoughts and Details on Scarcity," *ibid*., p. 85。

震惊，对政府在宫廷亲幸制的基础上无休止地循环感到困惑，于是对政府的善行失去了信心。因此，虚弱的政府就会更加衰弱了。

有人可能会反对说，这个证据不足以说明什么是"政府的一般目的"。政制可能会因为对从属目的的威胁而受到威胁，而从属目的是最终目的所必需的美德，但又与之不完全相同。诚然，《思考》中似乎有一个超越安全的目的，但那个目的是自由。柏克说，"在这种政治疾病中，有一种特殊的毒液和恶意"。过去，尽管"专制政府的设计者"攻击国家的自由，但这使国家变得更加伟大，并至少获得了安全。但目前的宫廷计划"既不会给自由政府带来安全感，也不会为绝对君主制灌注能量"。[80] 宫廷计划既没有自由国家的从属德性，也没有绝对君主制的慰藉德性——在柏克看来，显然安全和能量都从属于自由。因此，政制的目的是保障自由。然而，从目前来看，自由的用处在商业：黑斯廷斯的罪行是对商业合法性和道德的侵犯；政治家的审慎规则可以在法律精神或者政治经济学的方法中找到。柏克似乎相信自由国家的现代观点，即一个国家的目标不是培养好人，而是首先建立、然后照看私人利益的自我规范。[81]

如果这是柏克的观点，那么显然在双重意义上，谁统治的问题在英国政制中就不具有决定性的意义。首先，法律主要通过合法的审慎来支配"行政制度"；它们比其执行者的政治家才能更

---

〔80〕 "Thoughts," *Works*, I, 337-38.
〔81〕 "积极、觉醒和开明的自利原则与那些自认为为公众谋福利之人的冷酷、困倦的智慧相比，将为这种利益提供一个更好的保护体系。" *Works*, VII, 36.

为重要。其次，柏克弱化了"统治"的意义，使法律只保证自由的基础，一种弱化了的道德，但并不主要关心对自由的善用。问题的两个部分——"谁"和"统治"——的重要性都有所降低。

这与柏克实际上在《思考》中抛弃了传统的政体三重分类的假设是一致的。他使用了"君主政体""贵族政体"和"僭主政体"这几个词，但并没有对政体进行分类。《思考》中政体的实际区分是现代意义上的——合法政府和专制政府。[82] 合法政府保障自由，而专制政府摧毁自由，因此合法政府也被称为自由政府。这种现代分类与政治家才能的贬抑之间存在着相应的联系。在现代分类中，只有一种本质为法治的良善或正当政体，与之相对的是良善政体的堕落，即任意裁量权的统治。在洛克、孟德斯鸠及其追随者的概念中，合法政体之所以合法，不是说它自己享有一种拒绝别人的自由裁量权，而是它的内部安排，通过三权分立而实现。根据柏克的说法，这种权力分立表现为常设政府和控制之间的分割，即下议院、上议院和国王之间的分割。没有一个部分对整体负责，对共同利益负责；换言之，在严格意义上，没有任何一个部分统治。政府作为一个整体也不会对共同利益负责。共同利益是政府和社会各部分之间相互作用，或许是彼此竞争的结果。在《思考》中，只有这一条"自然法"被定义："无论是谁，只要对我们的目标是必需的，他在某种程度上，或在某个时间或其他方面，就一定会成为我们的主人。"这项法律适用于宫廷阴谋集团中卑劣的追随者，但更一般地说，它规定了英国政制的基本预防措

---

[82] "Thoughts," *Works*, I, 332-33, 337-38, 364-65; 转引自：英国和法国的替代选择，*ibid.*, pp.310, 321, 329, 338, 339, 340, 364。

施。政制是为人民的自由而设计，它避免选择任何单一的代理人来执行政府的任务（尽管只有下议院真正承诺代表人民），从而避免受制于不可或缺的代理人。因此，政制建立在一种"良好的平衡"之上，它的每个元素都以自己的方式与民众关联，作为人民的直接或间接代理人进行竞争与合作。[83]

但是柏克和博林布鲁克在这一问题上的看法有何关联？很明显，柏克已经对博林布鲁克做出了相当大的让步。柏克认为，君主政体（无论是绝对的还是有限的），都不具备可靠的美德以支持一个以自由为目的的政制。有必要做出一种制度安排，以取代美德，这种安排与人民相关，其能量来自人民，并限制人民的感觉和利益，而不是一个寄希望于少数人的智慧和美德的政体。博林布鲁克的英国政制概念在表面上和传统亚里士多德的政制有着更紧密的亲缘性。正如我们所见，博林布鲁克同意，制度安排应该取代美德；最重要的是，他与柏克一样，将这样做的政体（自由政体）和不这样做的政体（专制政体）区分开。博林布鲁克坚持在政制和政府之间做出区分，而柏克显然也做出了这种区分，但不是很明确。政制以"理性的固定原则"为基础，建立在承认"臣民权利"的严格契约之上；而政府则是包括官职安排的"整个公共事务的管理"，由其支持政制的效力来评判。因此，二者都遵循了洛克对"国

---

[83] "Thoughts," *Works*, I, 345, 368. 但是参考 "Appeal," *ibid.*, III, 25, 柏克说这三个部分有"三个不同的本质"，必须以"完全不同"的理由来辩护。我们不得不把这段话看作夸张的修辞；从字面看，这将使政制在理论上站不住脚，而柏克对此予以否认（同上，p.113），背景是为他自己的一致性辩护，他声称，这需要对最紧迫的问题进行片面的关注，从而出现不一致性。因此，将他的解释应用到他自己的辩护中，我们可以看到，他可能夸大了不一致的外表，以显示它的必然性。

第六章 英国政制：大众政府 | **237**

家"（社会组织）和"政府形式"（受托保护国家的代理人）之间的区分。[84] 在柏克看来，政制是"常设政府"和"控制"；人民通过与"控制"的联系，更密切、更积极地审查"常设政府"，而不是洛克和博林布鲁克所暗示的那样。

博林布鲁克和柏克都认为"混合政府"是保护政制的最佳政府形式，但博林布鲁克的混合政府概念不同于柏克。对博林布鲁克而言，混合政府并不是人民代理人之间的"均衡"，而是一种"权力的平衡"，不是所有的权力都与民众相联系，但它们都在人为的独立和依赖下，为保护"臣民的权利"而服务。博林布鲁克说，混合政府是"简单形式"，即君主制、贵族制和民主制的混合体。[85] 因此，每一部分都被允许享有某种独立性——源于它的处境，而非自由裁量权的德性——不必与人民保持联系。相应地，当柏克说下议院应该是国家感受的速写时，博林布鲁克却说下议院可以让人民保持安静；当柏克说贵族的伟大是人民自身重要性的效果和保障时，博林布鲁克却说贵族既不依赖国王，也不依赖人民，而是在他们之间进行调解。[86] 当柏克说国王的自由裁量权被授予大臣们时，博林布鲁克则允许国王拥有足够的独立性来选择和支配他的大臣们——因此他将英国的混合政府称为"有限君主制"。

然而，柏克并不完全接受权力分立这一教条主义概念的

---

[84] Bolingbroke, *Works*, II, 88-89, 119. 转引自：Locke, *Two Treatises of Government*, II, chap. 10。

[85] Bolingbroke, *Works*, II, 424; *ibid*., pp. 114, 118-21, 126, 148. 转引自：Burke, "Thoughts," *Works*, II, 334："简单政府存在根本上的缺陷，更不用说更糟糕的了。"参考"Thoughts," *ibid*., I, 331; "Reflections," *ibid*., II, 294; "A Letter to Sir Hercules Langrishe," *ibid*., III, 302。

[86] Bolingbroke, *Works*, II, 119.

前提，即如果一个政体的各个部分都得到适当安排，它的情况可能在很大程度上被忽视。在现代，他无疑是审慎和政治家才能的捍卫者，在《思考》一文中，他反对博林布鲁克的制度和纲领。柏克的政治家是绅士，即人民的"自然领袖"；如果我们研究他的政治家才能，就必须考察他对自然领袖及其与人民关系的看法。柏克频繁地使用"人民"这个词；这意味着人民作为一个整体可以是节制的。如果他们被自然领袖而不是约翰·威尔克斯领导，他们就可以是节制的。但他们的自然领袖是传统的；他们与过去的时代相连，并主张以前的荣誉。正如传统所赞扬的那样，柏克从根本上重新诠释了英国的有限君主制；但他还没有给它起一个新名字——大众政府。他对政制的看法非常类似于《联邦党人文集》中称为"完全民众性"的政制；但与麦迪逊不同的是，他从不炫耀它的新奇之处。[87] 柏克对当前不满情绪的第一种补救措施——大众政府——的讨论，将我们引向他的第二种补救措施。我们的下一个任务是考察柏克如何将大众政府和绅士统治（在其弱化的意义上）结合。

---

[87] *The Federalist*, No. 14, ed. Earle, p. 81.

第七章　英国政制：绅士统治

根据柏克的理解，我们已得出初步的结论：英国政制是大众政府。但该结论面临的困难是，大众政府并非总能产生好的政府，它非但不是解决所有问题的方案，反而常常是一个问题。英国大众政府面临的一个具体难题*就是博林布鲁克的政党。柏克是如何解决这个难题的？他的解决方案，即政党中绅士的统治，是否取决于政治家的才能和美德？抑或出于安全的考虑而寻求从政治家才能中独立出来？

在本章中，我们将对柏克的《思考》和《反思法国大革命》**进行比较，因为它们展现了对大众政府问题的不同处理

---

*　前几章指出，博林布鲁克为爱国君主的反腐败纲领确立了两条准则：1. "德才兼备"准则，即把公共美德和实际能力作为获取国家权力或利益的唯一手段；2. "看举措不看人"准则，即政治的一致性可以在原则或举措中寻找，但在人身上却找不到。博林布鲁克的政党正是围绕这两条准则建立起来的。他期望建立一个反对所有党派的政党，将整个国家的利益作为关切的对象。本章作者就着力论述柏克对博林布鲁克式政党的批评，以及其准则的危险所在，柏克进而提出自己的政党观，为英国大众政府的难题提供解决方案。

**　以下简称《反思》。

方式。处理方案之所以不同,是因为这两部作品修辞的目的不同;是柏克认识到在不同场合需要有不同的说话方式。它们在大众政府的问题上是否也不一致,将是一个有待研究的问题,而不是一个假定。

在《思考》中,人民通过米德尔塞克斯选区,选择约翰·威尔克斯作为他们当前不满情绪的疗方,彰显了他们自身的缺陷。威尔克斯把布特勋爵当作敌人,他没有含沙射影地暗示,而是直接蛮横地挑衅说,国王抛弃了自己。但是威尔克斯在这样提议、而人民赞同这个提议时,"至少落后于政治五十年"。他们试图除掉亲信,就好像目前的暴政危险与斯图亚特王朝下的危险是一样的——仿佛除掉一个亲信,而又不触及亲幸制就已经足够了。

在《反思》一书中,人民的错误是不同的。在那里,他们不是被历史而是被哲学误导;这个错误更深刻。然而奇怪的是,这两种情况下的错误都与人的自然权利学说有关。1789 年的人民,以人的自然权利为名,站在了攻击旧政体的一边;而在 18 世纪 60 年代,他们卷入了一场错误的企图,即支持旧政体而反对一个政治学派,这个学派起源于博林布鲁克对人的自然权利理论的修正学说。1789 年,人民在某种程度上支持卢梭,而不是支持约翰·威尔克斯以对抗博林布鲁克的影响力。当然,在《反思》一书中,犯这个错误的是法国人;但是柏克担心英国人民会效仿他们的榜样,而英国人民有能力这么做。

这种新的可能性,即人民会采纳他们以前因错误的理由而反对的错误,并没有改变大众政府的问题,而是以一种不同的方式提出了这个问题。对柏克来说,需要对旧政体及其"建制"（establishments）[1]进行辩护，这种辩护可以在《思考》中假定，但被简练的修辞（economy of its rhetoric）掩盖。但是这些"建制"并没有完全隐藏在《思考》中，因为柏克对当前不满情绪所采取的疗方就相当于绅士统治——"所以要做爱国者，不要忘记我们是绅士"。因此，对于《思考》的解释，我们的问题是：绅士统治如何与大众政府相一致？绅士统治是《反思》中捍卫的"建制"之一。因此，对《思考》一致性的探究，可以通过探究它与《反思》的一致性而得到帮助，并且由于《思考》的片面修辞，我们需要这样的帮助。

政党的引入

我们不妨回顾一下柏克对当前不满情绪的补救措施的处理办法。他讨论的补救措施有五种：第一，他要求彻底恢复人民的自由选举权利；第二和第三，他抵制"席位法案"（place bill）和更频繁的选举；第四，在这个关头，他建议"人民组织本身的介入"；第五，他捍卫并鼓励政党实践。在前一章中，第一和第四种补救措施是在大众政府的标题下考虑的；我们现在可以讨论第五种补救措施——政党。

柏克在给出著名的政党定义之前，对"安妮女王（Queen Anne）统治时期辉格党的伟大联合"大加赞扬：

> 这些智者，我必须称他们为桑德兰勋爵（Lord Sunder-

---

[1] "Reflections", *Works*, Ⅱ, 363. 为了证明这种辩护和《反思》作为整体的有序性，参考 J. T. Boulton, "The Reflections: Burke's Preliminary Draft and Methods of Composition", 以及 John Morley, *Burke*, p.149。

land)，格德尔芬勋爵（Lord Godolphin），萨摩斯勋爵（Lord Somers）和马尔伯勒勋爵，他们牢牢据守公共力量的大厦所立基的原则，每一个幼稚空谈家的一呼一嘘，不足以把他们吹离自己的阵地。他们不怕被别人称为野心帮；也不怕那些官吏们，将他们一荣俱荣、一损俱损的决心，解释为争逐权位。

政党是一群人彼此结合，依据他们一致赞同的某种特殊原则，同心协力来推进国家的利益。[2]

但该段落只是政党定义引入前的尾声，柏克为我们展示了一个壮观的队列，它的多姿多彩以及各种巧妙暗示深深地吸引我们，队列行进的逻辑之美也令人印象深刻。为了借助修辞的优美来引导我们的思想，我们应该停下来描述一下这个修辞队列中的成员。

在队列中打头阵的是梭伦和其他立法者，他们"甚至走得更远，把在政党中保持中立视为对国家的犯罪"。他们过分强调原则，大声要求进步，这是首批探索者的典型特征。紧随其后的是由哲学家西塞罗领导的"最伟大的国家中最优秀的爱国者"，他们更加平静，"总是称赞和促进这种联合"。他们彼此尊重，政见相同（idem sentire de republica）。然后出场的是务实而强大的罗马人，其发言人是作为雄辩家的西塞罗，他把同样的原则放在了突出的位置，并以"神圣的敬意"来看待它。罗马人是一个完整的民族，他们迈着沉重的步伐从我们面前经过，这些人将毕生的心血都奉献给了个人荣誉和公众信任。随后，

---

[2] "Thoughts", *Works*, I, 375.

莫里哀作品中的喜剧演员突然登场,他对着那些傻瓜大喊:"比智慧贤良的古人还聪明"(plus sages que les sages),然后向"所有在我们之前生活过的英明善良的英国人"鞠躬致敬。游行队列的最后是伟大的辉格党人,他们不仅睿智善良,而且非常成功,按照"我们历史上最幸运的时代之一"的原则来执政。阿迪生(Addison)拿着他的小号,不是为了吹奏辉格党人的曲子,而是为了演奏一首他熟悉的辉格党人和人民喜欢的曲调。"那时的辉格党人"轻快地走着,他们的同情触及了朋友们的苦难,而想象力不受欲望的诱惑,不愿牺牲他们与弥尔顿笔下血腥的摩洛神之间最温柔的联系。[3] 所以我们谈到"这些智者",他们体现了政党的定义,对"这些原则牢牢据守"。这个定义本身,从它的四重化身中解放,而具有一种经典的简单性,为引入政党这一高贵而庄严的仪式带来了平静。

但是,在我们对它的引入表示赞赏之后,这个定义仍不能消除我们的惊诧。推动政党发展的队列是由一群实践者和赞美者混杂在一起组成的;但是实践者,尤其是辉格党人,并不说话;而说话的人并不赞美政党。阿迪生就是一个检验案例(test case),因为"他不能赞美……一件不得众望的事",他赞美的是久经考验的信仰和友谊,但不是政党。这四位智者,如此忠实地体现了政党准则,以至于他们毫不介意地蔑视"每一个幼稚空谈家的一呼一嘘",也不理会柏克为他们提出的政党

---

[3] *Paradise Lost*, Book I, 1. 392;摩洛神,这位骄傲的骑士国王,在寻求荣誉的拥护者时,完全不顾那些分散注意力的联系,而柏克认为这些联系是荣誉的必要支撑。在三一学院的辩论俱乐部,柏克曾经发表了关于摩洛神的演讲(II, 43),并赢得了掌声,秘书指出,"性质就是这样的"。但对于辉格党来说,摩洛神的例子似乎太严厉而苛刻了。参考 Arthur P. I. Samuels, *The Early Life, Correspondence, and Writings of Burke*, p.266。

建议。简而言之,我们从柏克对政党的引入中学到了第一章所提及的——有一种未提及政党的传统政党观。

那么,如果柏克追随辉格党的智者们,他就不应该讲出他们的赞美,而应该重复他们的行为。他只能因先例而行动,而非借先例而著作。显然,这些行动是不够或不恰当的。在谈及对辉格党的赞扬时,柏克拒绝效仿他们的榜样。他们的榜样必定是不适用的:正如他们所反抗的暴政现在披上了新的外衣,他们采取的补救措施现在也行不通了。我们之前说过,运用政党和赞扬政党之间存在很大的区别;这种差异标志着柏克改革的深远之处。那么,柏克为什么认为仿效安妮女王统治时期辉格党人联合的例子是错误或无用的呢?在试图理解柏克对政党的定义之前,我们必须先解决这个问题,因为他的改革与其说是在政党定义的内容上,不如说聚焦在给予政党方面。

辉格党人作为同谋者

柏克高度赞扬 1688 年的辉格党政治家和安妮女王的统治。在《思考》中,他称呼他们为"这些智者";在《反思》一书中,他称他们为"伟大的律师和政治家"及"伟人";在《一个老辉格党人向新辉格党人的呼吁》(*An Appeal from the New to the Old Whigs*)一文,即《反思》的续集中,他称他们是"明理、坦诚又清正的人";[4]这种赞扬超越了对"特定同辈"的和善认可,这些同辈也许是生活在 18 世纪 60 年代的人,我们在第五章的讨论中已经提到过,可以通过以下的引文充分地回顾:

---

[4] "Reflections," *Works*, II, 290, 301; "Appeal," *ibid*., III, 66.

> 如果有哪个贵族，由于他们的统一、正直与合宪的行为，由于他们的公私之德出类拔萃，因而在国家中获得了很大影响力，则人民作为这种影响力的靠山，又作为这种影响力的根源，只要他们知道并感觉到贵族的势力是他们自身重要性的影响和保证，就绝不会受骗而认为贵族的显赫就是贵族制的专制。[5]

这种认可不是无端重复的孤立主张，而是一种冷酷无情的论证要求。正如我们所见，它甚至与这种认可并不矛盾，因为它似乎毫不勉强，接下来柏克说："我并不是贵族制的朋友……"然而，如何协调通常意义上的贵族阶级（这里指的是有财产的人）的这种冷静和对"老辉格党人"的热情赞扬呢？

也许18世纪60年代的辉格党领袖们不如老辉格党人那般能干，也不能效仿他们的做法；也许这就是柏克不能以他们为榜样的原因；但是柏克在1765年加入了罗金厄姆勋爵的政党，并且经常向他发出称赞；在罗金厄姆死后的《呼吁》一文中有一处，几乎和他在上面对"老辉格党人"表示的尊敬一样。[6]在《思考》和《晚近短命政府简史》(*A Short Account of a Late Short Administration*)中，柏克对罗金厄姆政府的赞扬是克制的，似乎在含蓄地暗示其无力反对宫廷制度。是国王驱逐了罗金厄姆，但他这样做是因为罗金厄姆无法阻止他贬低自己的能力。在柏克的《书信》(*Correspondence*)中，我们可以找到柏

---

[5] "Thoughts," *Works*, I, 323.
[6] "Appeal," *Works*, III, 42; 转引自："Letter to the Sheriffs of Bristol," *ibid*., II, 37-38。

克在这一时期写给罗金厄姆的几封信,温和地指责他错失了机会,并敦促对宫廷制度采取更坚决的行动。1777 年,柏克写信给一个熟人,说他"多年来的主要工作岗位一直是那浮华的可怜虫(flapper)"——这对他的雇主来说是一个糟糕的提法。[7]无论如何,如果说柏克认为罗金厄姆不如安妮女王统治时期的四位智者那么卓越,并非不合情理。

《思考》中的两个段落支持这个观点,并对 18 世纪 60 年代辉格党人的顽固不化给出了三个原因。在解释宫廷制度的早期成功时,柏克首先指出,令辉格党政治家(尤其是纽卡斯尔公爵)高兴的是,皮特是宫廷阴谋集团的第一个受害者。其次,他说:

> 对于伟大的辉格党家族来说,反对布伦斯威克(Brunswick)家族一位君主的统治是极不愉快,也似乎是不大自然的。他们日复一日地犹豫、怀疑、徘徊,期待着会有别的决策出现;迟迟不能相信,阴谋集团所做的一切不是一时兴起,而是出于制度的影响。

第三个原因可以在柏克证明的一个段落中找到,即"支持每一个政府的人就颠覆了所有政府"。这种支持是对宫廷反复无常的许可:

> 所有的好人最后都惊恐地逃离了这样的仪式。有地位

---

[7] *Correspondence*, I, 250, 267, 307; II, 41, 51, 72, 86, 100, 116; 转引自:*ibid.*, II, 373-74, 376; III, 382-84, 388-89。

和能力的人,当他们拒绝黑暗的阴谋集团对他们的行动和命运进行管辖时,他们的精神应该使这些人在自由的状态活跃起来,他们都会愉快地把自己置于国家之上。[8]

这不仅是因为"有地位和能力的人"不希望被"黑暗的阴谋集团"利用;他们也不希望被安置在他们必须保护自己免受"黑暗的阴谋集团"伤害的地方。

柏克时代平庸的辉格党政治家们,对一个享有伟大而短暂名望的人,总是满怀嫉妒,因为,正如我们先前认为的那样,他们的自足感是有缺陷的。他们"扎根于国家";他们的名望比皮特更为持久。但是他们对名望的意识并未超出民众的支持,因为柏克认为,他们并不是凭借对美德的意识而自足的。他们并非植根于比名望更稳定的任何东西,名望本质上是断断续续的,即使因为它从财富衍生而会重现;因此,他们不知道自己的名望是持久的,所以他们有嫉妒心。

然而,尽管嫉妒,他们并不真正害怕。他们对安妮女王统治时期的辉格党政治家的成功有着深刻的印象,却无法模仿他们;也就是说,他们对成功的事实印象深刻,却没有意识到成功的原因。他们把部分由于好运而取得的成功仅仅归功于辉格党制度;而在当前的危险中,他们却把辉格党制度的缺陷所导致的罪恶归结为"一时兴起"(humour)或者坏运气。因为这似乎是辉格党制度的一个缺陷,它使博林布鲁克的反对体系得以成功。如果现在的辉格党人没有夸大老辉格党人的德性,他们也不会夸大其和解的持久性。此外,现在的辉格党人讨厌阴

---

[8] "Thoughts," *Works*, I, 318, 370.

谋诡计;他们想要待在"反对任何阴谋诡计时会获得支持的地方"。他们在统治中需要议会的支持,这也是因为他们的美德没有足够的内部资源。他们的财富——把他们和人民联系在一起的财富——使他们清醒,使他们保持一种不加区别的清醒,这种清醒忽略了偶尔需要冒险的必要性。他们的审慎并非源于他们的智慧,而是源于他们的特权。[9]

综上所述,现在的辉格党家族是不适合阴谋的,但是若想以老辉格党家族为榜样则需要阴谋。正如我们所指出的,在过去,即便那些运用政党的人也避免赞扬政党,因为政党充其量被认为是制造分裂的,因此,即使运用它是必要的,它作为一种工具受到赞扬也是危险的。这种传统观点遵从并鼓励"有地位和能力的人"对阴谋的厌恶。但尽管如此,阴谋仍然是必要的;事实上,老辉格党人之间牢固的忠诚关系源于他们在阴谋中对忠诚有着更大需求的共同经历。[10] 甚至老辉格党人的声望也暗示了他们的阴谋。在公众心目中,他们即使不是政制的创始人,也是政制的救星,是反对政制公敌的秘密朋友;他们的公众声誉更大,因为正如后来表现的那样,他们在公众的视野之外完成了自己的任务。

此外,在《反思》和《呼吁》中,柏克对老辉格党人的描写显然隐含了对阴谋的需要,尽管这种需要只是隐含的。这些都是巧妙的作品;总体来说,他们的目的是要告诉英国人民他们现在以及曾经对政制的看法是什么,以便把这些看法同法国

---

[9] 转引自:"Appeal," *Works*, Ⅲ, 107; "A Letter to a Noble Lord," *ibid*., V, 140。
[10] Winston S. Churchill, *Marlborough, His Life and Times* (2 vols.; London, 1947), I, 349.

革命者的理论和实践所产生的新提议区别开来。[11] 因此，有必要掩盖这样一个事实，即法国革命者的理论来自英国。约翰·洛克的名字并没有在《反思》和《呼吁》中被提及，尽管在其后的作品中可能会提到他，柏克在其中表明了他对英国传统中法国革命主义问题的认识。[12] 我们也有必要把老辉格党人对革命的辩护同法国或新辉格党人对革命的辩护区分开来；正如柏克所解释的那样，老辉格党人的行动是基于抵抗的绝对必要性的观念，而新辉格党人则承诺要任凭他们的喜怒来反抗。但是，如果革命适当地等待着与反对暴政的成功相一致的暴政的最后挑衅，它就必须通过阴谋来实现。柏克没有解释这一含义，因为这会限定他想要介绍的区别；而且解释也不是必要的。

所有这些都可以用来支持柏克以老辉格党人为榜样进行改革的第一个原因，即 18 世纪 60 年代的辉格党家族都是平庸之辈，没有能力效仿老辉格党人。但这些还不够。如果柏克想要模仿老辉格党人，他自己本可以扮演更积极的角色。他本可以寻求建立一个反对乔治三世的政治家联盟，就像他所赞扬的智者联盟一样，而不是他在《思考》一文中推荐的政党纪律。[13] 因为不像桑德兰和萨摩斯，马尔伯勒和格德尔芬绝不是正统的

---

〔11〕 "Appeal," *Works*, Ⅲ, 3.
〔12〕 "我有理由相信，正是在这个国家，从英国作家和英国阴谋集团那里，法国本身就是在这种革命的狂怒中建立的。" "Letters on a Regicide Peace"（1796），*Works*, V, 397. 转引自："Reflections," *ibid.*, Ⅱ, 279; "Appeal," *ibid.*, Ⅲ, 108; "A Letter to a Noble Lord," *ibid.*, V, 124.
〔13〕 在《思考》出版之前的一段时间，柏克确实赞成与格伦维尔建立一个有限的反对派联盟。但这个联盟只是服务于其政党政策的一个短暂策略。参考 *Correspondence*, Ⅱ, 85, 89, 101, 105, 113, 115。

辉格党人；如果他们曾经是，则老辉格党人的联合就不可能在托利党安妮女王的领导下进行统治。皮特可以代替罗金厄姆勋爵而领导，柏克曾徒劳地敦促后者采取有效的政党行动；其他善于把握细节或善于服从的人可以为他补充高瞻远瞩的力量。在这个过程中将会面临巨大的困难：对皮特的嫉妒，辉格党各派别之间的仇恨，1766年坎伯兰公爵（Duke of Cumberland）去世后缺乏反动的资源；但这些困难并不比法国大革命的威胁带来的挑战更大，为了反抗法国大革命，柏克在单打独斗中耗费了自己日渐衰退的精力，尽管是在公开场合。他本可以扮演"机会主义者"哈利法克斯勋爵的角色，在对光荣革命的描述中，他并没有提及这个人物；[14] 或者，如果他自己太微不足道，他本可以把这个角色推给别人。如果这样太放肆了，他至少可以克制自己，不去激化辉格党内部的敌对情绪，或者不为自己这样做而感到骄傲。[15] 简言之，柏克本可以私下里而不是公开地敦促政党行动。

如果私人行动的这种可能性揭示了柏克改革解释中的一个真正问题，那么我们就必须寻求一个完整的解释。但是，即使柏克不能采取不同的行动，他对老辉格党人的赞扬也很难被严肃对待。因为历史学家和柏克都很清楚，老辉格党人在对萨切维尔博士的弹劾审判中犯了一个错误。审判"是为了表明革命的真正基础和原则"这个明确目的而进行的。[16] 然而，区分新旧辉格党人的原则是，革命只有在绝对必要的情况下才是正义

---

[14]　但是请参考"Reflections," *Works*, Ⅱ, 518（下文将要讨论）。
[15]　"Appeal," *Works*, Ⅲ, 43.
[16]　*Ibid.*

的，而绝对必要性不能被辉格党或任何其他原则发现。[17]萨切维尔审判为一种不能由一个学说决定的解决方案提供了理论辩护。事实上，在这方面，辉格党和托利党当时都很尴尬：辉格党人试图修正一种学说，规定一般服从责任的例外情况，同时又不会通过例外情况来扰乱君主的平静，而托利党则试图提出一种反对任何例外的学说，除非这个例外有利于执政的托利党女王。

这次审判是一个固定案例（set piece），它说明了政治上的理论僵化，以及在政制被破坏的情况下讨论案件的坏习惯[18]是多么的愚蠢，而这种特征正是柏克大肆宣扬的邪恶对象，也是他指责法国革命者的罪恶之处。然而，在这些作品中，他对《反思》和《呼吁》中出现的法国对手的戏仿，成为了真正的辉格党人和真正的英国原则的庄严权威！如果老辉格党人像柏克说的那样具有政治家才略，他们就不会进行萨切维尔审判。18世纪60年代的辉格党人，即便不那么卓越，也可以避免他们的错误。柏克没有讨论他们的错误，否则将给新辉格党人一个歪曲辉格主义的机会；他对萨切维尔审判的描述，通过冗长的引用和赞美掩盖了老辉格党人的尴尬。在解释柏克的说法时，我们必须在显而易见的天真和某种艺术性之间做出选择，以便描述他的目的。

辉格党为革命辩护的困难在于：最好只在绝对必要的情况下再采取行动，而不要在公共场合说什么，因为公众会把这种必要当作一种例外，而忘记必要性的情况。然而在一个自由国

---

〔17〕 转引自：Locke, *Two Treatises of Government*, II, § 242。
〔18〕 "Thoughts," *Works*, I, 323.

家，不讲话是非常困难，甚至是不可能的。柏克看到了这个困难，因为他在《思考》一文中评论道，"'事后诸葛'的智慧和历史的爱国心"为"调和思辨和实践之间老生常谈的争论"提供了"极大的便利"。精准地谈论过去，而且不用思辨阻止实践达成目的，是可能的，因为没有任何激情会欺骗我们关于过去的事情，并且"整个环境……在我们面前有序地排成一列"。对于那些"不费任何相当大的努力或智慧"就作出判断的人来说，过去的事情已经在书中定案了。[19]历史对于政治家来说，是在被迫采取行动之后论证其绝对必要性的适当资源。我们认为，政治家应该树立一个历史榜样，证明他的行动是绝对必要性的结果，并避免制定一项破坏性的规则。但是，正如我们所见，18世纪60年代的辉格党政治家们自身也受到了历史的欺骗。由于对辉格党革命的成功感到困惑，他们无法成功地利用其榜样，而柏克必须为他们提供范本。他必须通过赞美老辉格党人来让他们对历史感到困惑，而实际上他却偏离了他们的榜样。

我们可以从《思考》的另一段话中得出同样的结论："善观政治天象的人，看到地平线处一个巴掌大的云彩，就知道那是飓风，并会躲进最近的港湾。"这就是"审慎之人"的远见。[20]但博林布鲁克的影响力是一种看似合理的危险；现在的政治家不会看到云彩中的飓风，看到它的时候也许为时已晚。因此，在没有明显的暴政迹象的情况下，在抵抗暴政之前等待

---

[19] "Thoughts," *Works*, I, 311; 转引自："Remarks on the Policy of the Allies," *ibid.*, III, 456-57。

[20] *Ibid.*, I, 336.

一个绝对必要的局面是不安全的。暴政的危险不仅是隐蔽的，而且是不断出现的，因为它是理论应用的结果。在这一点上，它类似于辉格党在萨切维尔审判中提出理论的危险；博林布鲁克的影响力带来的危险就像老辉格党人的错误所产生的危险一样。那么，18世纪60年代的辉格党政治家一定不能以老辉格党人为榜样，即使在柏克的某种敦促下他们也能够这样做。柏克希望带领他们到达某个新的地方，这就是政党。

政党代替阴谋

在《思考》的结尾，我们可以看到政党必然性的微妙所在：

> 凡事都有定期。并非每个紧要关头都对正派之人的行为有同等的影响；但是危如累卵的关头，时不时会出现；眼下若非这样的关头，那我就是看错了。人们将会看到，正派之人的结合是必要的；但等到他们明白的时候也许为时已晚……他们最终会发现自己不得不玩弄阴谋，而不是协商。他们所拥护的法律，可能成为最恶毒敌人手中的武器；最终，他们将被抛入奴隶制度和公民内乱之间的悲惨境地，任何一个好人看到它，都会感到恐惧。尽早行动可以防止迟来和徒劳的暴力。我们至今仍在光明中行动。[21]

柏克说，我们现在处于危如累卵的关头；但"尽早行动"仍有机会。我们的论点表明，柏克严肃地提出了这种令人难以置信

---

[21] "Thoughts," *Works*, I, 379.

的观点——当绝对的必要性只是被预见之时，就必须果断采取行动。只有尽早行动才能成功；与老辉格党人的例子相比，采取行动的时刻必须提前。

这段话强有力地表明，柏克拒绝以老辉格党人为榜样。同时，它也表明政党是绝对必要或绝对紧迫的一种手段；柏克并没有声称，在最好的情况下，政党的实践是一件好事，而是说在糟糕或危急的情况下，这种做法是必要的。这是能够成功反对暴政的最后时刻，因为只有"尽早行动可以防止迟来和徒劳（late and fruitless）的暴力"（强调为后来添加）。柏克认为，当现代研究政党的学者们把政党视为一种必要的制度，而不是因为自身之故而被选择的良好制度时，他们就认识到了真理。

柏克认为，有必要运用一种常规的方法来预测绝对必要的情况。正派之人"会发现自己不得不玩弄阴谋，而不是协商"。正派之人不会共谋得很好；他们厌恶黑暗的阴谋集团，并公开信任他们的统治者。他们处在最佳状态时，是"具有温柔和谨慎美德的人"。[22] 他们只有在"光明中"才能表现好。但是，为良善目的而行动的阴谋者有一个更微妙的任务：他们必须私下思考，私下计划公共事务；公开地执行他们的私人计划，并公开地讲话。[23] 阴谋涉及从个人思想到公开言论的微妙变化，这超出了直率、正派之人的辨别范围；每一步都必须在自己的罗盘上获得成功，同时期待着在随后的步骤中取得成功的条

174

---

[22] "Thoughts," *Works*, I, p. 373；转引自：*Correspondence*, II, 373; III, 89-90, 381。
[23] 转引自："Appeal," *Works*, III, 81："……这种不正当的程序［如决定革命的正当时机］……一定处在犯罪的边缘。"

件。因此，阴谋需要在光明、黑暗和暮色中均表现出色；除非得到运气的帮助，否则密谋者必须能够平静而迅速地转移他对能力的追求，而这种方式是敏感而正派的人所不能做到的，因为他们在痛苦中往往忍不住表现自己的美德。

只有一个非常卓越的人，完全掌控自己的才能——与那些不能娴熟运用德性的正派之人区别开来——才能在正义事业中成为成功的共谋者。但卓越之人可遇而不可求，正派之人则更有保障。如果人们认为，常见的较小美德比罕见的最大美德更为重要，那么在危急时刻，国家就应该废除好人合谋的必要性，因为阴谋需要卓越的人。但是消除阴谋的必要性需要一个卓越人物的作用，比如柏克——可能是一个特别卓越的人——因为在柏克看来，消除对伟大的需要可能比伟大更重要。当正派之人自鸣得意时，甚至当卓越的人在老辉格党人的榜样和教义的教导下（正如柏克所说的那样），正耐心地等待暴政的最后一次可容忍的挑衅行动时，政党的创始人必须认识到尽早行动的绝对必要性。

政党使智者的预防措施规范化，这样正派之人就不必扫视地平线上的飓风云了。他们可以协商，而不是合谋。他们有一个组织，其任务是防止有必要进行阴谋的场合："每一个良好的政治制度都必须有一项预防行动和一种补救措施。"政党是一种预防行动，其补救措施是弹劾。但是为了将防止弹劾或反抗的必要性规范化，我们必须做些什么呢（国王本人不能被弹劾）？协商代替共谋是阴谋的正规化，因为"代替"（instead of）意味着"预见"（in anticipation of）。柏克的观点是，正直地运用可以使阴谋变得无害。从理论上讲，在正义事业中卓越之人的密谋，并不能为恶棍颁发密谋的许可证，因为现在的"密谋"是公开认可的协商。既然如此,正派之人就不会因为密谋推翻一个既定的政体而感到尴尬,他们依旧可以理直气壮地厌恶黑暗的阴谋集团。柏克的政党是革命的重演或者对暴政的反抗,但它是一种隐蔽的重演,在表现上谨慎而传统,只是因为预期到反抗的需要才会起来反叛。柏克的隐藏是成功的,因为尽管他以令政党受人尊重而闻名,但他并不以革命者而著称。

《思考》和《考察》

政党使正派之人能够在光明中行动,预见到卓越之人的任务,这些人在各种程度的光明和黑暗中行动。政党为阴谋(无论是自然的还是人为的)的灰色阴影带来了清明,尽可能地使正派的人变聪明,聪明的人变正派。由于阴谋总是一种可能的必要,尤其是当君主制原则不像柏克认为的那般有效时,政党通常会使政治更加清明。柏克在阐述政党给政治带来清明时分为两个阶段:第一个阶段在《考察》一文中,第二个阶段在《思考》中。正如早些时候在处理"政治学派"时所承诺的那样,我们现在来比较这些小册子中提出的补救措施。

柏克在《考察》一文中说,"玫瑰中的蛀虫"是"公众人物之间的一种疏离、不信任和背叛的精神"。[24] 他的补救办法是"在受公众信任,以及能够彼此信任的一群人的基础上"设立各个部门。怎样才能辨认出这些人呢?柏克考虑并拒绝了"政治学派"和博林布鲁克所描述的"以德才兼备之名"的可信赖性检验;这根本没有传达任何明确的想法,而且"所有政

---

[24] "Observations," *Works*, I, 293, 188.

党都假装具备这些品质"。还有一个更清楚的检验，它"肯定会区分人们的不同意见"："……如果疾病是这种不信任和疏离，那么就很容易知道谁是健康的，谁是受感染的。"人们通过依附于一个政党而显示他们对原则不可动摇的坚持，因为这些人显然把个人信任和信念置于公职的利益之上，或者用他们个人的信任来引导自己的野心。那时"政府的大权"将置于"团结一致的人手中"，因为国王将无法根据自己的意愿做出选择。[25]他将被迫选择一个由很多人组成的政党，这些人通过彼此间的信任向公众展示他们的可信度。在《考察》中，柏克推荐政党纪律，也就是政党行动。

正如在《思考》一文中，柏克希望通过政党行动来澄清事实，试图修补公众人物的缺陷；这些"出身于第一家族，并拥有丰厚财产"的人都是正派之人。

> 这个团体常常会受到对手的责备，因为他们缺乏政治交易的能力；他们会因为错过了许多有利的机会，没有抓住几次发财的良机而受到嘲笑。但他们必须满足于忍受这种指责；因为他们无法在不失去其他名声的同时，又获得这种能力的名声。[26]

因此，对公众利益忠贞不渝的名声与聪明的名声是不相容的——我们不会质疑；但除此之外，柏克不希望依赖真正聪明之人（他也是好人）的能力，通过用更多的技巧来掩盖自己的

---

[25] "Observations," *Works*, I, 295-96；强调为原著者所加。
[26] *Ibid*., p.294.

技巧而获得正派的名声。

但是，我们必须注意到，柏克拒绝了博林布鲁克学派提出的使政治更加清明的区分，即"德才兼备之人"；这是柏克与博林布鲁克政治观念的最明显不同。在博林布鲁克和他的学派看来，"德才兼备之人"被认为与具有虚假荣誉和虔诚之人是相对立的。在政制中采用这一区分将使政治清明，因为"才能和美德"简化了政制的传统目的（end or ends）。"才能和美德"指的是对国家力量和财富做出贡献的能力，相比于亚里士多德所讨论、贵族阶层（大家族）所推崇的有关"共同利益"的困难而模糊的概念，这是一个简单的目标。柏克并不反对为美德寻找一个更简单的替代物的想法，但他不同意博林布鲁克为美德寻找的特殊替代物。因为他认为，传统的正派，包括对荣誉和虔诚的某种尊重，比博林布鲁克所假定的更为持久和可靠，那么就不应该接受再教育以排除这种尊重。

为了表明他反对"德才兼备之人"进行统治的立场，柏克在《考察》结尾处的一个段落，讽刺了他们从友谊向非人道的沦落。一种强大的利益，"常常对其影响的人隐藏"，使德才兼备之人丧失以相互信任为基础的合法关系。他在新官职上结交了新朋友。"一种稳固而实用的基调会立即被掌握……一致性这个概念就被打破了。然后大臣们的伪善言辞很快就了然于胸。"这种人，通过"频繁地放弃一批人而接受另一批人"，成长为"对人类感受漠不关心，就像……之前对道德义务毫不关心一样"。柏克认为，"德才兼备"这个短语首先是一种自欺，其次是大臣们的伪善之言；它是对"国家中活跃分子的利益"的一种掩护；是对单纯野心的辩护。之所以如此，是"政治学派"在兜售这句话的时候，想让一个人的公众声誉取决于他的聪明才智，而不是他的坚定不移。

但是博林布鲁克想法的奇特结果是将坚定不移赋予聪明，从而扭曲了聪明。"一致性这个概念就被打破了"，但一致性指的并不是这个人（德才兼备之人）从奉承中学会的喜欢自己胜过朋友和公众的一贯实践。他学会这一点，或许是从抛弃一个愚蠢的贵族庇护人，接受一个能发挥自己才能的职位开始；然而他从这次经历中学到的不是他的真正价值，而是抛弃原则。他的腐败显示了坚定的力量，即使是对它的放弃，因为德才兼备之人在他的"聪明"方面变得一视同仁，就像被传统自负所吹捧的贵族庇护人一样。正如"有地位和能力的人"以他们传统的自命不凡吹嘘一样，"德才兼备之人"以一种新的自命不凡而愚蠢笨拙地炫耀着。消除自命不凡或者正派这种无聊的虚荣似乎不太可能。正因为如此，正派在某种意义上比博林布鲁克认为的更为持久。

正派也更为可靠，因为正派中那些扰乱心神的方面可以用于公共目的，尽管博林布鲁克想要消除它们。人与人之间的私人信任只有在长期相识的情况下才能得到发展，因此，这种信任需要一种只有在贵族身份（通常意义上的贵族身份）中才能找到的稳定交往关系来检验它们在公众面前的可信度。伟人对人民表现同情，总比他们只说不做要好。但是既然人民的利益和伟人的利益（如果得到适当追求的话）并没有分歧，那么伟人就可以通过证明他们是彼此的可靠朋友，而不是人民值得信赖的朋友（他们与人民不可能有亲密联系），来表达他们对人民的同情。

将私人信任转变为公众信任的必要条件是自由社会，在这个社会，伟人的财富是人民自由的后果和保障。这种自由社会是一个商业社会——根据政治经济学的方法,在这个社会,当财富凭借私人利益的释放而增加时,每个人都分享财富。在一个自由的商业社会,财富使伟人与人民享有共同的利益,尽管必须教导双方认识这种利益。既然所有人都能分享商业的果实(尽管不是平等的),那么在古老的政治哲学中占有很大比重的贫富划分,即使没有被根除,也已经变得很模糊了;对党派之争的恐惧——既源于对穷人的恐惧,也源于对宗教狂热的恐惧,得到了相应的减轻。与此同时,伟人和人民联系在了一起——与其说是由为共同利益而行动的伟人的公共精神,不如说是由人们希望实现个人利益的和谐而彼此联系。政党的声望是部分私人忠诚的尊严,当私人的财富获取受到鼓励时,部分忠诚就会大大增强。商业社会自身并不是政党政府的充分条件,但它通过两个方面使政党变得可以容忍,从而使政党政府成为可能:一方面,它使人们的注意力从宗教信仰的碰撞转向经济利益的分歧,在前者中,只有上帝的选民才能获救,而在后者中,所有人都可以获益;另一方面,它缓解了贫富之间的冲突。

预见阴谋进而在某种意义上参与阴谋既然是政党的任务,那么正派就不能完全取代聪明,聪明仍然是必需的。如果正派之人在光明中工作,也许会对反对阴谋的顾虑置之不理,但他们不能提供自己所需要的一切聪明才智。在柏克看来,聪明的人不会围着国王转,而是围着更值得信赖的贵族庇护人转;在那里他们可以少做些坏事。然而,要让聪明人变正派,必须付出代价:"对于政党领袖来说,没有什么比看到他们被盲目地领导更常见的了。世界是由中间人(go-betweens)统治的。这些中间人通过向他们中的每一个人说,他们自己的感觉就是对方的感觉，从而影响与他们交往的人；因此他们相互控制着对方。"[27]

我们已经看到博林布鲁克的"政治学派"在何种程度上构成了一个政党，以及柏克如何解释这种影响的危险。总之，他们的学说和榜样允许不正派之人在公众场合、在"光明下"行动。柏克希望正派之人能够更好地抵制这一学派的影响；使政党获得尊严的改革也因这一"政治学派"而势在必行。那么，认为柏克的政党是一种通过预判而隐藏起来的革命行为的说法，就必须加以修正，毋宁说它是针对博林布鲁克政党隐蔽的反革命。博林布鲁克的政党已经存在了，柏克对政党的赞扬是对它的回应："当坏人结合时，好人也必须联合起来……"[28]

然而，作为博林布鲁克政党的对立面，柏克发现仅仅建议政党采取行动是不够的，正如他在《考察》中所做的那样。在那本著作中，他讨论并否定了"政治学派"的区分原则，即"德才兼备之人"的进步。在《思考》一文中，他注意到博林布鲁克政治学派的另一个貌似合理的准则，"看举措不看人"（Not men but measures）——"德才兼备之人"是这条准则的一个推论。这条准则声称，政治的一致性可以在举措或原则中找到，但在人身上找不到。因此，政治家（尤其是正在崛起的政治家）应该从"德才兼备之人"那里获得支持，这些人是由"举措"的标准（那些仅仅根据国家的力量和财富来表述共同利益的标准）加以判断的，而不应该从由私人信任和"举措"

---

[27] "Appeal," *Works*, Ⅲ, 97.
[28] "Thoughts," *Works*, I, 372.

结合的"人"组成的独立大家庭中获得支持。如果政党是由独立的贵族组成,那么"看举措不看人"就是一个反党派的口号——即使他们的独立源自人民。然而,它也更接近描述政党纲领的统治,而不是政治家的统治。

柏克不认为这条准则可以指引我们在任何事情上保持一致,除了谄媚的野心。他认为,人们在政党中的依附,是忠实于原则而非利益的最好检验。因此,对柏克来说,政党的目的是让政治变得清明:"当人们背弃自己的联合时,背弃之举是一个明白的事实,它呈现的问题简单而直接,普通人即可检验。政府的举措是对是错,则不是事实,而只是意见的问题,人们是可以在这个问题上——其实他们也正是在这个问题上——聚讼不休、纷争不已的。"[29] 为了"普通人"的利益,政治行为的一致性比政治家的敏锐更受青睐,因为人们可以根据党派忠诚对一致性作出明确的判断。

因此,"看举措不看人"是宫廷党或阴谋集团的伪装,"德才兼备之人"的口号亦如此,这在《考察》一文中就曾讨论过。《考察》直接抨击了另一个反对党,现在它像罗金厄姆党一样下台了。而在《思考》中,柏克表明,"德才兼备之人"这一短语通过讽刺一个先遗弃别人后又被遗弃的求职者(place-hunter)来鼓励人们的遗弃行为——这是一种讽刺,意在使反对派明白这个教训。但遗弃意味着一个人为了权力而背弃他的朋友;因此,在宫廷的权力范围,结社的稳定性要略高一些。这就是宫廷党,或者宫廷阴谋集团,是所有"德才兼备之人"的目标所在。宫廷党使用这句话,是为来自其他更为贵族化的政

---

[29] "Thoughts," *Works*, I, 377;强调为原著者所加。

党成员做宣传,这些贵族政党建立在私人信任的基础上;这句话传播的是不信任的精神,这是政府软弱的原因,因此也是民众不满的根源。宫廷党表面上对所有的政党表现敌意,实则在为自己招兵买马,它的这一伪装相当成功。因此,为了制止这种招募,不仅需要像《考察》中所做的那样,建议政党采取行动,还需要推崇政党自身的名誉。[30]由此引申,柏克对宫廷党的攻击成为对政党的普遍推崇。

《思考》比《考察》更普遍,因为它集中于宫廷阴谋集团,即聚焦于成功者,而不是失败的政党逃兵。它并不回应一个具体的小册子,而是回应一批小册子的编写者,这些人的身份并未得到充分的确认;它的回答带有一种与政制声明相适应的庄严而又模糊的特点。《思考》依靠一个"传闻"来激起民愤,但并未点明民愤的对象——布特勋爵和国王。《考察》一文对英国的财政作了仔细的分析,并就此得出了令人满意的结论;它以对格伦维尔政党的尖锐控诉而告终,这显然比《思考》更符合罗金厄姆党的目的。《考察》是柏克朝着创新方向迈出的第一步,是试探性的,而非必要的;它在《思考》发表之前不久才出现,表明了一种创新意识和在产生创新时的谨慎态度。

我们可以总结一下对政党进行公开赞扬的意涵。政党之所以区别于阴谋集团或派系,是因为它具有训练有素的独立性,而不在于它的目的是良善的。因此,政党给政治带来了清明;通过这种清明,政治变得更容易了;它处在正派之人的能力范围,而不是普通人能够理解政党原则的能力范围,柏克认为,

---

[30] 柏克在《考察》中暗示了这种必要性,他说,那些放弃对联合的依附原则的人是在宣扬他们对联合的背叛。Works, I, 296.

正派之人就是贵族（通常意义上的贵族）。政党允许正派之人在反抗暴政的同时公开行动。因此，政治家只需是一个简单而正派的人，或许还需要中间人的帮助。他们不必通过偶尔使用不正派的手段或黑暗的阴谋集团来质疑正派的价值，以挫败不正派的人，并恢复正派在政制中的首要地位。与某些现代政党研究者相一致，柏克推崇政党是因为政党冲突可以取代暴力。正如《思考》中所呈现的，政党的优势在于，它无须很强的能力；正派之人可以在不引起内战的情况下公然反抗暴政。政党的缺点可能是，即便政党冲突成功地取代了对暴力的使用，它也不能避免暴力的所有罪恶。政党冲突的持续不断是由各方的审慎预判造成的，既然政党使得对公众人物的区分在这种冲突中逐渐消失，难道它不也通过频繁地呼吁行动而鼓励统治者的玩世不恭和人民的漠不关心吗？[31]

这就是柏克对老辉格党人实践的改革。它证实了政党政府反对政治家才能这一观点，但我们应该注意到，柏克并没有压制另一种观点。在《思考》和《反思》中，仍然存在着政党政府和政治家才能之间、"这些伟人"（老辉格党人）和大家族（现在的辉格党人）之间的紧张关系，而现在的辉格党人，他们唯一的统治将是"严厉而傲慢的统治"，却为政制提供了一群正派可靠的大臣。

一个政党制度

政党有很多种，柏克为哪种政党辩护呢？不妨回到他的

---

[31] 转引自："Reflections," *Works*, II, 336。

定义:"政党是一群人依据他们一致赞同的某种特殊原则而彼此结合,同心协力来推进国家的利益。"政党是代表全体的国家的一部分,这是传统意义上的政党定义。但是传统定义和这个定义之间有着明显的区别。尽管柏克本人是政党的一名成员,也是政党行动的倡导者,但他并没有从参与者的角度,而是从观察者的角度来界定政党。他把"国家利益"与"某种特殊原则"明确地区分开来,而从他的立场来看,党派人士则认为二者是相同的。柏克的定义在捍卫政党时,对自己的主张表示怀疑。在某种程度上,代表整体的部分就是整体,类似于一个国家的政府;但是,如果部分只是"依据某种特殊原则"而行动,那么难道它不仍然是一个只对整体有所贡献的简单部分吗?困难在于柏克对"政党"的定义是单数,但又是普遍的。那么,第一个问题必定是:他想表达的是什么意思?政党是否像博林布鲁克所说的那样,是适用真正原则的手段,那么只有一个政党是合法的;还是像在现代政党制度中那样,多元化政党的合法性是可取的?

柏克的某些评论强烈地暗示了后者:

> 如果他[一个政治家]不同意政党由以建立的这些普遍原则,而这些原则必然要得到赞同才能适用,那么他从最开始就应该选择某个更投合其意见的政党。[32]
>
> 我更喜欢这种联合,并不意味着在任何程度上贬低其他联合。有一些联合,我会在远处欣赏他们;在那些我与

---

[32] "Thoughts," *Works*, I, 378. 注意"政党的成立所依据的普遍原则",即尤其是成立;困难一再出现。

连续几届政府都有分歧的具体事务上，我也曾有幸与他们几乎达成完全一致*……[33]

看来，许多政党可以通过遵守各种原则（有时是同时适用的）来得到确认，尽管它们不遵守任何特别原则，它们即便不是同样可欲求的，也是合法的。

如果我们还记得柏克时代英国政治的政党划分，就不可能得出其他结论。笼统地说，柏克不可能认为他对政党的赞扬会导致贝德福德（Bedford）和格伦维尔家族与罗金厄姆家族合并；相反，如果有的话，它的作用是鼓励维持分裂。1769 年 10 月 29 日，柏克写信给罗金厄姆勋爵，将他们的政党与"贝德福德家族、格伦维尔家族和其他联合"作了对比，认为后者"彼此结合没有任何公共目的，只是作为一种共同促进私人和个人利益的手段"。[34] 罗金厄姆党在履行一个真正政党的角色方面是独一无二的；其他政党应该效仿它们，但不必加入它们。[35] 柏克不反对"愈合联盟"；但他并不需要它们，而且他认为虚假的联盟存在很大的危险："如果不能为愈合联盟留下充足的空间，任何制度……都不可能形成；任何一个貌似独立的政党联盟，如果其内部各政党之间存在难以调和的原则冲突，那么这个联

---

[33] "Letter to the Sheriffs of Bristol," *Works*, II, 38.
[34] *Correspondence*, II, 101.
[35] *Ibid.*, p.377.
* 按照曼斯菲尔德教授的理解，引文中柏克远为欣赏的这些人并不属于柏克所处的政党。他们之间达成的一致并不是对事务有着完全同样的看法，而是在共同反对政府的层面，双方达成了高度一致而已（agree in disagreeing）。所以柏克只能在一定距离之外来欣赏他们。

盟永远都不会是一个愈合联盟。"[36]应该允许结成联盟,以便愈合原党派不和造成的创伤;但是柏克暗示,这种创伤不一定是这种不和产生的,因此,联盟无须阻止政党间的不和谐。

相反,辉格党和托利党,至少在过去,"由于它们的碰撞和相互抵抗,使得政制在统一中保持了多样性"。[37]柏克指出,这些政党通过它们的联合,在1688年拯救了这个国家。这个论断必须与之前讨论的柏克对老辉格党人的赞扬相比较;因为他拒绝以老辉格党人为榜样暗示着继续对他们进行批评。在1688年革命中挽救了政体,并在其后继续保护它的是代表公共利益的老辉格党人吗?抑或一个由老辉格党领导的政党联盟,组成了一个愈合联盟?柏克似乎认为是后者。真正可取的不是一个为整体服务的部分来保护共同利益,而是对多样性的保证,这种保证过去是由政党的二元性来实现,而现在可能由两个以上的政党来实现。在危机中,各党会像休战之后那样团结起来;没有任何一个政党会站出来为全体采取行动。因此,在当前的危机中,由于"公众人物之间存在分歧",柏克建议公众人物团结起来反对宫廷阴谋集团,每个人都坚守自己的政党,而非全部属于罗金厄姆党。[38]柏克对某个政党的偏爱胜于其他政党,但他更希望看到不同政党的存在,而不是只有一个政党,即便这个政党是老辉格党。我们也许会注意到,老辉格党人对托利党就没有这般宽容的看法了,他们费尽心机地控告托利党的成员之一——萨切维尔博士。

---

[36] "Observations," *Works*, I, 295.
[37] "Letters on a Regicide Peace," *Works*, V, 291.
[38] "Thoughts," *Works*, I, 371.

我们的结论是，柏克的意图是捍卫一个政党制度，原因在于它的多样性，也就是说，为了自由之故，而不是为了一个能将真正的原则应用于政治的单一政党。"何谓正确的，不仅应该让大家了解，而且应该普及……"[39]正确的事情是自由，它必须在反对宫廷阴谋集团之时得到捍卫，但不能以牺牲多样性为代价，也不能以牺牲某个政党的"某种特殊原则"为代价。因此，如前所述，共同利益不是由一个单一的代理人负责，而是由若干代理人的行动所产生，其中没有任何一个代理人自身就是完全可靠的。因此，柏克的政党概念在其定义中，暗示而且包含了呼吁普遍政党行动的悖论。他把只有政党制度的观察者，而不是政党成员才能看到的结果作为政党的主要优点；柏克对政党的界定虽然没有阐明，但实际上贬低了政党成员的动机。两党制（或多党制）的第一个信徒是柏克，而非博林布鲁克。当然，并非每个团体都是真正的政党；有些是派系。政党和派系的区别是，政党除了有共同的雄心之外，还拥有使其独立于宫廷的原则。我们将看到，这些原则支持政体的各种"建制"。

命运的必然

如果应该存在若干政党，它们有什么不同？谁应该属于它们？柏克认为，人们成为政党成员有两种方式：一种是通过家庭，另一种是通过政府中的共享经历。两种方式在某种意义上都是自然的，因为政党（party）是自然的——或者更确切地

---

[39] "Thoughts," *Works*, I, 373.

说，各种党派（parties）是自然的。相比于博林布鲁克政党的真正第一原则的唯一来源，政党的这两种来源都是多元的。先来考察第一个来源："国家是由家庭构成的，自由国家也由政党构成；我们还可以确定，正如我们的自然关切和血缘关系不可避免地会使人成为坏公民，政党的纽带也容易削弱我们对国家的忠诚。"[40]当然，这里是家庭和政党之间的一种类比，而不是对两者关系的陈述；政党纽带就像自然家庭的纽带一样。这是一个奇特的类比，因为它将国家的两个看似不同的部分做了比较：家庭是一个部分，它通常声称自己不过是一个部分；而政党也是一个部分，却声称自己代表了全体。

但是，政党是否能够以家庭纽带为基础，使得自由国家表现所有国家的自然表达（在家庭中）呢？政党关心的是统治，而统治往往是某种优越性的声明。以家族为根基的政党建立在最好的家族或贵族之上，比如"伟大的辉格党家族"。柏克在《思考》中讨论贵族时，认为其主要特征是拥有财产，而不是出身高贵。[41]与其说贵族们出身高贵，不如说他们是"有产者"——这意味着财富会招致地位。家族拥有历史；他们的财富是固定资产；因此，最好的家族是享有地位的固定资产所有者或土地贵族。那么，首先，当家族被理解为一种以财产为基础的制度时，政党就是家族政党，因为财产作为权力，应当允许其"自然运行"，财产作为自由的后果应该作为人民自由的"效果和保障"。[42]从这个意义上说，自然的家庭纽带可以防止

---

[40] "Thoughts," *Works*, I, 373.
[41] *Ibid.*, pp.318, 323; 转引自："Appeal," *ibid.*, III, 85-86, 以及 "Reflections," *ibid.*, II, 323。
[42] *Ibid.*, I, 323.

由家族荣誉而造成的党派冲突（如玫瑰战争）；因为家族荣誉激励着人们宣称自己不只是国家的一个部分，这往往使他们成为坏公民。但是，家庭财产是由对财产权的普遍承认来保障的，这种承认不仅与爱国主义相协调，而且是爱国主义的原因，因为保障财产的安全是原初契约的主要动机。[43]另一方面，我们看到柏克回避了政党代表整体而行动的主张；因此，根据这种解释，他对家庭和政党的类比是成立的。

由于柏克把家庭视为政党之源泉的观点不是血统论的（undynastic），因此我们必须审视他给出的另一个来源——在政府中的共同经验。"伟大的辉格家族"是由那些在革命后三十年间共同管理或监督政府的人发展起来的有钱有势的家族；这些"革命家族"未必是最古老的家族。在前面的讨论中，我们提出，统治是一种私人财产，因为它需要许多个体判断，其一致性的路线标志着个体化的路径。因此，共享统治几乎总是一种令人难忘的经历。统治（或反对）的经历成为一个群体的私有财产，对它的记忆成为这个群体的存在理由（raison d'etre）。在任职期间，这个群体对自己的成就和抱负感到自豪，因此它将保持团结，重复或维护其成就，并实现其抱负。因此，一个政党发展了构成其品格的"历史"，并往往开始支配其成员的灵魂；这种健康的发展就像一个"愈合联盟"一样统一了全党。

柏克在《思考》的结尾解释到，政党的这种来源就像是罗马人所称的"命运的必然"（necessitudo sortis）。他说，罗马人将"政见相同"（idem sentire de republica）这一原则发扬光大。

---

[43] "Reflections," *Works*, II, 331-33.

甚至连共居一官这种由于机缘而非选择所导致的人事安排,也足以产生终生的关系。人们称之为命运的必然;并敬之如神明。违反任何一种民事关系,都被视为极端卑鄙的行为。

对柏克而言,"命运的必然"这种关系不只具有短暂的意义,因为他在《思考》的第一页,将西塞罗弹劾维勒斯的一段话作为其座右铭,在这段话中,西塞罗通过"命运的必然"指控维勒斯对其执政官同僚不忠诚:"这种潜伏于国内的弊害不仅不为人觉察,甚至在你看到它、意识到它之前,它会突然把你攫拿住。"[44](Hocvero occultum, internum, domesticum malum, non modo non existit, verum etiam opprimit, antequam perspicere atque explorare potueris.)当前的不满是由软弱的政府引起的,由公众之间的不信任所造成,柏克在这段引文中描述了这种不信任。"命运的必然"似乎是柏克希望恢复其正常运作的关系。

但柏克并不完全把政党看作罗马人的必然选择。在英国政制中,义务是在共同的统治中产生,而统治则是由选择而非命运赋予的。柏克希望由拣选的、可信赖的大臣们来统治,他们是有财产的人,因此都有一定的野心。有财产的人自然会追求政治权力,但他们的雄心值得信赖,因为这些人并非孤注一掷。那么,选择的原则仅仅是为了奖赏一个并非不顾一切的群体的雄心吗?这种雄心必须与共同利益联系在一起吗?柏克似乎确实需要这样一种联合:

---

[44] Cicero, *In Verrem*, II. i. 15.

自由思考的人，对于某些具体的事件，会有不同的想法。但是由于在公共事务中产生的大部分举措都是有关于、或依赖于政府中某些重大的、主要的和一般性的原则，那么，如果一个人在选定了政治伙伴后，十次之中至少有九次与他们政见不同，他就太不幸了。[45]

首先，我们注意到，他并未规定政府只有一个普遍原则，甚至也没有规定共同利益，而是欢迎多元化原则，这些原则无疑将在实践中相互冲突。这里傲慢地强调"政府中……主要的和一般性的原则"，在前一页是"纯粹的意见问题"。柏克似乎仍然坚持"原则性"（principledness），而不是任何特定的原则。其次，柏克把自由地思考特定举措与选择政治伙伴区分开来。选择自己的政治伙伴与自由地思考并不矛盾，因为在公共事务中产生的举措"有关于、或依赖于"一般原则。"分歧自然很少见"，因为持异议的政党成员可以获得另一个"与他的政见更相合"的政党。这种根据几个主要原则来对公共举措进行整齐划分的局面是由什么原因造成的？这些原则使得每个并非"特别不幸的人"，获得90%的机会与朋友达成一致。

原因不可能是传统意义上的自然法，这是因为，如果自然法通过对人们良心的作用能够产生和谐的效果，它也就能导致意见的毫无二致。它既不会产生冲突意见相互作用所达成的和谐，也不会产生思想相似之人的部分和谐。与此同时，柏克描述的政治意见与我们的经验或他在别处的陈述——实际判断的

---

[45] "Thoughts," *Works*, I, 378; 强调为原著者所加。

困难和不明确——不一致[46]。人们在政治情境面前如此轻易地得出彼此协调的结论,这并非真实的情况。解决这个问题的办法似乎是政党的凝聚力和多元性,是由政党"历史"在执政过程中通过共同和不同的经历发展而形成的。不同的政党历史是公共举措与主要的一般原则相互联系的手段;当一个人进入下议院时,他的选择是容易的,因为他面临着若干政党,每个政党都凭借自身独特的经历而发展出一套连续而一贯的历史。

然而,如果一个人选择了一个政党,他必须首先选择清明;换言之,他必须决定不孤立地运用他的实践智慧。他选择了协同行动,而不只是"自由地思考"。那么,他不仅出于某种原则而依附一个政党,而且为了追求某种个人的野心而行动;因为如果他只在原则上依附政党,而没有像博林布鲁克的第一原则那样简单、真实的原则,那么政党就不会具有柏克在潜能上(*in potentia*)赋予它们的强大凝聚力。如果这种人不能自由地按照野心行事,就必须承认,政党纪律会强加在他的自由之上。柏克认为,存在着一种自然法则,政党以其为基础得以发展,并与之有着偶然的联系。然而,这一自然法在适用时没有明确的政治伙伴选择,也不会有清晰的政府领导原则;它必须在某种程度上与政党历史相协调,这种历史显然以它们的经验为基础,并且是在没有明显参照这种法则的情况下获得的。

私人和公共信任

政党的形成是基于人的较崇高和较低下动机,在柏克看来,

---

[46] "Appeal," *Works*, Ⅲ, 16; *Correspondence*, Ⅱ, 372.

正是较低下的动机使得人们基于较崇高动机的联合变得可能:

> 当我在我们这个时代任何一位超然的绅士身上,看到天使般的纯洁、力量和仁慈时,我会承认他们是天使。但话说回来,我们生来不过是人而已。我们能把自己塑造为好人,就足矣。因此,我们的事业就是精心陶冶自己的心灵,培育天性中的每种慷慨和正直的感情,使之最完满、有力、成熟。把私人生活中的可爱性情,运用到对国家的服务和行为中去;做一个爱国者,不忘记我们是绅士。[47]

慷慨正直的感情以及可爱的性情似乎都不如美德;在这种语境,它们与天使般的德性相对。它们可能被认为是私人信任的原因,柏克说,私人信任构成了公共信任的基础,或者被认为是在政府中遵循主要的一般性原则的原因。但是绅士之间的私人信任(柏克指的是有产者)不能和他们获得与其财富相一致的政治权力这种自然倾向相分离。因此,"私人生活中的可爱性情"在公共生活中,至少在倾向上是有害的,因为它们会引发寡头化阴谋。但柏克似乎认为,恰恰相反,正是由于私人信任在公共生活中确立了某种集体自私,才使得在公共生活中坚守原则成为可能。一个超然之人也许是有德性的,但他也是软弱的;[48] 只有同心协力而行动的人才有力量。在统治方面有共同经验的同心协力之人仅凭他们的自爱(*amour propre*)就

---

[47] "Thoughts," *Works*, I, 378-79.
[48] *Ibid*., p.376. 这进一步证明,政党依附不是由一种以德性为标准的自然法引起的,而是由某种原则引起的——也许是自然法——它规定了克服弱点的方法。

能在公共措施上获得一致。他们的野心，或对某种私有财产的关心，抵消了他们的贪婪或对通常意义上私有财产的关心。因此，当他们没有机会在政府中采取行动时，他们的私人信任与贪婪交织，一旦有机会采取行动，这种私人信任就会被野心软化。与此同时，他们的贪婪抵消了其野心，因为他们的财产已得到安置，并将受到政治不稳定的威胁。[49]

他们的动机是不纯粹的，因为他们不仅仅为了共同利益而行动；他们也在为自己过去的行为而辩护，包括他们的错误行为。但对于持有某种个人立场的人，公众一致性使得这些人在公开场合独立，这对于柏克的混合政府是足够的。[50]柏克指出了单纯一致性的明显危险：通过捍卫多个政党，也就是通过维护某种不一致，它可能带来一贯的罪恶。为政党的多元性辩护，承认仅有原则性而不考虑共同利益是不够的。这也是对绅士们加入政党动机的承认，同时又是防止这种动机可能产生不良影响的一种保障。最后，这也限制了他对罗金厄姆党的偏爱。柏克没有直接说，政党允许利用私人的恶或可能成为恶习的倾向，将私人信任转变成公共信任，但我们认为，只有这种解释能澄清柏克的意图。他确实说过：

> 对与人们利益相关的观点进行争论从来都不是明智的，这些观点和公众利益相结合并促进公众利益；如果可

---

[49] 柏克认为，相比于贪婪，野心是更大的威胁。"Speech on the Nabob of Arcot's Debts," *Works*, Ⅲ, 192-193; Cavendish, *Debates*, I, 312-13. 转引自："Thoughts and Details on Scarcity," *Works*, V, 89 以及 "Speech on Hastings," *ibid*., Ⅶ, 131。

[50] 柏克反对《席位法案》（Place Bill）的论点，即针对当前不满而提出的第三种补救措施，柏克认为贵族阶层需要有一个可以容忍的发泄野心的渠道。"Thoughts," *Works*, I, 367-68。

能的话，我们的任务是更紧密地结合。由超凡美德衍生的资源是罕见的，因此它们必定是徒劳的。一个有钱的人用他的财产为国家的福利做担保是一件好事；这表明他把财富置于其心之所属的地方；在这个循环中，我们知道"一个人的财富在哪里，他的心就在哪里"。[51]

当前的某种观点表明，柏克抱有天真的希望，他认为政党可以建立在原则而不是利益的基础上。这种观点低估了柏克在利益原则的构成上、在用任何公共原则（为公众所知的原则）代替共同利益作为政党基础方面表现的现实主义。柏克认为"看举措不看人"既是无原则之人的借口，也是一个好高骛远的口号。他提议，有原则的人应该遵守私人信任的标准，以防止无原则的政客声称有权抛弃他们的朋友。但私人信任的标准并不完美：在有产者中，它允许集体的贪婪；在寡头政客中，它允许共同的野心。为了防止博林布鲁克的欺骗带来的危险后果，柏克不得不接受绅士特权的阴暗罪恶。他的原则性政党（parties of principles）涉及利益，所以可能不仅仅是利益的幌子。[52]

对柏克来说，一个政党的"纲领"存在于它的历史中，存在于它所做的事情上，而不是它对未来的计划中。一致性是将过去对公共举措的判断加以理性化的结果，正如罗金厄姆勋爵曾经说过的，一个政党如果坚持"在最后一次反对中不违背我们过去的行为"，就能维持它的历史。[53] 柏克从没有为罗金厄

---

[51] "Letters on a Regicide Peace," *Works*, V, 315.
[52] 参考 Alfred de Grazia, *Public and Republic* (New York, 1951), pp.40-41。
[53] John Brooke, *The Chatham Administration, 1766-68* (London, 1956), pp. 85, 96-98.

姆党写过一本现代意义上的政党纲领——展示从应用该政党原则而制定的具体公共措施中获得的好处。但他确实写了《近期短命政府之简史》，其中列举了1765—1766年罗金厄姆政府的成就。政党历史作为纲领的概念符合18世纪英国的实践；再举一个例子，我们可以回想起格伦维尔政党对《印花税法案》智慧的执迷。然而，这个概念并没有简单地描述18世纪的实践：大多数下议院议员仍然是无党派人士（independents），越来越多的"才俊之士"想要参政，对执政党的忠诚度也在下降。柏克斥责前者支持每一届政府，而后者则屈从于国王的个人享乐。

当政党纲领是政党判断和决策的历史时，它必然包含对某些人的敌意，就像罗金厄姆对皮特一样，他们纪念过去某些不愉快的事件。现代政党试图运用自己的政党原则，以敌对的态度攻击对手的原则，而无论它的仇恨是什么，这种敌意的来源都不那么个人化。柏克在把《思考》传阅给他的政党之后，《思考》所作的改变之一就是对皮特的中伤有所缓和。[54] 下文是对皮特的一个明显暗指，也许是一种温和的攻击：

> 在一个联合中，即使是最微不足道的人，也因依附于整体的力量而有价值、有用益；一旦脱离了联合，即便最伟大的天才，也完全无法服务于公众。没有任何人，在尚未被虚荣所激发的热情感染时，就自鸣得意地认为，凭借单枪匹马、不受支持、散漫无章的努力，足以击败野心勃勃的公民设计的巧妙计划和联合阴谋。当

---

[54] *Correspondence*, II, 109.

坏人结合时，好人就必须联合；否则的话，他们将会逐一倒下，在一场不光彩的战斗中，成为无人怜悯的牺牲品。[55]

然而，这种对集体行动的倡导不仅是对皮特的暗示；它还通过减少对政治家才能的依赖来维护现代政党纲领的基础。一个政党的历史始于其成员的政治家才略；但柏克鼓励那些可能被谴责的事情，即在某些情况下出于政党成员的虚荣心做出的判断，其在以后的情境中可以成为政治智慧的标准。这种对政党虚荣心的让步，旨在防止个体虚荣心的弱点，并获得团体行动的力量；群体行为总是比个体行动更强大，或者更可靠。这并没有消除政党和派系之间的传统区分，但它确实推翻了这种区分的假定：柏克说，政治中的联合"对于充分履行我们的公共职责来说，本质上是必不可少的，偶尔可能会沦为派系"。[56]

政党是必要的，而不仅仅是有益的；它们的善行取决于"野心勃勃的公民"的罪恶处境。但它们堕落的倾向只是偶然的。这是对传统政党观的一个非常重要的改变，[57]我们必须认识到这一点。传统观点认为，政党偶尔是一种良好的工具，即使是可靠的人使用它，也会受到派系的一些（虽然不是全部）不利影响；因为共谋的好人树立了一个可被坏人利用的榜样。根据这种观点，健康的政治排除了对政党常规必要性的承认，因为政党有不可避免地沦为派系的趋势。在这种观点下，无论是

---

[55] "Thoughts," *Works*, I, 372.
[56] *Ibid.*, p.373.
[57] 参考 *The Complete Works of George Savile, First Marquess of Halifax*, ed. Walter Raleigh (Oxford, 1912), pp. 157-58, 225-27。

展现政治家美德的大人物行为,还是表现对政治家才能有所需求的个体行为,都符合政治的本质,而柏克通过引入政党,将政治的复杂性予以简化。不能否认,此处对皮特的提及(如果确是如此)是对政治责任的必要性和方法的一个很好说明。一个明智的政治家必定希望增加他的智慧,必定愿意为他的根本计划来牺牲他所钟爱的观点,并摆脱由他的必要伙伴所引起的烦扰。他必须与他人合作,也许是以加入政党的方式。但是我们讨论过,共同行动并不需要政党的名望。政治家可以在没有成功、安逸或豁免保证的情况下采取行动,并由于糟糕或不幸的政党联合而承担失败的后果。在一个自由社会,他可能只是遭受责难。但当政党被尊重的时候,这种联合几乎是不可避免的,也会被规范化;政治家在选择如何以及与谁联合的过程中,失去了判断的优势,学会了游行和呐喊。在《思考》一文中,柏克从对政党联合的运用论述到联合的强加。

然而,柏克认为政党是自然的;他是如何做到这一点的尚不清楚。我们对这个问题有部分的回答:政党由有产者组成,这些人过去曾在公共场合一起行动。因此,政党依赖于"财产的自然运行",依赖于有产者对自身过去的行为有一种自然的喜爱。这些原因产生了一个自然的政党团体,这样进入下议院的人就可以找到一个与其政见基本一致(十有八九都同意)的团体。但是政党与政治家审慎所植根的自然法之间的关系仍然模糊不清,这个问题将在下一章作讨论。

作为一种建制的政党

下一个话题是人民和政党之间的关系,以及对当前人民不满的两种补救措施：第一种补救措施是完全恢复人民的自由选举权利——这似乎是可疑的，因为它支持像威尔克斯这样公认的流氓当选。但是，当政党被认为是公共性建构的一部分时，由于它容忍并节制野心，就使这项权利变得无害。当人民青睐的人进入下议院时，如果下议院坚持把政党的一致性作为执政的入场券，那么他会发现只有服从政党纪律，才能上台执政。然而，如果他更喜欢掌声而不是权力，如果他更喜欢"自由思考"而不是十有八九地赞同别人，那么他的"英勇性情"（spirited disposition）将有助于议会控制政府。

当人民的代表以某种明目张胆的行为宣称自己享有专断权力，就像在威尔克斯的案例中否认自由选举的权利之时，柏克提出了第二种补救措施——"人民团体本身的介入"。"更系统地判断其行为好坏的标准，应在各郡、各自治市的大会上确定下来。逢有重要的议题，就应该及时准确地获得选民名单。"柏克认为这是一种"最令人不快的补救措施"，[58]当然它接近这样一种观点，即人民应该向他们的代表发出权威性指示；但它只是接近这种观点，因为必须有来自下议院的挑衅，而且挑衅必须是公然的。此外，人民的目的只是恢复下议院的适当职责，即以人民的名义进行控制，暂时加强本应自然感受到的联系。

介入的目的不仅在于加强人民与其代表之间的适当联系，也是加强代表之间的适当联系。介入应该通过寻求"更系统地

---

[58] "Thoughts," *Works*, I, 369；反对当前不满情绪的第二种补救措施的论点是，三年议会。*Ibid.*, p.367. 在《思考》出版前，柏克更喜欢人民对君主的请愿，而不是人民向议员的陈情，因为后者意味着人民对下议院的顺从。参考 *Correspondence*, II, 51, 66-67, 73。

判断其行为好坏的标准"来加强政党一致性。下议院只有保持政党的一致性，才能适当地控制常设政府；如果下议院做不到这一点，那么人民就必须领导议员们来履行责任。[59] 政党是以人民的名义对常设政府所做的控制。然而执政党（party in office）就是常设政府。柏克关于政党功能的概念，以一种不明显的延伸方式，从对暴政的担忧转变为"用政府的所有力量"来投入，或者从早期对权力的警惕转变为后来对权力的常规竞争。这是它可能的对手审慎预见暴政的结果，他们在较小的冲突中度过他们的和平时光，希望能够逃离战争时代。

现在，向下议院的介入是一种最令人不快的补救措施，因为，正如我们先前在讨论大众政府时所做的推理，人民不应该在国家中拥有实权（active power）。柏克在《呼吁》中说过：

……在世界上任何一个时期，没有任何一个立法者愿意将实权的宝座交给大众；因为在那里没有控制、没有规则，亦没有稳定的方向。人民是对权威的天然控制；但同时拥有执行权和控制权是自相矛盾，也是不可能的。[60]

那么是否会存在一种危险，即政党作为统治人民的权力竞逐者，与政党以人民的名义所做的控制之间出现冲突？在现代概念中，政党是为人民而进行的一种控制，因为它通过应用政党纲领而成为人民的统治工具。在柏克看来，这个概念显然是"矛盾和不可能的"。但是柏克自己的概念如何摆脱这种

---

[59] "Thoughts," *Works*, I, 379.
[60] "Appeal," *Works*, III, 78.

困难呢?

政党必须具有双重功能。一方面,政党是为人民(for the people)而实现的控制,因为政党一致性的实践是由下议院强制执行的;另一方面,它又是对人民(on the people)的一种控制,因为它还作为常设政府而运行。通过政党而为人民实现控制,只需要运用政党一致性的观念,而无须任何特定的政党纲领;只需要原则性,而无须任何原则;只需要一般性的指示,而无须权威性的指示。因此,人民可以使用政党作为控制的概念,或者更好的是,下议院可以运用政党的概念,而不必参与到常设政府中,因为这样就使任何人都没有资格控制常设政府。但这并不是政党具有双重功能的主要优点。

柏克认为,人民并不仅仅是凭借原初契约而成为人民。我们可以简要概述他的观点,因为这是《反思》和《呼吁》的主题。人民订立契约是为了逃避他们"赤裸裸、颤抖的本性",但契约只是逃离的第一步。当时建立的政府必须在两个方面获得持续成功的记录。它必须满足人们寻求政府的欲求;也必须征服人民的激情,这种激情的冲突使人们不可能在没有政府的情况下满足欲望。在满足欲望方面的成功记录是必要的,因为当人们被告知他们有权保护自己的权利时,他们是不会屈服于权威的。这类承诺只会助长他们的要求,引发冲突,并阻止他们远离,或迫使他们返回前政治生活的野蛮状态。不能告诉人们,他们拥有人的自然权利,尽管他们在自然状态的确拥有这些权利。相反,必须向他们表明,他们有一个记录在案的政府,这个政府通过偶尔干预私人自由的领域来减少人们的不满,从而保护他们。这种干预就是改革,与有着实质新颖性的创新相区别。一个成功的记录通过时效使政府合法化,时效必须取代人的自然权利启蒙,后者是危险和不足的。[61]

这种时效由建制获得。把形式赋予人民的不是原初契约,而是各种建制。这些建制是一些制度,它们目前的职能与其建立方式或创始者的意图关系不大;它们是在应对紧急情况时,通过偶然而逐渐增加的目标而发展的。它们的成长并非由创始者依据整体的视野来指引,而是由调整者着眼于那些最紧迫的缺陷部分所指导。人民的形式是一种"良好的平衡",经过几个世纪的积淀和习惯而形成;它是由各种各样的部分组成的复合体,除了像柏克这样的人以外,这个复合体作为一个整体从来都是不可见的。[62]人的最终目的——幸福和安全,只有通过平衡与制衡才能产生,因此,人们只能看到眼前,而不是更遥远的幸福动因。人民不是一个神秘的整体;但因为他们不是由一个全面的、有目的的行为形成的,所以他们不是一个具有自我意识的整体。一个人之所以成为英国人,是由于他在英国所处的位置,而不在于英国的目的。

在《反思》一书中,柏克把教堂、君主制和贵族作为建制来讨论。需要指出的是,这些都是人民的一部分,而不是政制中脱离人民并作用于人民的部分。这些建制把结构赋予人民,但并不会强加给他们或者从外部统治他们。然而,作为人民的分离部分,它们约束着人民的其他部分;因此,人民作为整体而受到了限制。[63]这是一个微妙的区分,我们必须求助于柏克自己的话:

---

[61] "Reflections," *Works*, II, 331, 335-36, 368-69; "Appeal," *ibid*., III, 98-99; "A Letter to a Noble Lord," *ibid*., V, 120.
[62] "Appeal," *Works*, III, 113-14.
[63] *Ibid*., pp.82, 85, 87.

政府是人类智慧的发明,以满足人类的欲求。人们有权利让这个智慧体来满足这些欲求。其中一个欲求是充分克制自身的激情,这个欲求源自于市民社会。社会要求制约人们的热情,无论是对群众、团体还是个人来说,爱好需要频繁地被挫败,意志需要被控制,激情受到支配。这只能靠一种出于他们自身的力量才能做到;而不是在履行职能时屈从于人们的意志和激情,它们是有责任被约束和征服的。从这个意义上说,对人们的限制同他们享有的自由一样,都属于他们的权利范畴。[64]

政府是社会的一个部分,而不是外在于它;社会,或者人民,始于原初契约。那时,"每个人都有权利,如果他愿意,保持个体的身份"。"他可以保留一些自由,但需要将自由这一整体让渡出去。"[65]因此,社会要求人们被一种"出于他们自身的力量"统治,这种力量由人们的原初同意所赋予。人的自然权利要求每个人从一开始就首先同意加入社会或人民,但它们不要求每个人都同意常设政府的行为,就像在积极的大众政府中那样。恰恰相反,它们要求人民绝对放弃参与政府的权利。人民不得卷入政府事务;他们有权利受到政府的限制。

然而,原初契约仍然具有根本的重要性。因为它使人民确信,对他们的限制是建立在他们的权利之上的。约束和权利、常设政府和控制的平等,是只有社会才具有的特征,因为只有在所有社会成员相互限制的情况下,一个人才能正当地

---

[64] "Reflections," *Works*, II, 333.
[65] "Appeal," *Works*, III, 82-83; "Reflections," *ibid*., II, 332.

受到约束。在原初契约中，人民同意约束与权利是平等的。尽管每一个后代都不会重复这种同意，但只要这种平等持续下去，每一代人都会这样做，就仍是一种合理的推论。[66]人民通过感受社会的好处而承担社会的责任，而不是因为他们做出了正式的同意行为。但是他们应该感受到社会的好处，而不是对社会的同意，仅仅因为他们的感受比计算利益时的想象更准确。好处和责任、权利和约束之间的契约关系仍然存在。出于安全的考虑，柏克并不认为原初契约需要每代人的同意。只有在绝对必要的情况下才应该重新依赖同意（a re-enactment of consent）。柏克认为，1688年的革命是正当的，因为老辉格党人试图在绝对必要的情况下修补对原初契约的破坏，而不仅仅是为了纠正政制发展的不平衡。[67]原初契约不足以使政府成为合法的，因为正式的同意声明并不能完全创造一个社会。但这种正式的同意是时效推定的模式，即治理良好的人民对其政府负有责任。通过这种方式，原初契约规定了社会在其利益被感知后具有合法性的条件；尽管这只是迈向社会的第一步，但它也说明了今后必须采取哪些步骤才能朝着正确的方向前进。[68]因此，约束虽然与社会的权利平等，但它最初并且持续地以权利为基础。

人类的智慧是为了满足人类的欲求。这些欲求都是普通人的欲求。因此，人类的智慧，正如它在政府中使用的那样，为

---

[66] "Appeal," *Works*, Ⅲ, 79-80.
[67] *Ibid*., p.45.
[68] "正如水不能比泉水涨得更高，任何建制都不能比它从原则中得来的权力更大；而且，政府的权力在没有任何理由的情况下，除了约束和压制那些曾经同意其意见的人之外，是不能进一步采取强制手段的。同意是全部的起源。""Tracts on the Popery Laws", *Works*, Ⅵ, 33.

普通人的欲求而服务。"政府存在的唯一资格在于德性与智慧，无论是真正的还是先定的。"[69] 但是这些品质只是满足普通人欲求的手段；美德和智慧都局限于人的目的，这是在原初契约中表达的一种局限性，尽管只是在经历之后才被定义。满足人类欲求的手段包括对这些欲求的限制，但似乎并不意味着对一般欲求的超越。

人民保护自己权利的惯常经验，而非对自我保存权利的认识，抑制了其鲁莽的热情。只有抑制了激发想象力的激情，才能保障自然感情的运作，进而保护人民的权利。自然感情是对我们自己的爱，是对我们所属"小群体"（little platoon）的爱，对社会建制的爱。它不像想象那样是无限的；[70] 这是一种温和的虚荣心，与安定的性情相适应，因而也与安全和稳定相适应。自然感情依附于各种私有财产；它坚韧而不贪婪，使得以文明的方式积累财产成为可能。由于"获取的欲望总是一种长远的激情"，我们不妨试探性地把自然感情描述为被抑制或受约束的激情。[71] 政治家的任务是征服大众的激情，满足人们通过市民社会的各种建制而发展的自然感情。

> 没有必要教导人们追逐权力。但是通过道德教育和公民政制，教导并强制他们对无节制地行使权力和过分的欲望施加许多限制，这是非常有利的。对于真正的政治家来说，获得这两点的最好方法构成了重要、但同时也是困难

---

[69] "Reflections," *Works*, II, 323. 下一章会讨论这个段落。
[70] "Appeal," *Works*, III, 99.
[71] "Tracts on the Popery Laws," *Works*, VI, 43; "Reflections," *ibid*., II, 332, 442; 转引自：Charles Parkin, *The Moral Basis of Burke's Political Thought*, p.46。

的问题。[72]

这一任务与先前所述的大众政府的情况相一致，实际上也是这种情况所要求的，即政治家必须通过同情人民的感觉，根据人民的一般性指示进行统治。绅士统治和大众政府之间的和解是由各种建制所促成的，即人民在其中接受爱国主义教育的私人小群体。这些建制由绅士们管理，他们的公共精神如果不是受到私人利益的鼓舞，就是受到它们的保护，他们的公共地位是其私人独立性的结果。这些建制通过允许公共责任从既定的私人权利中产生，而非强加于利益之上，从而约束人民并支持绅士。

政党在这个和解中非常重要，因为它既是对政府的控制，又是常设政府本身。在议会，它通过抑制诸如威尔克斯这种当选为下议院议员的野心勃勃的煽动家，帮助控制民众的激情。在常设政府中，政党一致性的观念阻止了煽动家和宫廷恩宠之间的结盟，柏克担心这可能是博林布鲁克原则的一个实际后果。政党通过赋予民众坚实的支持来阻止爱国君主或者爱国主义大臣的成功（两者都是由"政治学派"的不同成员所提倡的），甚至是两者的结合。它允许一批正派的有产者占据公共舞台，在连续的场景中穿梭往返，由于他们与人民的联系而能宽容地统治，又由于他们独立于人民而能够公正地统治。政党将人民的一般性指示落地生根，而不必让人民参与到积极的政府中。

因此，柏克在《思考》一文中的意图是让政党成为社会

---

[72] "Appeal," *Works*, III, 77, 83.

的一种建制。但是,《思考》并未像《反思》和《呼吁》中那样解释建制的必要性;它是一本广为流传的宣传小册子,对民众公开表示支持,把他们的不满表现为公害的征兆;而在《反思》与《呼吁》中,柏克支持权威。但是不同的强调并不必然意味着不一致,事实上我们也没有发现不一致。柏克认为,正如我们将要看到的,政治上的一致性需要在不同的场合进行不同程度的强调。此外,正是《思考》中遗留的问题,即控制部分与常设政府之间的关系,促使我们在《反思》和《呼吁》中寻求解决之道。

作为多数决规则的政党

柏克对人民与政党关系的看法与托马斯·杰斐逊后来在美国提出的观点是对立的,而且我们认为他是有意反对这种观点的。杰斐逊认为,人民可以通过共和党的纲领向他们的统治者发出权威性的指示;当大多数人民基于他们的自然权利进行推理,从而投票支持共和党时,这些指示就具有了权威性。对杰斐逊来说,政党是在尚无建制的情况下多数决规则(majority rule)的一种表达;它的目的是用原初契约的精神恢复政制的各项制度。杰斐逊认为政党是革命的,它以1776年各项原则的名义攻击"君主制"的联邦党人政府[73](Federalist administration)。

---

[73] *The Writings of Thomas Jefferson*, ed. P. J. Ford (10 vols.; New York, 1896), Ⅶ, 38, 43, 170, 245, 333, 355, 373, 464; Ⅷ, 7, 22; Ⅸ, 387, 425. 转引自:William N. Chambers, *Political Parties in a New Nation* (New York, 1963), pp.106-7。

在关于法国大革命的作品中,柏克抨击了这种政党。他承认人的权利是自然存在的。但是无论在原初契约时刻还是后来的任何时期,它们都没有赋予多数人统治的权利,以便用契约的最初原则或在统治的一般进程中激励社会。因为在任何时候,阴谋者及人民的奉承者都可以利用多数决规则赢得统治。对柏克来说,多数决规则是一种武断的规则,因为它在没有建制、因此没有限制的情况下鼓励大众统治。[74] 在原初契约,或者随后契约的任何根本变更中,只有每个个体的服从才能使政府合法;多数人的决定将是简单的篡夺。[75] 在1688年的革命中,当有必要用原初契约的原则激励英格兰时,由老辉格党人领导的一小群人采取行动就足以保护所有人的权利。柏克认为,一般的统治不是由人民通过多数人的决定,而是由若干与人民有联系的制度,或由人民的若干部分组成的常设政府来进行。

多数人统治的政党具有人民积极执政的缺点——人民参与执政使其丧失了对统治的控制能力。人民无法控制"他们臭名昭著的奉承者"。由此可见,柏克反对当今所谓的"负责任的批评"。"负责任的批评"是"替代政府",即反对党的演说。它或者可能是负责任的,因为讲话者也许将来有机会采取行动;因此,基于他们对统治问题的了解和对处于困境的统治者的同情,他们的抱负会抑制他们批评不能改进的现状,也会阻止他们利用不可能实现的愿景去迎合人民。可替代的政府作为一种常设机构,是现代意义上政党政府的属性,因为政党只有

---

[74] "Appeal," *Works*, Ⅲ, 92-93; "Reflections," *ibid.*, Ⅱ, 515.
[75] *Ibid.*, pp.76, 83-85; "Reflections," *ibid.*, Ⅱ, 332.

在纲领上和记录上团结起来，才能负责任地想象其未来的权力运作。

但显然柏克更喜欢独立的批评而不是"负责任的批评"。因为它把控制和政府结合，而"负责任的批评"是自相矛盾的。"负责任的批评"将被野心玷污，而不是受到限制，因为它的基础将是雄心壮志者的目标，而非人民的目标。大众政府要求人民的一般目标是至高无上的，而这些目标是政府批评的基础，不掺杂对统治者的同情。统治者应该同情人民，而不是人民同情统治者，因为统治的必要性最终源于人民的权利。我们不应对统治的必要性进行深入的探究，例如可替代的政府的声明，也不应心照不宣地默许统治者的意见，以阻碍后来的批评。真正的批评取决于人民的欲望，要独立于统治的必要性而作出判断。因此，独立的批评只能出自一个不同于野心的来源。诚然，人民有权利受到限制，但这一主张的根本含义是，政府在保护人民的权利方面受到限制。

政党和政治家才能

但是，当我们已经说了这么多来区分柏克在政党作为控制和作为政府的双重功能方面与现代实践之间的不同看法后，我们必须问，柏克的解决方案是否成功。柏克自己的政党，似乎由于其在政府和反对派中的共同经验而得到巩固，并在柏克为该党辩护的影响下变得有纪律，从而脱离了以人民的名义进行控制的职能。在对待法国大革命的问题上，柏克与福克斯派辉格党人（Foxite Whigs）决裂，因为他说这些新辉格党人已经失去了对英国原则的赞赏，而这正是他写作《反思》和《呼吁》所要唤起的东西。柏克本应避免"可替代的政府",它的纪律源于政党纲领,但他确实鼓励以政党历史为根基的可替代的政府。那么政党纲领和政党历史之间的区别究竟有多大呢?福克斯派辉格党人并没有现代风格的纲领,但他们把对法国大革命的看法同反对英国抵抗美国革命的战争经验结合,从而认可了法国大革命。这派的观点表达不一,但都很固执。这使柏克感到厌恶,并让辉格党人失去了权力,被怀疑几乎叛国,这种状况一直持续到1832年。当人权成为当前口号的主题,随时准备使用时,一部党史可能会像党纲一样对社会的建制产生强烈的敌意;它实际上可能成为一个具有革命性的党纲。

此外,即使一部党史在构成上比党纲更符合政治家才能,它在运作上是否也更符合呢?我们认为柏克的意图是使政党成为英国社会的一种建制。然而在《反思》一书中,当他定义和列举各种建制时,政党并未作为其中之一被提及。如果它是一种建制,必定是特殊的一个。它在政制中似乎并不是完全自然地生长。这是一种非常精妙的发明,它改变了防御暴政的最明显的例子——老辉格党人对政党的运用——的学说,从而使暴政变得无能为力,而正派的人由于预见到阴谋的需要而变得有效。为了履行这一复杂的功能,政党需要一位有远见的政治家进行复杂的辩护——它更为复杂,是因为政党必须看起来像一个简单、正派的求助对象。1790年之后,他的政党过于拘泥于同一位政治家,于是他离开了这个政党,并且几乎要摧毁它。政党需要一位有远见的政治家来为其设限,并建立它的声望。从某种意义上说,柏克对政党的公开辩护和他对政党局限性的公开证明,与老辉格党人运用政党来消除对政党的需求相呼应。然而，柏克的行动——无论是开始还是限制——需要一种比老辉格党人所要求的政党运用更为微妙的政治家才能（尽管政党的引入是为了减少其他人对政治家才能的需要）。因为当政党的运用没有得到尊重时，就很容易停止使用它。[76]

柏克不是伟大家族的成员；他是一个新来者，是个才俊之士。他的政党观念的确考虑到了他自己；政党绝不是严格意义上的家族政党，的确允许才俊之士在久经考验之后缓慢地崛起。但是柏克的概念不允许他完全自主决定，进而限制政党的声望。作为一个在最高实践意义上的才俊之士，而不是议会中与其政党在 90% 的问题上达成一致的人，这些决定是由他自己做出的。诚然，与他有关联的正派之人大多同意他的第一个决定，其中有不少也同意他的第二个决定，但他们不能像他那样，知道他们所同意的是什么。把《思考》与《反思》《呼吁》协调起来的问题，就存在于政党和政治家才能之间，而非大众自由和权威之间的张力中。在《呼吁》一文中，柏克明确地避免定义政党的界限；但在《思考》中，并未这样提及限制，尽管政党并不是以它的现代形式而出现。柏克只是表达了这种实验的愿望，并以一种审慎的谦虚态度来保护它："我的目的是把这件事带入公共讨论。让别人的睿智来解决这个问题吧。"因此，我们从《思考》开篇的微妙之处（这种微妙性是引入补救措施这一棘手任务所必需的），经过一个重要的下降之后，到直率地邀请党内正派之人来解决这个问题，已经走过了一段重要的路程。

---

[76] *Correspondence*, IV, 80.

200　　柏克的政党概念既无法解释他对政党的捍卫，也不能阐明政党的界限；事实上，这些恰恰是党派人士不能胜任或者无法触及的问题。我们在讨论了政党，并分析了柏克的《思考》之后，还需要探究柏克思想中政党和政治家才能之间的紧张关系。我们必须超越政党来解决这个问题。由于柏克关涉政党的行为是他怀疑政党的原因，他本人或与他类似之人的意见应该作为这一探究的指南。

第八章　先定德性

我们从《反思》中这个令人印象深刻的陈述开始探究《思考》一文所关心的问题:"政府存在的唯一资格在于德性与智慧,无论是真正的还是先定的。"了解古典政治哲学家的基本政治原则——智者统治——的读者,会很容易地感觉到它与柏克言辞的相似之处,但对二者的不同感到诧异。既存在具有真正德性和智慧的人,也存在具有先定德性和智慧的人。何谓先定德性?为什么真正德性是不够的,因此需要先定德性?如果先定德性是可能的,那么为什么先定德性是不够的,从而要主张真正德性呢?如果我们发现绅士的统治就是先定德性的统治,那么这与真正德性的主张又如何协调呢?"美德"和"绅士"在当今政治科学家的演讲中并不多见,但柏克对这些术语的理解使他产生了现代意义上的"领导才能"(leadership)概念。

真正德性

柏克说,无论在何处都能找到真正德性与智慧:

无论在哪个国家，何种条件、何种职业或行业，他们都拥有通往人类家园和荣誉的天堂通行证。一个国家，如果愚蠢并不敬地拒绝让这样优雅的德才兼备者为市政、军事或是宗教服务，将这些围绕着国家并散发着光辉和荣耀的事物贬斥至低微处，就是国家的灾难！

为了鼓励真正德性，柏克接受了机会平等的原则，但附上一个条件：

> 我毫不犹豫地说，从卑微的境况走向显赫地位和权力的路途不应太过容易，不应被视为理所当然之事。如果罕见的功绩是所有稀罕事物中最为难得的，那么它就应该通过某种检验。荣誉的高塔应在高处矗立。如果它因德性而敞开大门，并让自己被永远铭记，那么这样的德性必是经历了艰难与挣扎的考验。[1]

这是对真正德性的一个简短讨论；它显然是为大篇幅讨论先定德性所做的一个导论。真正德性不应遭到愚蠢而不敬的拒绝，但也不应受到欢迎。保持对美德的考验，进而给它造成困难，这既不愚蠢，也非不恭。那么为什么要这般运用罕见的德性呢？如果柏克认为自己是这样一个具有罕见价值的人，那么在他自己的生活中，这个问题也许会有一个答案。当然，像柏克这样的人会顺从这种广泛的考验，观察者对此感到颇为费解。

---

[1] "Reflections," Works, II, 323.

柏克因在政治上尊重他的贵族伙伴而受到指责。[2]远不如他卓越的人愿意根据他的功劳授予其某种显赫的地位，然而他们遇到了一个显然需要帮助却拒绝帮助的人，他表现出冰冷的屈尊俯就的态度。他从未要求过他本可以占有的位置，甚至从未要求过他曾经要被给予的地位。但是，选择这种顺从是出于某种独立的原因，而不仅仅是承认自己的低人一等。我们可以从其政治生涯的开端和结束这两段时间来研究这个问题。

柏克与他的第一位庇护人威廉·杰拉德·汉密尔顿（William Gerard Hamilton）发生过激烈的争吵，他放弃了汉密尔顿提供的年金并离开了他，认为自己"完全正确"。[3]柏克在一份声明中解释了他的观点，其中提到了他写给汉密尔顿的一封信，陈述了他的立场：

> 这封信中有一种表达的变化，比埃德蒙·柏克对任何人表现出来的更为顺从和公开。由于他的熟人可能会感到惊讶，他需要做出某种解释，以便更清楚地表明这个写作的真正意图——汉密尔顿先生频繁地表示对柏克的关心；从柏克的陪伴中获得的快乐，以及无限夸大柏克所作贡献的意义。埃德蒙·柏克总是担心汉密尔顿会认为，他（柏克）利用自己频繁出现的激烈言辞，把困难的条件强加给他。他在这方面的小心翼翼（delicacy）使他展现了一种在他身上很不寻常的表达方式，而他浑然不知这种表达的

---

[2] L.B. Namier, *The Structure of Politics at the Accession of George* Ⅲ (2d ed.; London, 1957), pp.10-11.

[3] *Correspondence*, Ⅰ, 196; 参考 Thomas W. Copeland, "柏克的第一位庇护人"。

第八章 先定德性 | 297

后果。[4]

柏克否认自己习惯于使用顺从的语言,但他认为在1765年之后,顺从的语言在他的生活中变得很常见。柏克认为,有地位的人在赞美才俊之士时,并不意味着他们的尊重与其言辞相称,这种赞美对有才能的人来说,是危险的。他们赞美能力是为了运用它。一个才俊之士,如果他是一个真正有能力、有真正德性的人,就会避免被这种奉承奴役。柏克屈从于汉密尔顿的地位,是为了避免更糟糕地屈从于他的赞美。柏克的谦恭是渴望独立的结果。

写于1796年的《致高尚贵族的一封信》(*A Letter to a Noble Lord*)是柏克著名的自我声明,其中最耳熟能详的段落如下:

> 我不像贝德福德公爵大人那样,用襁褓裹着身躯,摇身一变成为立法者;"与困境斗争"(Nitor in adversum)是我这类人的座右铭;我不具备任何一种品质,也没有培养出任何一种技艺,能受到伟人的恩宠和保护。我不是奴才,也不是工具。我极少为了赢取民心而改变自己的想法。在我人生的每一个进步中(每一步我都是遭到反对和拒绝的),在我遇到的每一个关卡上,我都必须出示我的通行证,一遍又一遍地证明,我并非完全不了解我国的法律,也并非不了解它在国内外的整个利益体系,以此证明我享有对国家有用这个唯一的荣誉头衔。除此之外,我

---

[4] *Correspondence*, I, 163-66, 185.

没有地位，甚至不被宽容。我只有男子汉的技艺（manly arts）。我曾站在它们上面，上帝保佑，尽管有贝德福德公爵和劳德代尔伯爵，我将站到最后一刻。[5]

柏克是一个骄傲的人。在写下《反思》六年之后，上述段落中出现的通行证就充分体现了柏克的骄傲。他的通行证是男子汉的通行证，别人的则是"天堂通行证"；但它们是一样的通行证，因为与具有真正德性的人一样，柏克遭遇并通过了同样彻底的考验。我们可以得出这样的结论：柏克认为自己是一个具有真正德性的人，因此，他的生活，在他看来，是对真正德性概念的进一步证明。

然而柏克在其作品中，在对汉密尔顿的描述中，并没有表现出他的骄傲。他之所以写下《致高尚贵族的一封信》，是因为贝德福德公爵批评他从议会退休时领了养老金。公爵认为，柏克的能力，正如他在反对法国大革命中所显示的那样，不值得奖赏；由于公爵拒绝接受王权奖励功劳的假定，柏克不得不坚持自己的权利。公爵本可以像温和的纹章历史学家，"只把笔浸在人类善良的乳汁里"，借着这支笔，"每个人创造出的同侪，首先都是一个现成的英雄"。[6]但在模仿人权哲学家的过程中，他选择了否认这个假定，而在柏克的案例中，这一假定显然是有充分根据的。柏克试图通过将他自己的真正德性与第一代贝德福德公爵的美德相比较，而不是与现任公爵的美德进

---

[5] "A Letter to a Noble Lord," *Works*, V, 124-25. 转引自："我的优点，无论它们是什么，都是原初的、个人化的；他的则是派生的。" *Ibid.*, p.130；也可以参考 "Reflections," II, 517; *Correspondence*, II, 131。

[6] "A Letter to a Noble Lord," *Works*, V, 130.

行比较(他对这种比较嗤之以鼻),由于第一代公爵的财富和性格产生了有利于现任公爵的假定,从而让公爵最为清楚地认识到攻击先定德性的危险。柏克说,第一代贝德福德公爵的德性,"作为一个夷平一切的暴君敏捷而贪婪的工具",[7]只是假定的,因此是不适当的假定。柏克本人曾投身于真正的公共服务,尤其是作为一名经济学家和改革家,他是在与"社会上层人士"的关系中做这些事的,而这些人是具有先定德性的人,他们不像现任公爵,追求一种与秩序、美德、道德和宗教不可分割的自由。[8]

但柏克认为,真正德性必须为先定德性服务,因为只有在运用中经过考验才能确定真正德性;而不是在一开始就认可它全部的自诩。事实上,先定德性最值得骄傲的地方就在于,它接受了这种考验。一个拥有先定德性的人对伟大的行为感到骄傲,而伟大的行为是困难的;但最困难的,也即柏克最引以为豪的事迹,并不是一个伟人所能选择的伟大,而是那些地位较低的人强加给他的行为。对其罕见德性的检验是由具有先定德性的人根据他们的标准并通过各种建制来进行的,因为服务于以最高荣誉为特权的人,是对那些以真正德性(在公共服务中)为目的而不仅仅是为了炫耀之人的最可靠检验。[9]因此,即便存在真正德性,没有先定德性也是不可能的,因为若是不存在先定德性,就不会有人对真正德性进行检验。

当一个人用"天堂的通行证"换取高贵的地位时,他得到

---

[7] "A Letter to a Noble Lord," *Works*, V, 131;强调为原著者所加。
[8] *Ibid*., pp.117, 126-27.
[9] *Ibid*., p.133; *Correspondence*, II, 263.

了一种对美德的推定；对这种"通行证"的彻底考察，是无条件接受其地位的条件。但这种考验必须在那人的有生之年，在他的地位被授予之前进行；否则先定德性的概念就会遭到破坏。贝德福德的第一代公爵，"敏捷而贪婪"，不必拥有真正德性，而且他本身不足以获得他的爵位；但是现任公爵值得拥有他的地位，因为他的榜样保护了先定德性的观念，并且从原初之恶中带来了善。柏克显然认为先定德性是必要的，而真正德性取决于先定德性。他的骄傲虽然是真实的，却是沉默和试探性的。

柏克说过，真正德性应该包括公共服务；但它通过家庭变成先定德性。我们已经看到，柏克用家族式政党取代了个体化的政治家才能；他这样做的原因包含在当前的探究中，因为他顺从贵族家庭，希望有一个属于自己的家庭。也就是说，柏克的骄傲是家族骄傲；但这是一个尚未到来的家庭，或者就柏克的例子而言，这是一个不会到来的家庭，因为他的儿子已经去世了。

"如果上帝愿意继续给我继承的希望，那么，以我的平庸和我所生活的时代的平庸来说，我应该是一个家族的创始人……"[10] 他自认为和贝德福德第一代公爵不相上下，因此，根据王权会奖励他的功劳这一假定，他认为自己和现任公爵一样好。这种假定是不能预测的，因为真正德性必须经过检验；所以柏克仍旧很恭敬。具有真正德性的人必须放弃个人的骄傲，除非他是一个家族的创始人。因此只有最好家族的一个成员，一个贵族，才能正确而充分地感受到一个好人的骄傲。一

---

[10] *Works*, V, 135.

个身份低微的人，在他的行为被正派之人和代表正派之人的国王接受之前，只能暂时被认为是好人。如果骄傲的条件是成为一个家族成员，那么善良的条件就是公众的接受。善良的人，具有真正德性的人，只有当他使善良在政治上可以接受的时候，才会为之自豪；因此，他最伟大的行动就是把他的善良塑造成被人接受的样子。他不能在最充分的意义上作为立法者制定一部宪法：如果他能这样做，他就必须使其立法符合人民的脾性；但他也可以通过更改建制来改变人民的脾性。在古典的观念中，最充分意义上的立法者构成了人民，形成了建制。但是在柏克看来，这些建制作为人民的一部分，是不能改变的。在一个自由政体中，人民和领导他们的正派之人是高于真正德性的最高权威；他们迫使有真正德性的人并非像传统意义上的立法者那样超越家庭，而是通过家庭来实现他们的目标。真正德性在于承担公共服务，是因为真正德性是由建制所约束的。这些建制的一个根本目的是为最优秀的人制造困难。

具有真正德性的人在家族中扮演两种角色：创始人和捍卫者。家族创始人的任务似乎更大，因为他必须通过由具有先定德性的人设定的考验。对一个具有真正德性的人来说，这些考验是困难的，并非因为它们对他的能力提出了要求，而是因为它们需要对他的自命不凡加以约束。但作为创始人的继任者，家族的捍卫者面临的任务更困难。他可能不得不通过当前对家族创始人的真正德性进行解读，来为他喜欢的假定做辩护。这种解释不应是简单地叙述过去的英雄事迹，而应是根据当时接受这些事迹的条件和对其榜样在今天的力量的认识来叙述。柏克对老辉格党人的颂扬有这样的问题：部分是赞美，部分是改编。

在《致高尚贵族的一封信》中，柏克以同样的方式颂扬自己，使其独特、且基于真正德性的骄傲，隐藏在那些将自由和秩序视为不可分割的正派之人背后默默发光。在接下来的段落，柏克表达了想要成为家族创始人的愿望，柏克说他会留下一个儿子，不逊于现任公爵或他家族中的任何其他人。作为他的继任者，他的儿子不会"利用我身上任何一种停滞、浪费的价值"。他儿子会做的一件事就是为柏克辩护；因此柏克说："我把他会对我做出的虔诚行为，归因于最亲密的关系（这必须永远活在我的记忆中）；我有责任向他表明，他并不像贝德福德公爵那样，是从一对不受尊重的父母那里传承下来的。"柏克为自己辩护；他既是家族的创始人，又是家族的捍卫者。最好的家族捍卫者是一个有真正德性的人，而不是一个试图依靠"无穷无尽的美德"来生活的人。人们可能会认为先定德性的含义恰恰在于：一个人被假定具有真正德性。但是，具有原创性和个性化的美德要比出于某种原因而需要推定的美德更具有德性。因此，在柏克看来，真正德性和先定德性在德性上似乎存在着区别；真正德性大于先定德性。

但是具有先定德性的人认为他们是善的，而不只是被假定为善的；他们并不急于得知他们可能比应得的更有特权。他们很容易被"才俊之士"的口号诱惑，因为他们被教导说，这并不排斥他们。因此成为一个家族的捍卫者相比于成为创始人是一个更为微妙和困难的任务，因为通过由具有先定德性的人所设定的考验比捍卫先定德性的观念更容易。并不是每一个假定都能得到辩护：贝德福德第一代公爵的"真正德性"应该从假定中去除，因为在当今这个受到夷平一切的暴政威胁的时代，充当暴君的工具是一个糟糕的例子。

通过评论柏克对 1794 年儿子去世的悲痛之情,我们必须指出家庭对于他的重要性。在致菲茨威廉勋爵(Lord Fitzwilliam)的一封信中,从他对吊唁的回应中,我们可以看出柏克的悲伤程度:

> 一些智慧并善良的朋友告诉我——我应该努力延长我在这里的生命,坚定地忍受神意对我根本的善可能施加的任何痛苦。否则,我就会产生一种严重的怀疑:如果我能征服上帝和大自然植入人类心中的感情,很快走进最亲爱的儿子和死去朋友的坟墓,是否对世界来说是一个好榜样呢?

为了成为公众的榜样,他考虑过自杀或者某种类似的事情,直到有人说服他顺从神意,尽管这种说服并不完全有力。

我们认为,柏克在这个事件中感到孤独,只能解释为他决定通过家族的贵族身份(显然在他儿子去世之前就已在考虑之中)使自己永垂不朽,而不能更直接地解释为他的个人名声。[11] 名誉是正派之人真正德性的声望;在名誉方面,柏克一生追求的只是建立一个家庭所需要的那么多。虽然他的才能不比威廉·皮特、乔治·格伦维尔、查尔斯·詹金森和曼斯菲尔德勋爵逊色,他的出身也不比他们更卑微,但他从未达到他们所向往的显赫地位。柏克的"通行证"不仅经常受到检查,而

---

[11] 转引自:Thomas H. D. Mahoney, *Edmund Burke and Ireland*, p.226; 参考 *The Epistolary Correspondence of Edmund Burke and Dr. French Laurence*, p.31; "A Letter to a Noble Lord," *Works*, V, 136; 以及 James Prior, *Life of the Right Honourable Edmund Burke*, pp.405-6。

且他总是把它拿出来让人看。在政党方面，在1766年到1782年的岁月中，柏克一直是反对派，他不断敦促他所服务的那些安逸的有产者按照他的政党观念行事，而他本可以通过接受政府的职位来改善他的政治生涯，建立他的名声，并用权力检验他的美德——所有这些都要在完美的准政党礼仪（prepartisan propriety）中进行。因此，那些指责他的顺从违背了自然的人，在一定程度上是正确的，因为柏克对自己与生俱来的真正德性加以约束；但他们应该意识到，应该考察他选择顺从的理由。[12] 他更喜欢通过财产来调节名声，而不是用个人名声直接影响人们。柏克认为，人们应该基于伟大家族中先定德性的持久存续，而非英雄的直接榜样，建立真正德性的观念。柏克对家族名声的强烈渴望表明了他的信念，即具有真正德性的人应该以这种方式延续他们的英雄主义。

在对真正德性的讨论中，柏克显然对那些只有先定德性的正派之人给予了无条件的支持。他认识到一种比他们更伟大的美德，在《致高尚贵族的一封信》和别处，他似乎把这种美德定位在自己身上。但是柏克的骄傲，或者一般意义上的真正德性，在某种程度上是有缺陷的，因为它必须通过先定德性而存续。它的主要缺陷似乎是对财产的野心；《反思》中具有真正德性的人，似乎是《思考》中批判的才俊之士或"政治学派"。但虚假的雄心壮志不可能是真正的能力；真正的能力或真正的积极美德具有柏克在为先定德性服务时的自我约束。真正德性的缺陷必定适用于无产者的傲慢，正如我们在柏克对博林布鲁克最基本的批评中所看到的那样。能力是一种"充满活力

---

[12] 转引自：Ernest Barker, *Essays on Government* (2d ed.; Oxford, 1951), pp.173, 176。

而积极的原则";[13] 换言之，对能力或真正德性的鼓励，成为阴谋家用来达到某种地位的一种原则，但他们既不具备与该地位相匹配的财产，也缺乏从容的美德。真正危险的并不是真正德性本身，而是真正德性的原则误用。然而这种误用是不能避免的；而真正德性必须在腐败潜在的不良后果中受到限制和考验。但在研究柏克对先定德性的主张时，可以看到，真正德性不仅容易被误用为一种原则，而且本质上也不可能成为规则。

先定德性

何谓"先定德性"呢？它可以指可能存在的真正德性。但另一种可能性是，先定德性是比真正德性更小的美德，却更确定和可靠，这在前文已经指出。解决了这个问题之后，我们可以探究自然法和先定德性之间的关系，因为柏克的"先定德性"是一种初看上去似乎与依赖自然法背道而驰的新事物。

现在，我们可以回到《反思》一书中开始讨论真正德性的段落，考察柏克对先定德性的引入：

> 任何事物都不能充分而恰当地代表国家，既无法代表它的能力，也无法代表它的财产。但由于能力是一种充满活力而积极的原则，而财产则是惰性、静止、羞怯的，因此财产很难在能力的侵袭下维持安全，除非它的代表在政制中所占比重是具有支配地位的。

---

[13] "Reflections," *Works*, II, 324; 转引自："Thoughts," *ibid*., I, 313。

柏克立即将先定德性与财产联系起来，并指出财产与其自然能量必须在政体中"不成比例"地体现，才能在能力的侵袭下保持安全。他的论点是，财产决定了一个人的地位，而一个人的地位决定了他的责任，并且确保了其责任的履行。

关于第一点，在能力和财产的关系上存在一个问题。当有能力的人取得财产时，正如他们在政治经济体制下的自由政体中一样，他们也会取得政治权力；这就是我们已经观察到的"财产的自然运行"。[14]但是，财产取决于他人对它的承认；它是一种权利，而不是一种产品。当有能力的人获得财产时，他们会接受他们没有也不能得到的东西——财产的永久性。为了保护这种永久性，财产必须是世袭、固定的，而且必须在政制中"不成比例地"体现。因此，在柏克看来，财产在其自然运作中具有强大的力量，而且必须使财产在其自然能量之外具有强大的力量，这并不矛盾。柏克将获取的权利和继承的权利结合：人们"有权获得自己的生产所得；有权运用提高产出的手段；他们有权获得父母留下的财产……"由此可见，一个人的地位并不是由世袭特权决定的；地位标准是财产的不稳定原则。[15]但是，社会应该确保地位并不是财富的直接后果，因为那些出身贫寒却迅速致富的暴发户，并不了解他们崛起的条件。他们忘记了，对财产的保护不仅需要原初契约，也需要依赖基于时效形成的建制。因此，能力慢慢地从社会得到它的保护——这意味着地位或位置是世袭财富的结果。

---

〔14〕 Leo Strauss, *Natural Right and History*, p.315 n.
〔15〕 "Reflections," *Works*, II, 331-32; "Thoughts and Details on Scarcity," *ibid*., V, 100; 转引自：Charles Parkin, *The Moral Basis of Burke's Political Thought*, pp.31-33。

第二点,"每个人的位置决定了他的责任。如果你问:'上帝命令你成为什么样的人?'当你解决另一个问题,即'在人类事务中你扮演什么样的角色?'时,就会获得答案。"[16]对于前一个问题的答案,佩修斯(Persius)不会建议我们阅读《圣经》;但他确实引入了另一个问题,"金钱以什么为准则"?(Quis modus argento?)柏克在脚注中加以引用,但并非他自己提出。对于柏克而言,金钱(argentum)决定了地位;上帝并没有限制对它的欲望,也没有决定一个人的地位有多合适。获得财产的唯一限制是在保留财产的规定中暗示的。

第三点可以从《呼吁》中一个很长的段落看出,它对我们当下讨论的先定德性和先前讨论的绅士统治是非常重要的,需要全文引用:

> 真正的自然贵族并不是从国家中分离的一个单独的利益团体,它是任何公正地建立起来的社会组织的基本组成部分。它是由一个具有合法假定的阶级所组成的,这种假定总体上应为实际情况所认可。他们在为人敬重的环境长大;自婴儿起就从未见过任何低俗卑鄙的事物;被教会自尊;习惯于公众审视的目光;很早就留心公共舆论;高高在上,因此能够对一个庞大社会的广泛、无限丰富的人类事务采取宏大的眼光,从大处着眼;拥有闲暇去阅读、思考和交流;不论他们出现在什么地方,都能引起学识宏富、智慧不凡的才俊人士的仰慕和关注;谙熟于在军队里

---

[16] "Appeal," *Works*, Ⅲ, 80; Persius, *Satires*, No. Ⅲ, 1. 72; *Correspondence*, Ⅳ, 79; 转引自:J. J. Rousseau, *Second Discourse*, Preface.

指挥和服从；被教导在追寻荣誉和职责时不惧危险；在那种没有错误可以免遭责罚，最轻微的错误就可能导致毁灭性后果的情况下，尽可能养成警觉、明察和审慎的品性；意识到被同胞认作他们在紧要关头的指导者，也是上帝与人之间的调停者，因此行为谨慎而有节制；被选为法律和正义的管理者，从而首先造福于人类；成为高级科学或自由灵巧艺术的专家；跻身富商之中，他们由于成功而被认为具有敏锐、生动的理解力，拥有勤勉、秩序、坚定和端正等美德，对交换正义习以为常。这些都是构成我所称的自然贵族的素质，没有他们就没有国家。[17]

重述一遍，这是"一个具有合法假定的阶级，这种假定总体上应为实际情况所认可"。他们得出了一个令人惊讶的结论：位置赋予美德的机会，充分保障了美德的实践。但真正德性高于先定德性。因此，按照柏克的想法，先定德性更小，但更确定。它不是可能的真正德性，而是从一个人的位置上推定的较小美德。

柏克宣称，需要这种推定的团体就是"真正的自然贵族"。当古典政治哲学家将智者统治的原则应用于一般情况时，他们得出的结论是，那些受到柏克所描述的优势支撑的绅士统治通常是最好的，因为这可能是最明智的。他们同意柏克的观点，即绅士不如有真正德性之人，但他们的供应量更大。但对于古典哲学家来说，贵族或自然贵族保留了它的字面含义，即最佳统治或者智者统治。当他们寻求更易获得的美德时，他们绝不

---

[17] "Appeal," *Works*, Ⅲ, 85-86. 注意柏克的"真正的自然贵族"似乎需要一个大社会；转引自：*The Federalist*, Nos. 10, 14。

会忘记最高德性；因此他们从来不认为，当更小的德性是确定的时候，美德就是有保障的。在古典政治哲学中，绅士们不得不出示他们的"通行证"，因为存在一个假定——只有真正德性才有权利进行统治。柏克保留了一种类似于英雄美德和普通美德的区别，这在亚里士多德的《伦理学》中可以找到。但是他对普通美德做了一种假定；因此，当他试图确定这种区别的同时，他也缩小了普通美德与罪恶、贵族和寡头政治之间的差距。

我们看到，在考虑英国政制时，对柏克来说，绅士统治解决了大众政府的问题，而没有超越普通人的欲望。现在可以补充的是，绅士统治就是先定德性的统治。先定德性意味着"在为人敬重的环境长大"；这是位置的一个简单属性。令人敬重的环境是人民的一部分；它由人们敬重的事物所定义。处于这种位置必然产生合法的假定，它为实际情况所认可。一个高贵的地位是"治愈自私和狭隘思想的良药"。[18]

"政治家被置于显赫的地位，他们的视野可能比我们所能支配的还要广阔。摆在他们面前的是全局，而我们只能对局部做思考，而且往往没有必要的联系。大臣们不仅是我们的自然统治者，也是我们的自然向导。"[19] 的确，他们是向导或者领袖，而不是统治者；他们引导、指引、节制人民。[20] 在先定德性的基础上，柏克用领导者和被领导者之间的关系（这在现代政党学者的语言中如此普遍）取代了亚里士多德意义上统治者与被统治者之间的关系。柏克的政治家是领袖；无论多么卓越，他

---

[18] "A Letter to a Noble Lord," *Works*, V, 147.
[19] "Letters on a Regicide Peace," *Works*, V, 227; *Correspondence*, III, 218.
[20] *Works*, V, 164, 342.

们都是人民的一部分。他们与人民的其他部分混在一起，以便更好地代表而不是统治他们。他们具有整体的视野，却不能进行统治，因为整个社会是"无限多样化的"。他们有公共责任，接受公众事业的教育，但他们本质上只是私人贵族。他们的德性是从他们的个人地位中假定的；他们的财产不是其公共责任的结果，相反，他们的责任是其财产的结果。他们所处的位置是他们所做事情的原因，而不是相反。给予他们先定德性的保障是他们与人民的联系，他们是人民自由的受益者。尽管只有这个群体的人可被推定为值得信赖的大臣，但他们必须受到"为人民而控制"的监督，以便将他们的统治约束在领导之下。

人民领袖的先定德性以人民的顺应（good humor）为必要条件：如果人民能保持足够的安静，那么一般的政治家就能被认为是足够好的。如果人民是温顺的，就不难被领导；在一个自由社会，如果他们不被强迫变得比他们希望的更好，如果他们不被统治的话，他们就会变得温顺。在《思考》中，柏克提出了政治家的假定，即假定人民足够开明，能够允许政治家采取有效行动。在他后来的著作中，他提出了先定德性的概念，据此，有财产的人被假定为有影响力的政治家。这两种假设远非矛盾的，而是彼此需要的：领袖必须能够领导，被领导者必须能够被领导。但实际上，领袖是由民意引导的，所以被领导者也是领导者，在这种关系中没有统治可言。

先定德性和自然法

那么，我们已经证明是先定德性的较小美德是什么呢？柏克显然接受某种自然法，我们必须考察先定德性是否由自然法来定义。问题在于,如果自然法存在,那么先定德性为什么是必要的?如果美德是由自然法所支持,那么处在高位时,为什么有必要假定一种较小但更为确定的德性呢?根据阿奎那(Aquinas)的自然法,美德主要由人类良知的自然倾向所支持,即与人和睦相处和认识上帝;而在霍布斯和洛克看来,正义是由自我保存的自然欲望所支撑的。在任何一种情况下,我们都认为自然具有法律的性质,因为自然有一些强制手段来支持美德。那么先定德性——柏克认为它在本质上对真正德性的支持打了折扣——难道不是这两种自然法的替代品吗?

"自然法"一词在柏克的作品中并不常见,事实上,它出现的频率远远低于对审慎的赞扬和对环境的警惕这类话语。但这只意味着柏克的诠释者必须找到一种自然法和审慎的调和,其中包括对先定德性的理解。柏克对自然法做了足够多的庄严声明,要求诠释者认真对待它们;他不仅仅是近代功利主义的先驱,这种功利主义是在没有自然法概念的情况下提出的。这就出现了一个问题:他的自然法概念是现代的?就像霍布斯和洛克一样;还是传统的?就像阿奎那那样。读者将会发现支持前一种描述的很多证据。柏克从对自然状态的考察中得出结论:人们具有自然权利,包括获取财产的自然权利,它经由时效而得到修正。他说,未受契约约束之人(uncovenanted man)的第一根本权利是为自己作判断并维护自己的事业,而自卫的权利是第一自然法——这一主张接近霍布斯的观点,即自然状态的自我保存要求每个人对保存的手段做出自己的判断。[21]了

---

[21] "Reflections," *Works*, II, 332; 转引自:St. Thomas Aquinas, *Summa theologica*, I-II, 94, 2。

解到这一点，我们将通过表明柏克的自然法是由自然感情和审慎构成的，来试图证明这一概念是现代的。我们将思考，柏克的宗教观点如何符合他的自然法概念，并将这些观点与博林布鲁克的自然神论进行比较，以解释政党与宗教之间的关系。

如果自然法存在，那么先定德性之所以必要，一定是有原因的。真正德性必须在某种程度上是无能为力的；无论如何优越于先定德性，它在本质上必定很少或者根本得不到支持。通过使用"责任"这个词，柏克表明他相信真正德性是无能为力的；他从不把责任和美德进行对比，当他谈到责任时，他似乎没有为非强制性的美德留下任何位置。

"责任不是自愿的。责任和意志甚至是相互矛盾的名词。……综观整个生命和整个责任体系。很多最强烈的道德义务从来不是我们选择的结果。"[22]的确，他有时说"美德"，是指普通人可以获得的美德，例如"先定德性"一词，但在这种情况下，他指的是责任。[23]一种特殊美德被理解为责任的例子如下："我们的身体健康，我们的道德价值，我们的社会幸福，我们的政治安宁，都依赖于我们对欲望和激情的控制，这是古人根据节制（*Temperance*）的基本美德所设计的。"但"这种控制"，在上下文中，被亚里士多德称为"自制"（continence）[24]。

此外，柏克认为，责任通常是一种自我约束："……人们

---

[22] "Appeal," *Works*, Ⅲ, 78-79.
[23] 这种识别隐含在 "Reflections," *Works*, Ⅱ, 310, 335, 353-54; "Letters on a Regicide Peace," *ibid*., Ⅴ, 266 中。
[24] "Letters on a Regicide Peace," *Works*, Ⅴ, 326. 有节制的人是那些不需要控制邪恶激情的人。Aristotle, *Nicomachean Ethics*, 1152a1-3.

乐于听到他们的权力，但极其讨厌被告知他们的责任。这是理所当然的，因为每一种责任都是对某种权力的限制。"[25]一般人能感觉到他们的权力，他们非但不是想用这些权力行善，反而必须在某种程度上被迫放弃对它们的行使。责任与这种限制有关，而不是与欲求正确事物的激情教育有关。这是一种较低级的美德（正如自制低于节制一样），因为抗拒诱惑的人必须感受到诱惑。不抗拒诱惑的人也有这个缺点。[26]我们可以假定，一个有真正德性的人，具有正确使用权力的自然愿望；但具有真正德性的人，并非一般人。从政治角度来说，必须从总体上考虑人。只有强制的美德或责任才能被一般地假定；因此先定德性必须是责任。

柏克对真正德性和先定德性的区分似乎是亚里士多德式的——拒绝哲学家王的统治，而支持绅士的统治。真正德性在本质上过于罕见，政府无法依赖它；当人们聚集在政治团体中的时候，他们必须安排一种较小的美德。但是柏克否认立法者的角色（在完整意义上）对一个具有真正德性的人来说是可能的。柏克认为，社会的建制不能由立法者的智慧来建立；相反，政治家必须以审慎的态度来尊重和培育这些建制。亚里士多德也认为，真正德性在政治上是行不通的，它必须服从于绅士们得体但不精确的统治。但偶尔，一个卓越的人能够通过制定一个合理规划的宪法来组成一个社会，这是可能的。对亚里士多德来说，立法者的可能性对于人的可能性是至关重要的：它是人类的最好生活——理性生活，与通常、必要的人类生

---

[25] "Appeal," *Works*, III, 77.
[26] 转引自：H. V. F. Somerset (ed.), A *Note-book of Edmund Burke*, pp.71-73, 117。

活——政治生活之间的纽带。对于柏克来说,这种联系并不存在。

根据自然法理论,理性生活与政治生活之间的联系是直接的:理性(或实践理性)给予政治家指导原则。根据这些理论,无论是传统的还是现代的,自然通过为那些不遵循自然所倡导的生活方式的人提供自然惩罚,而为人类立法。根据阿奎那的理论,人们会因为自身的罪过而遭受良心上的痛苦;或者根据霍布斯的理论,人们会遭受暴力死亡的恐惧所带来的痛苦。在这些理论中,立法者并不创立社会的宪法;他只根据当地的情况调整自然法,增加对不法行为的自然惩罚,填补自然法之间的空白。自然法不需要古典意义上的立法;自然法意味着它可以从人的本性中获得。但是,如果这项法律可以获得,那么它必须是显而易见的:如果一项法律超过了绝大多数人的理解能力,它就不能适用于人们结合而成的共同体。因此,自然法的理论,无论是传统的还是现代的,都倾向于废除、或至少降低亚里士多德区分的政治重要性,这种区分是在伦理(或政治)德性和理智(或哲学)德性之间做出的。[27]他们认为,人类赖以生存的法律对绅士们来说是可见的,因为不遵守法律的人,会遭受足够明显的自然惩罚。这些自然惩罚使得完全意义上的立法者不再必要,从而取代了古典政治哲学的立法者。

柏克政治哲学的独特之处在于将真正德性和先定德性的区分与自然法结合。柏克的真正德性和先定德性与亚里士多德的理智德性和伦理德性相对应。但它们是不一样的,正如我们

---

[27] Hobbes, *Leviathan*, chaps.5, 8; Aquinas, *Summa theologica*, I-II, 94, 4.

将要看到的,柏克的真正德性不可能是亚里士多德意义上的理智德性;但它们相对应。这种区别意味着政治家享有很大的自由,他们必须通过对不完美的人和条件做出各种适应来弥补真正德性的稀少和不适用。然而柏克,正如我们所说,拒绝让政治家建立社会的各种建制;也就是说,拒绝让他们成为立法者。为了弥补政治家自由的这种局限性,柏克引入了自然法的自然惩罚。自然不仅以真正德性的稀少消极地暗示了对先定德性的需要;自然也积极地支持自然法中的先定德性。但首先,为柏克的自然法提供制裁的自然惩罚是什么?"先定德性"作为固定财产的一种属性,似乎是由财产的必要性所支撑的:如果有财产的人不受尊重,那么财产也就得不到尊重,社会就会重新陷入无政府状态。但财产是私人的,而法律是公共的。是什么使财产的先定德性对社会公法具有权威性?其次,这些自然惩罚如何能对绅士-政治家们可见?如果这种人不能成功地规划社会的宪法,他们又如何能读懂自然法呢?为了解决这些困难,柏克必须否定阿奎那自然法中的自然惩罚,并修改霍布斯自然法的自然惩罚。

我们已经看到,建制是对人们的约束,"通过一种出于自身的力量",使他们构成人民。这些约束"应被视为他们的权利之一"。[28]当人们了解他们的责任时,这些建制就成为有效的约束。除非人民臣服于责任的概念,否则他们将听信于那些过分的谄媚者,而不会被其领袖的善意威胁吓倒。但他们如何学习责任呢?责任是一种内在的约束;但作为一种约束,它在某种意义

---

[28] "Reflections," *Works*, II, 333.

上仍然是"一种外在于自身的力量"*。它可能是外部力量施加于灵魂中的一种内在约束,例如传统自然法概念中的良心。但在《呼吁》一文对责任的长篇讨论中,柏克并未提到良心,他也没有在作品的别处讨论过良心,尽管偶尔会用到这个词。在《思考》一文中,他说,一个政客只有在拥有"看得见的丰厚报酬"时才会振振有词地辩称,他遵循自己的良心:

> 对政客们来说,不把对他们行为的判决放置于任何普通法庭都可审理的公开行为上,而是放在只有秘密法庭才能审理的事情上,这是非常方便的,因为他们肯定会在秘密法庭上得到有利的听审,或者在最坏的情况下,判决只不过是私下的鞭笞。[29]

这一评论充满了霍布斯式的玩世不恭,似乎蕴含了霍布斯良心观的实质。至少它排除了良心按照传统自然法来运作的可能性。[30]在那个概念中,良心与人类对善的自然倾向联系在一起,从而为自然法提供了一种制裁。但在柏克看来,只有那些以自然方式获取财产的人才有权利在政治中使用良心。

柏克认为,责任不是良心的命令;它是一种内在的约束。与传统的良心概念不同,责任是自我给予自我的一种约束:

---

[29]《思考》,Works,I,377。"那个秘密法庭"在这个段落显然是指"良心"。
[30] 转引自:"Appeal," Works, III, 78, 106; "Remarks on the Policy of the Allies," ibid., III, 444; "Reflections," ibid., II, 484; "Letters on a Regicide Peace," ibid., V, 429。
　* 根据曼斯菲尔德的理解,柏克在《反思》中提到的"a power out of themselves"在不同的语境有不同的意涵,它既可以是"出于自身",也可以指"外在于自身",而对于一种具有约束力的责任,在此处它指的是在自身之外的某种力量。

> 少数人和多数人都无权仅凭他们的意志，在任何与责任、信任、诺言或义务有关的事情上采取行动。国家的宪法一旦根据某种契约而建立，无论是明示还是默示的，在不违背契约或者未经各方同意的情况下，任何现存的力量都无法改变它。这就是契约的本质。多数人的选票，不管那些臭名昭著的马屁精为了腐蚀他们的思想而教什么，都不能改变道德，正如他们不能改变事物的物理本质一样。[31]

也就是说，事物的道德本质是契约性的。在这篇文章中，柏克反对普赖斯博士关于人的自然权利的概念；但他反对的理由是普赖斯博士误解了契约的本质，而不是因为责任不是契约性的。原初契约比普赖斯博士认为的更加庄严、严肃；它不可能在每一代人身上安全地重演，无论是通过一场革命，还是通过频繁地在想象中讨论宪法被破坏的情况。如果事物的道德本质是契约性的，那么责任的来源，而非它的内容，必定是最重要的问题。因为无论那种义务是什么，契约都是一种承担义务的方式。由于"同意是一切的来源"，责任必定起源于原初契约。但柏克认为，原初契约中责任的来源并不是今天责任的来源。从他对普赖斯博士的批评中，我们得出结论，责任必须在当前的运作中有一个来源，而不是通过实际的革命或想象，频繁地回想自然状态的人。

这个来源就是自然感情，因为它是在礼仪（manners）中发展起来的。前文已经提到自然感情和激情之间的区别：自然

---

[31] "Appeal," *Works*, Ⅲ, 76-77.

感情是对自己所有物的热爱，它由建制所定义，因此在程度上是有限的；而激情受想象的影响，因此是无限兴奋的。自然感情由建制来定义，它由文明的生活方式、令人愉悦的幻想、体面的服饰、"荣誉的贞洁"发展起来。礼仪引起热爱、尊重、钦佩或依恋的公共情感；它们是个体超越自身思辨和利益的方式："每个国家都应该有一套礼仪制度，头脑健全的人会喜欢这套制度的。想要使我们热爱自己的国家，那么我们的国家应该是可爱的。"正如柏克在《反思》中"骑士时代"的段落所解释的那样，礼仪导致了荣誉的自然感情：

> 正是这种意见使国王顺从为人民的伙伴，把人民提升为国王的朋友。没有强迫或反抗，骑士精神征服了骄傲和权力的凶猛；它让主权者顺服于社会尊严温柔的束缚中，让严正的权威屈从于优雅，并让威风的法律征服者臣服于风范仪表的麾下。[32]

读者还记得早先的讨论，在那个讨论中，我们发现柏克出人意料地同意布朗博士对传统荣誉概念的许多批评。这种早期印象现在可能更为强烈。柏克并不认为荣誉是对美德的外在奖励，也不认为它像骄傲一样，是对美德的内在意识；他把荣誉视为一种礼仪或意见，其作用是征服骄傲。荣誉并不是源于一个卓越之人的特别对待或评价，而是由一个暴君、一个"威风的法律征服者"错误促成的，对其强烈自尊心的安抚（*mitigation*）。

---

[32] "Reflections," *Works*, II, 349-50; 转引自：Montesquieu, *De l'esprit des lois*, III, 6, 7; IV, 2; Hobbes, *Leviathan*, chaps. 11, 13。

柏克认为，荣誉促进了贵族之间的交往，而亚里士多德认为，荣誉是导致孤立的原因，因为它是真正优越感的意识；而可敬的人只能以另一种原则——友谊或相称的友谊——作为结交的基础。柏克的荣誉概念没有亚里士多德的要求高，因为它只要求国王有适当的谦逊，也要求平民的自负有一定程度的膨胀。它的问题也较少一些，因为它符合人们在市民社会中的需要，然而根据柏克对君主制原则的不信任，它忽视了真正卓越之人的要求。

荣誉取代恐惧的动机作为一种义务来源，从而符合市民社会的需要。人们在原初契约中放弃他们的自然自由，希望继续得到政府的保护而不感到恐惧。恐惧使国王和臣民采取"暴政的预防措施"，双方出于怀疑，都采取了"预防性谋杀和预防性没收"[33]的行动。在柏克看来，这就是原初契约不够充分的理由；他认为，与霍布斯相反，人们不能只是或过度地依赖恐惧来逃避"无关联的自然状态"。对恐惧的依赖导致内战，使人堕落到自然状态；人们必须以牺牲君主制的一些优势为代价，避免"暴政的预防措施"。通过为政党做辩护，柏克意在将这些预防措施变为公开和无害的交易以产生公共信任，并以我们现在所看到的自然感情或荣誉为基础。

因此，当服从原初契约时，自然感情不可能是完整而有效的；它通过礼仪才发展成强大的本能，这使得"责任对我们来说不仅是可怕而强制的，而且是值得珍爱、感激的东西"。[34] 但是责任"可怕而强制"的一面仍旧存在；事实上，人们应

---

[33] "Reflections," *Works*, II, 350.
[34] "Appeal," *Works*, III, 80.

该说，在原初契约的情况下，强制使责任较温和的方面成为可能。对伟大的征服——或者更确切地说，对假定伟大的征服——是唤醒普通、谦逊之人温和情感的条件。我们已经介绍过柏克对这种征服的一处提及；另一处是在他关于路易十六的命运对人民影响的描述中。他说："我们获得了很多教训"，在这样一个例子中，当我们看到"人类伟大的巨大不确定性"时，"我们那脆弱、不加思考的骄傲就会变得卑微"。[35] 柏克甚至认为，对伟大的征服或贬低（而不是挫败）就是悲剧。这种悲剧，无论是真实的还是模拟的，都是对原初契约的一种重建，那时骄傲或虚荣第一次被征服，那时人们放弃了"维护自己事业"[36] 的权利，使自然感情得以发展。一旦认识到人类的伟大是不确定的，就产生一种结果，即敬畏的自然感情；它使人们满足于他们仅存的拥有，并渴望保存他们的所有。对有限事物的爱始于对伟大的爱会带来灾难的证明。在柏克的理论中，悲剧带给我们一个教训——要使社会成为可能，就必须战胜人类的虚荣心，这也是霍布斯理论中自我保存这一自然权利曾给我们上过的一课。悲剧并不能完全取代原初契约，但它对

---

[35] "Reflections," *Works*, II, 353. 转引自：这个段落来自反对黑斯廷斯的演讲："我们的心灵构造被明智地规定，我们应该关心伟大人物的命运。因此，他们无处不在地成为悲剧的对象，而悲剧本身又直接与我们的激情和感觉有关。为什么？因为站在很高平台的人、身居高位的人、拥有世袭权威的人，他们在倒下的时候，不可能不发生可怕的撞击。这样的高塔在倒塌的时候，不可能不毁掉依赖它们的小屋。"请注意，人们在注视悲剧时，并不会直接看到伟大，而是通过对自身利益的影响而间接地看到伟大。*Works*, VIII, 59. 转引自："Hints for an Essay on the Drama," *ibid.*, VI, 179-81; Burke, *A Philosophical Enquiry into the Origin of Our Ideas of the Sublime and Beautiful*, ed. J. T. Boulton, pp. 44-47。

[36] "Reflections," *Works*, II, 332.

人们所起的作用代替了契约的重新制定或频繁的重新思考。对柏克来说，自然感情起源于契约的强制性，并在某种程度上通过真实或模拟的悲剧，保留了对这种强制的敬畏之心，就像霍布斯对暴死恐惧的强调，但二者又是不同的。

就其温和的方面来说，自然感情在某种意义上也是一种契约的结果。在前文引用的一个段落中，柏克把想象和感觉作了对比，他说："消除一种冤屈（greivance），当人们根据感觉来行动时，你就能极大地平息一场骚乱。"[37] 换言之，人民的冤屈必须得到解决；他们的自然感情在得到定期满足的时候就可以良性运作。自然感情，以及由此形成的责任感，需要大众欲望的定期满足。否则，人们就会寻找煽动家，就像他们在启蒙运动之前很久曾做过的那样。[38] 政府不应试图消除根深蒂固的不满情绪，如贫困，因为人民会有所期待，而当希望落空，他们就会谴责这些徒劳无益的尝试或承诺。事实上，政府必须避免法国旧制度中"好管闲事的普遍干涉"，旧制度虽然不是其垮台的原因，但通过汇集各种失败理由的公愤，为其毁灭提供了手段。然而，在试图解决民众的不满时需要谨慎行事，这就强调了必须满足那些可以界定和限制的不满；人民的热爱和尊重，必须以公共和平、安全、秩序和繁荣来回报。[39]

自然感情与位置成正比。到目前为止，位置是由财产决定的。为了考察自然感情以及由之而来的责任是契约性的，我们现在将证明，位置是契约的结果。柏克说，社会起初可能是一种自

---

[37] "Appeal," *Works*, Ⅲ, 99.
[38] *Ibid*., p.88n.
[39] "Thoughts and Details on Scarcity," *Works*, V, 107-9.

愿的行动，但是服从的责任附属于任何在此后的社会出生的人。

这是由人类普遍意识的普遍实践来保证的。人们在没有选择的前提下就从那种联合中获得好处；不经选择就承担随这些好处而来的责任；不经选择就进入了实质性义务（virtual obligation）中，其约束力和实际义务一样。[40]

同样，柏克并不否认责任是契约性的，但与普赖斯博士不同的是，他明确了契约是如何订立的。以责任换取好处的交换仍然存在；如果没有这些好处，人们就可以在"自然贵族"的领导下，正当地撤回他们的服从。柏克甚至把接受好处的那些人的服从责任称为"实质性义务"。神让人各归各位：

我不是写给巴黎的哲学信徒的，这一点理所当然，但我可以设想，我们令人敬畏的造物主在万物的秩序中赋予我们地位，而且他不是根据我们的意志，而是根据他的意志通过一种神圣的法来安排并管理我们的。在这种安排中，并且通过这种安排，他实质上使我们承担了分配给我们的角色。我们对整个人类负有义务，这不是什么特殊的自愿协定的结果。它们从人与人的关系，从人与上帝的关系中产生，而这些关系都与选择无关。

然而，人们受责任的约束而留在自己的位置上，并不是因为他们必须服从上帝的神秘意志；相反，"出于生理的原因，不为

---

[40] "Appeal," Works, Ⅲ, 78.

我们所知，也许是不可知的，产生了道德责任，而由于我们能够完全理解这些责任，我们就必须履行这些责任"。[41]这种表达可能是《圣经》上的，也可能指传统意义上的良心，但柏克表明他有一个更现代的意涵。每个人都能够理解自己的责任；因此，理解可以简化为同意：

> 子女未必同意他们与生俱来的关系，但即便没有他们的实际同意，这种关系使他们必须担负其中的责任；或者更确切地说，它意味着他们的同意，因为每一个理性生物的假定同意和前定的事物秩序是和谐一致的。人就以这种方式连同他们父母的社会状况一起进入社会，被赋予各种利益，担负起他们所处境况的所有责任。[42]

同样，好处与责任是平衡的。由于事物的前定秩序是为了赢得每个人的同意，无论他是否真的思考和同意，他都必须履行他的责任。但是其由财产决定的位置，是可以改变的："……商业法……是自然法，因此也是上帝法。"[43]因此，上帝预先安排了一种商业秩序，一种像商业一样多变的秩序，能够获得人们的同意。如果不是这样，那么柏克关于责任的论点就会消失。当然，柏克煞费苦心地强调，人们并不能随心所欲地接受他们愿意承担的责任。但在霍布斯的理论中，人们也不能为了任何目的而自由地订立社会契约；只有当他们被暴死的恐惧支配

---

[41] "Appeal," *Works*, III, 79.
[42] *Ibid.*, pp.79-80; 转引自："Tracts on the Popery Laws," *ibid.*, VI, 20-21。
[43] "Thoughts and Details on Scarcity," *Works*, V, 100.

时,他们才应该约束自己,霍布斯认为这种支配是将他们的激情从错误的意见中解放的结果。我们必须得出结论,对柏克来说,位置是契约性的,最终取决于上帝的表现。柏克的理论与托马斯主义的道德秩序有着表面的相似性;但是神圣秩序的观念已经被纳入契约的概念,而不是相反。[44]

柏克用人的自然责任反对人的自然权利。人的责任是自然的,因为它们的根源是自然感情。在柏克的用法中,自然感情产生一种"自然的是非感",[45]或者良心。但是,人们自然而然感觉为正确的东西不是首要的责任,而是获得某些好处的责任。人们的自然责任,因为它们是契约性的,最终取决于人的自然权利:如果责任依赖于自身的好处,那么人们就必须拥有获得这些好处的优先和自然权利。柏克是这样说的:对人的限制是人的权利之一。如果我们从字面理解他的话,这意味着他在用责任反对权利的同时,意图使责任依赖于权利。责任是一种自我约束,由自我给予自我,并为了自我。它的作用是将短期的自利转化为长期的自利,就像现代自然法的概念一样。人们必须理解"契约的本质"——不能在短期利益的基础上不断地重新谈判——他们必须在计算利益时,把普赖斯博士和法国革命家们所忽视的所有社会好处包括在内。

柏克将神圣秩序的概念同化为契约的概念,这让人想起博林布鲁克的自然神论。对博林布鲁克来说,上帝的普遍神意是根据原初契约的"第一原则"来运作的。但柏克反对博林布鲁克和普赖斯博士关于"契约本质"的观点。普赖斯博士认为原初契约

---

[44] C. B. Macpherson, "Edmund Burke," p. 26.
[45] "Reflections," *Works*, II, 354.

是人的权利之源的观点，大体上与博林布鲁克认为社会的统治原则是第一原则是一致的。他们都说，契约是由它的起源决定的，尽管博林布鲁克认为，原初契约的第一原则可以在社会的运作中得到最好的体现。两人都把自己的观点建立在"第一原则"之上。但柏克用时效理论反对"第一原则"的概念，与博林布鲁克和普赖斯博士认为的相反，这种理论真正描述了"契约的本质"。通过认识到他早期的"民众性"著作和晚期的反革命作品都反对将第一原则引入政治，我们可以更好地理解柏克一生的一致性。

"时效"一词取自罗马物权法，它是指基于惯例而获得权利。[46] 在罗马法中，时效并不赋予财产一种肯定的所有权，而是一种排斥他人对自己长期使用（取得时效）的财产的权利要求或拒绝他人对这些人长期未使用（消灭时效）的财产的权利要求的方式。柏克认为，时效具有普遍意义，它由罗马法中的这种特殊含义而产生。它意味着接受事物的本来面目，并理解到好处和责任是大致平衡的。基于这种理解，当前的惯例是反对探究起源或原始权利的论点；这是一种拒绝以"第一原则"为基础的权利要求的方式。时效不同于尊重历史。当历史的研究具有博林布鲁克赋予它的目的时，时效就在历史的对立面。时效否认历史是对第一原则的起源或运作所进行的探究；它只与休谟的《英格兰史》等历史相一致，目的是展示这种探究的愚蠢。[47] 因此，"契约的本质"不是第一原则，而是时效；对

---

[46] 柏克为让·多玛特提供了资料来源，他说，根据柏克的说法，时效是自然法的一部分。这个陈述并未被找到。"Reflections," *Works*, II, 422; Domat, *The Civil Law in the Natural Order*, Part I, Book III, Title VII, §§ 4, 5.

[47] David Hume, *The History of England* (6 vols.; New York, 1878), II, 429, 514; V, 38, 145-46; VI, 214-15, 361, 363-65; 以及 *A Treatise of Human Nature*, ed. L. A. Selby-Bigge (Oxford, 1896), p. 563.

契约的同意并非对自明的第一原则的把握，而是"与前定的事物秩序相一致"。事物的秩序是预先决定的；柏克的座右铭即是，"拒绝探究"（No inquiries）。

如果事物的道德本质是契约性的，那么契约的本质就必须理解为时效。原初契约通过其随后的使用而产生期望，并在这些期望中，而不是它的原初条款或第一原则中具有效力。这些期望源于生活在社会建制中的人们所具有的自然感情；它们是文明的礼仪和装饰。契约的第一原则或原初条款只涉及人们"赤裸裸、颤抖的本性"，并让人回想起最初驱使人们进入社会的恐惧。但是，正如我们所看到的，在柏克看来，无论恐惧作为一种原初动机有多么强大，它并不是社会的一个稳定基础，因为恐惧会产生"暴政的预防措施"。这就是为什么柏克认为，对第一原则的原因进行探究只会使人们基于它们的运用而产生的期望落空。他保留了亚里士多德关于进入社会和留在社会这两种动机之间的区别。但是，亚里士多德认为人们进入城邦是为了生活，而留在城邦是为了美好的生活，柏克说，人们为了文明的自由（civilized liberty）而留在社会。在亚里士多德看来，美好生活是理性的发现，而在政治中，它是立法者的作品。按照柏克的说法，因时效而取得的权利保护了自然感情，而自然感情又成为文明自由的基础。

柏克对古老的时效取得权作了概括。但为了做到这一点，他将一项私人权利转化为公法，转化为公法的基础。[48]

---

[48] 转引自：Locke, *Two Treatises of Government*, II, § 110。J. G. A. Pocock 认为柏克将法律秩序的原则转化为社会自然秩序的原则。"Burke and the Ancient Constitution," p.131. 但这种转变将时效从私法带入公法，柏克明显是从罗马法，而非英国普通法学者中吸收了时效原则。"An Abridgment of English History," *Works*, VI, 414; *Correspondence*, II, 217.

公法的基础是某种私人契约的本质——时效所有权（title by prescription）。当固定财产的持有人被假定具有德性时，这种权利也是绅士统治的基础；换言之，时效是先定德性的基础。因此我们可以看出，柏克为什么提出了两套理论：一个是自然法理论，它意味着对真正德性的自然支持；另一个是先定德性的理论，它则意味着缺乏这种支持。真正德性不能进行统治，并且缺乏自然的支持；因为具有真正德性的人通过他们的视野范围和才能的实践所达到的"第一原则"是不能使社会安全的。时效是社会安全的保证，柏克说，时效是"自然法的根本组成部分"。[49]时效既没有说明社会的自然目的（亚里士多德意义上的"美好生活"），也没有说明社会的自然起源（博林布鲁克的"第一原则"）。它陈述了社会的自然成长方式。自然通过时效而支持先定德性；因为绅士统治是由他们获得权力的自然方式所保障的。这种自然的方式——"用襁褓裹着身躯，摇身一变成为立法者"——并不是最高的方式，却是最安全的方式。

如果说时效是先定德性的自然支持，那么先定德性的问题仍然是私法向公法转化的问题。时效是建制中自然感情的自然生长，以便培养一种"自然的是非感"。这种"自然感"在两个方面不同于阿奎那所说的使自然法生效的自然习惯（habitus）或倾向：它是没有特定目的的感觉，而不是有

---

[49] "Reflections," *Works*, II, 422; 转引自：*ibid.*, VI, 146："时效是所有权利中最稳固的一种，不仅是对财产而言，也是对获得财产的政府而言……在人类心灵的构成中，它还伴随着权威的另一种基础——假定。"也可以参考 *Ibid.*, II, 26; VI, 80, 117; Francis P. Canavan, *The Political Reason of Edmund Burke*, pp.127-28。

理性目的的倾向;它是私人的,而不是为了共同利益。对柏克来说,这些建制是自然而私人的,而法律是公共且人为的。那么,"自然法",必然意味着:只有当公共通过时效从私人领域中出现时,公共领域对人们来说才有可能是自然的。柏克认为,人的个人倾向自然比他们的公众倾向更强烈,但个人倾向可以用来支持公众倾向。"为了成为爱国者,不要忘记我们是绅士";这就是那些成功地"将公共原则嫁接到个人荣誉之上"的人。[50] 但在柏克看来,绅士是家族(或政党)绅士;难道爱国主义不可能或不太可能与家族(或政党)忠诚产生冲突吗?当爱国主义不会从那些不那么忠诚的人身上显现的时候,若要使爱国主义行之有效,难道不应该把它强加于他们吗?除了用理性来对抗自然感情之外,如何将爱国主义强加给不那么忠诚的人呢?接下来,我们必须考虑审慎在先定德性中所发挥的作用。

---

[50] "Letter to the Sheriffs of Bristol," *Works*, II, 38.

第九章　政治家才能和时效

224　　先定德性从它源于自然感情的角度得以考察。但是那些领导人民的正派绅士呢？他们的理性和审慎在哪里？柏克认为，理性包含在偏见中，而审慎的政治家只需要引导人民的偏见。在讨论博林布鲁克对偏见的攻击时，我们引用了柏克对偏见的赞扬，可以看出二者是相互联系的。博林布鲁克认为偏见可以被废除，这似乎为柏克将偏见合理化铺平了道路：如果偏见可以被无党派的第一原则取代，那么它通过成为无党派原则就可以变得合理。时效理论保护了大众偏见中善意的非偏私性；因为对现有财产的保护阻止了对政党原则的诉求。与博林布鲁克相反，柏克认为，对第一原则的诉求必然是一种政党诉求。被博林布鲁克纲领吸引和协调的"才俊之士"并非无党派，而是"宫廷党"。因此柏克通过直接反对博林布鲁克的方法——诉诸第一原则——以配合他使社会非党派化的意图。为了反对博林布鲁克的方法，柏克直接反对他的反党派纲领。在英国，政党政府起源于柏克和博林布鲁克两种力量之间的冲突，其背景是二者都同意使社会变得非党派化。

先定德性和审慎

从柏克对英国政制的评论中,我们可以看到偏见中包含的理性:

> 深刻的思想家会从它的理性和精神上领会它。疏于探究的人则可以用他们的感觉和经验来认识它。他们要感谢上帝,因为对于这个重大问题的最本质之处,他们拥有一种标准,使他们和最智慧、最博学的人平起平坐。[1]

"疏于探究的人"通过偏见实现了"深刻的思想家"必须通过推理而了解的事情。因此,存在"人类真正的道德平等";[2]因为,在适当的情况下,所有人都能在英国政体下生活。所有人都是平等的,这种平等并非就理解力的完整性(只有少数具有真正德性的人才能获得)而言,而是在欣赏"最本质之处",即政制的优点方面而言的。

偏见只有在不涉及第一原则的情况下,才能像深刻的智慧一样合理。博林布鲁克同意柏拉图和亚里士多德的观点,即偏见确实包含(involve)第一原则;柏拉图和亚里士多德认为,普通人拥有偏见或意见,声称看到了全部真相,因此必须包含第一原则。经过探究,人们发现这种声称是错误的,因为普通人夸大了部分真理;也就是说,他们的意见具有典型的偏私

---

〔1〕 "Appeal," *Works*, III, 112; 转引自: "Reflections," *ibid*., II, 369.
〔2〕 "Reflections," *Works*, II, 310. 同时在这个语境下,柏克从人的权利出发拒绝了一种错误的结论,即各行各业都应该享有平等的政治权力。

性，而且通常意识不到这一点。博林布鲁克认为，如果让人们意识到党派意见的不良后果，就可以说服他们采纳无党派的第一原则。而柏克认为，意见不一定会产生糟糕的结果，因为它们无须包含第一原则。他没有改变人们的意见，而是试图用时效理论切断他们与第一原则的联系。在这个理论中，只有当偏见不再声称自己是正确的时候，它才能成为合理的；偏见只能声称自己是可行的。

如果偏见是合理的，那么政治家的作用就会降低。他们不会因为审慎而统治大众的偏见；确切地说，他们引导大众偏见。审慎是"一切美德之首，也是所有美德的最高指导"。[3] 作为"真正的自然贵族"特有的德性，它是先定德性的指导因素。然而，这种政治家的贵族由最优秀的公职人员组成。他们保障了文明自由的条件，装点了激发自由人爱国精神的建制，但他们并不为社会设定目标。正如我们所见，他们领导人民，因为他们是人民的一部分；他们的审慎找到了方法，可以实现由偏见所正确感觉到的目标。当先定德性是权宜之计时，偏见就会高于审慎。当"疏于探究的人"在决定性的议题上和"深刻的思想家"一样聪明时，政治家们就会在偏见的视野下，利用其最高的审慎来实现目标。柏克对道德平等使贵族成为人民公仆的结论并不惊讶。"实际上，追随而不是强迫公众的倾向；为社会的普遍意义赋予一个方向、一种形式、一套技术外衣和一项具体约束，才是立法机关的真正目的。"[4]

---

[3] "Speech on Hastings," *Works*, Ⅶ, 161.
[4] "Letter to the Sheriffs of Bristol," *Works*, Ⅱ, 27; 转引自: "Reflections," *ibid*., Ⅱ, 314。

因此，在柏克的意图中，审慎只限于为人民的利益服务。亚里士多德将审慎和正确的意见进行对比，而柏克并不将审慎和偏见进行对比；审慎和偏见的相遇是为了合作。审慎的人看到，人民的感觉是正确的。

> 实际上，人们对公共失当行为的感觉很少出错，正如他们对其原因的推测很少正确一样……
>
> 世界上最贫穷、最文盲、最无知的人都是实际压迫的裁判。这是个感觉问题，因为一般来说，这些人能感受到其中的绝大部分，他们的情感也不是过于活跃，因此他们是最佳的判断者。但是为了找到真正的原因，或者适当的补救办法，永远不应该把他们召集到议会磋商这样或那样的问题。[5]

应该重申，对柏克来说，如果人民消息灵通，不为他们的想象力所煽动，我们就可以适当地信任他们的感觉以感知他们的利益。但是人们的感觉只有偏见的能力。由于偏见使我们的头脑处于"智慧和美德的稳定进程中"，因此"偏见在紧急情况下是可以随时应用的"。[6] 但既然偏见可以随时应用，它就对具体情势了解不足；必须辅之以（而不是与之相抵触）对情势深思熟虑之人的审慎。根据自然法，感觉在自然进程中得到节制和保持，这对于社会生活是不够的。"诸多人的意志和利

---

[5] "Thoughts," *Works*, I, 311; "A Letter to Sir Hercules Langrishe," *ibid*., III, 326; 转引自：Locke, *Two Treatises of Government*, II, §§ 223-25; Aristotle, *Politics*, 1277b25-29.

[6] "Reflections," *Works*, II, 359.

益，肯定经常会有分歧……我遵从真理和自然的指示，始终如一地维护你的利益，而反对你的意见，这正是我的本性。"[7] 感觉作为习惯会产生偏见，这种偏见是稳定和可靠的；但是，感觉表现为意志或意见，以及被用来决定政策体系和细节，常常是错误的。政治家必须凭借审慎谋求人民的各种共同利益。

然而，利益以偏见为基础，人们通过偏见来决定他们利益的普遍目标——自由——并检查那些照看这些利益之人的表现。否则，即便是适度的偏见，也永远无法遵循"智慧和美德的稳定进程"；人民不能确信地认定"实际压迫"。但是，与偏见不同，利益需要了解情势，因此需要审慎。[8] 在柏克看来，政治家的政治理性是在自然感情设定的范围发挥作用。这一典型现代结论的标志是柏克对民意的蔑视，这与他对人民感觉和利益的依赖相结合。人民不能从他们的意见中直接知晓自己的利益，只有通过他们的领袖——审慎的政治家才能了解。

柏克认为，通过发现偏见中的合理性，可以避免诉诸第一原则，而这种合理性减少了审慎对政府的贡献。然而，毫无疑问，柏克的审慎观念就像古典政治哲学家认为的政治家美德一样，柏克许多特殊政治判断的辩护使他产生了对审慎的赞扬，这从古典的立场来看是可以理解的。尽管审慎的重要性因偏见的合理性而降低，但由于诉诸第一原则的危险而增加了这种重要性。柏克认为，先定德性，就像亚里士多德的伦理德性

---

[7] "Reflections," *Works*, II, 325; "Speech at Bristol" (1780), *ibid*., p.138; 转引自："Two Letters to Gentlemen in Bristol," *ibid*., II, 51。

[8] "Letter to the Sheriffs of Bristol," *Works*, II, 41，柏克说"优越的理解"应该"纠正民众偏见"——这就假定了民众偏见是可纠正的。

一样，似乎被分为两种：一种是追随者的德性——自然感情和偏见，另一种是领导者的德性——审慎。不像亚里士多德的审慎，柏克的审慎并不凌驾于人们的偏见或意见之上。但是作为对第一原则或政治哲学的替代品，柏克比亚里士多德更依赖审慎。柏克对审慎的依赖具有亚里士多德主义的外观，但其目的在于否定亚里士多德对立法者可能性的信念：对柏克来说，避免立法者对第一原则的诉诸始终是审慎的。

正是柏克揭示的审慎与偏见的这种复杂关系，导致了合法或法律认可的审慎，而这种审慎已为人们所知。如果我们试图把柏克对审慎的诸多想法联系起来，就能更清楚地理解这个概念。

柏克否认道德的线条"就像数学的理想线条"一样；相反，它们是由"审慎的规则"[9]而制定。"审慎的规则……是在已知的上帝普通天意的进程中形成的。"[10] 已知的天意进程必须是人类所知的有益（而不仅仅是适宜）事物，因为天意中的神秘部分似乎是无益的。柏克将天意划分为已知和未知的天命（dispensations），这与正统基督教认为天意是一个神秘整体的观点相反。因此，已知的天意进程必定是柏克所谓的"时效"，是在习惯或制度中逐渐积累并持续地提供好处；因为时效是人们所知的对其习惯和制度是否为善进行判断的充分标准。再重复一遍，时效是"自然法的根本组成部分"。当人们"形而上"的权利进入日常生活时，受到自然法的作用，它们经折射而偏离了直线；只有了解了自然法，它们才能得到保障。时效奠基于折射的权利，而非"自明的"权利。但变化是"最强有力的

---

[9] "Appeal," *Works*, III, 16.
[10] "Letters on a Regicide Peace," *Works*, V, 236.

自然法"。因此审慎的适当运用是通过事件的转移来确保时效。通过变化来确保时效,就是去改革;因此,审慎的适当运用就是改革。[11]

变化是最强有力的自然法,但自然法不仅仅是变化;它是自然权利的折射。人们通过自然法与他们原初的自然权利保持联系,尽管这种联系不是直接的。当柏克说变化是大自然最强有力的法则时,他的意思是说事物具有一种作为自然的变化法则——换言之,在古典术语中,它们具有一种法而不是一种自然。那么,自然法的作用必须有一种连续性的方式,它赋予或保障事物的合法性,这样社会就不会偏离对保护自然权利的关心。这种连续性的方式就是人们的理性,是理性的库存(the stock of reason),即"历代的集体智慧"。理性的库存可以由法律或审慎组成。柏克认为,法律是人为的;"立法行为的性质和特征"是"任意裁量权主导,合法性紧随其后"。但是法律也是"按照规则行事的慈善";法律保障时效,后者是自然法的一部分。因此,法律是人为的规则,以执行自然法的目标,在这个意义上,它只是"宣告性的"。[12]然而,法律行之不远。因此,在法律无法触及的领域,与其说审慎是依据规则,不如说它是依据法律来行事的慈善。但是凭借自然法实现审慎的目的需要规则,因为政治事务的第一原则无法安全地指导审慎。审慎的规则,而非第一原则,使社会依照法律来运转。因此,

---

[11] "Reflections," *Works*, II, 334; "A Letter to Sir Hercules Langrishe," *ibid.*, III, 340; Francis P. Canavan, *The Political Reason of Edmund Burke*, p.177; Howard White, "Edmund Burke on Political Theory and Practice."

[12] "Thoughts," *Works*, I, 357; "Reflections," *ibid.*, II, 331; "Tracts on the Popery Laws," *ibid.*, VI, 22.

审慎的规则具有自然法的属性，其结果就是我们描述过的"合法审慎"。此外，由于改革的义务源于自然权利，无论如何折射，改革的任务就是保护这些由时效加以定义的权利。因此，审慎的第一目标是安全，其次是繁荣。

无论柏克偏离传统审慎概念的原因是什么，我们都可以发现这个概念和他的审慎概念之间有两个非常实际的区别：时效和政治经济学。时效理论限制了审慎的政治家，不允许企图建立社会的建制；他也许只能改革建制来回应具体的冤屈。而且，由于建制培养了具有先定德性的人，时效确保了这些人对真正德性者的统领。因此幸运的是，这些正派之人的先定德性是一种有限审慎，与其能力相适应。正派之人——柏克所谓的"真正的自然贵族"——被假定具有德性，因为他们处在高位（elevated ground）。作为美德的最高指导者，审慎是可以简化的，以便于使用。审慎成为位置的一种结果，没有任何理由不去行使它，因此它是一种责任。由于美德的最高指导者是一种责任，那么一般意义上的先定德性可被明确地视作责任。柏克用一个生动的比喻说到，我们的理性是一种"令人不快的枷锁"；理性不统治，却束缚一切。[13]它的影响天然地让人不快，所幸的是它的作用是有限的。

其次，在柏克看来，政治经济学的方法限制并规范了政治家的审慎。正如我们在柏克反对黑斯廷斯的论点中所看到的，政治经济学的自然法勾勒了立法者被禁止进入的生活的一个方面。柏克会同意，人们不能废除供求法则或乘数法则。无

---

[13] Burke, *A Philosophical Enquiry into the Origin of Our Ideas of the Sublime and Beautiful*, ed. J. T. Boulton, p.25.

论经济规律是什么，它们都是自然的，超出了政治控制的范畴。在这一点上，对审慎的限制也有助于正派之人的领导。这些人只需要智慧来监督和调节经济，而无须规定经济的运行和道德效果。

在考虑对审慎的这两个限制之间的相互影响时，我们可以看到，以自由之名在社会建立一个不受政治控制的经济学庇护所，这有助于那些希望将第一原则排除在政治之外的政治家。当人们被鼓励专注于个人事务时，他们就会从公共事务中分散注意力。但时效与政治经济学的长期协调是值得怀疑的。19世纪，人们清楚地看到，经济创新的渴望唤醒了社会的各附属部门对建制进行政治创新的强烈欲望。

在审慎方面还遗留一个问题，即真正德性与先定德性之间的关系。审慎的规则是在上帝普通天意的"已知进程"中形成的。但柏克明确地将普通与特别的天意区分开来，只有从普通的天意中才能形成审慎的规则。在《反思》的开头，他还提到了"更高秩序的审慎"，即在政治问题上，他违反了一般人通常的审慎原则，那就是沉默。[14]柏克在《思考》的开篇，对一般的保留责任（duty of reserve）也有类似的尊重，但在那种情况下有一个特殊的例外。因此，更高的审慎没有规则；它是为在特殊场合具有真正德性的人准备的。这也是先定德性的理论辩护所需要的。偏见必须得到"思辨之人"的支持，以抵制"用自己的个人理性来交易"[15]的诱惑。"时效的神圣规则"本

---

〔14〕 "Reflections," *Works*, Ⅱ, 284; 转引自: "Letters on a Regicide Peace," *ibid.*, V, 278。

〔15〕 "Reflections," *Works*, Ⅱ, 359.

身必须在每一个自由社会的公法中确立,因为时效不能由时效本身来建立。通过解释真正德性和先定德性之间的关系,我们将试图理解更高审慎的活动。

先定德性和天意

在决定柏克的自然法概念是现代的还是传统的(基督教的)之前,我们必须先考察他对基督教的看法。我们当代的观点阻碍了这一研究,因为当今时代对神灵漠不关心,以至于柏克频繁地提及上帝,或者提及他的特性之一,会被人们视为"深刻宗教本质"的证据。从这个角度来看,要求一个人相信基督教启示的真理是过分的,因此证明他不相信也就不重要了。然而,我们要做这个探究,首先因为我们不能同意一个有思想的人可以不相信基督教启示的真理,同时接受基督教的自然法。我们认为柏克的信仰受到了严重的怀疑,尽管我们无法证明更多;这个事实必定对任何将柏克置于基督教自然法传统的解释造成很大的伤害。基督教自然法宣称,上帝的启示符合人类理性的发现;如果基督教启示被否定,那么自然法的内容必须不同于传统自然法,如果它不与取代基督教启示的任何启示(如果有的话)相抵触。或者,如果托马斯的自然法可以与非基督教的启示相匹配,那么自然法概念的基础,即基督教与自然的一致性,就彻底被摧毁了。进行这一探究的第二个原因是柏克本人认为宗教非常重要。他曾经说过:"我从不喜欢亵渎神明,我的大部分时间花在研究理论宗教。"[16]这迫使我们回

---

[16] Cavendish, *Debates*, I, 181.

答另一个问题：如果柏克不是正统基督徒，那么他提到上帝和天意的意义是什么？

我们首先要举出证据来证明我们怀疑柏克对基督教启示的真实性具有信念；[17]没有一项是决定性的；然而，总体来说，将这些证据放在一起来看就令人印象深刻。据笔者所知，柏克并没有记载任何关于基督教启示的信仰——即便他记载了，那也不是决定性的，因为后面还有其他评论。柏克承认自己对神学出版物的研究结果感到困惑，他说："我抛弃了它们，接受并持守着对英国国教的坚定信仰。"[18]他的意思并不是说，他更喜欢《圣经》而不是神学，因为他曾说过："《圣经》是大量不同论述的集合；拥有一种神圣权威的人，可能会认为另一种神圣权威只是人性。"《圣经》需要人的解读（这种需要在《圣经》中未被承认，更不用说被否定）；否则，它可能成为危险的狂热主义的根源。[19]《圣经》不太明晰，基督教也不是那么明晰，正如从"我们的自然权利"中衍生的命题："对于新教，或者……我们共同的基督教真理，并不像这个主张那样明晰，即所有的人，至少是社会的大多数人，都应该享有它的共同优点。"[20]

柏克是无神论的敌人，但不针对暗藏的无神论者，不是

---

[17] 他确实承认"共同"信仰"启示宗教，" Speech on a Bill for the Relief of Protestant Dissenters," *Works*, Ⅵ, 110;转引自：*Correspondence*, Ⅰ, 32-33; Ⅳ, 84。

[18] Cobbett, *Parliamentary History*, XXⅡ, 126.

[19] "Speech on the Acts of Uniformity," *Works*, Ⅵ, 101-2.

[20] "Tracts on the Popery Laws," *Works*, Ⅵ, 29-30. "真正的人性，作为基督教体系的基础，是所有真正德性的低级却深远和稳固的基础。" "Letter to a Member of the National Assembly," *ibid.*, Ⅱ, 536. 因此，所有真正德性似乎不能被基督教体系容纳。

"思辨无神论和不活跃的无神论者"[21]的敌人。这是一个有趣的区别,一个基督徒可能会把它藏在密室里;但一个基督徒不大可能会认为,将秘密无神论公开化是可取的。在这里,柏克理所当然地把秘密无神论视为哲学。基督徒认为,秘密无神论"只要被接受,就不仅仅是受到惩罚的问题了"。如果我们转向柏克在密室里的作品,即《论我们关于崇高和美观念起源的哲学探究》(*Philosophical Enquiry into the Origin of Our Ideas of the Sublime and Beautiful*),就会发现这个说法:"此外,许多观念只有通过语词才会出现在人们的感官中,如上帝、天使、魔鬼、天堂和地狱,所有这些语词都对激情产生了巨大的影响。"[22]这种说法很难与对基督教神迹的信仰相一致。

柏克早年的同学兼一生的朋友,理查德·沙克尔顿(Richard Shackleton),曾经在一本简短的传记中对他这样评价:

> 他还没有找到这样的线索,能使他对真正的宗教抱有无可置疑的确定性,这种宗教不受人类的各种发明玷污,使他的精神(尽管确实很优秀)对他的指导不会超过人们优秀的部分(fine parts)和推理(reasoning)对古代诗人、哲学家等的指导,尽管这些人在研究自然作品时能够高尚地运用理性能力,但对于基督教真理,他们仍处于极其无知和荒谬之中。

当然,在一个极其必要和有趣的问题上,我们不能想象

---

[21] "Reflections," *Works*, II, 414.
[22] Burke, *Sublime and Beautiful*, ed. Boulton, p.174.

第九章 政治家才能和时效 | **341**

神的智慧和良善会使我们缺乏确定无疑的手段。

232　沙克尔顿的描述对我们的目标很有帮助。有人可能会反对说，作为贵格会教徒，他对一条不容置疑的线索会有一种特殊的想法；但在英国国教内部，他似乎指的是不容置疑的确定性。当这本传记出版后，柏克被激怒了，他写信给沙克尔顿，详尽反对了对待其妻子、父亲以及辩论的方式。但柏克只字未提沙克尔顿对其宗教信仰的猜想。[23]

在柏克最重要的著作《反思》中，有这样的话语："所有真正宗教的主体，当然都是服从世俗主权者的意志；相信他的宣言，并模仿他的完美。其余的才是我们自己的。"[24]显然，基督教的很大一部分都源于"我们自己"，而"所有真正的宗教"并不一定是基督教。我们不打算详细地考察这段话，而只对其含糊之处加以说明，在其自称重要之处予以言明。在《反思》的其他地方，柏克说，"人在构成上（by constitution）是一种宗教动物"[25]——虽然这个陈述可能不排除启示，但并不是显然地包括启示。"宗教动物"没有圣经的味道；如果这种对人的定义是为了与亚里士多德关于人的定义相对照，那么"在构成上"应该与"在自然上"区别开来。因此前面的引文让人质疑，真正的宗教到底是由上帝，人自身，还是由二者共同构成的。

一般来说，当柏克谈到宗教或基督教的价值时，他有一

---

[23] *Correspondence*, I, 271; II, 129-31, 133-36; Arthur P. I. Samuels, *The Early Life, Correspondence, and Writings of Burke*, pp. 402-4。

[24] "Reflections," *Works*, II, 430.

[25] *Ibid.*, p.363.

个政治目的。他在《反思》中对宗教的辩护是对教会作为一种建制的辩护，其目的是圣化国家。他对僧侣的辩护是从僧侣阶层拥有的"土地剩余产品"的利益出发；这些是图书馆、收藏品、绘画、纪念碑和自然标本，它们"为科学开辟了道路"。柏克说，僧侣侍奉上帝是"出于虔诚想象的虚构故事"之一。[26] 在别处，"上帝已将大地赐给人类子孙"的说法被用在爱尔兰自由贸易的论点中，这句话是在一封特别写给异议者（Dissenters）的公开信中说的。[27] 在他反对黑斯廷斯的演讲中，我们也看到，上帝可以作为一种修辞工具被使用。

如何解释这种政治强调是存疑的。相信宗教是真实的人不会否认它是有用的；但对他们来说，效用是真理的结果。虚假的宗教可能表征一种需求，或努力（striving），但它不能回应这种需求或实现一种功能。柏克并没有尽力证明，对他来说，宗教的效用是其真理的结果。他曾经把无神论描述为"当时最大的政治罪恶"，他说：

> 我希望我不需要为这句话道歉，好像我认为宗教只是政策；这种观点远非我的思想，我希望从我的表达中不会推断出它。但是，我在这里仅从政策的角度来考虑这个问题。我在很大程度上是在谈论政策；在这种情况下，政策也是神圣不可侵犯的。[28]

---

[26] "Reflections," *Works*, II, 364, 430-33.
[27] *Correspondence*, III, 442; 转引自：Locke, *Two Treatises of Government*, II, § 25。
[28] "Remarks on the Policy of the Allies," *Works*, III, 444. 转引自：H. V. F. Somerset (ed.), *A Note-book of Edmund Burke*, pp.8, 70; Samuels, *The Early Life*, p.252。

这种说法并没有如柏克所愿的那样解决问题；因为问题的关键在于，是否可以"仅从政策的角度"[29]来思考宗教。不妨暂时得出结论：柏克显然不赞成基督教的启示，他对宗教的看法有一种政治倾向。

通过更直接地考察他关于上帝的言论，我们可以加深这种理解。"所有真正宗教的主体……都是服从世俗主权者的意志……"这是最强大的头脑所必需的一种"资源"。但是他的意志（His will）是什么呢？无论是社会上的博闻强识之人还是疏于探究的人，都认为，"赐予我们本性并希望我们用德性将其完善的上帝（He），对我们让这一本性变得完善的必要手段也有所希冀。——因此他期待国家的建立——他期待国家与所有完善的源泉和原型紧密相连"。[30]我们不能断言，在柏克看来，圣经启示也不是完善的一个必要手段；但它没有被提及。由于人们"在很大程度上由其自身创造"是他们的特权，那么人们用以完善自己本性的美德就可以通过原初契约来实现。在这种情况下，上帝意志的命令为人所知，是为了让人们牢记一个真理：只有极端的必要性才能证明解除契约是正当的，因此它首先迫使契约的形成。

> 每一个国家的契约都只是整个永恒社会契约中的一个条款，在让所有的身体和精神都各归其位的不可违反的誓言所允许的契约下，将天性高低不一的人们联系在一起，

---

[29] 柏克说，"欧洲所有的主要宗教"，"从人道角度来讲……"都是"时效性的宗教"。了解更多就是了解"天意的秘密分配"，而不是真正的启示。"Letter to William Smith," Works, VI, 52.

[30] "Reflections," Works, II, 370; cf. "Thoughts," ibid., I. 348.

贯通于可见的与不可见的世界。这条法律不会屈从于那些人的意志,这些人受高于自己且无限优越的义务所限,必须将自己的意志服从于法律。……国家的契约是首要也是至高的必要性,必要性不是被选择出来的,而是要做出选择;这种必要性超越于审议,不容许任何讨论,也不需要任何证据,因为证据只能将寻求无政府状态的行为合理化。[31]

但这一学说的影响具有典型的现代性:只有当服从的必要性获得普遍承认时,人们才能获得自由。服从于必要性是自由的第一步。因此上帝的意志是,人们发现通过自己的人为创造物——国家——来完善其本性是绝对必要的。[32] 这是"将人类的理解和情感与神性联系在一起的理性和自然纽带"之一。

更进一步,正是上帝的意志,使人们在运用权力时,"强烈而极其深刻地认识到,他们是在受委托(in trust)而行动"。政治家们不应该"只关注眼前微不足道的钱财……而应该专注于自己本性中那个永恒的部分里坚实而永恒的存在,专注于那些持久的名誉和荣光,将之作为他们留给这个世界的丰富遗产"。我们注意到,对政治家来说,"坚实而永恒的存在"指的是他们的榜样,而非他们的灵魂或来世。人们必须"清空内心所有自私的欲望——除了宗教,没有任何力量可以让人们这样做",因此,"他们在把权力置于卑劣且无能者的手中时将会更加审慎"。[33] 人们必须通过宗教把自己从自私的意志中解脱,这一声明意味着,考虑到"毫无联系的自然状态",宗教仅在

---

[31] "Reflections," *Works*, II, 368-69.
[32] "Letters on a Regicide Peace," *Works*, V, 153.
[33] "Reflections," *Works*, II, 364-66; 转引自:*ibid.*, p. 373。

原初契约中起作用,而自私意志先于人们对上帝的承认。因此,天意是时效的必要条件;通过使激情产生敬畏之心,使其发展成为自然感情,并扩大政治家的视野,从而使责任成为可能。柏克认为,对政治家和人民来说,基督教必须是真实的;但它是否真实,仍旧是不明晰的。"宗教,若要对人们的理解有任何影响,若要存在下去,必须被认为高于法律,并且就其实质而言,必须独立于任何人类制度。否则,这将是世界上最荒谬的事情;是一个公认的欺骗。"[34]天意也提供了存在的好处,同时使用恐惧来确保这些好处。它是时效的典范。永恒秩序由上帝的意志所决定;然而它也是契约的。上帝赋予人们一种通过德性来完善自己的本性。他还赐予了完善的手段——国家。如果人们小心地保存天意的好处,他们就能得到上帝应许的赏赐。人们应该从已知的天意进程中形成审慎的规则;这些审慎的规则是柏克对圣经启示和传统自然法命令的替代,后者重申了启示法(revealed law)。

综观柏克对宗教的看法,不难看出上帝和天意似乎在做霍布斯君主的工作。我们没有明确的理由否认柏克相信一个关心人类事务的人格化上帝,但是有理由怀疑这个上帝和他的天意就是基督教的。柏克认为,人并非天生就欲求做好事;只有在最高统治者的手下,在"高级法(superior law)原则"[35]的指导下,他们才能做好事。自然法就是最高统治者(Sovereign)的命令(柏克常常抽象地称上帝为"最高统治者""作者""创造者"或"缔造者"),但这种命令并不像基督教自然法的命令

---

[34] "Tracts on the Popery Laws," *Works*, Ⅵ, 32.
[35] *Ibid*., p. 21.

那样具体，它也不是基督教自然法。[36] 上帝的命令不是通过启示直接对人说的；上帝通过人的恐惧和感觉说话，人们必须自己得出结论。诚然，"政策也是神圣不可侵犯的"。为了保障人在政府中的自然权利，人们必须得到更多的教导，它不只是"人权的教义问答"。必须教导他们尊重各种责任和政策，正是它们保证了那些权利。虽然这一点并没有逃过美国建国之父们的注意，柏克却更加坚定地做了陈述，而且他的说法也没有那么明显地受到算计的影响。但我们再重申一遍，在证明这种解释时，必须如柏克在表达信仰时一般谨慎。

对自然法的总结

现在我们可以对柏克的自然法和先定德性概念得出一个结论。自然法和先定德性是一致的，因为人们根据时效对领袖的美德进行假定的方式是自然的。自然法是一种假定的方式，是一种运作中的理性法则——而不是对人的固定目标的陈述，不是一种有待理性去发现的法则。我们在上文引用了柏克的这句话："那个结构奇妙的人（Man）在很大程度上是他自己创造的产物，这也是他的特权。"另一种说法发展了这个观点："因为人在本性上是理性的；除非他被置于最能培育理性以及理性占支配地位的地方，否则他永远都不会处于完美的自然状态。技艺（art）是人的自然。"[37] 除非在理性占主导地位的地方，否则人永远不会处于完美的自然状态。我们注意到，柏克在一开始

---

[36] "Letters on a Regicide Peace," *Works*, V, 209.
[37] "Appeal," *Works*, III, 86.

就接受了霍布斯的自然状态概念，即一种"野蛮而不连贯的生活方式"。然后，"当他被置于最能培育理性的地方"，而非直接通过理性的运用来修正他的野蛮，从而变得更加自然。从部分自然向完全自然过渡的途径是技艺，而人性就在于影响这种过渡的方式。人性是为了抵抗人类自然起源的野蛮性而产生的发明（contrivance）。在柏克的定义中，自然法从根本上来讲是由时效和政治经济学这两条审慎规则构成。它们在抵抗自然的发明中，在"第二天性"的构建中指导着人们。[38]

但是，人们文明的第二天性是如何从赤裸裸、野蛮的第一天性中出现的呢？答案是通过自然感情。自然感情是"我们的共同本性"，这是柏克的作品中经常出现的短语。"我们的共同本性"要对"人类真正的道德平等"负责。这是人性中最高的共同因素，而不是人性的最高元素；作为符合自然法的生活标准（例如，在黑斯廷斯弹劾案中），"我们的共同本性"使人们可以获得一种最小美德，而非谋求最大的美德。[39]如果自然感情由建制来保障，如果建制由政治家的理性保障，这种最小美德就是可以达到的。因此，由建制组成的社会是理性占主导地位的地方，无论理性的比重占了多少。它是人类根据自然感情而生活的最佳场所。人天生就是理性的，因为他们可以通过自然贵族，运用理性来发展他们的自然感情。如果他们的理性不仅仅服从于他们的情感，那么理性的自然不平等就会产生统治者的自然贵族制。但由于理性是为了在建制中发展和保护自然感情，理性的自然不平等（这当然是不可否认的）就产生了领

---

〔38〕 "Reflections," *Works*, Ⅱ, 454; Burke, *Sublime and Beautiful*, ed. Boulton, p.104.
〔39〕 "Reflections," *Works*, Ⅱ, 352; *Sublime and Beautiful*, ed. Boulton, p.11.

袖的自然贵族，而非统治者的自然贵族。自然法是人的技艺完善人本性的领导方法。因此，它符合人民的利益，而不是他们的意愿或意见。

与传统自然法相比，柏克的自然法概念解放了自然感情。当然，自然感情不单是自私，而是对自己所有物的爱。柏克认为，生活的主要品质是自由，而不是服从。自然法中少有严酷和限制；技艺模仿自然的变化和多样性，或者仅仅允许习惯和制度的自由发展。技艺不是以政治科学为基础的立法；技艺是生活方式和建制的缓慢、无计划的成长，以集体智慧或审慎规则为基础。[40]

自然感情代替暴力死亡的恐惧作为自然法的基础，其优势在于它不召回第一原则。根据霍布斯的观点，当人们为暴力死亡的恐惧所激发时，人类的技艺就能安全地建立起国家。这种恐惧使人想到自然状态的危险，进而想到社会的理性或第一原则。但在柏克看来，如果社会奠基于在自然状态下支配人的同一激情，那么它就不能超越自然状态。恐惧不能转化为信任；它必须被信任取代。既然柏克同意霍布斯的观点，即社会的第一原则是由恐惧建立的，那么他认为信任是审慎的政治家小心翼翼养成的某种健忘的结果。自然法是理性法则，通过它，人类的早期本性被遗忘。如果人有一种确定的、最终的本性，而这种本性是人类所趋向的，那么忘记他早期的本性是不成问题的。但是柏克同意霍布斯，而反对阿奎那的观点，即并不存在人所趋向的固定、最终的人性。对他来说，自然法是由先定德

---

[40] "Reflections," *Works*, II, 310; Morton J. Frisch, "Burke on Theory" 及 "Rational Planning *versus* Unplanned Becoming"。

性所规范的自由。

柏克与阿奎那的理论在自然法目的上的区别，以及与霍布斯在避免第一原则方面的不同导致他对政治中理智德性或思辨理性的运用评价很低。亨利·格拉顿（Henry Grattan）写信给临终前的柏克，那时柏克的儿子已经去世："你……现在可以拥有西塞罗或培根共有的永生。"[41]但是柏克并不会得到安慰。他曾经对沉思的美德赋予了美好的评价，宣称它比积极德性"在事物的秩序"中等级更高。[42]然而，它在政治上的运用受到时效规则的阻碍。一个具有真正德性的人，作为家族的创始人，应该是一位具有实践德性的人，而不是一个哲学家；如果真正德性必须通过家庭来调和，那么理智德性似乎就从属于实践或"积极"的德性。必须承认，柏克的一生表明了他对这种从属关系的信念。他基于当时的形势而写作，不会夹杂狭隘的政党精神，也不是没有概括，但几乎从未有过纯粹的理论意图，就像《论我们关于崇高和美观念起源的哲学探究》一样。柏克过着政治生活，他意识到政治的重要性，但他无法通过沉思"事物的秩序"来为其重要性找到支撑。他不能蔑视政治事务，也不能把它们与更高的存在联系起来。

在给他的第一位庇护人汉密尔顿写信时，他为自己预留了一段时间来写作，以便出版，因为"无论我获得了什么优势……都是由于某种程度的文学声誉"。[43]柏克认为"才俊之士"可以安全地在文坛大放异彩——他自己的风格从不谦虚。

---

[41] *Correspondence*, ed. Fitzwilliam, Ⅳ, 229.
[42] *Correspondence*, Ⅱ, 355; 转引自：Aristotle, *Politics*, 1282b14-23.
[43] *Correspondence*, Ⅰ, 165.

他认为唯一危险的是在政坛迅速崛起的企图和文人对政治的干预。然而他追求的是文学声誉，而不是谋求超出行动本身的良机。文学声誉的目的也许可以在《呼吁》的结尾对孟德斯鸠的赞颂中找到。柏克说，孟德斯鸠整理和比较了"人类曾经盛行的所有政府制度"。"那么，让我们考虑一下，这一切不过是使一个人成为合格的人而采取的许多预备步骤，而这样一个人，没有民族偏见，没有家庭感情，敬仰英国政制，并维护人类的这个敬仰！"[44]柏克把孟德斯鸠描述为英国政制的崇拜者，描述为一个具有真正德性的人，他仰慕政制是因为他理解它，这种仰慕应该成为那些只能尊重它的人的模范。[45]在柏克的思想中，英国政制取代了理论上的最佳政制。理论上最好的政制是不可能的，因为最高和最文明的国家只有自然的开端和自然的发展模式，而没有自然的目的。

英国政制只能通过其复杂性，即其各种建制之间的关联，而为人们所敬仰。这些关联是未经筹划的；它们不是由立法者制定的。它们必须得到审慎政治家的保护，审慎政治家从时效规则中明白，他最多只能建立一个家族，而不是一个国家。在柏克看来，孟德斯鸠对英国政制的敬仰绝不会激励一个创始人或新的缔造者；他的理论理解只能为英国政治家的自制和敏锐而喝彩。当哲学家必须敬仰未经谋划的实践时，他就失去了超

---

[44] "Appeal," *Works*, Ⅲ, 113；强调为本书作者所加。然而柏克说孟德斯鸠是一个"可以在一种追求中坚持二十年的人"（参考 *De l'esprit des lois*, Preface）。这个评论表明他对理论有某种欣赏。柏克是孟德斯鸠仔细的读者；他曾经说："……我们必须不能忘记，这位杰出的作者本人，即使高度凝练，他的思想仍旧有些晦涩。" *Annual Register*, 1758, p.311.

[45] 转引自：孟德斯鸠本人在《论法的精神》一书的序言中对其目的的描述；也可以参考 "Reflections," *Works*, Ⅱ, 351。

越实践政治家的首要地位。但是，这种无计划的实践是在作为私人制度的建制中形成的。未经筹划的实践只有在不受计划的保护时才会有好的结果。建制必须保持不受侵犯，或者几乎不受侵犯；它们必须被视为私人制度，基本上不受公共控制。因此，柏克将实践政治家置于政治哲学家之上，因为柏克把政治的地位降至私人制度的尊严之下。他在著作中反复提到的对思辨理性的贬低，是其时效理论的结果，而不是原因。

时效和政党

对柏克来说，时效理论比他对思辨理性的贬损更有实际意义：它使对政党的尊重变为可能。博林布鲁克对党派之争的攻击源于他对宗教政党和分裂主义的恐惧。他提出了一套第一原则体系，用理论的确定性取代有争议的学说，尤其是那些基于启示信仰的学说所引起的分歧。与此相反，柏克对宗教的第一原则的论述是如此模糊和谨慎，以至于他甚至不去反驳，而是忽略了博林布鲁克的第一原则。[46] 在《为自然社会而辩护》中，他通过揭示其荒谬的政治后果来讽刺博林布鲁克的制度；同样，在《思考》一文中，他并未直接反对博林布鲁克的纲领，而是指出了才俊之士的危险，他们不受能力原则之外的任何原则的束缚。他自己对"真正宗教"的论述，尽管并不少见，但仅限于支持时效理论坚定信仰所必需的内容。"剩下的是我们自己的"，他说；换言之，宗教的其余部分是私人事务，而不是公众关心的问题。为了替代宗教上公开确立的理论确定性，

---

[46] *Works*, Ⅵ, 107-13.

柏克以最低限度的天意提出了最大可能的不确定性，来保护最自由主义的宗教建制。无论是他的宗教自由主义的第一原则，还是他们所认可的最低限度的天意，都是为了保护自由主义的灵魂——时效理论。

结果是，政党开始受人尊重，也就是说，变为绅士们的光荣行为。如果每个绅士对宗教和第一原则都有个人的意见，博林布鲁克是不会在意的；但对他来说，为了政制的和平，所有的绅士都应该公开支持他的第一原则。博林布鲁克相信，他的第一原则是正确的，而不仅仅是有益的，这些原则理应由于其真实性，而成为英国的公共舆论。然而，他与古典政治哲学家共享的信念是，某些理论或宗教原则必须得到一个国家所有绅士的公开承认。另一方面，柏克却认为绅士们可以公开地在理论或宗教原则上——因此也在政治原则上——有所不同。一个公开的差别就是公共差别；如果绅士们可以将差异公之于众，那么公众就会分裂。然而，我们不能忽视英国内战的教训，这一教训得到了以往所有政治家和哲学家的认可，即公众舆论的分歧可以带来危险的冲突。如何防止这种冲突呢？

柏克的回答是，绅士们可以从他们的地位，而不是意见，被推定具有美德。在一个自由的国家，拥有巨额财产的地位不仅足以确保与人民其他部分的共同利益，而且能够获得一种充分提升的视野，以便看到这一共同利益的需要。这种先定德性是通过时效理论的公共建制而获得。时效理论并没有将主导绅士们的个人意见公之于众，因为它教导我们，国家并非建立在意见或第一原则之上。国家根本不是建立的；它是逐渐成长起来的。如果公众相信绅士们是按照时效来统治，它就不会探究绅士们的理论或宗教意见。正如我们所说，公众对这类探究的忍耐是有限度的。绅士们必须对神意具有最低限度的信念；如果他们想成为无神论者，他们必须是隐秘的无神论者。但他们认同这种信念，是为了支持对时效的信仰，从中他们获得信仰其他宗教事务的自由。

柏克对宗教最小程度的信仰和他的时效理论应该像博林布鲁克的第一原则一样得到公众的认可，但它们并没有那么严格。与博林布鲁克不同，柏克的宗教原则更受正统派、而不是非正统派的欢迎，因为它没有违背对正统的恪守。他的宗教原则似乎不是为了唤醒宗教政党，而博林布鲁克的第一原则是为了解决宗教政党问题。柏克试图通过1769年的《国王诉讼时效法》(*Nullum Tempus Act*)，将时效规则订立为公法。这项法案是在王室试图将具有一定选举影响力的财产从波特兰公爵转移给内阁的支持者詹姆斯·罗瑟（James Lowther）爵士之后提出的。王室的论据是，威廉三世对波特兰的授予中没有提及该财产，而且该时效不适用于王权（王权不受时效的限制）*。而该法案规定，王室不能因为所有权上的瑕疵，而收回任何已连续享有六十年之久的财产。[47] 柏克还在关于法国大革命的著作中为时效理论做辩护；然而，他并未把它作为一种理论，而是作为一种实践，尤其是英国的实践而加以辩护。在寻求建立时效的过程中，他小心翼翼地遵循着时效精神。

如今，政党原则已成为政治行为的标准，不再自相矛盾。在传统的政党观中，不可能存在"政党原则"。当审慎的人最终没有找到别的方式来维持它时，健全的原则只能暂时由一个

---

[47] "Thoughts," *Works*, Ⅰ, 326; Ⅵ, 80; *Correspondence*, Ⅰ, 344; Ⅱ, 38.

* 此处的拉丁原文是：*nullum tempus occurrit regi*。

政党提出。为了这个国家和原则的利益,他们尽可能使国家遵从原则。但是柏克笔下健忘、宽容的政治家们避免了这种审慎的考验。根据柏克对政党的定义,他们按照政党原则行事,而几乎不考虑原则是什么。当政治家不去试图让国家作为一个整体而遵守任何特定的原则时,"原则性"(principledness)就成为政治家才能的标准。当"原则性"被理解为"第一原则"的对立面,以及规范雄心勃勃之能力的纪律时,它就是可行的。这在时效理论中可以通过两种方式得到理解。

真正德性和先定德性

但柏克始终不满意他所建立的先定德性制度和政党原则。在《思考》的开篇,他指出,当正派之人感到困惑时,一个具有更高审慎的普通人必须时不时介入以拯救政制。政党政府必须由一个比政党政治家更好的政治家来建立。政党政府建立之后,辉格党在面对法国大革命时的灾难性僵化迫使柏克试图摧毁他的特定政党并限制政党的普遍声望,尽管这种声望是他付出很多心血才建立起来的。对于具有先定德性的人来说,审慎的规则必须偶尔让位于更高的审慎。问题就在于,遵循审慎规则有时候是轻率的。

具有真正德性的人应该运用更高的审慎。如果柏克自认为是一个有真正德性的人,那么他从整全的生活中形成的行使审慎的规则是什么呢?幸运的是,柏克在两个段落中对这个问题做了直接的回答。其中一个段落在《呼吁》的开头部分,这是《反思》的续集,他在这个章节中辩护到,自己对法国大革命的看法与早先对福克斯辉格党人攻击的反对是一致的。另一个段落出自《反思》的最后一句话，它对事后诸葛亮般的指责就不那么开放了。像柏克这样的人不会匆忙或随波逐流地从一种生活状态过渡到另一种生活状态，这不足为奇。他有一套计划。[48]但值得注意的是，他选择公开自己的计划是为了保护自己，因为他可能会让其他人尽其所能来辨别。

《反思》的最后一句话说，柏克的观点来自"一个想要维持一致性的人；他不过是愿意通过改变方式达到最终目标的统一；当他的船只因为一边超载而倾向一侧时，他愿意将一小部分理性移向另一侧，从而保持平衡"。[49]这几乎是对哈利法克斯勋爵定义的反党派"机会主义者"的忠实再现：

> 这个无辜的词"机会主义者"的意思是，如果人们都在一艘船上，一部分同伴会把它压在一边，那么另一部分人则会把它倾斜到相反的方向；存在第三种意见，认为如果船是平的，不会危及乘客，那么船也能保持平衡。[50]

哈利法克斯写了《一个机会主义者的品格》(*The Character of a Trimmer*)来反驳对自己党派不一致的指控，与之类似，柏克也明显不只是一个党派人士。

在《呼吁》中，柏克认为，对于多数人：

> 任何非常珍贵的事物所面临的危险，暂时消除了我们

---

[48] *Correspondence*, II, 263.
[49] "Reflections," *Works*, II, 518.
[50] *The Complete Works of George Savile, First Marquess of Halifax*, ed. Walter Raleigh (Oxford, 1912), p.48.

> 头脑中所有其他的感情。当普里阿姆斯把他的全部思绪都集中在赫克托的尸体上时,他愤慨地抵抗,用千百次的辱骂驱赶赫克托幸存下来的儿子们,这些人虔诚地簇拥在他的周围,本想帮助他。一个好的评论家……会认为这是一个杰作,标志着诗歌之父对自然的深刻理解。他会鄙视佐伊勒斯(Zoilus),因为佐伊勒斯从这段话中得出结论……相比于活着的孩子,普里阿姆斯更喜欢死去的尸体。[51]

他自己却没有这般竭尽全力;但如果他有,他理应得到普里阿姆斯的宽恕。

  读者,或者好的评论家,如果给予适当的宽容,就能欣赏柏克一生的一致性,这种一致性不需要宽容,只需要能产生宽容的理解力。正如丘吉尔所说,任何人都能感觉到柏克的一致性。[52]这种一致性比佐伊勒斯的政党一致性更高,在这种情况下,佐伊勒斯是一个完美的政党评论家原型。因为,从整体来看,柏克的政治生涯显示出与机会主义者非常相似的品格。作为一个具有真正德性的人,柏克曾多次在审慎规则不适用的情况下干预政治。他举了一个例子——也就是《致布里斯托城行政司法长官书》,他说,他反对向议会代表发出强制性指令的论点,以达到为他们保留演讲机会的显著效果。其他干预包括对黑斯廷斯的弹劾,意图作为弹劾的一个例子;对法国大革命的攻击,意在警告英国人;《思考》中对政党的辩护;《呼吁》中限制政党的主张。从某种意义上说,这些干预都是立法

---

[51] "Appeal," *Works*, Ⅲ, 26; "A Letter to William Elliot," *ibid*., V, 79.
[52] Winston S. Churchill, *Amid These Storms* (New York, 1932), p.40.

上的，因为它们意在为其他人，为具有先定德性的正派之人树立榜样。但它们并不是古典立法者意义上的立法，只是对特定不满情绪的回应。这些干预确实需要柏克对共同利益有一种平衡的认识，但它们并不试图在这种认识的基础上对社会进行彻底而平衡的重建。因此，作为正派之人的榜样，这些干预似乎只需要认识到某种错误，而这很容易从大众的不满情绪中学到，并认识到恢复和平与安全的补救办法。

为了正派之人的利益，补救措施在规则中得以确立。但是，由于历史的误导，人类的普遍思想落后于政治五十年。他们没有看到，在某些时候，通常的补救措施是无效的；他们需要具有真正德性的人加以干预，以便找到一种特殊的补救措施，并修改审慎规则。审慎必须有规则；每一个审慎的行为，尤其是一个有名望之人做出来的，往往会成为一种规则。这就是伟人干预的立法特点。然而，由于这些干预措施仅限于回应，它们是不规律、不可预测的，所以就像机会主义者的平衡变化。

只有在伟人的约束下，较高的一致性才能与较低的或者政党一致性相契合。伟人比具有先定德性的人看得更清楚，他们不借助表象就能看清。"因为疯狂和邪恶就其本身是邪恶丑陋的，它们迫切需要财富的所有掩护和装饰以把自己举荐给大众。没有什么比它们赤裸裸的本性更令人厌恶了。"在这方面，正派之人必须包括在大众之中：因为受其自身财富的掩盖和诱骗，他们无法看清邪恶赤裸裸的本性。正派之人对巨大财富的印象太深刻，对威胁他们财富的事过于敏感。[53] 但是伟人，真正有才能的人，不会为成功或高位所迷惑。他们拥有更高的审

---

〔53〕 "Appeal," *Works*, Ⅲ, 92; "Letters on a Regicide Peace," *ibid*., Ⅴ, 315.

慎，因为他们明白，过去行之有效的做法不一定会在现在奏效。然而，作为伟人，他们也认识到，出身于大家族，并在政党中得到组织的正派之人，必须在日常事务中统治。柏克需要这种承认，不仅仅是因为至高无上的德性是罕见的（所有人都同意），而且因为这种德性在本质上无法进行统治。伟人可以在理性上出类拔萃，但理性在政治中是危险的，因为它唤起了构成政治基础的第一原则。政治的表象，即"庄严的合理性"，并没有和自然法区分开。它们不仅得到自然法的支持，而且是由自然法引起的。自然法是人们完善其原初本性的标准。当人们试图通过遵循自然法来改善那本性时，他们必然会忽略政治"赤裸裸的本性"（根据原初契约的政治本性）。因此，伟人必须尊重政治的表象——政治展现给公众的方式——不是因为具有先定德性的人比他们更易于让人接近，而是因为这些人在某种意义上比他们更智慧。"作为一项服务于社会目的的工作，政治安排只能通过社会手段来完成。在那里，心灵必须与心灵共谋。我们需要时间来实现心灵的联合，只有这样才能实现我们追求的所有善。"[54] 伟人在本质上必须是谦逊的，而不是不屑的。因此柏克的修辞有一种熟悉的风格；它试图使伟人的智慧成为一般理性的一部分。在《思考》的讨论中，我们注意到，他对表象的尊重，并不是哲学家对那些他不能教导之人的尊重，而是一种由真正的谦逊引起的真正耐心。当英国人需要柏克告诉他们自己的理性时，或者当只有柏克察觉心灵与心灵共谋的结果时，真正的谦逊是否可能，是他显然没有解决的一个问题。但是柏克贯穿一生对卑微者表现的尊敬，最终应该追

---

[54] "Reflections," *Works*, II, 439; 转引自："Appeal," *ibid*., III, 114。

溯到他对第一原则之危险性的看法。

通过探究柏克是否被恰当地称为"保守主义者",我们可以判断柏克对真正德性与先定德性之间关系的看法。柏克对审慎规则的尊重证明了他的保守主义标签是合理的,但我们必定会质疑,这种尊重是否已经或能够成功实现其目标。柏克从不称自己是保守主义者,何况通常最不谨慎的做法是用一个不被思想家自己承认的名字来称呼他(除非他有意避免一个污名)。因为这样的名字意味着,命名者比思想家本人更了解他自己。柏克只能在批评中被称为保守主义者。"保守派"通常与"自由派"对立,前者系统地支持现状,而后者系统地提出改变。两者都持政党性立场,因为他们不顾具体情势,公开地发表一种系统化的意见,彼此对立。这两个术语的使用是在引入政党政府之后才开始的。

在博林布鲁克和柏克的冲突中,我们可以看到自由主义和保守主义学说之间的冲突,或者更普遍地说,理性主义和经验主义之间的冲突。理性主义是在自然法的基础上寻求一种受保护的自由的现代学说,而自然法被理解为真正的第一原则。它的目标是从偏见和迷信的束缚中解放,反对二者引起的狂热。一般来说,理性主义真正的第一原则是,人的天赋自由使他们认识到市民社会安全的必要性。理性主义认为真理是通往和平的道路。柏克则相反:

> 我不想讨论真理在多大程度上比和平更可取的问题。也许真理会好得多。但是,由于我们对真理把握几乎不能像对和平的把握一样确定,所以除非真理确实是显而易见的,否则我愿意坚守和平,它总有最高美德——慈

善的陪伴。[55]

向公众展示真理并不是和平之道。通常来说，和平必须优先于不显明的真理。柏克从习惯中获得的时效权利与博林布鲁克不可剥夺的权利是对立的，后者源于人性的真理。时效权利有得有失，但不可剥夺的权利既无得也无失。柏克提出了时效理论；而博林布鲁克完全拒绝时效。[56]因此，由于时效理论使政党原则站得住脚，柏克提出了政党政府；博林布鲁克却坚决反对它。

然而，在这种矛盾的背后存在一个共识，即国家的目标是和平。柏克的政党政府建立在大党派彻底解散的假设之上。柏克在《呼吁》中写道，1688—1689年的和解并非基于教义，而是基于绝对的必要性；因此，它不能成为党派之争的源泉。而根据博林布鲁克的说法，这种和解建立在真正的教义之上；因此它不能成为党派之争的源泉。这种对每个人都至关重要的事件的直接矛盾揭示了他们最根本的一致性。他们同意，自由中的和平是国家行动的适当结果，而不是其目的，因为既然自由对人来说是自然的，国家可以通过追求和平来保障自由。无论理性主义的假定真理还是经验主义的回避，都有一个共同的目的：制造平静——一个是通过平息争论，另一个则通过回避探究。这就是由博林布鲁克的理性主义所筹备的，以柏克的经验主义为基础而发展起来的政党政府，现如今为什么会在理性主义和经验主义、自由主义和保守主义之间交替发展的原因。

---

[55] *Works*, Ⅵ, 98.
[56] Bolingbroke, *Works*, Ⅱ, 81-82.

当柏克说，"不拥有某种改变手段的国家是无法自我保护的"[57]时，他似乎超越了这种交替。此外，政党作为一种制度（而不是作为单一的"国家党"）的创始人似乎凌驾于对制度内某一政党的认同。柏克并未设想建立一个由持对立学说，即保守主义和自由主义的政党组成的政党制度；他希望所有的政党都是保守的。但我们可以回答，柏克没有具体说明，除了其对手的学说——人的自然权利之外，他还希望不加改变地保护什么。他没有说，英国政制在达到了理论上最好的状态之后，应该在何处停止发展。众所周知，对早期的保守主义者来说，晚期的保守派是自由派或激进派。从这个事实中，我们可以推断，自从保守主义获得这个称呼后，它一直都是不成功的。在柏克的思想中，我们可以找到原因：柏克从根本上同意理性主义的目的；他只是不想那么仓促地推进这个目的。柏克的根本思想在于他用审慎或保守主义的规则取代政治家才能——而非试图用以审慎规则为基础的政党制度取代博林布鲁克的政党政府。那么，可以说，如果柏克只想要审慎的理性主义，那么他的目标和保守主义的目标都已成功实现，至少在英国是这样。但是柏克甚至没有成功地用审慎规则来修改第一原则的学说。他只能用审慎规则激励政党制度的一部分。他对当下的影响是作为一个政党，而非政党制度的创始人。因此，他的政党学说现在被用来宽容那些他打算铲除的理性主义者"雅各宾派"。我们注意到，这就是他那个时代的情况；我们相信这是其立场的必然结果。

柏克想要在真正德性和先定德性，或者政治家才能和政党

---

[57] "Reflections," *Works*, II, 295.

政府之间维持一种张力。他澄清了政党和更高的无党派之间的一致性,但他认为真正的德性是一种被贬抑的政治家才能,以纠正那些固执政治家的错误为唯一目的。在柏克那里,政治家才能已经丧失了古典立法者观念中的崇高地位,由此也失去了它与政治哲学的联系;它以大众的欲望为界限,以当前的不满为信号。当人民开始接受他们的自然权利作为政府的基础时,政治家们不得不适应这一巨大的变化。但他们的适应必须包括宽容一个民众政党或由博林布鲁克的"才俊之士"领导的多个政党。人民在了解他们的权利之后,将会接受那些要求他们返回原初契约,无视或摧毁这些建制的领袖。柏克式的政治家们可能会以审慎的规则或建制的力量来反对这些领袖,但他们只有在接受"人的真正权利"并害怕出现"抗拒天意本身的法令"[58]的时候,才能撤退。我们的结论是,柏克是一个保守主义者,这不是他的本意,而是他为保守主义作为一种政党学说所做的准备。他的本意是,以审慎规则取代对政治家才能的依赖,以便服务于政党政府的需要。实际上,对政治家才能的仰赖最终沦落为对保守主义的恪守。

---

[58] "Reflections," *Works*, II, 331; "Thoughts on French Affairs," *ibid*., III, 393.

参考书目

(仅限于柏克及有关柏克的著作)

柏克的著作

Annual Register, 1758-70.

BURKE, EDMUND. *Burke, Select Works*. Edited by E. J. PAYNE. 2 vols. Oxford: Clarendon Press, 1922.

——*The Correspondence of the Right Honourable Edmund Burke*. Edited by CHARLES WILLIAM, EARL FITZWILLIAM, and SIR RICHARD BOURKE. 4 vols. London: F. and J. Rivington, 1844.

——*The Correspondence of Edmund Burke*. Edited by THOMAS W. COPELAND. 5 vols. to date. Chicago: University of Chicago Press, 1958——.

——*The Epistolary Correspondence of Edmund Burke and Dr. French Laurence*. London: C. and J. Rivington, 1827.

——Fitzwilliam Manuscripts. Sheffield Central City Library.

——*A Note-book of Edmund Burke*. Edited by H. V. F. SOMERSET. Cambridge: Cambridge University Press, 1957.

——*A Philosophical Enquiry into the Origin of Our Ideas of the Sublime and

Beautiful. Edited by J. T. BOULTON. London: Routledge and Kegan Paul, 1958.

——*The Speeches of the Right Honourable Edmund Burke in the House of Commons and in Westminster Hall*. 4 vols. London: Longman, 1816.

——*Thoughts on the Cause of the Present Discontents*. Edited by W. MURISON. Cambridge: Cambridge University Press, 1930.

——*Thoughts on the Cause of the Present Discontents*. Edited by F. G. SELBY. London: Macmillan & Co., 1951.

——*Works*. 8 vols. Bohn Library edition. London, 1854.

CAVENDISH, SIR HENRY. *Debates of the House of Commons*. 2 vols. London: J. Wright, 1848.

COBBETT, WILLIAM. *The Parliamentary History of England*. London, 1782, 1786.

SAMUELS, ARTHUR P. I. *The Early Life, Correspondence, and Writings of Burke*. Cambridge: Cambridge University Press, 1923.

关于柏克的作品

著作

BARKER, ERNEST. *Essays on Government*. 2d ed. Oxford: Clarendon Press, 1951.

BISSET, ROBERT. *The Life of Edmund Burke*. 2 vols. 2d ed. London: G. Cawthorn, 1800.

CANAVAN, FRANCIS P. *The Political Reason of Edmund Burke*. Durham, N.C.: Duke University Press, 1960.

COBBAN, ALFRED. *Edmund Burke and the Revolt against the Eighteenth Century*. London: G. Allen and Unwin, 1929.

CONE, CARL B. *Burke and the Nature of Politics: The Age of the American Revolution*. Lexington, Ky.: University of Kentucky Press, 1957.

COPELAND, THOMAS W. *Our Eminent Friend, Edmund Burke*. New Haven, Conn.: Yale University Press, 1949.

DILKE, CHARLES W. *Papers of a Critic*. 2 vols. London: John Murray, 1875.

FAY, C. R. *Burke and Adam Smith*. Belfast: Queen's University of Belfast, 1956.

HOFFMAN, ROSS J. S. *Edmund Burke, New York Agent*. Philadelphia: American Philosophical Society, 1956.

LENNOX, RICHMOND. *Edmund Burke und sein politisches Arbeitsfeld*. Berlin: R. Oldenbourg, 1923.

MACCUNN, JOHN. *The Political Philosophy of Burke*. London: E. Arnold, 1913.

MAGNUS, PHILIP. *Edmund Burke: A Life*. London: John Murray, 1939.

MAHONEY, THOMAS H. D. *Edmund Burke and Ireland*. Cambridge, Mass.: Harvard University Press, 1960.

MORLEY, JOHN. *Burke*. New York: Macmillan, 1879.

MURRAY, ROBERT H. *Edmund Burke*. Oxford: Oxford University Press, 1931.

NEWMAN, BERTRAM. *Edmund Burke*. London: G. Bell and Sons, 1927.

PARKIN, CHARLES. *The Moral Basis of Burkes Political Thought*. Cambridge: Cambridge University Press, 1956.

PRIOR, JAMES. *Life of the Right Honourable Edmund Burke*. 5th ed. London: G. Bell and Sons, 1878.

Rockingham Manuscripts. Sheffield Central City Library.

SKALWEIT, STEPHAN. *Edmund Burke und Frankreich*. Cologne: Westdeutscher Verlag, 1956.

STANLIS, PETER J. *Edmund Burke and the Natural Law*. Ann Arbor, Mich.: University of Michigan Press, 1958.

STRAUSS, LEO. *Natural Right and History*. Chicago: University of Chicago Press, 1953.

WECTER, DIXON. *Edmund Burke and His Kinsmen*. Boulder, Colo.: University of Colorado Studies, 1939.

文章

BOULTON, J. T. "The *Reflections:* Burke's Preliminary Draft and Methods of Composition," *Durham University Journal*, XIV (1953), 114-19.

The Burke Newsletter (Detroit), 1959 to date.

COPELAND, THOMAS W. "Burke's First Patron," *History Today*, II (1952), 394-99.

EINAUDI, MARIO. "The British Background of Burke's Political Philosophy," *Political Science Quarterly,* XLIX (1934), 576-96.

FRISCH, MORTON J. "Burke on Theory," *Cambridge Journal*, VII (1954), 292-97.

—— "Rational Planning *versus* Unplanned Becoming," *Classical Journal*, XLVII (1952), 288-90.

MACPHERSON, C. B. "Edmund Burke," *Transactions of the Royal Society of Canada*, LIII (1959), 19-26.

POCOCK, J. G. A. "Burke and the Ancient Constitution," *Historical Journal*, III (1960), 125-43.

SEWALL, RICHARD B. "Rousseau's Second Discourse in England from 1755 to 1762," *Philological Quarterly*, XVII (1938), 97-114.

SMITH, GOLDWIN. "Burke on Party," *American Historical Review*, XI (1905), 36-41.

WHITE, HOWARD B. "Edmund Burke on Political Theory and Practice," *Social Research*, XVII (1950), 106-27.

索 引

（所列为原文页码，即本书边码）

A Dissertation upon Parties《政党论》, 41, 45, 47, 59, 61, 67, 103

Addison, Joseph, 约瑟夫·阿迪生, 166-67

Almon, John, 约翰·阿尔蒙, 104, 106, 109, 121

American Revolution, 美国革命, 198

Ancien régime, 旧制度, 7, 219

Anne, Queen, 安妮女王, 167, 169, 171

Anticipation and party, 预见与政党, 173

"An Appeal from the New to the Old Whigs",《一个老辉格党人向新辉格党人的呼吁》, 167-68, 170-71, 192, 196, 198-99, 209, 215, 237, 241-42, 245

Appearances and judgment, 表象与判断, 36-40

Aquinas, St. Thomas, 圣·托马斯·阿奎那, 212, 214, 215, 223, 237; on natural law, 论自然法, 212

Aristocracy, 贵族: limited, 有限贵族制, 126; natural, 自然贵族, 210, 219, 225, 229, 236; and parties, 与政党, 184; and people, 与人民, 95-96; and place, 与地位, 211; and property, 与财产, 184

Aristocracy of talents, 天赋贵族, 74-80

Aristocratic power, 贵族权力, 94

Aristotelian political science, 亚里士多德政治科学, 58, 64

Aristotle, 亚里士多德, 8, 27, 51, 55, 57, 64-65, 82, 91-92, 94, 96, 112, 125-26, 128, 131, 136, 153, 157-58, 176, 210, 214, 217, 222, 225

369

Art and prudence, 技艺与审慎, 235-36

"Articles of Charge of High Crimes and Misdemeanours", 重罪和轻罪的指控条款, 146-54

Atheism, 无神论: Burke on, 柏克论, 231; closet, and philosophy, 秘密无神论与哲学, 231; natural religion and natural law, 自然宗教与自然法, 61

Bacon, Francis, 弗朗西斯·培根, 53, 73, 237

Bagehot, Walter, 沃尔特·白芝浩, 142, 144; and cabinet government, 与内阁政府, 144

Bath, William Pulteney, 1st Earl of, 威廉·普尔特尼, 第一代巴斯伯爵, 88, 97, 105, 121

Bedford, Francis Russell, 5th Duke of, 弗朗西斯·罗素, 第五代贝德福德公爵, 203

Bedford, John Russell, 1st Earl of, 约翰·罗素, 第一代贝德福德伯爵, 204

Bedfords, 贝德福德家族, 182

Blackstone, Sir William, 威廉·布莱克斯通爵士, 146-47, 148, 154

Bolingbroke, Henry St. John, 1st Viscount of, 亨利·圣约翰, 第一代博林布鲁克子爵: aim of, 其目的, 10-11; and Dr. Brown, 与布朗博士, 97-98; and Burke, issue with, 与柏克之间的问题, 84-85;

Burke's caution, lacks, 缺乏柏克的谨慎, 45; Burke's concessions to, 柏克对其让步, 161-62; on common sense, 论常识, 53; and consent, 与同意, 54-55; on constitution, 论政制, 49, 73; and corruption, justification of, 对腐败的辩护, 66, 68; on Creation, 论创世, 50; criticism of, by Burke, 柏克对其批评, 208; on crown's honor, 论王权的荣誉, 135; deism of, 其自然神论, 42, 50, 56, 59, 213; deism of, and religious parties, 其自然神论与宗教政党, 61; and divine law, 与神法, 55; on divine right, 论神授权利, 47, 72; on doctrine, public and private, 论公共和私人学说, 52; doctrines of, vulgarized, 使其学说通俗化, 98; and Douglas, 与道格拉斯, 97-98; on durability of honesty, 论正派的持久性, 176-77; on duties and rights, 论责任和权利, 58; and equality, natural, and inequalities in society, 与自然平等和社会中的不平等, 74-75; faction defined by, 由其定义的派系, 78; on families, 论家庭, 54-55; and first principles, 与第一原则, 22, 238-39; on first principles and natural law, 论第一原则和自然法, 77; and God, 与上帝, 50; on government ends, 论政

府目的，79；and history，与历史，58-59；and human nature，与人性，50；and individuality，与个性，54；influence of，其影响，97-100，109，122，172-73；influence of，on Burke，对柏克的影响，123；influence of，on George Ⅲ，对乔治三世的影响，110；and law，与法律，69-70；and law, civil，与民法，68；on legislative and monarchical power，论立法权和君权，72；and "men of ability"，与"才俊之士"，58，74，246；and metaphysics，与形而上学，52-53；on monarchy，论君主制，72；and monarchy, elective，与选举君主制，84；and monarchy, limited，与有限君主制，73；and natural law，与自然法，50，52-53，58-60，68；on natural law and history，论自然法和历史，60；on natural religion，论自然宗教，8，50-52，54-57，59，61-62；on natural religion and Christianity，论自然宗教和基督教，57；on nature，论自然，55；on nature of man，论人的本性，55；and open opposition，与公开反对，69；on opposition，论反对派，116；and opposition, constitutional，与政制反对派，112；and opposition, systematic，与系统化的反对派，112；on

parties 论政党：and corruption，与腐败，45，court and country，宫廷党和乡村党，47-48，66，"great"，"大党派"，41-42，and society，与社会，62-63；on party，论政党：and anti-party，与反对党，113，and corruption of court，与宫廷党的腐败，67，and country，与乡村党，112，defined，其定义，78，his，他的政党，118-19，last，最后的政党，113，philosophic view of，对政党的哲学观点，112-13，and program of，与其纲领，112，and traditional view of，与政党的传统观点，112-13；and passions，与激情，76；and patriotism，与爱国主义，59；patriotism of，其爱国主义，84；and Patriot King，与爱国君主，58，137，146；on peers and people，论贵族和人民，162；and philosophy, natural，与自然哲学，53；"political school" of，其"政治学派"，175；on prejudice，论偏见，224-25；principles from interests, distinguished by，其区分原则和利益，119；and program of Patriot King，与爱国君主纲领，75-80；on progress, moral and technological，论道德和技术进步，53；and providence, God's，与上帝的天意，53-54，59-62，68；and public opinion，与公共舆论，

46; on reason, 论理性, 50-51, 53, 54; and religion, natural, 与自然宗教, 61-62; and revelation, 与启示, 55; rhetoric of, 其修辞, 118; on sociability, natural, of men, 论人的自然社会性, 54, 56, 57, 75; on society, natural vs. civil, 论自然社会和市民社会, 54; on society and truth, 论社会和真理, 63; and sovereignty, natural and artificial, 与自然和人造主权, 56, 57; and "spirit of patriotism", 与"爱国主义精神", 68; on state action, 论国家行动, 245; on state of nature, 论自然状态, 56; on state of war, 论战争状态, 55; and statesmanship, 与政治家才能, 69-70; theory of, as cause of present discontents, 其理论作为当前不满的原因, 41; and toleration, religious, 与宗教宽容, 61-63; and virtue, public, 与公共德性, 73; and virtue, "supernatural", 与"超自然"美德, 84; and Whig families, 与辉格党家族, 85; on wisdom and cunning, 论智慧和狡诈, 73-74

Boswell, James, 詹姆士·博斯韦尔, 111

British constitution, 英国政制, 210-11; aristocratic branch, 贵族的分支, 93-94; "best constitution" replaced by, 其取代最佳政体, 238; Burke on, 柏克论, 123, 245; classification of, 其分类, 124 ff., 160-61; and contract, 与契约, 162; and crown's powers, 与王权, 130; end of, 其目的, 159, 160; and gentlemen, rule of, 与绅士的统治, 164-200; and government, 与政府, 162; and impeachment, 与弹劾, 146; and monarchy, 与君主制, 136-37; without parties, 没有政党, 48; and people, 与人民, 158; and popular government, 与大众政府, 123-62, 163, 164; private character, 私人性质, 38; private and public, 私人和公共, 3, 14-15; and prudent statesmen, 与审慎的政治家, 238; republican parts and crown, 共和主义的部分与王权, 137; spirit of, 其精神, 73; and standing government, 与常设政府, 158, 162; three elements of, 其三个元素, 124; and true principles, 与真正的原则, 49; and who rules, 与"谁统治", 160-67

Brown, Dr. John, 约翰·布朗博士, 86, 87, 90-98, 109, 121, 217

Burke, Edmund, 埃德蒙·柏克: acts respecting party, 关涉政党的行为, 198-200; and Aristotle on virtue, 与亚里士多德论德性, 214-15;

on association，论联合，187；
and atheism，与无神论，231；and
Bolingbroke：concessions to，与
博林布鲁克对其让步，161-62，
criticism of，对其批评，207，
influenced by，受其影响，123，on
party system，论政党制度，183，
on peace，论和平，245，on peers
and people，论贵族和人民，162，
and political school，与政治学派，
175-77，and program，与纲领，
11；on British constitution，论英国
政制，123-24，238，245；and Dr.
Brown，与布朗博士，86，96；
and Christian revelation，与基督教
启示，230-35；on classification of
British constitution，论英国政制的
分类，124-25；on conscience，论
良心，216；as conservative，作为
保守主义者，244-46；consistence
of，其一致性，241，246；
and conspiracy，与阴谋，174；
correspondence of，其书信，168；
and "court cabal,"，与"宫廷阴谋集
团"，30-36；and court system，与
宫廷制度，46，136-40；on crown's
honor，论王权的荣誉，135；
on duties and rights，论责任与权
利，58；on duty，论责任，213；
on equality of opportunity，论机
会平等，202；on establishments
as natural，论自然建制，223；

on fame，family，论家庭的名声，
205，207；on fame，personal，
论个人的名声，203；on first
principles，论第一原则，221-22，
238；as founder of party，作为政党
的缔造者，2；on "free state"，论
"自由国家"，160；on God，论上
帝，233-35；and group action，与
团体行动，189-90；on Hastings，
charges against，论对黑斯廷斯的
指控，148-49；on himself，论他
自己，17；and history，与历史，
58；on honor，论荣誉，87；on
impeachment，论弹劾，146-54；
and innocent gentlemen，与天真的
绅士们，89；on "King's men"，论
"国王的亲信们"，88；on law over
discretion，论法律在自由裁量权之
上，135；on laws，论法律，228；
on legislator，论立法者，213-14；
as man of ability，作为才俊之士，
199；as man of actual virtue，作
为有真正德性的人，203，241；
on man and British constitution，论
人和英国政制，136-37；on mixed
government，论混合政府，128，
157-63；and monarchical principle，
与君主制原则，126，143；on
monarchy，论君主制，129-33；on
monarchy and despotism，论君主制
和专制主义，135-36；and natural
law，与自然法，58，212-23；on

natural rights，论自然权利，220，245；and *necessitudo sortis*，与"命运的必然"，183-86；on Old Whigs，论老辉格党人，171-73，175-81，182；on parties，"great"，论"大"党派，41-42；on *party*，论政党：attack on revolutionary，对革命性政党的攻击，196-97，as chief remedy，作为主要的补救措施，39，competition，竞争，122，defined，定义，17，divisions，分裂，106，as establishment，作为建制，196，his，他的政党，198-200，as natural，是自然的，190，respectability of，受尊重，85，Rockingham，罗金厄姆政党，168，skeptical of claims，对其主张的怀疑，181，system，制度，183；on Patriot King，论爱国君主，120；on peers，influence of，论贵族的影响力，95-96；on political principles，论政治原则，239；on popular favor，论人民支持，155-57；on popular government，论大众政府，157-63；on prejudice，论偏见，224-25；on private man in politics，论政治中的平民，106；on prudence and statesmanship，论审慎和政治家才能，163，245-46；on religion，论宗教，230-35；rhetoric of，其修辞，21，26，30-31，154-55；on separation of powers，论权力的分立，161；on state action，论国家行动，245；as statesman，作为政治家，27，40；on "supernatural virtue"，论"超自然美德"，84；"Thoughts"，purpose in writing，柏克写作《思考》的目的，20-40；on tyranny，论暴政，122；on tyranny，new，论一种新的暴政，86；and tyranny of nobles，与贵族的暴政，96；on virtue，论美德，201-23；on virtue，actual，论真正德性，201-8；on virtue，intellectual，论理智德性，238；and virtue，presumptive，论先定德性，201-23；on virtue's reward，论德性的奖赏，96；on Whig families，论辉格党家族，84-85；on Wilkes，论威尔克斯，155

Bute, John Stuart, 3rd Earl of，约翰·斯图尔特，第三代布特伯爵，31-32，36，104，105，110，111，133，155，165，180

Butler, John，约翰·巴特勒，121

Cato，加图，84

Cavaliers，骑士党，12；and Roundheads，与圆颅党，48

Change and natural law，变化与自然法，228

Charles Ⅱ，查理二世，5

Chatham, William Pitt, 1st Earl of，威廉·皮特，第一代查塔姆伯爵，4，12，17，33，94，97，100，104，

106，109，114，121，138，145，
168，171，189，190，207

Christian revelation，基督教启示，230，
231

Christianity，基督教：and natural and
artificial theology，与自然神学和人
造神学，52；and natural religion，
与自然宗教，57；and people，与
人民，235；and statesmen，与政治
家，234

Church of England，英国国教，62，
231，232

Churchill, Winston S.，温斯顿·丘吉尔，
5，242

Cicero，西塞罗，152，166，237；and
Verres，与弗里斯，185

Civil government，公民政府，54

Civil list, debt of，王室专款债务，134-
35，139

Civil society，市民社会：begun by
consent，经同意而开始，60；and
conquest，与征服，60；and natural
law，与自然法，59；and natural
society，与自然社会，59

Civil War，内战，64，125，234

Civilized liberty，文明的自由，222

Cleverness and constancy，聪明与坚定
不移，175-77

Commerce，商业：as end of state，作为
国家的目的，150-51；fruits of，其
果实，177-78；and industry，与工
业，108；and natural justice，与自
然正义，150-51；and natural right，
与自然权利，150-54；provides ends
of good government，促成良好政府
目标，79

Common good，共同利益，242；and
parties，与政党，187-88

"Common sense"，"常识"，53

Commonwealth，共和国，47；and
forms of government，与政府形式，
162

Conscience，良心：Burke on，柏克论
良心，216；Hobbes on，霍布斯论
良心，215-16

Conservatism, replaces statesmanship,
保守主义取代政治家才能，245-46

Conservative，保守主义者：Burke as，
柏克作为保守主义者，244-46；and
liberal，与自由主义者，244

Consistency, higher and party，较高的
一致性与政党一致性，242-43

Conspiracy，阴谋：and Old Whigs，与
老辉格党人，169-70；and party，
与政党，173-75；requirements of，
其需要，174；and revolution，与革
命，170；and Whig families，与辉
格党家族，169

Conspirators, and honest men，阴谋者
与正派的人，173-74

Contract，契约：Burke opposed to
Bolingbroke on，柏克反对博林
布鲁克关于契约的观点，221；
and constitution，与政制，162；

索 引 375

and natural feeling, 与自然感情, 218; nature of, 其本质, 221-22; original, 原初契约, 194-95, 235; and people, 与人民, 192-94; and place, 与地位, 219-20; and prescription, 与时效, 221

Controls, 控制: as element of British constitution, 作为英国政制的元素, 124; by impeachment, 弹劾, 146-54; for people, 为人民, 143; relation to standing government, 涉及常设政府, 190-96

Corruption, 腐败, 67-68; of court party, 宫廷党的, 67; justification of, 为其辩护, 66

Court cabal, 宫廷阴谋集团, 110, 159; "plan" of, 其"计划", 20, 30-36; and "political school", 与"政治学派", 120; "reformed plan", "经过改革的计划", 32-34

Court favor, 宫廷的支持, 156-57

Court and ministers, 宫廷与大臣们, 129

Court party, 宫廷党, 67

Court system, 宫廷制度, 25, 33, 38, 122, 133-34, 142-43

Creation and natural law, 创世与自然法, 50

Criticism, independent and "responsible," 独立与"负责任的批评", 197-98

Crown, 王权, 157, 240; influence of, 其影响, 31-33, 159, 160; and prerogative, 与专权, 31-32

Cumberland, William Augustus, Duke of, 威廉·奥古斯塔斯, 坎伯兰公爵, 171

Cunning and wisdom, 狡诈与智慧, 73-74

Dalrymple, John, 约翰·达林普尔, 121

Deism, 自然神论, 42, 50, 56, 59, 213; and divine right, 与神授权利, 61

Democracy, 民主制: coming of, 其来临, 7; and socialism, 与社会主义, 7; and statesmanship, 与政治家才能, 126-27

Descartes, Rene, 勒内·笛卡尔, 53, 68

Devonshire, William Cavendish, 4th Duke of, 威廉·卡文迪许, 第四代德文郡公爵, 104, 110

Dicey, A. V., 艾博·文·戴雪, 146-47

Dionysius of Halicarnassus, 哈利卡那苏斯的狄奥尼修斯, 60

Divine law, 神法, 55

Divine right, 神授权利, 6, 10; Bolingbroke's views on, 博林布鲁克的看法, 47; and deism, 与自然神论, 61; pretended and true, 虚假的与真正的, 72; Roundheads and Cavaliers divided by, 划分为圆颅党和骑士党, 48; and "supernatural virtue", 与"超自然美德", 81

Douglas, John, 约翰·道格拉斯, 87-90, 97-98, 100, 105, 107, 109, 118, 121

Dowdeswell, William, 威廉·道得斯威尔, 33, 121

Duty, 责任: and benefits, 与好处, 220; and consent, 与同意, 220; relation of, to conscience, 与良心的关系, 216; relation of, to place, 与地位的关系, 209; source of, 其来源, 216; and virtue, 与德性, 213

East India Company, 东印度公司, 146-54

Elizabeth, Queen, 伊丽莎白女王, 79

Empire, Burke on, 柏克论帝国, 150

Empiricism and rationalism, 经验主义和理性主义, 244-46

Enlightenment, 启蒙运动, 218

Equality of opportunity, 机会平等, 201-2

"Essays on Human Knowledge", 《论人类知识》, 50

Establishments, 建制, 215; and actual virtue, 与真正德性, 205; church as, 教堂作为建制, 232; and natural aristocracy, 与自然贵族, 225; and natural feeling, 与自然感情, 216; as natural and private, 作为自然而私人的, 223; and old regime, 与旧制度, 165; and party, 与政党, 190-96; and people, 与人民, 193; and prescription, 与时效, 193; and reconciliation, 与和解, 195-96

Exclusion Bill, 《排除法案》, 4-5, 48

Executory system, 行政系统, 243; and standing government, 与常设政府, 159

Faction, 派系: and party, 与政党, 183-84; worst enemy of state, 国家最坏的敌人, 100

Family, 家庭/家族, 204-5; defender of, 家族的捍卫者, 205; and formation of society, 家庭与社会的形成, 54-55; founder of, 家族的创始人, 205; honor of, 家族荣誉, 184; loyalty to, 家族忠诚, 223; and party, 家庭与政党, 183-84; and property, 家庭与财产, 184; as a society, 家庭作为一个社会, 56-57

Federalist, The《联邦党人文集》, 15, 19, 123, 143-44, 158, 163

Federalist administration, 联邦政府, 71, 196

Federalists, 联邦党人, 2

First principles, 第一原则, 50-65; and actual virtue, 与真正德性, 222; and Bolingbroke, 与博林布鲁克, 221, 238; and Burke, 与柏克, 221-22, 238; defined, 其定义, 50; and natural law, 与自然法, 50; and natural sociability, 与自然

社会性，54；and prejudice，与偏见，224-25；and prudence，与审慎，245-46；and religious parties，与宗教政党，71；and statesmanship，与政治家才能，117；truth of，其本质，113

Fitzwilliam, William Fitzwilliam, 4th Earl of，威廉·菲茨威廉，第四代菲茨威廉勋爵，206

Fitzwilliam manuscripts，菲茨威廉手稿，40

Forster, Nathaniel，纳撒尼尔·福斯特，121

"Fragments or Minutes of Essays"，《文章片段或纪要》，50

Frederick, Prince of Wales，弗雷德里克，威尔士亲王，31，70，77，104，109

Free election，自由选举，190-91；right of，其权利，154-55

Freedom，自由：as cause of discontents，作为不满的原因，26；as end of British constitution，作为英国政制的目的，160

French Revolution，法国大革命，171，198，240-42

Gentlemen，绅士：innocent，天真的，81-82，87，107；motives of，其动机，187-88；and religion，与宗教，239；rule of，其统治，45，123，164-200，210，222；virtue of，其德性，239

George II，乔治二世，12，88，104

George III，乔治三世，32-33，41，42，43，44，70，75，86，87，90，109，110，112，121，134，155，168，170，180

Godolphin, Sidney, 1st Earl of，第一代悉尼·格德尔芬伯爵，171

Goldsmith, Oliver，奥利弗·戈德史密斯，121

Government，政府：cabinet，内阁，144-45；and innovation，与创新，192-93；lawful vs. arbitrary，合法的和专断的对比，160-61；relation of, to society，与社会的关系，193-94；see also British constitution，亦参见英国政制；Mixed government，混合政府；Popular government，大众政府

"Grand Remonstrance"，《大抗议书》，71

Grandfather problem，"祖父问题"，57

Grattan, Henry，亨利·格拉顿，237

Great men，伟人或大人物：and honest men，与正派的人，243；independence of，其独立性，138

Grenville, George，乔治·格伦维尔，103，106，109，207

Grenvilles，格伦维尔家族，180，182，188；influenced by Bolingbroke，受博林布鲁克的影响，121

Halifax, George Saville, 1st Marquess of，乔治·萨维尔，第一代哈利法

克斯侯爵,5,10,171,241

Hamilton, William Gerard,威廉·杰拉德·汉密尔顿,202,237

Hanoverians,汉诺威家族,99,145

Hardwicke, Philip Yorke, 1st Earl of,菲利普·约克,第一代哈德威克伯爵,14

Harley, Robert,罗伯特·哈利,10

Hastings, Warren,沃伦·黑斯廷斯,146-54,229,232,236,242

Henderson, Andrew,安德鲁·亨德森,121

Henry Ⅳ of France,法国亨利四世,78

History,历史: and natural law,与自然法,60; as precept,以历史为训诫,28

Hobbes, Thomas,托马斯·霍布斯,49,54,57,58,59,61,62,63,74,75,98,126-27,212,215,218,220,234,235

Honest men,正派的人,101,105,205,229; and clever men,与聪明的人,175-76; and cleverness,与聪明,178; and conspirators,与阴谋者,173-74; and constancy,与坚定不移,176; and court cabal,与宫廷阴谋集团,173-74; and great men,与伟人,243; and party,与政党,174-75,176,180; and private men,与平民,240-41; and tyranny,与暴政,180

Honor,荣誉: Aristotle on,亚里士多德论,217; of crown,王权的,135; and manners,与礼仪,217; and obligations,与义务,217; and pride,与骄傲,217

House of Commons,下议院,134-35,138,140-41,157; dependence of, on people,对人民的依赖,139; independence of,其独立性,139,155-56; popular control of,大众对其控制,123,142-45; as representative,作为代表,158-63; and standing government,与常设政府,142; and tyranny,与暴政,160; and U.S. Congress,与美国国会,142-44

House of Lords,上议院,138,148,151,157; and impeachment,与弹劾,147

Human nature,人性,50,150; and common nature,与共同本性,235-36

Hume, David,大卫·休谟,8,15-16; History of England,《英格兰史》,221

Idea of a Patriot King, The《一个爱国君主的观念》,41,47,59,66,68,70,77,98

Impeachment,弹劾: as control without implication,作为没有牵连的控制,152-53; as guide for control,作为控制的指南,152; as idea,作为概念,152; and impeachable offenses,

与可弹劾的罪行，152；and Lords，
与上议院，147；and party，与政党，
174；as remedy，作为补救措施，
146；and statesmanship，与政治家
才能，153
Individuality, as consequence of
sociability，个性作为社会性的结
果，54
Jacobins，雅各宾派，246
Jacobites，詹姆斯二世党人，78
Jacobitism，詹姆斯党人，88
James I，詹姆斯一世，47
James II，詹姆斯二世，4，5，10，14；
conduct of, a cure for party，其行
为是对政党的一种纠正，48
Jefferson, Thomas，托马斯·杰斐逊，2，
4，71，113，120，122，131，196
Jenkinson, Charles，查尔斯·詹金森，
121，207
Johnson, Samuel，塞缪尔·约翰逊，
110，121，154
Jones, J. R.，J. R. 琼斯，5
King，国王，205；and court，与宫廷，
134；as crown，享有王权的国王，
127，134，138；and discretionary
powers，与自由裁量权，127-29；
as ordinary man，作为普通人，133，
137；personal capacity of，其个人
身份，127，132-33；power of，其
权力，127；and public principles，
与公共原则，131-32；public virtue
of，其公共德性，124；represents

national dignity，代表国家尊严，
133
King's men，国王的亲信们，34，88
Kluxen, Kurt，库尔特·克卢克森，10
Knox, William，威廉·诺克斯，106，
121
Latitudinarianism and prescription，宗教
自由主义与时效，239
Laws，法律，228；and crown，与王
权，131；and natural justice，与自
然正义，159；and prudence，与审
慎，131-32；and prudence, lawful，
与合法的审慎，159；and public
and private right，与公共和私人
权利，222；restrict monarchy，限
制君主制，131；rule of，法制，
125-26；spirit of，其精神，151；
and wisdom vs. consent，与智慧和
同意的对比，139
Leaders，领袖，211
Leadership, Burke's conception of，柏
克的领导力概念，201
Legislator，立法者，222，242；
Aristotle on，亚里士多德论，214；
Burke on，柏克论，213-14；and
political economy，与政治经济学，
229
Leicester House，莱斯特宫，109
Leland, Dr. John，约翰·利兰博士，40
"A Letter to a Noble Lord"，《致高尚贵
族的一封信》，203，206，207
"Letter on the Spirit of Patriotism"，《关

于爱国主义精神的信》，66，76
Liberal and conservative，自由派与保守派，244
Liberalism，自由主义，2，61，75
Liberty，自由：and obedience，与服从，233-35；and people，与人民，226-27
Literary men，文人，237
Lloyd，Charles，查尔斯·劳埃德，104，106，121
Locke，John，约翰·洛克，10，49，51，52，53-54，56，58-59，62，74-75，78，80，98，103-4，109，121，136，161，162，170，212
Long Parliament，长期议会，76
Louis XVI，路易十六，218
Lowther，Sir James，詹姆斯·罗瑟爵士，240
Lyttleton，George Lyttleton，1st Baron，乔治·利特尔顿，第一代利特尔顿男爵，109
Macaulay，Thomas Babington，托马斯·巴宾顿·麦考莱，5
Machiavelli，Niccolo，尼科洛·马基雅维利，4，69，72，73，77，103
Madison，James，詹姆斯·麦迪逊，163
Majority rule，多数决规则：as arbitrary，作为武断的，197；and parties，与政党，196-98
Mansfield，William Murray，1st Baron，威廉·默里，第一代曼斯菲尔德男爵，109，110，207
Marlborough，John Churchill，1st Duke of，约翰·丘吉尔，第一代马尔伯勒公爵，79
Marriot，Sir John，约翰·马约特爵士，101，114，121
May，Erskine，厄斯金·梅，146
"Men of ability"，"才俊之士"：in Bolingbroke's program，在博林布鲁克的纲领中，58；and cleverness，与聪明，176-77；recommended，被推荐的，108
Meredith，Sir William，威廉·梅瑞狄斯爵士，121，154
Mixed government，混合政府，8，128，162；elements of，其元素，137，157
Monarchical principle，君主制原则，128，136，175；Aristotle on，亚里士多德论，136；Burke on，柏克论，125-26；and monarchy，与君主制，124-37；and statesmanship，与政治家才能，123
Monarchies，君主制国家，71，72
Monarchy，君主制，125，126，129，157；absolute，绝对君主制，125；absolute and despotic，绝对与专制君主制，135-36；Burke on，柏克论，136-37；as constitutional，是合宪的，129-30；and corruption，与腐败，72；elective，选举君主制，72，84；as element in constitution，

索 引　　381

作为政制的元素，124；limited，有限君主制，27，72，126，129-30，136；and monarchical principle，与君主制原则，124-37

Montesquieu, Charles-Louis de Secondat, baron de，夏尔·德·塞孔达，孟德斯鸠男爵，98，100，161；Burke on，柏克论，237-38

Murphy, Arthur，阿瑟·墨菲，102，103，121

Namier, Sir Lewis，路易斯·纳米尔爵士，11，30，42，43，44，57，102

National religion，国教，61，62

Natural equality，自然平等，74

Natural feeling，自然感情：as basis for natural law，作为自然法的基础，236；and contract，与契约，218；and establishments，与建制，217；and manners，与礼仪，216-17；and natural duties，与自然责任，220-21；and natural sense，与自然感，223；and people，与人民，195；and place，与地位，218；and "second nature,"与"第二自然"，235-36

Natural justice，自然正义：and commerce，与商业，150-51；Hastings' violation of，黑斯廷斯对其违反，148-49；and laws，与法律，159

Natural law，自然法，186，208，228，235-38；and change，与变化，228；Christian，基督教的，230；in civil society，与市民社会，59；compared to Scripture，与圣经相比，52；and Creation，与创世，50；and first principles，与第一原则，50，77，118；and God，与上帝，55，59；and history，与历史，60；and natural feeling，与自然感情，212，218；natural penalties of，其自然惩罚，215；and natural rights，与自然权利，149；as political economy，作为政治经济学，235-38；and prescription，与时效，222-23，235-38；and presumptive virtue，与先定德性，212-13，236-37；and prudence，与审慎，212；relation of, to civil law，与民法的关系，68

Natural liberty，自然自由，91

Natural philosophy，自然哲学，53

Natural religion，自然宗教，53，57；and Bolingbroke's deism，与博林布鲁克的自然神论，56；difference of, from Christianity，与基督教的区别，57；and national religion，与国教，61-62；and natural sociability，与自然社会性，54；and original sin，与原罪，59；and politics，与政治，61；and providence，与天意，61-62；and religious issue，与宗教问题，42；and scholasticism，与经

院哲学，51；as true religion，作为真正的宗教，62

Natural right，自然权利，165；Burke on，柏克论，245；and change，与变化，228；of commerce，商业的，150-54；Hastings' violation of，黑斯廷斯对其违背，150；of men，人的，192；and natural duties，与自然责任，220；and natural law，与自然法，149；and prescription，与时效，192-93

Natural sociability，自然社会性，54，57，75；and Bolingbroke's deism，与博林布鲁克的自然神论，56

Nature，自然：and actual virtue，与真正德性，213；purpose of，其目的，55

Necessitudo sortis，命运的必然，183-86

Newcastle，Thomas Pelham-Holles，1st Duke of，托马斯·佩勒姆-霍利斯，第一代纽卡斯尔公爵，100，101，104，110，115，168

Newton，Isaac，艾萨克·牛顿，68

"Ninth Report from the Select Committee of the House"，《下议院特别委员会第九报告书》，150

Nullum Tempus Act，《国王诉讼时效法》，240

Obligation，义务，216-17

Opposition，反对/反对派：duty of，反对的责任，69；formed，成形反对派，11-12，114-15，116；legal，合法的反对派，11-12；legitimate，合法的反对派，11；loyal，忠诚反对派，49；by party，反对党，11；toleration of，对反对派的宽容，116；virtues of，反对派的德性，113-14

Ostrogorski，M.，M. 奥斯特罗戈尔斯基，7，8

Parliament，议会，4，134，137；corruption of，其腐败，138，140，154；functions of，其功能，138-39，140；and tyranny，与暴政，142

Parties，政党：court and country，宫廷党与乡村党，47，48，66；democratic and totalitarian，民主和极权主义，76；"great,"大党派，10，41；natural，自然的，183；origins of，in Britain，英国政党起源，42；religious，宗教的，61，71，240；revolutionary，革命的，146-47；as sects，作为教派，10；several as legitimate，许多政党的合法性，181-82；and union，与联合，182

Partisanship，党派性或偏私性，1-2，14，183，224-25；and people，与人民，146

Party，政党：abolition of，其废除，66，86；and ambition，与雄心，191；and anticipation，与预见，173；as anti-party，作为反党派，113；

索引 383

and aristocracy, 与贵族, 184; Bolingbroke's, source of, 博林布鲁克政党的来源, 183; Burke defines, 柏克对其定义, 17, 166, 181; Burke's acts respecting, 柏克关涉政党的行为, 198-200; Burke's defense of, 柏克对其捍卫, 3; and cabal, 与阴谋集团, 180; and clarity, 与明晰性, 175, 179-80, 186; and class, 与阶级, 22; and common good, 与共同利益, 187-88; and consistency, 与一致性, 188-89; and conspiracy, 与阴谋, 170, 173-75; as contrivance, 作为发明, 198-99; and control, 与控制, 191-92; and court cabal, 与宫廷阴谋集团, 179, 224; and discipline and action, 与纪律和行动, 175-76; dual function of, 其双重功能, 198; as establishment, 作为建制, 190-96; and experience, 与经历, 183-84; and faction, 与派系, 183, 189; and family, 与家庭, 204-5; and great ability, 与很强的能力, 180; and history, 与历史, 186; and honest men, 与正派的人, 174-75, 176, 180; and impeachment, 与弹劾, 174; Jefferson on, 杰斐逊论, 196; justification of, 其正当化, 12; last, 最后一个政党, 113; limits of, 其限制, 199; as majority rule, 作为多数决规则, 196-98; members, 成员, 183; as natural, 作为自然的, 190; as necessary, 作为必然的, 189-90; and necessity, 与必然性, 173; offensive and defensive, 进攻与防御, 18; opposition, 反对党, 11, 112-17; and Patriot King, 与爱国君主, 113; patriotism and loyalty of, 其爱国主义与忠诚, 223; and people, 与人民, 190-91, 195-96; philosophers' view of, 哲学家对政党的看法, 112-13; plural sources of, 多元的来源, 183; and precautions of tyranny, 与暴政的预防措施, 217-18; and prescription, 与时效, 238-40; and principle, 与原则, 175; of principle, 有原则的, 9; and principles, 与原则, 179, 240; and private ambition, 与个人野心, 186; and property, 与财产, 190; and public constitution, 与公共性建构, 123; racial, 种族的, 22; religious, 宗教的, 22; as remedy, 作为一种补救, 39; respectability of, 受尊重的, 2, 6, 85, 178, 199; responsibility of, 其责任, 153-54, 190; and rule, 与统治, 183-84; small, 小政党, 6, 13; and standing government, 与常设政府, 191; and statesmanship, 与政治家才能, 198-200; toleration of，对其宽容，15-16；traditional view of，对其传统看法，13-17，112-13，189-90

Party government，政党政府，123；and commercial society，与商业社会，178；and disillusionment，与幻灭，10；distinguished from parties，与政党的区分，2-4；foundation of，其基础，6；founding of，其建立，17-18；and great parties，与大党派，245；in Greece，在希腊，8；opposition in，政党的对立，2；in Rome，在罗马，8；and statesmanship，与政治家才能，17-19，181，246

Party program，政党纲领，10，18；and history，与历史，188-89，198-208

Party system，政党制度，18，181-83，245；and liberty，与自由，183；and prudence，与审慎，245-46；vs. single party，与单一政党的比较，183

Patriot King，爱国君主，41，72，73，77，98，100，101，111，113，118，120，121；attitude to party，对政党的态度，77-78；attributes of，其属性，83；bearing of，其举止，79-80；and Bolingbroke's deism，与博林布鲁克的自然神论，42；and divine right，与神授权利，83；duties of，其责任，70；popularity of，其民望，80；and present discontents，与当前不满，80；purge of court of，肃清爱国君主的宫廷，75-77；and "spirit"，与"精神"，76-77，81；as statesman，作为政治家，73；and supernatural virtue，与超自然美德，81-83

Patriotism，爱国主义，59，223；defined，定义，68；founded on great principles，建立在伟大原则之上，72；without prejudice，不含偏见的，67-70；spirit of，其精神，69

Pelhams，佩兰，12

People，人民，157-63；active rule of，其积极执政，197；in British constitution，在英国政制中，124，158；and contract，与契约，192-94；as control，作为控制，137-41；end of，其目的，193；feelings of，其感受，26，141；king representing，国王代表人民，132-33；leaders of，其领袖，211；ministers' relation to，大臣们与人民的关系，140，145-46；and natural feeling，与自然感情，195；opinions of，其意见，26，29；and partisanship，与党派性，146；and party，与政党，190-91；power of，其权力，153；prejudice of，其偏见，225-27；relation to monarchy，与君主制的关系，157-63；representatives of，其代表，134-40；right of, to have

favorite,人民拥有亲信的权利,
155; self-interposition of,人民本
身的介入,191-92; and statesmen,
与政治家,226-27, 246

Pericles,伯里克利,79

Persius,佩修斯,209

Philosophical Enquiry into the Origins of Our Ideas of the Sublime and Beautiful,《论我们关于崇高和美观念起源的哲学探究》,231, 237

Philosophy and atheism,哲学与无神论,231

Pitt, William,威廉·皮特; see Chatham,参见查塔姆

Place,地位: and contract,与契约,219-20; and natural feeling,与自然感情,219; relation to duty,与责任的关系,209; relation to presumptive virtue,与先定德性的关系,210; relation to private aristocracy,与私人贵族的关系,211

Placemen,禄虫,138

Plato,柏拉图,27, 58, 64, 65, 75, 81, 112, 225

Political economy,政治经济学,228; and legislator,与立法者,229; and rules of prudence,与审慎的规则,159

"Political School",政治学派,96, 105, 165; and court cabal,与宫廷阴谋集团,119-20; and dishonest men,与不正派的人,175-78; mentioned by Burke,被柏克提及,41; as party,作为政党,117-22; related to "a certain political school",与"一个特定的政治学派"有关,87, 106, 109, 111; relation to Bolingbroke,与博林布鲁克的关系,87

Popular favoritism,大众亲幸制,153, 154-57

Popular government,大众政府,19; and British constitution,与英国政制,123-62; Burke on,柏克论,157-63; and party,与政党,19, 123

Popularity,民望: and servility,与奴性,155-56; and Whig statesmen,与辉格党政治家,164

Pownall, Thomas,托马斯·波纳尔,103, 121

Prejudice,偏见: Burke on,柏克论,47, 65, 224; and first principles,与第一原则,224-25; program against,反对偏见的纲领,70-74; reasonableness of,其合理性,227; and statesmen,与政治家,225; and truth,与真理,71

Prerogative,专权,31-32, 137-38; abuse of,其滥用,84; king's,国王的,4, 47, 81

Prescription,时效: and contract,与契约,221; and establishments,与建

制，193；and growth of society，与社会的成长，222；and inaleinable rights，与不可剥夺的权利，244；and latitudinarianism，与宗教自由主义，239；meaning for Burke，对柏克的意义，221；and natural law，与自然法，222-23；and natural right，与自然权利，192-93；and party，与政党，238-40；and presumptive virtue，与先定德性，222-23；and principledness，与原则性，240；and Providence，与天意，227-28，234；and public law，与公法，240；in Roman law，在罗马法中，221；theory of，其理论，65

Present discontents，当前不满：cause of，其原因，36；and distrust，与不信任，185；general causes of，其一般原因，23-27；ministers' view of，大臣们的观点，24；particular causes of，其具体原因，23，30-36；and popular contentment，与民众的满意，159；relation of particular and general causes，特殊原因与一般原因的关系，29；remedie，补救措施，165-66，190-91

Price, Dr. Richard，理查德·普赖斯博士，7，216，219，221

Priestley, Joseph，约瑟夫·普里斯特利，121

Prime minister，首相，130

Principledness，原则性，185

Property，财产：and ability，与能力，208-9；and actual virtue，与真正德性，207；and aristocracy，与贵族，184；and common interest，与共同利益，239；and party，与政党，190；and presumptive virtue，与先定德性，207，208-9，215

Providence，天意，59，60；Christian view of，基督教的观点，227；generality of，其一般性，54；and prescription，与时效，227-28，234

Prudence，审慎，225；and actual virtue，与真正德性，242；and first principles，与第一原则，245-46；and Hastings' trial，与黑斯廷斯的审判，149；higher，更高的，229，230，240；and laws，与法律，131-32，159，227-28；of ministers，大臣们的审慎，128；and natural aristocracy，与自然贵族，225；and party system，与政党制度，245-46；and people，与人民，225-27；and presumptive virtue，与先定德性，224-30；and reform，与改革，228；rules of，审慎规则，19，228，234，241，244-46；and rules of political economy，与政治经济学的规则，159

Public constitution, and party，公共性建构与政党，123

Public spirit，公共精神，91；and Patriot

King，与爱国君主，81；replaces virtue，代替美德，81；to reside with power，权力是其归宿，88

Puritans，清教徒，9

Radicals，激进派，7

Rajah of Benares，贝纳勒斯王公，148

Rationalism and empiricism，理性主义和经验主义，244-46

Reflections on the Revolution in France，《反思法国大革命》，111，164，165，167，170，171，181，192，193，196，198，199，201，207，208，217，224-30，232，241

Religion，宗教：Burke on，柏克论，230-35；Burke's defense of，柏克对其捍卫，232；political purpose of，其政治目的，232-35；private and public，私人和公共，239；and sovereignty，与主权，62，235

Religious issue，宗教问题，7-9，42

Religious parties，宗教政党，8

Reversionary recourse，反动资源，43-44，70，171

Revolution of 1688，1688 年的革命，31，44，48，49，184，197

Riot Act，《取缔暴动法》，46

Rochford, William Henry Nassau de Zuylestein, 4th Earl of，威廉·亨利·纳索·德祖伊勒斯坦，第四代罗彻福德伯爵，37-38

Rockingham, Charles Watson Wentworth, 2nd Marquess of，查尔斯·沃森·温特沃斯，第二代罗金厄姆侯爵，40，46，109，171，188

Rockingham administration，罗金厄姆政府，106，107，134，188

Rockingham party，罗金厄姆党，6，12，30，33，40，154，179，182，187

Roundheads，圆颅党，12，48

Rousseau, J. J.，让-雅克·卢梭，60，165

Ruffhead, Owen，欧文·鲁夫黑德，100，121

Sacheverell, Dr. Henry，亨利·萨切维尔博士，44，171，183

Sacheverell trial，萨切维尔的审判，6，171-172

Scott, George Lewis，乔治·刘易斯·斯科特，110

Separation of powers，权力分立，160-63

Settled mismanagement，根深蒂固的管理不善，25-29

Settlement of 1688，1688 年的和解，5，6，9，12，42，44，45，47，49，63，67，77，245

Shackleton, Richard，理查德·沙克尔顿，231-32

Shaftesbury, Anthony Ashley Cooper, 1st Earl of，安东尼·阿什利·库珀，第一代莎夫茨伯里伯爵，4-5

Shaftesbury, Anthony Ashley Cooper, 3rd Earl of，安东尼·阿什利·库

珀，第三代莎夫茨伯里伯爵，80

Shelburne, William Petty, 2nd Earl of, 威廉·配第，第二代谢尔本伯爵，37-38

A Short Account of the Late Short Administration,《近期短命政府之简史》, 168, 188

Smollett, Tobias, 托拜厄斯·斯莫列特, 101, 121

Solon, 梭伦, 166

Somers, John, Baron, 约翰·萨摩斯男爵, 171

Sovereign, 主权者, 62, 234-35

Sovereignty, 主权, 57

"Speech to the Electors at Bristol",《致布里斯托城行政司法长官书》, 141, 242

Spinozists, 斯宾诺莎主义者, 61

Standing government, 常设政府, 142-44, 145-46; and constitution, 与政制, 162; and executory system, 与行政体制, 159; and party, 与政党, 191; relations to controls, 与控制的关系, 190-96

State of nature, 自然状态, 56, 74

State of war, 战争状态, 55

Statesman, 政治家: and causes of discontent, 与不满的根源, 23-29; discretion of, 其自由裁量权, 151; and party respectability, 与政党的名望, 190; and people, 与人民, 226-27; and people's feelings, 与人民的感受, 27; and prejudice, 与偏见, 225; presumption of, 其推定, 20-40

Statesmanship, 政治家才能: in Bolingbroke, 在博林布鲁克的思想中, 69-70; Burke replaces, 柏克对其替代, 245-46; and classification of regimes, 与政体的分类, 125, 161; defined, 其定义, 17; and democracy, 与民主制, 126-27; and first principles, 与第一原则, 117; and group action, 与团队行动, 189; and impeachment, 与弹劾, 153; and legislation, 与立法, 246; and monarchical principle, 与君主制原则, 127; and party, 与政党, 198-200; and party government, 与政党政府, 17-19, 181; and popular favoritism, 与大众亲幸制, 157; and prescription, 与时效, 224-46; task of, 其任务, 195; tension with party, 与政党的紧张关系, 199-200; tension with party government, 与政党政府的紧张关系, 246

Steffens, Lincoln, 林肯·斯蒂芬斯, 68

Stone, Andrew, 安德鲁·斯通, 110

Stuart pretender, 斯图亚特的觊觎王位者, 7, 44, 99

Sully, Maximilien de Bethune, due de, 马克西米利安·德·贝都恩, 苏利公爵, 25-26

Sunderland, Charles Spencer, 3rd Earl of, 查尔斯·斯宾塞, 第三代桑德兰伯爵, 171

Supernatural virtue, 超自然美德, 34, 80-85, 89, 107; in Bolingbroke, 在博林布鲁克的思想中, 66, 82, 84; and Christian divine right, 与基督教神授权利, 81; effect on king, 对国王的影响, 82; and Patriot King, 与爱国君主, 42, 81-83

Temple, Richard Grenville Temple, 2nd Earl, 理查德·格伦维尔·坦普尔, 第二代坦普尔伯爵, 106, 109

Thoughts on the Cause of the Present Discontents,《对当前不满情绪之根源的思考》, 3, 4, 5, 6, 18-20, 20-40, 41, 45, 58, 66, 70, 80, 84, 86, 87, 95, 99, 105-6, 107, 109, 110, 117, 118, 122, 123, 124, 130, 135, 146, 154, 159, 161, 163, 164, 165, 167, 168, 170, 172, 173, 175-81, 184, 185, 189, 196, 199, 201, 207, 211, 215, 229, 238, 240, 242, 243

Thucydides, 修昔底德, 8

Toleration, 宽容: of opposition, 对反对派的宽容, 10-13; Puritan doctrine of, 宽容的清教徒学说, 9; religious, 宗教宽容, 63

Tories, 托利党, 4-7, 10, 12, 44, 182; and great parties, 与大党派, 48; obsolete, 过时的, 66; and Sacheverell trial, 与萨切维尔的审判, 171

Trevelyan, George M., 乔治·M.特里维廉, 5

"Trimmer", "机会主义者", 5, 171, 241-42

Tucker, Josiah, 约西亚·塔克, 121

Tyranny, 暴政, 18; anticipation of, 对其预见, 39, 199; and Bolingbroke's influence, 与博林布鲁克的影响力, 172-73; Burke's analysis of, 柏克对其分析, 123; and House of Commons, 与下议院, 160; and Old Whigs, 与老辉格党人, 174; precautions of, 对其预防, 217; present danger of, 其当前危险, 165; remedies for, 其补救措施, 123; and revolution, 与革命, 170; Stuart, 斯图亚特暴政, 45, 86, 165

United States Constitution, 美国宪法, 143

A Vindication of Natural Society,《为自然社会而辩护》, 111, 238

Virtue, 德性: actual, 真正的, 19, 201-8, 213, 222, 230, 237, 240; Aristotle on, 亚里士多德论, 214-15; and duty, 与责任, 213; of gentlemen, 绅士的, 239; intellectual, 理智的, 237; ordinary and heroic, 普通美德与英雄美德,

125; and popular favor, 与大众的支持, 156-57; presumptive, 先定的, 19, 201-23; private, 私人的, 74; public, 公共的, 73

Wallace, Dr. Robert, 罗伯特·华莱士博士, 121

Walpole, Horace, 贺拉斯·沃波尔, 84, 109

Walpole, Sir Robert, 罗伯特·沃波尔爵士, 10, 45-46, 67, 93

Weber, Max, 马克斯·韦伯, 7-8

Whately, Thomas, 托马斯·惠特利, 106

Whigs, 辉格党, 4-7, 10, 181-82; as conspirators, 作为共谋者, 167-73; Foxite, 福克斯派的, 4, 198, 241; as great families, 作为大家族, 84-85, 99, 166; New, 新的, 170; Old, 老的, 2, 168-71, 180-82, 194, 197, 199, 206

Wilkes, John, 约翰·威尔克斯, 37, 101, 104-6, 154-57, 163-65, 191

William Ⅲ, 威廉三世, 5, 79, 99, 240

Zoilus, 佐伊勒斯, 242